dtv

Wolfgang Benz

WIE ES ZU DEUTSCHLANDS TEILUNG KAM

Vom Zusammenbruch zur Gründung der
beiden deutschen Staaten
1945–1949

dtv

Ausführliche Informationen über
unsere Autoren und Bücher
www.dtv.de

Dieses Buch ist auch als eBook erhältlich.

© 2018 dtv Verlagsgesellschaft mbH & Co. KG, München
Das Werk ist urheberrechtlich geschützt.
Sämtliche, auch auszugsweise Verwertungen bleiben vorbehalten.
Satz: Fotosatz Amann, Memmingen
Gesetzt aus der Minion und der Futura
Druck und Bindung: GGP Media GmbH, Pößneck
Gedruckt auf säurefreiem, chlorfrei gebleichtem Papier
Printed in Germany · ISBN 978-3-423-28158-4

INHALT

VORWORT

Das Interesse des Publikums und auch der Historiker hat sich seit der Vereinigung der Bundesrepublik mit der DDR von der Entstehungsgeschichte der beiden deutschen Nachkriegsstaaten abgewendet. Es gibt daher kaum neue Forschungsergebnisse, aber auch keine neuen Erkenntnisse zu den Ursachen und der Entwicklung der Teilung Deutschlands im ersten Jahrzehnt nach dem Zweiten Weltkrieg. Mythen über die Trümmerzeit, die vermeintliche »Stunde Null«, Legenden über die glückhaften Aufbauleistungen der Deutschen und die verhängnisvollen Fehler der Alliierten beherrschen die Erinnerung. Das Odium, die Einheit der Nation preisgegeben zu haben, wird als Folge des Kalten Krieges in Ost und West jeweils der anderen Seite zugewiesen. Historische Tatsache ist es, dass die Teilung mit den Kompromissen der Potsdamer Konferenz begann, dass die Versuche, die Potsdamer Vereinbarungen zur Einheit Deutschlands zu realisieren und zu retten, die Teilung nur beschleunigten. Das Tempo des Auseinanderdriftens der Ostzone und der Westzonen bestimmten die Westmächte unter Führung der USA im Einklang mit der Bevölkerung ihrer Besatzungsgebiete. Aber die Anlässe boten die Politik der Sowjetunion und auch das Agieren Frankreichs. Den Kurs zur Gründung der Bonner Republik und deren Integration in das westliche System gaben die Vereinigten Staaten vor. Die Sowjetunion konnte nur reagieren, auf die Bizone, den Marshall-Plan, die Währungsreform, die Staatsgründung in Bonn. Dass in analoger Weise jeweils im Gegenzug die DDR als Klientelstaat Moskaus errichtet wurde und dass sie in das östliche Koordinatensystem – den Rat für gegenseitige Wirtschaftshilfe und den Warschauer Pakt – einbezogen wurde, waren logische Reflexe auf die Bündnisse der BRD und deren Aufnahme in die NATO.

Den Kern dieses Buches bilden die im Deutschen Taschenbuch Verlag erschienenen Bände ›Potsdam 1945‹ (zuletzt 2005) und ›Die Gründung der Bundesrepublik‹ (zuletzt 1999). Der Text wurde erheblich überarbeitet, gekürzt, aktualisiert und nicht nur durch die Gründungsgeschichte der DDR erweitert. Der Text versteht sich insgesamt als Geschichtsschreibung, die der Tradition folgt, akribisch darzustellen, was geschah, zu deuten, warum es geschah, und die Folgen der Entschlüsse und Entscheidungen aller Beteiligten kritisch zu betrachten. Das Buch will auch auf die Teilung Deutschlands als Folge nationalsozialistischer Hybris aufmerksam machen und einen Beitrag dazu leisten, die Folgen der Teilung zu überwinden, die im dritten Jahrzehnt der Vereinigung noch schmerzhaft zu spüren sind.

Der Autor ist vielen zu Dank verpflichtet, stellvertretend für alle nenne ich den im Februar 2018 verstorbenen Freund Walter Kumpmann, der die Urform des Textes als Lektor betreute, seiner Nachfolgerin bei dtv Andrea Wörle und ihrer Kollegin Brigitte Hellmann, die das Werk mit Umsicht und Geduld bis zum Ende förderte. Besonders herzlich danke ich Christine Eberle, die nicht nur das Manuskript erstellte sondern mich mit steter Freundlichkeit und Kompetenz durch Recherchen unterstützt hat.

ERSTER TEIL

BESATZUNGSHERRSCHAFT UND NEU-AUFBAU IM VIER-ZONEN-DEUTSCHLAND

1. VORGESCHICHTE DER TEILUNG DEUTSCHLANDS: DIE KRIEGSZIELE DER ANTI-HITLER-KOALITION

Durch den Überfall auf Polen am 1. September 1939 war das Deutsche Reich in den Kriegszustand mit Großbritannien und Frankreich getreten, aber auch Australien, Indien, Neuseeland, Südafrika und Kanada waren als Mitglieder des britischen Commonwealth seit September 1939 Kriegsgegner von Hitler-Deutschland. Bis zum Frühjahr 1945, als Argentinien am 27. März in den Krieg eintrat, war die Zahl der Staaten, die sich im Kriegszustand mit Deutschland befanden, auf mehr als fünfzig angewachsen. Mit einer einzigen Ausnahme befanden sich zuletzt auch die ehemaligen Verbündeten des Dritten Reiches unter dessen Gegnern, nämlich Italien ab Oktober 1943, Rumänien ab August 1944, Bulgarien einen Monat später, Ungarn im Dezember 1944. Sogar die neutrale Türkei hatte am 1. März 1945 Deutschland noch den Krieg erklärt, und Finnland, das mit deutscher Hilfe gegen die Sowjetunion gekämpft hatte, sandte am 3. März eine Kriegserklärung nach Berlin, die rückwirkend ab 15. September 1944 galt. Deutschlands letzter Verbündeter, das Kaiserreich Japan, blieb schließlich auch als letztes Land auf der Verliererseite kämpfend übrig, bis es durch die Atombomben auf Hiroshima und Nagasaki im August 1945 zur Kapitulation gezwungen wurde. In Europa schwiegen, als Japan kapitulierte, die Waffen schon drei Monate lang. Aber auch ohne den Abfall der Freunde und Verbündeten war die Zahl der Feinde Deutschlands seit dem »Blitzkrieg« gegen Polen ständig angewachsen. Im April und Mai 1940 hatte die deutsche Wehrmacht die Nachbarn im Norden und Westen – erst Norwegen und Dänemark, dann die Niederlande, Belgien und Luxemburg – überfallen und wie Frankreich besetzt. Im Frühjahr 1941 marschierten deutsche Soldaten gegen Jugoslawien und Griechenland. Die entscheidenden Stationen waren aber der deutsche Überraschungsangriff auf die Sowjetunion am

22. Juni 1941 und die deutsche Kriegserklärung gegen die Vereinigten Staaten am 11. Dezember 1941. Freilich standen die USA politisch, ideologisch und materiell längst auf der Seite der Alliierten. Das hatte Präsident Roosevelt auch gegenüber aller Welt klargestellt, als er am 12. August 1941 zusammen mit dem britischen Premierminister Winston S. Churchill das Dokument unterzeichnete, das unter dem Namen Atlantik-Charta zum Grundsatzpapier der internationalen Politik nach dem Krieg werden sollte.

Roosevelt und Churchill, die sich an Bord des amerikanischen Schlachtschiffs »Augusta« vor der Küste Neufundlands getroffen hatten, propagierten in der Charta die Prinzipien, von denen sie eine bessere Zukunft für die ganze Welt erhofften und die die Leitlinien der Politik beider Länder sein sollten: keine territorialen Veränderungen, die nicht mit dem freien Willen der betroffenen Völker übereinstimmten, Selbstbestimmungsrecht über die Regierungsform für alle Völker einschließlich der Wiederherstellung dieser Rechte in den Ländern, in denen sie den Völkern gewaltsam genommen wurden, freier und gleicher Zugang aller Nationen zum Handel und zu den Rohstoffen der Welt, engste Zusammenarbeit aller Staaten auf wirtschaftlichem Gebiet mit dem Ziel des ökonomischen und sozialen Fortschritts. »Nach der endgültigen Vernichtung der Nazityrannei«, so begann der sechste Absatz der Erklärung, hofften der amerikanische Präsident und der britische Premier »auf einen Frieden, der allen Nationen die Möglichkeit bietet, innerhalb der eigenen Grenzen sicher zu leben, und der allen Menschen die Sicherheit gibt, in ihren Ländern frei von Not und Furcht zu leben«.[1]

In der Atlantik-Charta waren Absichten und Ziele einer künftigen globalen Friedensordnung und ihrer Sicherung umrissen, das Papier war das erste Gründungsdokument der UNO (deren Inauguralkonferenz im April 1945 in San Francisco zusammentrat), die Atlantik-Charta bildete aber auch das Grundkonzept der Anti-Hitler-Koalition. Hatte es zunächst so geschienen, als wäre die Erklärung vom August 1941 nicht nur gegen das Deutsche Reich und Japan gerichtet, sondern auch gegen die Sowjetunion (die Selbstbestimmungspostulate waren in diesem Sinne jedenfalls interpretierbar), so wurden die Zweifel zerstreut, als Moskau sich am 24. September der Kundgebung Roosevelts und Churchills anschloss. Zwar hatte die Sowjetunion zu erkennen gegeben, dass die Leitsätze der Charta den Notwendigkeiten bestimmter Länder entsprechend modifiziert werden müssten, aber auch in London hatte Churchill vor dem Unterhaus konstatiert, dass das Dokument für die britischen Kolonien nicht gelte. Die edlen Absichten waren also eingeschränkt, aber zur Bekräftigung übereinstimmender Ziele der Anti-Hitler-Koalition taugte das Papier allemal, und das wurde am 1. Januar 1942 feierlich bekräftigt, als Vertreter von 26 Staaten in Washington den »Pakt der Vereinten Nationen«[2] unterzeichneten, in dem die Atlantik-Charta verbindlich erklärt wurde und in dem sie sich verpflichteten, keinen Separatfrieden mit Deutschland oder Japan abzuschließen.

Territoriale Interessen und Teilungspläne

Fast zur gleichen Zeit, Mitte Dezember 1941, formulierte Stalin gegenüber dem britischen Außenminister Eden in Moskau die sowjetischen Vorstellungen und Ziele über die Behandlung Deutschlands nach dem Kriege und über die künftigen Grenzen in Mitteleuropa. Die Wiederherstellung Österreichs als selbstständiger Staat, die Rückgabe der Sudetengebiete an die ebenfalls wiederherzustellende Tschechoslowakei erschienen ebenso selbstverständlich wie das Ziel, den territorialen Zustand der von Deutschland angegriffenen und besetzten Länder grundsätzlich zu restituieren. Freilich mit Ausnahmen: Die Gebietserwerbungen aus der Zeit des Hitler-Stalin-Pakts wollte Stalin nicht rückgängig machen. Das betraf zum einen die baltischen Staaten Estland, Lettland und Litauen, die 1940 der Sowjetunion einverleibt worden waren, und zum anderen Polen, das im September 1939 zwischen dem Deutschen Reich und der Sowjetunion aufgeteilt worden war. Hitler und Stalin hatten die Teilung entlang der »Curzon-Linie« vereinbart, also nach der, nach dem britischen Außenminister von 1919 benannten, von der polnischen Regierung nie anerkannten Demarkationslinie zwischen Russland und Polen nach dem Ersten Weltkrieg.

In Stalins Verständnis war die »Curzon-Linie« nach wie vor die »richtige« Ostgrenze Polens. Die ostpolnischen Gebiete, die 1939 der ukrainischen und der belorussischen Sowjetrepublik zugeschlagen worden waren, sollten nicht an den wieder zu errichtenden polnischen Staat zurückfallen. Als Kompensation sollte Polen nach dem Ende des Krieges Ostpreußen von Deutschland erhalten. Nach polnischem Verständnis aber trennte diese Grenze wesentliche Bestandteile der polnischen Nation und über drei Millionen Menschen von Polen ab.

In den drei Zusammenkünften, die Stalin im Dezember 1941 mit dem britischen Außenminister hatte[3], artikulierte er noch einige andere territoriale Interessen (zu Lasten Finnlands und Rumäniens), wesentlich war jedoch der Gedanke, Deutschland nach seiner Niederlage zu zerschlagen, Teile davon abzutrennen und zu verselbstständigen, etwa das Rheinland oder auch Bayern.

Die britische Regierung verhielt sich den sowjetischen Forderungen gegenüber ablehnend oder hinhaltend – die Behandlung Deutschlands nach dem Krieg stand in London noch nicht zur Debatte, und die russische Westgrenze und deren strategische Absicherung würde dereinst ein Thema der Friedenskonferenz sein. Der britische Premier erinnerte an die Atlantik-Charta und an die Verpflichtung gegenüber den Vereinigten Staaten, kein Geheim- oder Sonderabkommen einzugehen, wie sie Stalin als Bestandteil eines sowjetisch-britischen Bündnisses vorschlug, und Churchill telegrafierte seinem Außenminister am 20. Dezember 1941 nach Moskau, das Hauptziel der Kriegsanstrengungen bleibe »die Verhütung eines abermaligen deutschen Ausbruches. Die Trennung Preußens von Süddeutschland und die territoriale Gestaltung Preußens gehören zu den größten der zu entscheidenden Probleme. Doch all das muss einer Zukunft überlassen bleiben, die ungewiss ist und vermutlich noch in weiter Ferne liegt. Vorerst gilt es, den Krieg durch harte, unablässige Anstrengung zu gewinnen. Heute derartige Fragen in der Öffentlichkeit aufzuwerfen, würde nur alle Deutschen um Hitler scharen.«[4]

Trotz der ablehnenden Haltung Londons gegenüber den sowjetischen Wünschen, die von Anfang an die Beziehungen in der Anti-Hitler-Koalition belastete und die in der Folgezeit dann weder in London noch in Washington durchgehalten werden konnte, blieben seit der Jahreswende 1941/42 zwei entscheidende Elemente der alliierten Kriegszielpolitik in der Debatte: Das Nachkriegsschicksal Deutschlands würde mit der Entscheidung über Polens endgültige Gestalt verknüpft sein, und die territoriale Integrität des Deutschen Reiches würde, ganz abgesehen davon, dass alle Erwerbungen aufgrund nationalsozialistischer Politik oder Gewalt hinfällig wären, zur Disposition stehen. Die Zeit der Aufteilungspläne war angebrochen.[5]

In Washington war man zunächst über die als unverfroren empfundenen Territorialforderungen Stalins empört – der Chef der Sowjetunion wollte ja trotz seiner Zustimmung zur Atlantik-Charta die Früchte der Freundschaft mit Hitler, die Erwerbungen von 1939 bis 1941, ohne Rücksicht auf das feierlich propagierte Selbstbestimmungsrecht der Völker behalten. Ebenso bestimmt wie London hatte Washington daher die sowjetische Idee, Europa in Interessensphären hegemonialer Ausprägung aufzuteilen, zurückgewiesen, aber diese Haltung änderte sich schon bald. Unter dem Eindruck der noch ungebrochenen Kraftentfaltung der deutschen Armeen und in der Furcht vor einem Separatfrieden zwischen Stalin und Hitler waren im Frühjahr 1942 zuerst die britischen und dann auch die amerikanischen Politiker bereit, die sowjetischen Kriegsziele zähneknirschend zu tolerieren. Ein Friedensschluss zwischen Moskau und Berlin sah in damaliger britisch-amerikanischer Sicht nicht ganz so unwahrscheinlich aus, wie das nachträglich erscheinen mag. Jedenfalls sind solche Überlegungen Indizien für das gegenseitige Misstrauen, das in der Anti-Hitler-Koalition herrschte.

Im Januar 1943 trafen sich Roosevelt und Churchill in Casablanca. Bei der Konferenz waren die Chefs der anglo-amerikanischen Generalstäbe, der Flotten und Luftflotten anwesend; auf der Tagesordnung stand die Planung der Invasion in die von den Achsenmächten noch beherrschte »Festung Europa«. Beschlossen wurde, britischen Forderungen entsprechend und den sowjetischen Wunsch nach der eigentlichen zweiten Front im Westen – in Frankreich – negierend, die Landung in Sizilien im Sommer 1943. Stalin war nach Casablanca eingeladen, fühlte sich aber als sowjetischer Oberbefehlshaber unabkömmlich: Die Schlacht um Stalingrad ging zur Zeit der Casablanca-Konferenz ihrem Ende zu. Die deutsche 6. Armee war hier an der Wolga seit November 1942 eingekesselt, nach dem gescheiterten Entsatzversuch vom Dezember und Hitlers Verbot eines Ausbruchs oder der Kapitulation entschied sich Ende Januar 1943 ihr Schicksal. 146 000 deutsche Soldaten waren gefallen, 90 000 gerieten in sowjetische Gefangenschaft (von ihnen kehrten lange nach dem Krieg noch etwa 6000 in die Heimat zurück).

In Stalingrad hatte sich, wie von Stalin erstrebt, das Blatt zugunsten der Sowjetunion gewendet. Die Durchhalteparolen, die in Deutschland als Reaktion auf den Schock an der Ostfront einsetzten – Goebbels' Aufruf zum »totalen Krieg« im Berliner Sportpalast wurde am 18. Februar 1943 inszeniert[6] –, waren auch als Antwort auf ein Konferenzergebnis von Casablanca gedacht. Roosevelt hatte in einer Pressekonferenz am 24. Januar die Formel von der »bedingungslosen Kapitulation« (unconditional surrender) verkündet[7], die man von Deutschland und den anderen Staaten der Achse, Italien und Japan, verlangen werde. Gemeint war, dass die Alliierten bis zur vollständigen Niederlage Hitlers und seiner Verbündeten kämpfen würden, dass keinerlei politische Verpflichtungen den Besiegten gegenüber eingegangen würden und dass keine nationalsozialistische Nachfolgeregierung des Hitlerregimes verhandlungsfähig sein würde. Stalin schloss sich der Casablanca-Formel etwas zögernd an (die sowjetische Politik differenzierte auch mindestens propagandistisch zwischen dem deutschen Volk und dem NS-Regime).

Hinter der Forderung nach bedingungsloser Kapitulation, gegen die namentlich in Großbritannien, aber auch in den USA Bedenken erhoben wurden, weil sie ja durchaus kriegsverlängernd wirken und verzweifelte Patrioten um Hitler scharen und zur äußersten Anstrengung anstacheln konnte, standen mehrere Argumentationslinien. Roosevelt war davon überzeugt, am Ende des Zweiten Weltkrieges müssten die Deutschen mit äußerster Konsequenz zum Eingeständnis ihrer Niederlage gezwungen werden. Die Möglichkeit, die Niederlage wie 1918 zu verleugnen oder zu verdrängen, dürfe sich nicht wiederholen. Die Dolchstoßlegende und die Trostlüge »Im Felde unbesiegt« hatten nach dem Ersten Weltkrieg bei der Revisionspolitik, die Hitler dann zum katastrophalen Höhepunkt trieb, eine wesentliche Rolle gespielt.[8]

Die Casablanca-Formel sollte aber auch als Kitt der Anti-Hitler-Allianz dienen, das Misstrauen der Partner zerstreuen und vor allem Stalin wegen der so lange ausbleibenden zweiten Front gegen Deutschland beschwichtigen. Für Roosevelt war die Forderung nach bedingungsloser Kapitulation nichts anderes als logisch und aus dem politischen Denken der Amerikaner verständlich. Die große und einzige eigene Kriegserfahrung im Lande, der Bürgerkrieg, hatte nicht anders als mit der vollständigen Unterwerfung der unterlegenen Südstaaten enden können, und noch einmal, wie nach dem Ersten Weltkrieg, gewissermaßen um die Früchte der Anstrengungen und Opfer auf dem fernen europäischen Kriegsschauplatz geprellt werden wollten Roosevelt und mit ihm die Mehrheit der Amerikaner auch nicht.

Ähnlich wie US-Präsident Wilson im Ersten Weltkrieg für eine anschließende allgemeine Friedensordnung gekämpft hatte, war Roosevelts oberstes Kriegsziel die Idee der globalen Friedens- und Interessensicherung durch das Instrument der Vereinten Nationen. Zur Errichtung dieser Organisation war Handlungsfreiheit ohne Vorbedingungen erforderlich, und je eindeutiger die Niederlage der Aggressoren in Deutschland, Japan und Italien sein würde, desto besser würde das für die Errichtung der Nachkriegsordnung sein.[9]

Ab Frühjahr 1943 wurde in den Hauptstädten der Alliierten geplant, welche Maßnahmen gegen Deutschland nach der Kapitulation (die nach Kriegslage nur eine Frage der Zeit sein konnte) ergriffen werden sollten. So vage die Überlegungen auch noch waren, so stand doch fest, dass Deutschland nach Kriegsende von alliierten Truppen besetzt sein würde, die garantieren sollten, dass – anders als nach dem Ersten Weltkrieg – das deutsche Kriegspotenzial zerschlagen und jegliche Möglichkeit zu künftigen, von Deutschland entfachten Kriegen beseitigt werden würde. Von Bestrafung der »schuldigen barbarischen Führer« und Vergeltung war ab Frühjahr 1943 ebenfalls die Rede. Churchill kündigte im Juni 1943 an, dass die Maßnahmen getroffen würden, »die notwendig sind, um die Welt davor zu bewahren, noch einmal durch die abgefeimten Machenschaften und räuberischen Überfälle solcher Leute in Raserei, Zerrüttung und Todesnacht gestürzt zu werden. Es bedeutet nicht und kann niemals bedeuten, daß wir unsere siegreichen Waffen durch Unmenschlichkeit oder schiere Rachlust beflecken sollen.«[10] Churchill nannte die Maßnahmen, die seiner Meinung nach ergriffen werden sollten und über die Einigkeit zwischen Moskau, London und Washington bestehe, nämlich die Aufteilung Deutschlands in mehrere Staaten unter endgültiger Abtrennung von Ostpreußen und der deutschen Gebiete östlich der Oder. Preußen würde zerschlagen und das Ruhrgebiet sowie die anderen Zentren der Kohle- und Stahlproduktion müssten dem Einfluss Preußens entzogen werden.

Über Preußen, das eine dominierende Stellung in Deutschland hatte, das als Bundesstaat seit Bismarcks Zeiten drei Fünftel des Territoriums des Deutschen Reiches einnahm, auf dem nach der Volkszählung vom Juni 1933 fast 40 Millionen Menschen lebten, während das ganze Deutsche Reich 66 Millionen Einwohner hatte, wurde auf Seiten der Alliierten überhaupt viel nachgedacht. Auf der Konferenz in Washington im Mai 1943 debattierten Churchill und Roosevelt über das Lieblingsprojekt des britischen Premiers, eine Donauföderation (bestehend aus Süddeutschland, Österreich und Ungarn) mit Wien als Hauptstadt. Das setzte die Trennung Preußens von Deutschland bzw. die Zerschlagung Preußens in mehrere Teile voraus.[11] In Quebec erörterten dann im August des gleichen Jahres die Außenminister der beiden Westmächte die Aufteilung Deutschlands in mehrere unabhängige Staaten.

Vom 19. bis 30. Oktober 1943 konferierten in Moskau die Außenminister der Anti-Hitler-Koalition. Molotow, Eden und Hull verständigten sich auf Grundzüge der Deutschlandpolitik, die zum Teil später sogar realisiert wurden: Das Gebiet des Deutschen Reiches wurde als das Territorium innerhalb der Grenzen vom 1. Januar 1937 definiert. Das bedeutete, Österreich und alle anderen annektierten Gebiete würden nach der Kapitulation nicht mehr zu Deutschland gehören, das unter Besatzung durch sowjetische, britische und amerikanische Truppen käme. Die Regierungsgewalt in Deutschland sollte von einer interalliierten Kontrollkommission übernommen werden. Deren vordringliche Aufgabe würde die Entmilitarisierung, Entnazifizierung und Demokratisierung sein. Deutschlands Kriegsindustrie sollte zerstört werden, und zur Wiedergutmachung des durch Deutschland angerichteten Schadens müssten Reparationsleistungen erbracht werden. Dieses Programm basierte im Wesentlichen auf amerikanischen Vorschlägen, denen Eden und Molotow zugestimmt hatten. Die Details sollten von einem ständigen Ausschuss, der »European Advisory Commission« (EAC), ausgearbeitet werden. Diese Kommission nahm ihren Sitz in London und machte sich im Januar 1944 an die Arbeit, »die im Zusammenhang mit der Beendigung der Feindseligkeiten auftauchenden europäischen Fragen zu untersuchen und den drei Regierungen entsprechende Empfehlungen vorzulegen«[12].

Das Kommuniqué über die Beratungen der drei Außenminister in Moskau enthielt auch eine bemerkenswerte Ankündigung, die in der

Form einer feierlichen gemeinsamen Erklärung von Roosevelt, Churchill und Stalin am 1. November 1943 publiziert wurde. Die Proklamation handelte von Grausamkeiten, Massakern und Massenexekutionen in den von Deutschland besetzten Ländern Europas. Die Brutalität der Naziherrschaft sei nichts Neues und alle Völker oder Länder unter deutscher Gewalt hätten darunter gelitten, neu sei aber – und das warf auch Licht auf die beginnende Agonie der deutschen Herrschaft –, dass die vor den alliierten Befreiungsarmeen zurückweichenden »Hitleriten und Hunnen ihre unbarmherzigen Grausamkeiten verdoppeln«. Mit besonderer Deutlichkeit werde dies durch ungeheure Verbrechen auf dem Gebiete der Sowjetunion, in Frankreich und Italien bewiesen. Gemeint waren die unmenschlichen und völkerrechtswidrigen Vergeltungsaktionen der deutschen Truppen, vor allem der SS, gegenüber Résistance, Partisanen und unschuldigen Zivilisten. Geiselmorde wie in Lidice stehen für solche Gräueltaten.[13] (Für die Ermordung von mehr als 4000 polnischen Offizieren, die im April 1943 in einem Massengrab im Wald von Katyn bei Smolensk entdeckt wurden, war die Sowjetregierung verantwortlich, aber auch dieser Fall wurde dem deutschen Schuldkonto angelastet.[14]) Im Namen der Vereinten Nationen ließen die Regierungschefs der drei Großmächte erklären, wie die Bestrafung der Schuldigen aussehen sollte: »Sobald irgendeiner in Deutschland gebildeten Regierung ein Waffenstillstand gewährt werden wird, werden jene deutschen Offiziere, Soldaten und Mitglieder der Nazipartei, die für die obigen Grausamkeiten, Massaker und Exekutionen verantwortlich gewesen sind oder an ihnen zustimmend teilgehabt haben, nach den Ländern zurückgeschickt werden, in denen ihre abscheulichen Taten ausgeführt wurden, um gemäß den Gesetzen dieser befreiten Länder und der freien Regierungen, welche in ihnen errichtet werden, vor Gericht gestellt und bestraft zu werden ... So werden Deutsche, die an Massenerschießungen von polnischen Offizieren oder an der Exekution von französischen, holländischen, belgischen oder norwegischen Geiseln oder kretischen Bauern teilnahmen oder die teilgehabt haben an den Blutbädern unter dem polnischen Volk oder in den Gebieten der Sowjetunion, die jetzt vom Feinde reingefegt sind, damit rechnen müssen, daß sie an den Schauplatz ihrer Verbrechen zurückgebracht und an Ort und Stelle von den Völkern abgeurteilt werden, denen sie Gewalt angetan haben. Mögen sich diejenigen, die ihre

Hand bisher nicht mit unschuldigem Blut besudelt haben, davor hüten, sich den Reihen der Schuldigen beizugesellen, denn mit aller Sicherheit werden die drei alliierten Mächte sie bis an die äußersten Enden der Welt verfolgen und sie ihren Anklägern ausliefern, damit Gerechtigkeit geschehe.«

Und dann folgte noch eine Ankündigung, die, als sie im Nürnberger Hauptkriegsverbrecherprozess vor alliiertem Tribunal 1945/46 verwirklicht wurde, Rechtsgeschichte machte: »Die obige Erklärung erfolgt mit Vorbehalt der Rechte gegenüber den deutschen Verbrechern, deren Vergehen keine bestimmte örtliche Beschränkung haben; sie werden durch gemeinsames Urteil der Regierungen der Verbündeten bestraft werden.«[15]

In Teheran, wo vom 28. November bis 1. Dezember 1943 Roosevelt, Churchill und Stalin erstmals gemeinsam am Konferenztisch saßen, war auch, nebenbei und ziemlich allgemein, aber jetzt ganz offiziell, von der Möglichkeit die Rede, Polen nach Westen zu schieben, also die sowjetischen Ansprüche auf polnisches Gebiet im Osten durch deutsche Abtretungen an Polen im Westen zu kompensieren. Auf der Teheraner Konferenz, die in der dortigen sowjetischen Botschaft stattfand, zeichneten sich auch die Konturen eines zerstückelten Deutschlands ab, jedoch blieb noch alles in der Schwebe. Roosevelt dachte daran, Deutschland in fünf selbstständige Staaten aufzugliedern und weitere Gebiete, nämlich Kiel, den Nord-Ostsee-Kanal und Hamburg sowie die schwerindustriellen Gebiete an der Ruhr und an der Saar unter internationale Verwaltung zu stellen. Churchill propagierte wieder seine Lieblingsideen der Trennung Preußens vom übrigen Deutschland und der Errichtung einer bayerisch-österreichisch-ungarischen Föderation entlang der Donau. Stalin schien Zurückhaltung zu üben – es sei verfrüht, über sowjetische Forderungen zu sprechen –, aber er versicherte sich der Zustimmung der Westalliierten gegenüber seinen Polen-Plänen und zum sowjetischen Anspruch auf das ostpreußische Königsberg (wegen des angeblich eisfreien Hafens) nebst Umgebung.[16]

In London war inzwischen die European Advisory Commission (EAC) an der Arbeit, ein Kollegium von drei Berufsdiplomaten, die von den Außenministerien der drei Großmächte ihre Instruktionen erhielten. Moskau und Washington hatten ihre Botschafter in London dazu bestimmt, Großbritannien war durch William Strang, Assistant Under

Secretary of State im Foreign Office, vertreten. Der Amerikaner, John G. Winant, war ein persönlicher Freund Roosevelts, der Russe, Fedor T. Gusew, galt als schwierig, extrem humorlos und eher undiplomatisch im Verhandeln. Die EAC errichtete ein anteilig besetztes Sekretariat und einige Unterausschüsse und hielt bis August 1945 20 formelle und 97 informelle Sitzungen ab. Formal gesehen waren die bis zum Sommer 1945 dauernden Beratungen Gespräche auf Botschafterebene der drei Großmächte, materiell hatten die EAC-Beschlüsse aber beträchtliche Bedeutung. Ab Ende November 1944 war auch Frankreich in der EAC vertreten. Über die Grundstruktur der Besetzung und Verwaltung Deutschlands hatten sich aber im Laufe des Jahres 1944 schon die Vertreter der Sowjetunion, der USA und Großbritanniens geeinigt.

Im Juli 1944 hatten sie den Entwurf der Kapitulationsurkunde fertiggestellt und den Regierungen in Washington, Moskau und London zur Genehmigung unterbreitet. Der Entwurf, der am Ende des Krieges schließlich in der Schublade bleiben sollte, bestand aus drei Teilen, der Präambel, mit der Deutschland die vollständige Niederlage uneingeschränkt anerkennen sollte, der zweite Teil enthielt die militärisch erforderlichen Details über die Einstellung der Feindseligkeiten, und im dritten Teil wurde die allgemeine politische Qualität der Unterwerfung konstatiert. Er hatte folgenden Wortlaut:

»a) Die Vereinigten Staaten von Amerika, das Vereinigte Königreich und die Union der Sozialistischen Sowjetrepubliken erhalten höchste Autorität in Bezug auf Deutschland. In Ausübung solcher Autorität werden sie solche Schritte einschließlich der vollständigen Entwaffnung und Demilitarisierung Deutschlands unternehmen, wie sie von ihnen für zukünftigen Frieden und Sicherheit für erforderlich erachtet werden.

b) Die Alliierten Vertreter werden zusätzliche politische, administrative, wirtschaftliche, finanzielle, militärische und andere Erfordernisse, die sich aus der Kapitulation Deutschlands ergeben, durchführen. Die Alliierten Vertreter oder Personen oder Dienststellen, die ordnungsgemäß dazu befugt sind, in deren Vollmacht zu handeln, werden Proklamationen, Befehle, Verordnungen und Anweisungen herausgeben zu dem Zweck, solche zusätzlichen Erfordernisse niederzulegen und den anderen Bestimmungen der gegenwärtigen Urkunde Wirkung zu verschaffen. Die Deutsche Regierung, das Deutsche Oberkommando, alle deutschen Behörden und das deutsche Volk sollen bedingungslos die Anweisungen der Alliierten Vertreter ausführen und sollen sich vollkommen den Proklamationen, Befehlen, Verordnungen und Anweisungen unterwerfen.«[17]

Im Zonenprotokoll der EAC vom 12. September 1944 war fixiert, wie Deutschland innerhalb seiner Grenzen vom 31. Dezember 1937 zum Zwecke der Besetzung gegliedert werden sollte. Die Einteilung folgte im Wesentlichen britischen Plänen; sie sah drei der Bevölkerungszahl nach etwa gleich große Gebiete vor (die sowjetische Zone war der Fläche nach dadurch fast genauso groß wie das von Engländern und Amerikanern zu besetzende Gebiet). Im Übrigen entsprachen die Grenzlinien zwischen der östlichen (sowjetischen), der nordwestlichen (britischen) und südwestlichen (amerikanischen) Zone schon exakt der späteren Demarkation zwischen den beiden deutschen Staaten Bundesrepublik und DDR, wenn man die Gebiete, die unter russische und polnische Hoheit fallen sollten – Ostpreußen, Danzig, Schlesien, Pommern –, von der unter sowjetische Besatzung fallenden Ostzone abzieht. Im September 1944 stand auch fest, dass Berlin, in Sektoren geteilt, als besonderes Territorium durch eine gemeinsame »Kommandatura« von den Alliierten kollektiv verwaltet werden sollte.

Wenig später, am 14. November 1944, unterzeichneten die drei EAC-Delegierten auch den Entwurf eines Abkommens über den Kontrollmechanismus, dem Deutschland nach dem alliierten Sieg unterworfen werden sollte. Vorgesehen war – und so wurde es dann auch praktiziert –, dass die Oberkommandierenden der alliierten Streitkräfte in ihrer jeweiligen Zone allein die höchste Autorität haben sollten. Gemeinsam sollten sie zuständig sein in Angelegenheiten, die Deutschland als Ganzes betrafen. Die Lenkungsbehörde als gemeinsame Körperschaft der Oberkommandierenden sollte der Alliierte Kontrollrat sein, der voraussichtlich in Berlin seinen Sitz haben würde. Mit diesen Beschlüssen der EAC waren der Rahmen und der technische Mechanismus der Besatzungsherrschaft, wie sie unmittelbar nach der Kapitulation Deutschlands errichtet werden sollte, konstruiert worden, nichts weiter. Monate später, als die EAC-Entwürfe Realität wurden, bestand die wesentlichste Änderung darin, dass statt der drei vorgesehenen vier Besatzungsmächte in Deutschland präsent waren, nachdem für Frankreich ein Stück aus der Südwest-Zone der

Amerikaner abgeschnitten und ein vierter Sektor in Berlin eingerichtet worden war[18].

Morgenthau-Plan und JCS 1067

Die Pläne, was politisch aus Deutschland werden sollte, ob es nun in Einzelstaaten aufgelöst oder in Form eines Staatenbundes föderalisiert werden, ob es entindustrialisiert und agrarisiert werden oder ob seine Bodenschätze und das deutsche Schwerindustriepotenzial auf Dauer unter fremde Verwaltung kommen sollten – die Deutschlandpläne waren ebenso unscharf wie disparat. Aber es waren nicht nur die Vorstellungen, denn Pläne konnte man sie kaum nennen, die sich voneinander unterschieden. Auch in London und in Washington propagierten die militärischen Planungsstäbe andere Ideen als die Beamten des jeweiligen Außenministeriums oder die Berater des US-Präsidenten.

So entstand im August und September 1944 in Washington der nach dem Finanzminister Henry Morgenthau benannte Deutschlandplan, nach dem u. a. eine nahezu totale Demontage der Industrie und die Umwandlung Deutschlands in ein Agrarland vollzogen werden sollten. Der Morgenthau-Plan war ein Reflex auf Überlegungen im US-Außenministerium und bei den militärischen Stäben, die zu jener Zeit Instruktionen für die Besatzungstruppen entwarfen. Ebenso wie die deutschlandpolitischen Konzepte des State Department – festgelegt in der »Denkschrift über Deutschland« vom Sommer 1944 – erschien das geplante »Handbuch für die Militärregierung in Deutschland«, das die militärischen Stäbe verantworteten, den Falken in der Umgebung Roosevelts nicht als ausreichend hart gegenüber Deutschland[19].

Der Morgenthau-Plan enthielt in 14 Punkten die Quintessenz der Maximalziele gegen Deutschland: vollständige Entmilitarisierung, Abtrennung der Ostgebiete und der Saar, Rheingrenze, Aufteilung Restdeutschlands in zwei unabhängige Staaten, Entindustrialisierung, politische Dezentralisation, Kontrolle der Wirtschaft. Das Dokument blieb aber eine Episode. Außenminister Cordell Hull und Kriegsminister Stimson opponierten so heftig und erfolgreich, dass der Plan, obwohl

Roosevelt ihn paraphiert und Churchill ihn bei der zweiten Quebec-Konferenz (11. bis 19. September 1944) widerwillig zustimmend zur Kenntnis genommen hatte, am 1. Oktober 1944 schon wieder begraben war. Ein offizielles Dokument der amerikanischen Politik war er nie gewesen und auch in der Öffentlichkeit war er missbilligt worden. Wirkung hatte der Morgenthau-Plan natürlich trotzdem, aber vor allem als Legende, und mit wachsender Entfernung von der Zeit und den Umständen seiner Entstehung erschien er immer gefährlicher und brauchbarer als Propagandawaffe gegen die USA und als Argument im Arsenal des Antisemitismus. Denn Morgenthau war Jude und das nutzen Rechtsextreme bis in die Gegenwart als angeblichen Beweis »jüdischer Heimtücke«.[20]

Ähnlich war auch die Bedeutung der berühmten Direktive JCS 1067, die von den Vereinigten Stabschefs (Joint Chiefs of Staff) des amerikanischen Heeres, der Marine und der Luftwaffe 1944 entworfen worden war. Unter der Überschrift »Grundlegende Ziele der Militärregierung in Deutschland« hieß es in diesem Dokument, das in seiner letzten Version schließlich die Arbeitsanweisung für den Oberbefehlshaber der US-Zone bildete:

»a) Es muß den Deutschen klargemacht werden, daß Deutschlands rücksichtslose Kriegführung und der fanatische Widerstand der Nazis die deutsche Wirtschaft zerstört und Chaos und Leiden unvermeidlich gemacht haben, und daß sie nicht der Verantwortung für das entgehen können, was sie selbst auf sich geladen haben.

b) Deutschland wird nicht besetzt zum Zwecke seiner Befreiung, sondern als ein besiegter Feindstaat. Ihr Ziel ist nicht die Unterdrückung, sondern die Besetzung Deutschlands, um gewisse wichtige alliierte Absichten zu verwirklichen. Bei der Durchführung der Besetzung und Verwaltung müssen Sie gerecht, aber fest und unnahbar sein. Die Verbrüderung mit deutschen Beamten und der Bevölkerung werden Sie streng unterbinden.

c) Das Hauptziel der Alliierten ist es, Deutschland daran zu hindern, je wieder eine Bedrohung des Weltfriedens zu werden. Wichtige Schritte zur Erreichung dieses Zieles sind die Ausschaltung des Nazismus und des Militarismus in jeder Form, die sofortige Verhaftung der Kriegsverbrecher zum Zwecke der Bestrafung, die industrielle Abrüstung und Entmilitarisierung Deutschlands mit langfristiger Kontrolle des deutschen Kriegspotentials und die Vorbereitungen zu einem späteren Wiederaufbau des deutschen politischen Lebens auf demokratischer Grundlage.

d) Andere alliierte Ziele sind die Durchführung des Reparations- und Rückerstattungsprogramms, Nothilfe für die durch den Naziangriff verwüsteten Länder und die Betreuung und Rückführung der Kriegsgefangenen und Verschleppten der Mitgliedstaaten der Vereinten Nationen.«[21]

Die Direktive erhielt Ende April 1945 in der 6. Fassung ihre endgültige Form. Präsident Truman billigte sie am 10. Mai 1945, formell in Kraft war sie streng genommen nur ein paar Wochen lang im Sommer 1945, bis zum Ende der Potsdamer Konferenz. Aber auch bei JCS 1067 war die Wirkung lange anhaltend, wegen des strengen Tones, wegen des Morgenthau-Geistes, der in den Formulierungen anzuklingen schien, wegen der gleichen Entstehungszeit der beiden Dokumente. Die Direktive war aber kein Deutschlandplan, sondern lediglich eine Arbeitsanweisung für den Chef der amerikanischen Besatzungstruppen, und dies ausdrücklich auch nur für die erste Zeit nach der deutschen Niederlage. In der Einleitung hieß es deutlich genug, dass die Direktive »keine endgültige Festlegung der Politik unserer Regierung bezüglich der Behandlung Deutschlands in der Nachkriegswelt darstelle«.

Für einen weiteren Programmpunkt, der in den Überlegungen der Morgenthau-Gruppe ebenfalls zentrale Bedeutung hatte, war auf der Krimkonferenz im Februar 1945 sogar ein eigener interalliierter Ausschuss gegründet worden: für das Problem der Aufteilung Deutschlands. Aber die Zeit der Zerstückelungspläne war eigentlich schon wieder vorbei. Stalin hatte offenbar schon 1944 das Interesse daran verloren, Deutschland auf diese Art zu schwächen und auf Dauer niederzuhalten. Es lag auf der Hand, dass ein zwar um die Ostgebiete zugunsten Polens und der Sowjetunion verkleinertes, im Übrigen aber einheitliches Restdeutschland sowjetischer Politik die besseren Möglichkeiten zur Einflussnahme (und zur Gewinnung von Reparationen) bieten würde als ein Bündel von Kleinstaaten, die danach streben würden, sich in die Rolle von Satelliten Frankreichs, Großbritanniens und der USA zu begeben.

Die Krim-Konferenz

Im Livadia-Palais, einer 1911 im Neorenaissance-Stil erbauten ehemaligen Sommerresidenz der russischen Zaren bei Jalta auf der Halbinsel Krim, hielten die »Großen Drei« vom 4. bis 11. Februar 1945 ihre zweite und letzte Konferenz vor dem Ende des Krieges in Europa. Roosevelt und Churchill waren aus Malta, wo sie eine bilaterale Vorkonferenz veranstaltet hatten, mit Flugzeugen in Begleitung eines Stabes von insgesamt 700 Mitarbeitern angereist. Das Livadia-Palais zeigte noch, ebenso wie die Umgebung bis hin zum fast ganz zerstörten Sewastopol, die Spuren deutscher Besetzung und der Verwüstungen, die die Wehrmacht beim Rückzug angerichtet hatte. Das Livadia-Palais selbst war für die amerikanische Delegation, die dort residierte, notdürftig instand gesetzt und wieder möbliert worden. Im Ballsaal fanden die acht Plenarsitzungen der Konferenz statt, Besprechungen im kleineren Kreis – der Außenminister oder der Militärs untereinander – hatten andere Schauplätze der an Villen und Palästen reichen »Riviera« der ehemaligen mondänen Gesellschaft der Zarenzeit. Das Hauptquartier der britischen Delegation befand sich in der »Villa Woronzow«, etwa 12 Kilometer von Livadia entfernt, Stalin, der mit der Eisenbahn aus Moskau angereist war, residierte etwa gleich weit entfernt in der »Villa Koreiz«[22].

Stalin ging es in Jalta vor allem darum, Ost- und Südosteuropa weitgehend als Interessensphäre der Sowjetunion anerkannt zu erhalten oder, weil Churchill so stark bremste, doch wenigstens auslegungsfähige Formeln hinsichtlich Polens (Forderung nach Zustimmung zur Curzon-Linie als Ost- und der Oder-Neiße-Linie als Westgrenze) und der sowjetischen Rolle gegenüber den Balkanstaaten festschreiben zu lassen. Ferner war Stalin an der Festsetzung der Reparationssummen interessiert, die Deutschland auferlegt werden sollten, und des Anteils, den die UdSSR davon erhalten sollte. Stalin schlug 20 Milliarden US-Dollar vor, davon wollte er die Hälfte. Diese Forderung war in Jalta noch theoretisch zu erörtern, ein halbes Jahr später in Potsdam trug das stereotype Zehnmilliardenpostulat schon erheblich zur Verschlechterung der Beziehungen der Sowjetunion zu den Westmächten bei. Des amerikanischen Präsidenten Roosevelt Anliegen bei der Jalta-Konferenz bestand vor allem darin, von Stalin die Zusage zum Kriegseintritt gegen Japan (nach der Niederlage Deutschlands) zu erlangen, er wollte sich aber auch der Kooperation der Sowjetunion bei der Etablierung der Vereinten Nationen versichern. Die Gründung einer dauerhaften Friedensorganisation war ja seit der Atlantik-Charta von 1941 das feierlich deklarierte wichtigste Kriegsziel aller Alliierten. Und zudem wollte Roosevelt, ebenso wie Churchill, den Expansionsdrang der Sowjets in Ost- und Südosteuropa in einer Art freundschaftlichen Misstrauens nicht ganz außer Kontrolle geraten lassen.

Die Verhandlungen in Jalta waren, weil die westlichen Verbündeten dem östlichen Partner misstrauten, weil so viele Wechsel auf eine ungewisse Zukunft ausgestellt werden mussten und weil die Interessen der Beteiligten und ihrer verschiedenen Klientel so weit auseinandergingen, ziemlich chaotisch, und die Tragweite etlicher Beschlüsse oder Verabredungen sollte sich erst viel später herausstellen. Etwa die verhängnisvollen Konsequenzen für Hunderttausende von Sowjetbürgern, die im Gefolge der deutschen Wehrmacht – freiwillig oder unfreiwillig – ihre Heimat verlassen hatten und die nach dem 8. Mai 1945 durch Repatriierungskommissionen, ob sie wollten oder nicht, in die Sowjetunion gebracht wurden, wo auf die meisten düstere Geschicke warteten.

Großmacht-Ambitionen Frankreichs

Relevant für Deutschland oder was davon übrig bleiben sollte war der Beschluss der Großen Drei, die vollständige Entwaffnung und Entmilitarisierung Deutschlands sicherzustellen und dem besiegten Gegner hohe Reparationen aufzuerlegen. Und von erheblicher Bedeutung war auch das Übereinkommen, Frankreich (das hieß, dessen provisorische Regierung unter General de Gaulle, die im Herbst 1944 zuerst von den Westmächten und etwas später auch vom Kreml anerkannt worden war) als vierte Macht zur Teilnahme an der alliierten Kontrolle Deutschlands einzuladen und eine eigene Besatzungszone einzuräumen. Diese sollte im Südwesten aus dem amerikanischen und dem britischen Okkupationsgebiet herausgeschnitten werden, die sowjetische Zone würde unverändert bleiben.

Nach dem militärischen Zusammenbruch im Juni 1940 war die nördliche Hälfte Frankreichs von deutschen Truppen okkupiert geblieben, im
November 1942 wurde auch der Süden besetzt; während in Vichy die
Regierung Petain von Hitlers Gnaden amtierte, organisierte General de
Gaulle in England den Widerstand gegen die deutsche Besatzung und
die Petain-Regierung. De Gaulle setzte sich gegen Rivalen in der eigenen
Reihe schließlich durch und wurde 1943 Präsident des Comité français
de Liberation nationale, aus dem 1944 die provisorische Regierung der
befreiten Republik Frankreich hervorging. Wie ein Regierungschef hatte
sich de Gaulle aber auch vorher betragen; nicht nur wegen der Rivalität
zwischen ihm und General Giraud waren die Franzosen unbequeme
Bundesgenossen im Lager der westlichen Alliierten. Den Anspruch, als
Großmacht respektiert zu werden, hatten die Franzosen trotz Niederlage, Besetzung und faktischer Ohnmacht nie aufgegeben. Die Anerkennung der Regierung de Gaulle, die im August 1944 feierlich ins befreite
Paris eingezogen war, durch die Alliierten und die Aufnahme eines französischen Vertreters in die EAC war eine freundliche Geste seitens der
Alliierten, die für das Nachkriegsschicksal Deutschlands aber folgen-
reich wurde. In London sah man einen zusätzlichen Grund, Frankreich
wieder zum Status einer großen Macht zu verhelfen: die Sorge vor dem
sowjetischen Übergewicht in einem Europa, aus dem sich die Amerikaner vermutlich wieder zurückziehen würden.[23]

Seit Herbst 1944 verfolgte General de Gaulle mit äußerster Energie
das Ziel, die Großmachtstellung der französischen Nation wiederherzustellen, und zwar noch vor der endgültigen Niederlage des Deutschen
Reiches. Um die Demütigung von fast vier Kriegsjahren unter deutscher
Okkupation zu überwinden, wollte de Gaulle einen möglichst großen
Anteil an der Eroberung und Besetzung deutschen Territoriums haben,
ein Ziel, das die französischen Divisionen mit Hilfe amerikanischer Aus-
rüstung und britisch-amerikanischer Duldung, unter deren Oberbefehl
sie kämpften, einigermaßen erreichten. Die politischen Absichten und
Ziele der Franzosen gegenüber Deutschland kristallierten sich in Forderungen, die bis Anfang 1946 ohne Konkretisierung der Einzelheiten
und ohne konstruktive Detailplanung artikuliert wurden.

Die vier Hauptziele, die de Gaulle seit dem Sommer 1944 anderthalb
Jahre lang propagierte, hießen: Das Deutsche Reich sollte in autonome

Bestandteile zerlegt werden, das Rheinland sollte französischen Sicherheitsinteressen zuliebe ganz von Deutschland abgetrennt werden, das Ruhrgebiet sollte unter internationale Kontrolle kommen, das Saargebiet mit seinen Kohlegruben Frankreich an- oder eingegliedert werden. Mit der Sowjetunion gab es gewisse Berührungspunkte und gemeinsame Interessen. Wenn de Gaulle bei seinem Moskauaufenthalt im Dezember 1944 die Oder-Neiße-Linie als künftige deutsche Ostgrenze akzeptierte, so erhoffte er von Stalin die Anerkennung der Rheingrenze im Westen, und die internationale Ruhrkontrolle (unter sowjetischer Beteiligung) war für den Kreml ein ebenfalls erstrebenswertes Ziel.[24]

Trotzdem hielt sich Stalin de Gaulle gegenüber bedeckt. Er telegrafierte Churchill, die Begegnung mit dem französischen General habe Gelegenheit für einen »freundschaftlichen Meinungsaustausch geboten. Im Verlauf des Gesprächs warf General de Gaulle, wie ich erwartet hatte, zwei große Themen auf – die französische Grenze am Rhein und den Abschluß eines französisch-sowjetischen Beistandspaktes nach dem Muster des englisch-sowjetischen Vertrages. Zu einer französischen Grenze am Rhein habe ich dem Sinne nach erklärt, daß die Angelegenheit nicht ohne Wissen und Zustimmung unserer Hauptverbündeten entschieden werden kann, deren Streitkräfte auf französischem Boden einen Befreiungskampf gegen die Deutschen führen. Ich habe die Schwierigkeit des Problems nachdrücklich betont.« Und Churchill antwortete zwei Tage später in einer »dringenden, persönlichen und streng geheimen Botschaft« an Stalin, dass es gegen einen französisch-sowjetischen Beistandspakt natürlich keinerlei Einwände gebe. Gegen die übrigen Absichten de Gaulles hatte der britische Premier aber erhebliche Bedenken: »Die Frage einer Verlegung der französischen Ostgrenze an das linke Rheinufer beziehungsweise die Bildung einer rheinisch-westfälischen Provinz unter internationaler Kontrolle sollte, zusammen mit den anderen Lösungsmöglichkeiten, bis zu einer Regelung durch die Friedenskonferenz zurückgestellt werden.« Es gebe jedoch keinen Hinderungsgrund, beim Dreiertreffen auf der Krim das Problem einer Lösung näher zu bringen, auch wenn Frankreich auf Wunsch des amerikanischen Präsidenten an der Konferenz nicht teilnehme.[25]

Die weitreichenden französischen Pläne erwiesen sich dann gerade deshalb zum großen Teil als illusionär, weil Frankreich im Konsortium der Großmächte allenfalls als Juniorpartner betrachtet wurde. Ebenso wie zum Gipfeltreffen in Jalta im Februar wurde de Gaulle dann auch nicht nach Potsdam im Juli 1945 eingeladen. Das Bewusstsein, nur als Größe zweiten Ranges betrachtet und behandelt zu werden, kränkte in Paris ungemein.[26]

Die Aufteilungs- und Zerstückelungspläne veralteten in der Endphase des Krieges ziemlich rasch. Ein britischer Planungsstab war schon im Herbst 1944 zu dem Ergebnis gekommen, dass eine politische Zergliederung Deutschlands dessen Wirtschaftskraft so schwächen würde, dass mit ernsten Problemen zu rechnen sei: der Abhängigkeit der neuen Staatsgebilde von anderen Ländern, dem Absinken des Lebensstandards, wodurch die Unabhängigkeit der neuen Staaten in Gefahr geriete, der Reduzierung der deutschen Leistungsfähigkeit im Hinblick auf Reparationen. Zu den wichtigsten Argumenten der britischen Experten gehörte folgende Überlegung: »Eine Zerstückelung würde eine Verarmung Deutschlands zur Folge haben, die Erholung der ganzen Welt von den Kriegsschäden verlangsamen und somit auf lange Sicht auch den britischen Wirtschaftsinteressen schaden.«[27]

Der britische Schatzkanzler Anderson hatte sich Anfang März 1945, ausgesprochen skeptisch gegenüber den Konferenzergebnissen von Jalta, gegen Aufteilungstendenzen gewandt; auch er führte ökonomische Gründe an, als er in seinem Memorandum schrieb, nach seiner Auffassung könne Großbritannien entweder eine Reparations- oder eine Zerstückelungspolitik verfolgen, aber bestimmt nicht beides auf einmal. Er hatte sich für Reparationen entschieden: »Eine brauchbare Reparationspolitik muss Deutschland einige Aussicht auf ein Existenzminimum lassen und, solange Reparationsleistungen verlangt werden, auch Aussichten auf ein gewisses Maß an Exporten zum Ausgleich für die erforderlichen Importe. Nur wenn die deutsche Wirtschaft insgesamt zu Reparationsleistungen herangezogen wird, ist eine Reparationen größeren Umfangs vorsehende Politik, die diese Bedingungen erfüllt, möglich.«[28]

Die Absicht, Deutschland zu zergliedern, wie sie auf der Teheraner Gipfelkonferenz der Anti-Hitler-Koalition propagiert und auf der Krimkonferenz scheinbar bekräftigt und durch die Einsetzung der entsprechenden Kommission institutionalisiert worden war, wurde tatsächlich schon im Frühjahr 1945, noch vor der Kapitulation des Dritten Reiches, begraben bzw. zur bloßen Drohung herabstilisiert. Wollte Stalin die deutsche Kuh, von der so viel Milch erwartet wurde, nicht schlachten, so wollten sich die ökonomisch denkenden Politiker in Washington und London doch auch nicht ins eigene Fleisch schneiden: Eine kontrollierte deutsche Industrie würde bei gleichzeitiger Entwaffnung und Entmilitarisierung Deutschlands sowohl Sicherheit garantieren als auch den britischen Wirtschaftsinteressen entsprechen. Davon versuchte der britische Außenminister Eden die Nur-Revanchepolitiker zu überzeugen; eine Handvoll deutscher Kleinstaaten würde ökonomisch für die Sieger des Weltkrieges ein Ballast und politisch eine Irredenta sein, beides zusammen würde für die erhoffte neue Ordnung Europas eine schwer erträgliche Hypothek bilden.

2. DER ZUSAMMENBRUCH DES NS-STAATES UND DIE BEDINGUNGSLOSE KAPITULATION

Die amerikanischen, britischen und sowjetischen Generalstäbler waren sich in Jalta einig, dass die Niederlage Deutschlands frühestens um den 1. Juli, spätestens Ende des Jahres 1945 Tatsache sein würde.[29] Die Annahmen beruhten auf britischen Beratungen, die im Januar 1945 das militärische Ende des Deutschen Reichs im günstigsten, jedoch als unwahrscheinlich angesehenen Fall für Mitte April, im »einigermaßen günstigen Fall« Ende Juni und im »ungünstigen Fall«, wenn nämlich der russische Vormarsch vor Oberschlesien zum Stillstand käme und im Westen die alliierte Frühjahrsoffensive (u. a. wegen der angenommenen qualitativen Überlegenheit deutscher Panzer und Düsenflugzeuge) stecken bleibe, Anfang November 1945.[30] Die Amerikaner waren jedoch noch vorsichtiger als die Briten und vermuteten das Kriegsende rein rechnerisch am 31. Dezember 1945.

Der deutsche Zusammenbruch war freilich, als die Alliierten dies planten und rechneten, schon weit fortgeschritten. Den »totalen Krieg« zu führen, den Hitlers Propagandaminister Goebbels im Februar 1943 ausgerufen hatte, waren die Alliierten je länger desto mehr in der Lage als Deutschland, das im September 1944 die letzten »waffenfähigen Männer«, kaum ausgebildet und kläglich ausgerüstet, zum »Volkssturm«, zum letzten Aufgebot, rufen musste. »Totaler Krieg« wurde seit 1942 von der britischen und der amerikanischen Luftwaffe gegen deutsche Städte geführt. Sie teilten sich die Arbeit, das Bomber-Command der Royal Air Force kam nachts, die United States Army Air Forces flogen ihre Bombenlast am Tage. Insgesamt waren es 1,35 Millionen Tonnen Bomben, die über dem Reichsgebiet abgeworfen wurden, der größere Teil davon auf Städte. Die Flächenbombardements waren militärisch ebenso sinnlos, wie es die Angriffe der deutschen Luftwaffe gegen London im Jahre 1940 waren. Sie waren ebenso sinnlos wie der Einsatz der deutschen V-Waffen gegen London oder Antwerpen, aber sie hatten unvergleichbare Ergebnisse. Noch in den letzten Wochen des Krieges sanken Städte in Schutt und Asche, Hunderttausende kamen im Inferno um, Hunderttausende wurden obdachlos. Am 3. Februar 1945 forderte ein amerikanischer Luftangriff auf Berlin 22 000 Todesopfer, am 13./14. Februar wurde Dresden vernichtet (35 000 Tote), am 16. März ging Würzburg in einem Großangriff zu über 85 Prozent zugrunde (etwa 4000 Tote). Mitte April wurde Potsdam zerstört (5000 Tote). Die erstrebte Wirkung, durch die Zerstörung der Moral und des Durchhaltewillens den Krieg zu verkürzen, stellte sich aber nicht ein und konnte auch kaum erzielt werden, weil die psychische Verfassung der Zivilisten in Dresden und Würzburg, Hildesheim, Stuttgart, Heilbronn und den anderen zerbombten Städten bei den Anstrengungen des NS-Regimes in letzter Stunde keine Rolle spielte.[31]

In seiner letzten Rundfunkrede an das deutsche Volk, am 30. Januar 1945, erklärte Hitler, »das grauenhafte Schicksal«, das sich im Osten abspiele, werde »mit äußersten Anstrengungen von uns am Ende trotz aller Rückschläge und harten Prüfungen abgewehrt und gemeistert werden«[32]. Drei Wochen später, am 24. Februar 1945, ließ Hitler in München eine Proklamation verlesen, die er aus Anlass des 25. Gründungsjubiläums der NSDAP verfasst hatte und die mit der Prophezeiung, dass das Deutsche Reich am Ende doch siegen werde, schloss: »Unser Volk hat im Laufe seiner nunmehr zweitausendjährigen Geschichte so viele furchtbare Zeiten überstanden, daß wir keinen Zweifel darüber haben dürfen, daß wir auch der jetzigen Not Herr werden! Wenn die Heimat weiterhin ihre Pflicht so wie jetzt erfüllt, ja sich in ihrem Willen, das Höchste zu leisten, noch steigert, wenn der Frontsoldat an der tapferen Heimat sich ein Beispiel nimmt und sein ganzes Leben einsetzt für diese seine Heimat, dann wird eine ganze Welt an uns zerschellen!«[33] Bis zuletzt predigte auch Goebbels die Illusion des Durchhaltens und beschwor die Hoffnung auf kriegsentscheidende Wunder.

So wurde Roosevelts Tod am 12. April 1945 in die schiefe Parallele zu des großen Preußenkönigs Friedrich II. Schicksalswende im Siebenjährigen Krieg nach dem Tode der Zarin Elisabeth im Januar 1762 gerückt, als Hitlers Propagandaminister Goebbels frohlockte, das Haupt der feindlichen Verschwörung sei vom Schicksal zerschmettert worden, und zwar vom gleichen Schicksal, das Hitler beim Attentat der Offiziere am 20. Juli 1944 beschützt habe. Das war am 19. April gewesen, am Vorabend von Hitlers 56. Geburtstag. Es war nicht nur die letzte der alljährlichen Feierstunden zum Führergeburtstag, sondern Goebbels' letzte öffentliche Rede überhaupt. Friedrich der Große spielte eine wichtige Rolle in der nationalsozialistischen Propaganda, sein Beispiel hatte Goebbels dem deutschen Volk auch bei der Rundfunkansprache am 28. Februar 1945 vor Augen gehalten, im Rahmen eines ebenso offiziellen wie grotesken Überblicks über die Kriegslage: »Ein Friedrich II. mußte *sieben* lange, bittere Jahre um sein und seines Staates nacktes Leben kämpfen, manchmal unter den aussichtslosesten Bedingungen. Und wie oft hat er in bitterem, verletztem Stolz gegen das Schicksal gehadert, das ihn aber doch nur schlug und peinigte, um ihn am Ende zu den ganz Großen in der Geschichte zu erheben und aus dem kleinen, armen und verfolgten Preußen die Keimzelle des neuen deutschen Reiches zu machen, das heute – auf jenes einzigen Königs heroischer Leistung fußend – um die geistige Führung unseres Kontinents kämpft.«[34]

Der Durchhaltepropaganda half das Regime durch drakonische Maßnahmen und Befehle nach. Am 15. Februar wurden in »feindbedrohten Reichsteilen« Standgerichte eingeführt, die den Kampfwillen der Bevölkerung durch Todesurteile stählen sollten. Diese Mechanismen funktionierten bis in die letzten Tage des Krieges, und als ultimativer Propagandatrick wurde im April 1945 die Fama einer nationalsozialistischen Partisanenorganisation verbreitet. Diese »Werwölfe« haben tatsächlich gar nicht existiert, wenn man von ganz vereinzelten Aktionen fanatisierter und verzweifelter Nazis absieht. Die psychologische Wirkung der realiter nicht vorhandenen Werwölfe auf die alliierten Truppen war aber beträchtlich, und es dauerte noch lange über die Kapitulation hinaus, bis auch die Besatzungssoldaten glaubten, dass keine Nationalsozialisten in ihrem Rücken lauerten.

Spuren deutscher Verbrechen

Aber stärker als die verzweifelten Durchhaltebefehle und Propaganda-
gesten des untergehenden Hitlerregimes wirkten die Taten, die im Namen des Nationalsozialismus verübt wurden, die mit »Kriegführung«
nicht das Geringste zu tun hatten, und deren Spuren den alliierten Soldaten zu Augenschein kamen. Bei der Einnahme Straßburgs am 23. November 1944 fielen den Alliierten in der »Reichsuniversität«, im Institut
des Anatomieprofessors August Hirt, Leichenteile und Reste einer dubio-
sen Skelett- und Schädelsammlung in die Hände. Es war die Hinterlassen-
schaft eines der grauenhaften Projekte, die pervertierte Wissenschaftler
unter der Ägide der SS betrieben hatten. In Straßburg waren Häftlinge aus
Konzentrationslagern planmäßig ermordet worden, weil man ihre Skelette
zu anatomischen und höchst zweifelhaften rasseanthropologischen Studien verwenden wollte[35].

Die Wirkung der Entdeckung von Straßburg in der Öffentlichkeit der
alliierten Staaten war enorm. Im Juli 1944 hatte die Rote Armee in Polen
bei der Befreiung des Vernichtungslagers Lublin-Majdanek erstmals die
Überreste einer nationalsozialistischen Vernichtungsmaschinerie entdeckt. Obwohl die SS in Majdanek die Spuren ihres organisierten Mor-
dens zu verwischen versucht hatte und obwohl dort nicht mehr viele
Häftlinge zurückgeblieben waren, wurden hier und dann immer weitere
schreckliche Geheimnisse des NS-Regimes vor aller Welt offenbar. In
Auschwitz fanden die Soldaten der Roten Armee am frühen Nachmittag
des 27. Januar 1945 noch etwa 8000 Häftlinge vor. Einen großen Teil der
Lagerakten hatte die SS verbrannt, die Krematorien im Vernichtungs-
lager Birkenau (Auschwitz II) waren gesprengt, Zehntausende von Häft-
lingen waren unter entsetzlichen Umständen ins Reichsinnere evakuiert
worden.

Im Laufe der folgenden drei Monate, während die NS-Herrschaft zu-
sammenbrach und ihr immer kleiner werdendes Territorium von alliierten Truppen erobert wurde, wiederholte sich das Entsetzen der Eroberer,
bis die letzten Konzentrationslager befreit waren: Am 11. April kamen
die Amerikaner nach Buchenwald bei Weimar, vier Tage später befreiten
die Engländer Bergen-Belsen. Sie fanden Zustände vor, die sich der Be-

schreibung entziehen, für rund 14 000 Menschen kam jede Hilfe zu spät, sie starben noch in den Wochen nach ihrer Befreiung an Entkräftung, Fleckfieber, Hunger. In Dachau, dessen 33 000 Häftlinge am 29. April von der US-Army befreit wurden, bot sich den Amerikanern der Anblick eines Güterzugs mit etwa tausend Leichen – das Ende eines Evakuierungstransports aus Buchenwald. Darüber verloren Soldaten einer US-Einheit die Nerven und erschossen im Affekt ihres Entsetzens 39 Angehörige des Wachpersonals.[36]

Solche und ähnliche Spuren nationalsozialistischer Herrschaft machten auf der alliierten Seite einen Eindruck, den sich die meisten Deutschen – zumal die Unschuldigen – kaum vorstellen konnten. Schon in Jalta, als das Ausmaß der nationalsozialistischen Verbrechen noch nicht voll überschaubar war, zeigte sich Roosevelt am 4. Februar 1945 im Gespräch mit Stalin von dem wenigen, was er als Folgen deutschen Besatzungsregimes auf der Krim persönlich gesehen hatte, stark berührt. Der Diplomat Charles Bohlen, der dolmetschte, hat protokolliert: »Der Präsident stellte fest, daß er über das Ausmaß der von den Deutschen auf der Krim angerichteten Zerstörung sehr beeindruckt sei und daß er aus diesem Grunde jetzt den Deutschen gegenüber viel blutdürstiger sei als noch vor einem Jahr … Marschall Stalin entgegnete darauf, daß gerade wegen des vielen ehrlichen Blutvergießens in der Bekämpfung der Deutschen nunmehr jedermann noch blutdürstiger sei, als dies vor einem Jahr der Fall war. Er fügte noch hinzu, daß die auf der Krim angerichtete Zerstörung gering sei im Vergleich mit der Zerstörung, die in der Ukraine angerichtet worden sei … Die Deutschen seien eben Wilde und verfolgten anscheinend die schöpferische Arbeit der Menschen mit einem sadistischen Haß.«[37] Wenn die Sieger das Bedürfnis zu strafen und den Wunsch, die Deutschen zu erziehen, hatten, so waren ihnen dafür auch Gründe geliefert worden.

Agonie des Dritten Reiches

Im Herbst 1944, fünf Jahre nach dem Beginn des Krieges, standen gegnerische Armeen im Osten und im Westen an den alten Grenzen des

Deutschen Reiches. Am 21. Oktober wurde die erste deutsche Großstadt besetzt: Die Amerikaner hatten Aachen eingenommen. Die Ardennen-Offensive, Mitte Dezember 1944 gestartet, brachte für ein paar Tage der deutschen Wehrmacht den letzten Überraschungserfolg. Aber der Terraingewinn war nicht zu halten, und wenig später wurden auch die letzten Kräfte und Reserven der deutschen Luftwaffe in einem verlustreichen Angriff auf alliierte Flugplätze in den Niederlanden, in Belgien und Nordfrankreich am Neujahrstag 1945 verbraucht.

Die Aufgabe der deutschen Kriegsmarine bestand jetzt nur noch darin, Flüchtlinge aus der Danziger Bucht und aus Pommern über die Ostsee westwärts zu transportieren. Deutsche Divisionen standen noch – bis zum Ende – in Dänemark und Norwegen, in Norditalien, in Jugoslawien und der Tschechoslowakei, auf den englischen Kanalinseln, in ein paar »Festungen« in Holland und Frankreich. Die Großoffensive der Roten Armee, die am 12. Januar 1945 begann, zeigte rasch die tatsächlichen Kräfteverhältnisse und wurde zum Anfang des endgültigen militärischen Zerfalls. Ende Januar überschritten die sowjetischen Verbände die Oder, Ostpreußen wurde vom Deutschen Reich abgeschnitten, das oberschlesische Industrierevier ging verloren, Mitte Februar war Breslau eingeschlossen, wenig später begann auch im Westen die letzte große Offensive der Alliierten. Anfang März war das ganze linke Rheinufer von Emmerich bis Koblenz in der Hand britischer, kanadischer, amerikanischer Verbände. Am 7. März fiel den Amerikanern in Remagen die unzerstörte Rheinbrücke in die Hand, ihre Sprengung durch deutsche Pioniere, von Hitler für alle Rheinbrücken angeordnet, misslang. Die Amerikaner – selbst überrascht über den so schnell nicht eingeplanten Erfolg – bauten den ersten Brückenkopf auf dem rechten Ufer des Rheins.

In der letzten Märzwoche begann im Westen der Vorstoß über den Rhein, während sich im Osten die Rote Armee zum Übergang über die Oder rüstete. Das Innere des Reiches war nun bedroht, die Hauptstadt Berlin, wo sich Hitler im Bunker seiner Reichskanzlei verkrochen hatte, geriet in den Bereich der sowjetischen Artillerie. Die Lage war aussichtslos, aber die deutsche Kriegsmaschinerie lief weiter. Hitler ernannte und entließ Generale, verlieh Orden und Auszeichnungen, empfing (am 20. März) »kampfbewährte« Hitlerjungen, mit denen er sich filmen ließ, er befahl und fantasierte, von hysterischen Anfällen und Depressionen unterbrochen, den Endsieg. Merkwürdigerweise gelang es ihm immer noch, andere, wenn nicht zu überzeugen, so doch mitzureißen. Sogar Männer wie der Generaloberst Ritter von Greim, der am 26. April unter abenteuerlichen Umständen ins eingeschlossene Berlin geflogen war, glaubten nach Unterredungen mit Hitler wieder an die viel beschworene Vorsehung und den letztlichen Sieg, der in der Reichshauptstadt erkämpft werden sollte[38].

Ende März war, aus kaum ausgebildeten und schlecht ausgerüsteten 17- bis 19-Jährigen, noch eine neue deutsche Armee aufgestellt worden, die zunächst den Ruhrkessel – 21 deutsche Divisionen, die im Ruhrgebiet eingeschlossen waren – befreien sollte. Das war nicht mehr notwendig, denn nach der Aufspaltung des Kessels in zwei Teile kapitulierten die deutschen Truppen schrittweise bis zum 18. April. Die Alliierten machten 325 000 Gefangene, darunter 30 Generale. Die US-Army war von der Masse der Gefangenen überfordert. Sie errichtete 23 Lager entlang des Rheins und an der Nahe, in denen die Soldaten der Wehrmacht äußerst primitiv untergebracht waren und Hunger litten. Die Rheinwiesenlager des Frühjahrs 1945 waren ein Skandal und eine Tragödie, aber der Tod von rund 4000 deutschen Kriegsgefangenen war nicht absichtlich herbeigeführt, wie ein kanadischer Journalist unter Applaus deutscher Rechtsradikaler glauben machen will. Auch die Größenordnung des Sterbens von »einer Million« ist absurd.[39]

Die Bedrohung des Ruhrgebiets hatte Hitler am 19. März zu seinem berüchtigten Nero-Befehl veranlasst. »Der Kampf um die Existenz unseres Volkes« zwinge zur Zerstörung aller »militärischen, Verkehrs-, Nachrichten-, Industrie- und Versorgungsanlagen sowie Sachwerte innerhalb des Reichsgebietes«, die dem Gegner zur Kriegführung nützlich sein könnten. Im Klartext hieß das, die deutschen Truppen sollten beim Rückzug ins Innere des Reichs ohne Rücksicht auf irgendwelche Verluste eine Wüste, verbrannte Erde hinterlassen. Einer der treuesten Paladine Hitlers, sein Architekt und Rüstungsminister Albert Speer, war klug genug, wenigstens jetzt die Zeichen der Zeit zu beachten. Er versuchte, mäßigend auf den Diktator einzuwirken, und er tat das in seiner Macht Stehende, um die Ausführung des Nero-Befehls zu behindern oder abzumildern, wodurch, wie er vor dem Nürnberger Tribunal und später immer wieder betonte, Industrie- und Verkehrsanlagen und andere

Werte dem deutschen Volke für die Nachkriegszeit gerettet worden seien. Dem Bild Speers in den Augen der Nachwelt hat seine späte Erkenntnis viel genützt.[40]

Speer war es auch, der Hitlers Gedankengänge, die der Politik der verbrannten Erde im eigenen Land zugrunde lagen, überlieferte. Am 18. März hatte Speer eine Denkschrift, die Hitler nie las, überreicht, in der er dafür plädierte, angesichts des verlorenen Krieges die künftige Lebensbasis des deutschen Volkes – Vorräte, Versorgungseinrichtungen und andere Güter – nicht zu vernichten. Hitler entgegnete, wenn der Krieg verloren gehe, sei auch das deutsche Volk verloren. Es sei nicht notwendig, »auf die Grundlagen, die das deutsche Volk zu seinem primitivsten Weiterleben braucht, Rücksicht zu nehmen. Im Gegenteil ist es besser, selbst diese Dinge zu zerstören. Denn das Volk hat sich als das schwächere erwiesen, und dem stärkeren Ostvolk gehört ausschließlich die Zukunft. Was nach diesem Kampf übrigbleibt, sind ohnehin nur die Minderwertigen, denn die Guten sind gefallen.«[41] Solch sozialdarwinistischer Zynismus lag in der Konsequenz der nationalsozialistischen Ideologie, bizarr war daran lediglich die geänderte Stoßrichtung gegen das eigene Volk.

Die militärischen Erfolge der Anti-Hitler-Koalition waren von politischer Zurückhaltung im Umgang miteinander begleitet; das in Jalta bekundete Einvernehmen war auf westlicher Seite von zunehmendem Misstrauen gegenüber den sowjetischen Absichten, zumal in der Polenfrage, getrübt. Das zeigte sich Ende März bei den Operationsplänen General Eisenhowers, des Oberbefehlshabers der westalliierten Verbände. Nach der Einkesselung des Ruhrgebiets wollte Eisenhower zunächst durch Mitteldeutschland zur Elbe vorstoßen, dort die Rote Armee treffen und Deutschland in zwei Teile spalten. Anschließend sollten die Briten unter Montgomery nordwärts auf Hamburg und Lübeck vordringen, um den deutschen Verbänden in Dänemark und Norwegen den Rückzug abzuschneiden, während eine dritte Armeegruppe südostwärts marschieren sollte, um im oberösterreichischen Donautal die sowjetische Armee zu treffen und die von den Nazis als »Alpenfestung« gedachten letzten Bastionen im süddeutschen Raum zu besetzen. Diesen Operationsplan hatte Eisenhower in Unkenntnis der atmosphärischen Trübungen zwischen Washington/London und Moskau auch Stalin (als dem Oberbefehlshaber der Roten Armee) mitgeteilt – zum Ärger Churchills, wie sich bald herausstellte. Der britische Premier beschwerte sich bei Roosevelt, Eisenhower habe seine Kompetenzen überschritten, denn in der Schlussphase des Krieges komme den militärischen Operationen auch erhebliche politische Bedeutung zu. Churchill wollte der Roten Armee die Eroberung Berlins nicht allein überlassen und plädierte deshalb für den unverzüglichen Vormarsch der Armeegruppe Montgomery auf Berlin und nach Norddeutschland. Das sollte auch den Nebeneffekt haben, die Ostseehäfen zu gewinnen.

Politisch kam es Churchill jetzt aber vor allem darauf an, dass die westlichen Alliierten möglichst viel deutsches Territorium besetzten – genau dieses Ziel hatten die sowjetischen Verbündeten aber auch. Der amerikanische Oberbefehlshaber fand für seine Pläne den Beifall Stalins, und gegen die Kritik der Politiker in London und Washington setzten sich Eisenhower und seine Stabschefs durch, weil ihr Plan den schnelleren Sieg vorsah und ebenso die Verhinderung der (zu Unrecht gefürchteten) »Alpenfestung« als schwer einnehmbarer letzter Rückzugsposition der Nationalsozialisten im Süden des Reichs.

Am 11. April erreichten die Westalliierten die Elbe, zwei Tage später eroberte die Rote Armee Wien. Am 18. und 19. April nahmen die Amerikaner Magdeburg und Leipzig, an Hitlers Geburtstag, am 20. April, fiel Nürnberg, die »Stadt der Reichsparteitage«, nach heftigem Straßenkampf, der von NSDAP-Funktionären organisiert worden war. Am 22. April marschierten die Franzosen in Stuttgart ein. Am 16. April hatte der sowjetische Vormarsch auf die Reichshauptstadt begonnen; bereits fünf Tage später schlugen die ersten Granaten der sowjetischen Artillerie im Stadtzentrum ein, am 25. April war Berlin eingeschlossen. Am selben Tag reichten in Torgau an der Elbe Soldaten der 69. US-Infanteriedivision den Waffenbrüdern von der 58. sowjetischen Gardedivision die Hände (vormittags, als sie aufeinandertrafen, mit inoffizieller Herzlichkeit, nachmittags, als die Szene für die Fotografen und Wochenschauen wiederholt wurde, mit offiziellem Jubel).

Mit dem Zusammentreffen der Armeen in Torgau war das Gebiet des Deutschen Reiches in zwei Teile – die Militärs sprachen von »Nordraum« und »Südraum« – getrennt. Torgau war ein historischer Ort, hier hatte Friedrich der Große 185 Jahre zuvor einen großen Sieg über die

Österreicher errungen, der eine der Stationen Preußens auf dem Weg zur europäischen Großmacht gebildet hatte. Der 25. April wurde noch in anderer Beziehung zum historischen Datum; an diesem Tag fand in San Francisco die Gründung der Vereinten Nationen statt: Zur Verwirklichung von Präsident Roosevelts Lieblingsidee hatten sich Delegierte von 50 Staaten versammelt, um den Grundstein zu der Organisation zu legen, die künftig eine Welt ohne Krieg garantieren sollte.

Während der militärische Zusammenbruch an allen Fronten im Gange war, wobei der Sinn der Operationen im Osten nur noch darin bestand, möglichst vielen der Millionen Menschen, die vor der Roten Armee auf der Flucht waren, den Weg in den Westen offenzuhalten, vollzog sich der politische Zusammenbruch des Dritten Reiches in den Formen des Satyrspiels.

Am 15. April, als sich die Querteilung des Reichsgebiets durch den alliierten Vormarsch abzeichnete, diktierte Hitler einen Führerbefehl, der »für den Fall einer Unterbrechung der Landverbindung in Mitteldeutschland« den Großadmiral Karl Dönitz als Oberbefehlshaber im Nordraum und Generalfeldmarschall Albert Kesselring als Oberbefehlshaber für den Südraum einsetzte; gleichzeitig erließ er eine Proklamation an die »Soldaten der deutschen Ostfront«, also vor allem an die Verteidiger Berlins, in der im gewohnten Stil vom letzten Ansturm des »jüdisch-bolschewistischen Todfeindes«, der in einem Blutbad erstickt werde, die Rede war und prophezeit wurde, dass »im Augenblick, in dem das Schicksal den größten Kriegsverbrecher aller Zeiten von der Erde genommen« habe, sich die Wende dieses Krieges entscheiden werde[42].

Dass auch seine treuesten Paladine nicht mehr daran glaubten, zeigte sich bald. Hermann Göring, der sich auf dem Obersalzberg bei Berchtesgaden befand, telegrafierte am 23. April nach Berlin, ob er jetzt die Nachfolge Hitlers antreten dürfe, wie es in einem geheimen Erlass vom Juni 1941 vorgesehen war. Hitler tobte schrecklich und gab den Befehl, Reichsmarschall Göring, den bis dahin zweiten Mann im Dritten Reich, verhaften zu lassen. Am Nachmittag des 28. April war im britischen Rundfunk zu hören, dass Heinrich Himmler, als Herr über die SS und die Polizei, Reichsminister des Innern und Befehlshaber des Ersatzheeres wohl der mächtigste Mann nach Hitler, mit dem Grafen Bernadotte, dem Vizepräsidenten des Schwedischen Roten Kreuzes, verhandelt habe.

In Lübeck hatte Himmler den Grafen gebeten, ein Kapitulationsangebot
an die Westmächte zu überbringen[43]. Himmler hatte sich mit der Be-
hauptung, Hitler sei krank oder möglicherweise schon tot, zu seinen
Kapitulationsverhandlungen zu legitimieren versucht. Ebenso wie der
Reichsmarschall wurde der Reichsführer SS daher im politischen Testament, das Hitler in den Morgenstunden des 29. April 1945 diktierte,
feierlich aus der NSDAP ausgestoßen und aller Staatsämter entkleidet:
»Göring und Himmler haben durch geheime Verhandlungen mit dem
Feinde, die sie ohne mein Wissen und gegen meinen Willen abhielten,
sowie durch den Versuch, entgegen dem Gesetz die Macht im Staate an
sich zu reißen, dem Lande und dem gesamten Volk unabsehbaren Schaden zugefügt, gänzlich abgesehen von der Treulosigkeit gegenüber meiner
Person. Um dem deutschen Volk eine aus ehrenhaften Männern zusam-
mengesetzte Regierung zu geben, die die Verpflichtung erfüllt, den Krieg
mit allen Mitteln weiter fortzusetzen, ernenne ich als Führer der Nation
folgende Mitglieder des neuen Kabinetts.«[44] Es folgten die Namen derer,
die Hitler seiner Nachfolge für würdig hielt: Großadmiral Dönitz sollte
Reichspräsident, Kriegsminister und Oberbefehlshaber der Marine sein,
Goebbels Reichskanzler werden und Getreue wie Martin Bormann, die
Gauleiter Arthur Seyß-Inquart, Paul Giesler, Karl Hanke sollten ebenso
wie die Fachleute Graf Schwerin von Krosigk (Finanzen), Otto Thierack
(Justiz) in der Nachfolgeregierung bleiben.

Reichsregierung Dönitz

Das Testament trat in Kraft, als sich am Nachmittag des 30. April 1945
Hitler im Bunker der Reichskanzlei erschoss. Am Abend des gleichen
Tages beging auch der designierte Reichskanzler Goebbels Selbstmord.
Die anderen Insassen des Hitlerbunkers, unter ihnen Martin Bormann,
suchten das Heil nach ihres »Führers« Tod in der Flucht irgendwohin
durch die russischen Linien.[45] Am äußersten Ende des Nordraums, zuerst im Marinehauptquartier, das aus Baracken am Plöner See bestand,
aber gute Nachrichtenverbindungen hatte, dann, ab 2. Mai, in Flensburg,
amtierte nun der Chef der deutschen Kriegsmarine als Nachfolger Hit-

lers. Dönitz war durch Funkspruch von seiner neuen Würde verständigt worden und hatte als erste Tat, da der Tod Hitlers nicht gleichzeitig gemeldet wurde, ein Ergebenheitstelegramm an seinen Vorgänger geschickt:»Mein Führer! Meine Treue zu Ihnen wird unabdingbar sein. Ich werde daher weiter alle Versuche unternehmen, um Sie in Berlin zu entsetzen. Wenn das Schicksal mich dennoch zwingt, als der von Ihnen bestimmte Nachfolger das Deutsche Reich zu führen, so werde ich diesen Krieg so zu Ende führen, wie es der einmalige Heldenkampf des deutschen Volkes verlangt.«[46]

Wie ernst der Großadmiral diese Phrasen gemeint hatte, bleibt unerheblich, tatsächlich blieb ihm und seiner »Reichsregierung« gar nichts anderes zu tun übrig, als die deutsche Kapitulation zu vollziehen. Aber die Zeit der Illusionen war noch nicht vorbei. In etlichen Köpfen spukte die fixe Idee einer Kapitulation nur gegenüber den Westalliierten, die dann den Schutz der Deutschen vor der Sowjetunion übernehmen oder gar gemeinsam mit den Resten der deutschen Armeen gleich weiter gen Osten marschieren würden, um den Bolschewismus auszurotten. Das waren törichte Rettungsfantasien, an die sich im Frühjahr 1945 aber, je aussichtsloser die Situation wurde, diejenigen desto hartnäckiger klammerten, deren Spiel ausgespielt war. Der merkwürdigste Protagonist der Idee einer einseitigen Kapitulation war Heinrich Himmler. Die Reaktion der Westmächte auf seine Friedensfühler war unmissverständlich. Churchill und der neue US-Präsident Truman unterrichteten Moskau unverzüglich; im Telegramm des britischen Premiers an Stalin stand zu lesen, dass nichts anderes als eine bedingungslose Kapitulation gegenüber den drei Großmächten gleichzeitig in Frage komme:»Nach unserer Meinung sollte Himmler mitgeteilt werden, daß sich die deutschen Streitkräfte, als einzelne Soldaten oder in Formationen, überall den alliierten Truppen oder den am Ort befindlichen alliierten Vertretern ergeben sollen. Solange dies nicht geschieht, wird der Angriff der Alliierten von allen Seiten und auf allen Kriegsschauplätzen, wo der Widerstand anhält, mit aller Macht fortgesetzt.«[47]

Auch Hitlers Außenminister Joachim von Ribbentrop hatte Anfang 1945 Pläne für ein Zusammengehen mit den Westmächten geschmiedet, und Graf Schwerin von Krosigk, der politische Kopf der Regierung Dönitz, hoffte gleichzeitig auf das Auseinanderbrechen der Anti-Hitler-

Koalition, auf eine Intervention des Papstes bei den Westmächten zugunsten Deutschlands und Polens sowie auf Verhandlungen mit dem
Westen, die deutscherseits von Männern wie etwa Franz von Papen, dem
Reichskanzler von 1932 und Steigbügelhalter Hitlers, geführt werden
sollten. Dass solche Leute für die Alliierten – ganz abgesehen von deren
gegenseitiger Bündnistreue – ebenso wenig als Gesprächspartner akzeptiert worden wären wie Himmler, der Herr über die Konzentrationslager
und die SS, dessen waren sich die Plänemacher auf deutscher Seite nicht
bewusst.

Goebbels setzte im Frühjahr 1945 Hoffnungen auf das baldige Ende
des alliierten Bündnisses, bis dahin müsse Deutschland durchhalten,
predigte der Propagandachef des Regimes. Seine Hasskampagnen gegen
die Sowjetunion und den Bolschewismus hatten Wirkung lange über
seinen Tod und das Ende der NS-Ära hinaus. Bis zuletzt propagierte er
den Gedanken des Kreuzzugs gegen Osten, bei dem jetzt der Westen als
Partner gewonnen werden sollte. Mit Graf Schwerin von Krosigk war er
sich einig, dass mit den Westmächten verhandelt werden müsse. Wenn
London sich so abweisend verhalte, dann sei das vor allem die Schuld
Ribbentrops, den sie gemeinsam herzlich verachteten[48].

Obwohl Dönitz den posthumen Befehl Hitlers, den Krieg bis zum Untergang an allen Fronten weiterzuführen, so nicht ausführen mochte,
verstand er sich zunächst doch auch nicht nur als Konkursverwalter, der
lediglich die Kapitulation vorbereiten und vollziehen sollte. Er fühlte
sich durchaus als Führer der Nation und oberster Kriegsherr, als er am
1. Mai 1945, einen Tag vor dem Fall Berlins, einen Tagesbefehl an die
deutsche Wehrmacht erließ, der mit Worten hymnischer Verehrung für
den »gefallenen« Hitler begann. »Getreu seiner großen Idee, die Völker
Europas vor dem Bolschewismus zu bewahren«, habe er »den Heldentod« gefunden und sei als »einer der größten Helden deutscher Geschichte« dahingegangen. Seine Absichten beschrieb der neue Oberbefehlshaber dann als den Willen, »den Kampf gegen die Bolschewisten so
lange fortzusetzen, bis die kämpfenden Truppen und bis die Hunderttausende von Familien des deutschen Ostraums vor der Versklavung
und der Vernichtung gerettet sind«. Gegen Engländer und Amerikaner
müsse er – Dönitz – »den Kampf so weit und so lange fortsetzen, wie sie
mich in der Durchführung des Kampfes gegen die Bolschewisten hin-

dern«. In diesem Stile ging es weiter bis zur Übertragung des Hitler geleisteten Treueeids auf den neuen Führer.[49]

Dönitz, der als Chef der U-Boot-Flotte und (ab Januar 1943) Oberbefehlshaber der Kriegsmarine nicht zur engeren Umgebung Hitlers gehört hatte und nie politische Ambitionen erkennen ließ, also den durchschnittlichen Typ des hohen Militärs im NS-Staat verkörperte, verfolgte Anfang Mai 1945 das Ziel, durch Teilkapitulationen im Westen gegenüber den Amerikanern und Briten Zeit im Osten zu gewinnen, um möglichst vielen Menschen – zivilen Flüchtlingen wie Soldaten – die Flucht aus der Reichweite der Roten Armee zu ermöglichen. Beraten von Graf Schwerin von Krosigk und Albert Speer bildete Dönitz in den ersten Maitagen eine »geschäftsführende Reichsregierung«, deren Zusammensetzung von der Ministerliste, die Hitler hinterlassen hatte, deutlich abwich. Vermieden waren allzu exponierte Nazis, andererseits blieben Männer wie Franz Seldte (Arbeit), Julius Dorpmüller (Verkehr), Herbert Backe (Ernährung) im Amt, weil sie als tüchtige Fachleute nationalkonservativer Gesinnung galten, oder wie Albert Speer (Wirtschaft) und Wilhelm Stuckart (Inneres) als Nationalsozialisten in letzter Minute patriotischen Reformeifer empfanden.[50] Mit dem Titel eines »Leitenden Ministers« war Graf Schwerin von Krosigk, der als Reichsfinanzminister seit 1932 schon den beiden Vorgängern Hitlers, Papen und Schleicher, gedient hatte und seither ununterbrochen im Amt war, de facto Regierungschef und Außenminister. Die alten und neuen Minister und Staatssekretäre sowie ihre Beamten und sonstiges Büropersonal, daneben die militärischen Spitzen des Rests vom Deutschen Reich amtierten ab 3. Mai im Haus der Standortverwaltung der Marineschule in Flensburg-Mürwik, das als Regierungsgebäude diente und auch so bezeichnet wurde, obwohl es nichts mehr zu regieren gab.

Einige hatte man von der Teilnahme ausdrücklich ausgeschlossen, obwohl sie, wie andere Minister und Funktionäre Ende April aus Berlin nach Schleswig-Holstein entwichen, ihre Dienste zur Verfügung stellten oder sich Dönitz aufzudrängen versuchten. Der schwierigste Fall war Himmler, der sich für unentbehrlich hielt, den die Dönitz-Regierung aber ganz allmählich fallen ließ. Himmler, der ja bereits von Hitler verstoßen worden war, hatte Dönitz erst dazu bewegen wollen, ihn die Rolle des zweiten Mannes im Staat spielen zu lassen; zur Erleichterung von

Dönitz und dessen Ratgebern hatte er sich immerhin mit dem politischen Testament Hitlers abgefunden und nicht gewaltsam mit Hilfe seiner SS die Führernachfolge erzwungen. Nach mehreren Zusammenkünften trennte sich Dönitz am Spätnachmittag des 6. Mai endgültig von Himmler. Im Dienst-Tagebuch wurde protokolliert: »Entlassung Reichsführer SS. Großadmiral verzichtet auf seine Dienste als Innenminister, Chef des Ersatzheeres und der Polizei und betrachtet hiermit sämtliche Bindungen zwischen ihm und der jetzigen Regierung als gelöst.«[51]

Mit der förmlichen Entlassung war eine Art Hausverbot verbunden, denn Himmler war bedeutet worden, dass er sich im Regierungsgebäude nicht mehr sehen lassen solle. Der kurz zuvor noch mächtigste Mann im Reich, dem als Chef der Waffen-SS auch eine eigene Armee von fast einer Million Soldaten unterstand – eine Armee, die neben der Wehrmacht existierte und von deren Oberkommando keine Weisungen empfing –, irrte die folgenden Tage als Soldat verkleidet unter falschem Namen umher, geriet schließlich in britische Gefangenschaft und vergiftete sich, als seine Identität entdeckt wurde, am 23. Mai in Lüneburg.

Auf ähnlich klägliche Art wollten auch andere Würdenträger in der Zeit der Götterdämmerung das Weite suchen. Ribbentrop verbarg sich unter falschem Namen in Hamburg, wo er erst am 14. Juni in einer Pension verhaftet wurde. Alfred Rosenberg, der einstige Chefideologe des Nationalsozialismus und Reichsminister für die besetzten Ostgebiete, lag in Mürwik im Kriegslazarett, weil er sich in Trunkenheit das Bein verstaucht hatte (Dönitz hatte auch ihm Hausverbot erteilt). Dort wurde er am 18. Mai von britischen Truppen gefangen genommen. Der ehemalige Reichsminister für Wissenschaft, Erziehung und Volksbildung, Bernhard Rust, lag in einem anderen Krankenhaus, wo er sich das Leben nahm.

In Flensburg befand sich, da Dönitz seit 1. Mai 1945 nicht nur Staatsoberhaupt, sondern auch Oberbefehlshaber der deutschen Streitkräfte war, auch das Oberkommando der Wehrmacht (OKW), mit ihm die ranghöchsten Offiziere, der Chef des OKW, Generalfeldmarschall Wilhelm Keitel, der Chef des Wehrmachtführungsstabes, Generaloberst Alfred Jodl, und der Chef der Kriegsmarine, Generaladmiral Hans-Georg von Friedeburg.

Die Kapitulation

Im Laufe des 2. Mai gewann das Konzept von Dönitz Gestalt, die Gesamtkapitulation zu vermeiden und stattdessen Teilkapitulationen im
Westen anzubieten. Der Rausch vom Führertum des 1. Mai war offenbar
verflogen, der zweite Tag nach Hitlers Ende stand im Zeichen nüchter-
ner Beurteilung der Situation und der verbleibenden Möglichkeiten.
Militärisch sei die Lage hoffnungslos, konstatierten Dönitz und seine
Berater, Hauptziel müsse es sein, »möglichst viel deutsche Menschen vor
der Vernichtung durch den Bolschewismus zu retten«. Soweit die Angelsachsen dieses Ziel behinderten, müsse auch gegen sie weitergekämpft
werden, alle militärischen und politischen Aktivitäten hätten der Erhaltung des deutschen »Volkstums« zu dienen: »Da hieran der Russe
keinerlei Interesse hat, im Gegenteil seine Vernichtung anstrebt, ist dem
Osten gegenüber Fortsetzung des Kampfes mit allen Mitteln erforderlich.
Einstellung des Kampfes gegenüber den Angelsachsen jedoch erwünscht,
um bei der Aussichtslosigkeit weitere Opfer durch Bombenterror und
fortschreitende Kampfzonen zu ersparen.« Der Durchführung dieses
Ziels stand allerdings, wie man in Flensburg bedauerte, die Forderung
der Alliierten nach der bedingungslosen Gesamtkapitulation entgegen.
Trotzdem beabsichtigte Dönitz eine Kapitulation nur vor dem Westen,
und zwar, weil sie insgesamt politisch nicht möglich war, im Zuge von
Teilkapitulationen einzelner Verbände.[52]

Ohne Kontakt mit der Dönitz-Regierung, aber ganz im Sinne dieser
Strategie, war eine solche Teilkapitulation bereits erfolgt, nämlich die der
deutschen Truppen in Italien, die am 29. April im alliierten Hauptquartier in Caserta unterzeichnet wurde und am 2. Mai in Kraft trat. Zwei
Tage später folgte eine Kapitulation, die Generaladmiral von Friedeburg
im Auftrag von Dönitz mit dem britischen Feldmarschall Montgomery
aushandelte: Montgomery hatte, nach Rücksprache mit dem Oberkommandierenden im Westen, General Eisenhower, zugesagt, die Kapitulation der deutschen Truppen in Holland, Nordwestdeutschland (Fries-
land und Schleswig-Holstein) und Dänemark anzunehmen. Amerikaner
und Briten betrachteten dies als »taktische Kapitulation« im Felde, die
sie trotz der Absprachen mit der Sowjetunion annehmen konnten, das

sowjetische Oberkommando wurde aber sogleich verständigt. Montgomery hatte sich jedoch strikt geweigert, die Kapitulation deutscher Verbände anzunehmen, die gegen die Rote Armee kämpften, und auch Verhandlungen über die Lage der Zivilbevölkerung abgelehnt. (Friedeburg hatte die Situation der Flüchtlinge im angrenzenden Mecklenburg geschildert und für den Plan geworben, möglichst viele davon, und natürlich auch Soldaten, ins britisch-amerikanische Okkupationsgebiet entkommen zu lassen.) Die Strategie des Großadmirals Dönitz erwies sich als undurchführbar, und auch auf Zeitgewinn ließ sich kaum noch hoffen.

An diesem 4. Mai, an dem Friedeburg nach der Kapitulation vor Montgomery nach Reims ins Hauptquartier Eisenhowers flog, um über weitere Teilkapitulationen im Westen zu verhandeln, endeten auch die Kämpfe östlich der Elbe. Zwei deutsche Armeen, begleitet von zivilen Flüchtlingstrecks aus den deutschen Ostgebieten, drängten nach Westen. Das Überschreiten der Elbe wurde ihnen von den Amerikanern verwehrt. Die Annahme der Kapitulation dieser Truppen, die gegen die Rote Armee gekämpft hatten, wäre nämlich ein unfreundlicher Akt gegen den Bündnispartner gewesen. Tatsächlich hatte Stalin seinen Ärger über die Verhandlungen, die der deutschen Kapitulation in Italien vorangegangen waren, nicht verborgen und bei Roosevelt protestiert, weil er sie als einen Versuch der Nazis, die Anti-Hitler-Koalition zu stören, ansah.[53]

General Dwight D. Eisenhower, zu dessen Hauptquartier in Reims der deutsche Unterhändler Friedeburg am 4. Mai unterwegs war, verständigte daher sofort das sowjetische Oberkommando, um weitere Verstimmungen zu vermeiden, und bat um die Anwesenheit von Vertretern der Roten Armee bei der bevorstehenden Zeremonie der Unterzeichnung der Kapitulationsurkunde. Eisenhower wollte die Deutschen vor der Unterschrift gar nicht sehen, Verhandlungen hatte er ausdrücklich ausgeschlossen; was mitzuteilen war, sollten sein Stabschef, General Bedell Smith, und der britische General Strong erledigen.

Als Friedeburg am späten Nachmittag des 5. Mai 1945 in Reims eintraf, wurde ihm eröffnet, dass nur die Gesamtkapitulation aller deutschen Streitkräfte an allen Fronten in Frage komme. Dazu aber war Friedeburg, der ja nur das Waffenstrecken im Westen einleiten sollte, nicht bevollmächtigt. Die Bedingungen Eisenhowers wurden daher auf Umwegen Dönitz übermittelt. Nur zwei Alternativen gab es: entweder Friedeburg den Befehl zu erteilen, auf allen Kriegsschauplätzen gleichzeitig und bedingungslos zu kapitulieren, oder Vertreter des Oberkommandos der Wehrmacht zur Unterzeichnung der bedingungslosen Gesamtkapitulation zu entsenden.

In Flensburg hielt man am Vormittag des 6. Mai diese Forderung noch für unannehmbar. Dönitz wollte, in falscher Einschätzung seiner Möglichkeiten, Eisenhower davon überzeugen, dass eine Gesamtkapitulation nicht möglich sei, weil er die deutschen Soldaten im Osten nicht den Russen ausliefern könne. Der Auftrag, dieses in Reims vorzutragen, fiel an Generaloberst Jodl. Er flog in Begleitung von Montgomerys Stabschef ins Hauptquartier Eisenhowers, wo er am Abend des 6. Mai eintraf. Als Minimalziel sollte er, wenn die Gesamtkapitulation schon unvermeidlich war, wenigstens Zeit gewinnen. Mit der Unterzeichnung sollten die Kampfhandlungen aufhören, aber die deutschen Truppen noch zwei oder gar vier Tage lang Bewegungsfreiheit haben, um sich westwärts absetzen zu können. Aber Eisenhower blieb unerbittlich und ließ Jodl mitteilen, wenn er nicht unverzüglich kapituliere, würden die Verhandlungen abgebrochen, der Durchgang deutscher Flüchtlinge durch die anglo-amerikanischen Linien verhindert und der Bombenkrieg fortgesetzt. Eine halbe Stunde Bedenkzeit blieb Jodl, der nach Flensburg funkte, er sehe keinen Ausweg mehr als die Kapitulation oder das Chaos. Bei Dönitz, der am Abend die Nachricht empfing, wurde bis kurz nach Mitternacht konferiert. Der Standpunkt Eisenhowers sei eine absolute Erpressung, aber wenn Jodl, als heftigster Gegner der Gesamtkapitulation, keinen anderen Ausweg mehr sehe, gebe es wohl wirklich keine Chance mehr. Die Kapitulation sollte am 9. Mai 1945 um 0.00 Uhr in Kraft treten, das ließ als Strohhalm, an den man sich klammerte, noch etwa 48 Stunden Zeit für Absetzbewegungen deutscher Soldaten im Osten. Jodl erhielt also die notwendige Vollmacht.[54]

In den frühen Morgenstunden des 7. Mai, um 2.41 Uhr, unterschrieb Jodl im Namen des deutschen Oberkommandos die Urkunde über die bedingungslose Kapitulation aller deutschen Streitkräfte gegenüber dem Obersten Befehlshaber der Alliierten Expeditionsstreitkräfte und gleichzeitig gegenüber dem Oberkommando der Sowjettruppen. Für die Ge-

genseite unterzeichneten der Amerikaner Walter Bedell Smith und der Russe Iwan Susloparow sowie, als Zeuge, der Generalmajor der französischen Armee, François Sevez. Um 23.01 MEZ am 8. Mai trat die Kapitulation an allen Fronten in Kraft.

In anderer Besetzung wurde die Zeremonie im sowjetischen Hauptquartier wiederholt, damit auch nicht der geringste Zweifel darüber bestehen konnte, dass die deutschen Waffen gegenüber dem Osten ebenso bedingungslos gestreckt wurden wie gegenüber dem Westen. Gegenwart und Unterschrift des Generals Susloparow in Reims hätten das zwar auch garantiert, aber auf sowjetischer Seite bestand ein gewisser Nachholbedarf aus politischen Gründen, außerdem würde das Kapitulationsritual, wenn es auf deutschem Boden im Hauptquartier des Generals Georgij Schukow in Berlin-Karlshorst wiederholt wurde, eine zusätzlich psychologische und moralische Wirkung haben, und schließlich sollte der Unterzeichnungsakt formeller als in Reims gestaltet werden. Entsprechend waren die diplomatischen Schwierigkeiten und Diskussionen unter den Alliierten. Stundenlang, bis nach Mitternacht des 8. Mai, wurde konferiert, wer auf alliierter Seite das Dokument unterzeichnen würde. Regeln internationaler und militärischer Courtoisie waren dabei ebenso zu beachten wie Rangunterschiede und Prestigebedürfnisse. Auf deutscher Seite unterschrieben in Karlshorst Generalfeldmarschall Keitel sowie Friedeburg für die Marine und Hans-Jürgen Stumpff für die Luftwaffe.

Die Urkunden, die in Reims und in Karlshorst, im Text fast identisch, zur Unterschrift vorgelegt wurden, regelten in knappen Sätzen lediglich das militärisch Notwendige[55]. Die Kapitulationsdokumente, mit deren Ausarbeitung sich die European Advisory Commission in London monatelang beschäftigt hatte, waren im entscheidenden Augenblick in Reims nicht zur Hand gewesen, aber den militärischen Bedürfnissen genügte der in Eisenhowers Hauptquartier entworfene Text vollauf[56], und über die Konsequenzen bestanden auch auf deutscher Seite keine Illusionen mehr.

Dönitz gab über den Flensburger Sender am Mittag des 8. Mai die Kapitulation bekannt. Mit der Besetzung liege die Verfügungsgewalt in Deutschland nun bei den Besatzungsmächten, und es liege auch in ihrer Hand, ob er und die von ihm bestellte Reichsregierung noch tätig sein könnten. Die Alliierten schienen zunächst jedoch keine Notiz zu nehmen von der »Reichsregierung« in Flensburg. Am 8. Mai konferierte Dönitz mit seinen Ratgebern, was nun zu tun sei. Nach vollzogener Kapitulation bestand eigentlich keine Möglichkeit zu politischem Wirken mehr. Sorgfältig erwogen die Herren in Flensburg daher die Gründe für und gegen ihren freiwilligen Rücktritt. Für das Abtreten sprachen u. a. die totale Besetzung Deutschlands, das Fehlen von Handlungsmöglichkeiten und Chancen zur freien Willensäußerung, aber auch die Tatsache, dass das Volk vor allem glücklich über das Kriegsende war und kaum Kenntnis hatte von der Flensburger »Regierung«, die überdies ahnungsvoll befürchtete, von den Alliierten der Lächerlichkeit preisgegeben zu werden, wogegen »persönliche Ehre und Ehre des Reiches« einen »Abgang in Würde« verlangten. Aber auch Gründe gegen den Rücktritt wurden zusammengetragen, unter ihnen an erster Stelle der »Reichsgedanke« und die Vermutung, die Spitze müsse bleiben, da sonst die Gefahr des Chaos bestünde. Um dieses zu vermeiden, sei die überregionale Steuerung vieler Fragen – am wichtigsten: Ernährung, Verkehr, Wirtschaft, Versorgung der Kriegsopfer – notwendig. (Dem stand freilich die eigene Überzeugung der Politiker in Flensburg gegenüber, dass man weder Wirkungsmöglichkeit noch Handlungsspielraum habe.) In den Fantasien des 8. Mai spielten auch die Überlegungen eine Rolle, dass die politische Lage bald ein »starkes Restdeutschland« erwünscht sein lasse, oder gar der ernsthaft protokollierte Gedanke, der Großadmiral als »Spitze des Reiches« sei »ein Ziel und Ideal für die Jugend«.[57]

Sie ließen die Frage ihres Rücktritts dann in der Schwebe und beschäftigten sich in den folgenden Tagen mit Besprechungen über die Lage, entwarfen Memoranden für die Zukunft, gaben sich dabei allerlei Illusionen hin und unterhielten sich auf gewohnte Weise so gut es ging, etwa durch die feierliche Verleihung des Eichenlaubs an Generaloberst Jodl am 10. Mai oder in Erörterungen über die »Verunstaltung von Führerbildern« durch »Feindangehörige« am 12. Mai.

Es gab aber auch Grund zum Staunen, als berichtet wurde, das russische Auftreten gegenüber der Zivilbevölkerung sei anscheinend maßvoll und zurückhaltend. Die Erklärung dazu lag für die Dönitz-Regierung freilich nahe: Das Verhalten sei Taktik, den Russen würde es in dem von ihnen besetzten Teil Deutschlands ein Leichtes sein, erträgliche Lebensbedingungen zu schaffen, weil das Gebiet entvölkert sei und die Ernährungsbasis für ganz Deutschland darstelle. Im Westen drohe dagegen durch Übervölkerung Hunger und Chaos, das bilde den Nährboden für den Kommunismus, darauf komme es Stalin wohl an.[58]

Der Spuk in Flensburg dauerte noch bis zum 23. Mai. Die Alliierten hatten inzwischen Notiz genommen von der dortigen Regierungstätigkeit und Dönitz das Gelände der Marineschule als Hoheitsgebiet, als Enklave im besetzten Deutschland gelassen. Nach der Kapitulation war in Flensburg eine gemischte »Alliierte Kontrollkommission beim OKW« installiert worden, die die loyale Erfüllung der Kapitulationsbedingungen überwachte.

Am 13. Mai wurde Feldmarschall Keitel verhaftet. Am 23. Mai lösten die Alliierten die Dönitz-Regierung auf und machten ihre Mitglieder zu Kriegsgefangenen. Über die entsetzliche Unwürdigkeit des Vorgangs waren sich die betroffenen Deutschen in großer Erbitterung einig. Nicht nur, dass die Offiziere der Alliierten das Ende der Dönitz-Regierung zum Spektakel machten und Fotografen mitgebracht hatten, um den Auszug aus dem Regierungsgebäude bildlich zu dokumentieren, die Gepäck- und Leibesvisitationen bereiteten den empfindsamen Militärs ebenso wie den Ministern und Beamten große Pein. Besonderes Ungemach stieß Dönitz zu, der sich am 26. Mai offiziell beim britischen Oberbefehlshaber Montgomery beklagte, dass man bei der Verhaftung nicht nur auf seinen Rang – ob als Großadmiral oder als Staatsoberhaupt ließ er offen – keine Rücksicht genommen hatte, sondern sich auch an seinem privaten Eigentum vergriffen habe: Bei der Gepäckdurchsuchung war sein Marschallstab verschwunden.[59]

Nach der Flensburger Farce gab es in Deutschland keine Instanz mehr, die im Namen des Deutschen Reiches sprechen oder gar handeln konnte. So kümmerlich die Legitimation der Dönitz-Regierung war, weil sie sich juristisch und moralisch von Hitler ableitete – in den nächsten Jahren gab es überhaupt keine von Deutschen bestellte Spitze für die Reste des Deutschen Reiches mehr, ja es stellte sich die Frage, ob Deutschland als Staat überhaupt noch existierte.

3. DIE ERRICHTUNG DER BESATZUNGSHERRSCHAFT

Mit der Beseitigung der Dönitz-Regierung war juristisch ein Zustand politischen Vakuums, des Fehlens jeglicher staatlicher Autorität in Deutschland eingetreten. Das Problem war freilich für die Politiker der Siegerstaaten (und später für die Staatsrechtsgelehrten) von größerem Interesse als für die Deutschen, die mit der Not des Augenblicks mehr als beschäftigt waren. Die Großstädte waren Trümmerhaufen, unter dem Schutt lagen noch Opfer des Bombenkriegs, Verkehrsverbindungen und Verkehrsmittel waren weitgehend zerstört, Hunger und Obdachlosigkeit, Flüchtlingstrecks aus dem Osten, die Sorge um vermisste Familienangehörige bestimmten den deutschen Alltag im Mai 1945 und ebenso in den folgenden Monaten. Das Regieren und Verwalten war Sache der Sieger, die im Begriff waren, Deutschland zu besetzen und sich einzurichten. Das bedeutete, dass der Wohnraum für die Deutschen noch einmal knapper wurde, denn die Besatzungstruppen, die militärischen Stäbe wie die lokalen Militärregierungen, die in jeder größeren Stadt etabliert wurden, brauchten viel Platz, der durch die Requirierung intakter Gebäude gewonnen wurde. Requiriert wurden aber auch Menschen, und das waren die Neuanfänge von Verwaltung und Regierung auf der untersten Ebene in Deutschland.

Das ging im amerikanisch okkupierten Gebiet nicht sehr viel anders zu als im russisch besetzten. Die Alliierten fahndeten nach Leuten, deren demokratische Gesinnung in der Zeit vor Hitlers Machtantritt bewiesen war. So erschien in Klein-Machnow bei Berlin ein russischer Offizier an einer Wohnungstür, las von einem Zettel einen Namen ab, fragte »Du Lemmer?«, erkundigte sich dann, »Vorname Ernst?«, erfragte nach abermaliger Konsultation des Zettels den Beruf (»Journalist«) und sprach, nachdem die Identität des ehemaligen Reichstagsabgeordneten, Gewerkschafters und späteren Bundesministers geklärt war: »Gutt. Karascho. Du Bürgermeister.«[60] Ähnlich, wenngleich meist weniger drastisch, wurde in der US-Zone deutsches Personal rekrutiert. In der Regel ließ der Chef der Militärregierung, der auch mit Listen möglicher Kandidaten ausgerüstet war, den Pfarrer und eventuell auch andere Honorable kommen, fragte sie nach geeigneten – also nicht durch Mitgliedschaft in der NSDAP belasteten – Personen, überprüfte diese möglichst gründlich und setzte sie dann als Verwaltungsspitzen auf Widerruf ein. Die Einsetzung dieser Männer (und gelegentlich auch Frauen) auf der kommunalen Ebene änderte natürlich nichts an der politischen Ohnmacht und am staatsrechtlichen Vakuum, das der Kapitulation und dem Verschwinden der Dönitz-Regierung ins Gefangenenlager folgte.

Am 5. Juni 1945 endete dieser Zustand, als die Sieger öffentlich bekannt machten, dass die oberste Regierungsgewalt in Deutschland von Vertretern der vier alliierten Mächte übernommen worden sei und von ihnen gemeinsam ausgeübt werde.

Die »Erklärung in Anbetracht der Niederlage Deutschlands« trug die Unterschrift der vier jetzt in Deutschland mächtigsten Männer, der Oberbefehlshaber General Dwight D. Eisenhower (USA), Marschall Georgij Schukow (UdSSR), Feldmarschall Bernard Montgomery (Großbritannien) und General Jean de Lattre de Tassigny (Frankreich). Sie hatten sich in einem Landhaus am Stadtrand von Berlin getroffen[61], um im Namen ihrer Regierungen neben einigen anderen Dokumenten diese »Berliner Deklaration« zu unterzeichnen, die dann in den drei künftig in und für Deutschland maßgebenden Sprachen Englisch, Russisch, Französisch und außerdem, damit die Bevölkerung verstand, was gemeint war, auch in Deutsch (jetzt eine Art Eingeborenendialekt, der nur hilfsweise benutzt wurde) veröffentlicht wurde.

Folgerichtig wurden in der Berliner Deklaration des 5. Juni die Bedingungen der militärischen Kapitulation wiederholt, ehe in noch allgemeiner Form die Maßnahmen angekündigt wurden, die den Deutschen bevorstanden, wie Abrüstung und Entmilitarisierung, Verhaftung der Naziführer und Kriegsverbrecher und »zusätzliche politische, verwaltungsmäßige, wirtschaftliche, finanzielle, militärische und sonstige Forderungen«, die die Vertreter der Alliierten den Deutschen aufzuerlegen gedachten, die aber noch nicht näher beschrieben waren. Der entscheidende Satz war allerdings, dass die Regierungen in Washington, London, Moskau und Paris die Hoheitsrechte über Deutschland übernommen hatten, »einschließlich aller Befugnisse der deutschen Regierung, des Oberkommandos der Wehrmacht und der Regierungen, Verwaltungen oder Behörden der Länder, Städte und Gemeinden«[62]. Der Zusatz, dass die Übernahme der Regierungsgewalt nicht die Annektierung Deutschlands bewirke, war wenig tröstlich, da die Besetzung de facto für die Betroffenen von einer Annexion schwer zu unterscheiden war.

Die vier Oberbefehlshaber setzten mit ihrer Unterschrift drei weitere Schriftstücke in Kraft, in denen die Konturen des Besatzungsregimes über Deutschland festgelegt waren. Es handelte sich um »Feststellungen« über das Kontrollverfahren, über die Besatzungszonen und ein drittes Dokument, in dem die Absicht der Regierungen der vier Mächte zum Ausdruck gebracht wurde, »sich mit den Regierungen anderer Nationen gelegentlich der Ausübung der Macht über Deutschland« zu beraten[63]. Alle diese Papiere waren, als Früchte der EAC-Beratungen seit Beginn des Jahres 1944, auf Regierungsebene geprüft und gebilligt worden, die Unterzeichnung der Dokumente in Berlin durch die Oberbefehlshaber war lediglich ein formeller Akt. Umso verwunderter waren die Amerikaner, dass die sowjetische Seite sie stundenlang warten ließ, bis Marschall Schukow zur Unterschrift bereit war; es war ein Vorgeschmack auf die Sitzungen im Alliierten Kontrollrat, deren erste am 30. Juli 1945 stattfand.

Der Alliierte Kontrollrat

Eigentlich war auch die Zusammenkunft der vier Oberbefehlshaber am 5. Juni schon die erste Sitzung dieses Gremiums gewesen, in dem während der Besatzungszeit die Geschicke der Deutschen gelenkt werden sollten.[64] Der Mechanismus dieser Instanz, wie er in der »Feststellung über das Kontrollverfahren« beschrieben war, erschien einigermaßen kompliziert, in der zweieinhalbjährigen Praxis des Kontrollrates kamen die politischen Schwierigkeiten dazu und machten den als Instrument gemeinsamer alliierter Politik konstruierten Apparat allmählich zu einer sinnlosen Maschinerie, deren Räderwerk sich zuletzt nur noch zum Selbstzweck drehte.

Zwei Grundsätze sollten sich bei der Regierung Deutschlands durch die Alliierten ergänzen: die Ausübung der obersten Gewalt in der jeweiligen Besatzungszone durch den dortigen Oberbefehlshaber, der über die Angelegenheiten seiner Zone nur seiner Regierung Rechenschaft schuldete, und die gemeinsame Herrschaft »in allen Deutschland als ein Ganzes betreffenden Angelegenheiten«[65]. Zu diesem Zweck bildeten die Oberbefehlshaber, jeweils unterstützt von einem politischen Berater, zusammen den Kontrollrat. Die politischen Berater waren übrigens hochkarätige Beamte und Experten wie Andrej Wyschinski, der gleichzeitig stellvertretender Außenminister der Sowjetunion war, und Robert Murphy, der Berater Eisenhowers und seiner Nachfolger, der Generale Joseph T. McNarney und Lucius D. Clay. Murphy stand seit 1921 im diplomatischen Dienst der Vereinigten Staaten. (Von 1921 bis 1925 hatte er im Münchner US-Generalkonsulat Deutschland-Erfahrungen gesammelt.) Sein britischer Kollege, Sir William Strang vom Foreign Office, hatte Großbritannien schon in der European Advisory Commission vertreten.

Der Kontrollrat im engeren Sinn bestand nur aus den vier Oberbefehlshabern, die gemeinsam »für eine angemessene Einheitlichkeit des Vorgehens« in ihren Besatzungszonen Sorge tragen und »im gegenseitigen Einvernehmen Entscheidungen über alle Deutschland als Ganzes betreffenden wesentlichen Fragen« fällen sollten. Überstimmt werden konnte keiner der Vertreter der Vier Mächte, denn für alle Beschlüsse war Einstimmigkeit vorgeschrieben. Im protokollarisch eine Stufe tiefer rangierenden Koordinierungsausschuss saßen die vier Stellvertreter der Oberbefehlshaber, das waren 1945 die Generale Lucius D. Clay (USA), Wassilij Sokolowskij (UdSSR), Brian H. Robertson (Großbritannien) und Louis M. Koeltz (Frankreich); ihnen fiel die eigentliche Arbeit zu, nämlich die Vorbereitung der Kontrollratssitzungen, die bis zum März 1948, als der Vertreter der Sowjetunion die Sitzung verließ und dadurch den ganzen Kontrollapparat zum Stillstand brachte, immer am 10., 20. und 30. eines jeden Monats stattfanden. Konferenzort war das neobarocke

Gebäude des Berliner Kammergerichts am Kleistpark in Schöneberg. Dort hatte von August 1944 bis Januar 1945 der »Volksgerichtshof« die Schauprozesse gegen die Beteiligten des Attentats am 20. Juli 1944 veranstaltet.

Die Sachdiskussion des Kontrollrates fand in der Regel im Vorfeld, im Koordinierungsausschuss statt, die Oberbefehlshaber beschränkten sich auf die Beschlussfassung oder, was mit zunehmend schlechter werdenden Beziehungen zwischen den Verbündeten der häufigere Fall wurde, sie konstatierten, dass keine Übereinstimmung erzielt werden konnte. Die Oberbefehlshaber hatten eine Doppelfunktion, sie bildeten die militärische Spitze der Okkupationstruppen, und sie waren als Militärgouverneure für die Verwaltung ihrer Besatzungszone zuständig. Die letztere Aufgabe wurde bei den Amerikanern und Briten ganz ausschließlich, in der französischen und der sowjetischen Zone in etwas anderer Weise von den Stellvertretern der Oberbefehlshaber ausgeübt. In der US-Zone war General Clay stellvertretender Militärgouverneur, in der britischen übte dieses Amt General Robertson aus, für die Sowjetunion saß zunächst General Sokolowskij im Koordinierungsausschuss, er löste im November 1945 Schukow als Oberbefehlshaber ab, blieb aber im Koordinierungsausschuss präsent. Zur gleichen Zeit wechselte auch die amerikanische Vertretung, als auf Eisenhower General McNarney folgte. Im Mai 1946 ersetzte Sir Sholto Douglas den britischen Oberbefehlshaber Montgomery, lediglich der französische Vertreter im Kontrollrat, General Pierre Koenig, blieb vom Anfang bis zum Ende der Institution Militärgouverneur (ihn vertrat zuerst General Koeltz, dann General Noiret). 1947, als zuerst (am 15. März) Clay und wenig später sein britischer Kollege Robertson als Militärgouverneure die volle Verantwortung übernahmen, verlor der Koordinierungsausschuss an Bedeutung, die Sachdiskussion verlagerte sich in den Kontrollrat.

Dem Koordinierungsausschuss, der zweimal wöchentlich tagte, oblag auch die Steuerung der Kontrollkommission, und diese bestand aus zwölf Abteilungen, die Direktorate genannt wurden und deren jedes der alliierten Parität halber vier Leiter hatte, die sich im Vorsitz nach einem komplizierten System monatlich abwechselten. Es gab zunächst 12 Direktorate, die von der EAC zum Teil analog den Fachressorts, wie sie vor der Kapitulation in Deutschland existiert hatten, vorgesehen wur-

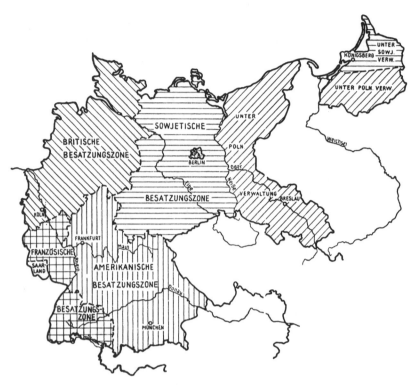

Deutsche Geographie ab 1945: Territorien unter der Hoheit des Alliierten Kontrollrates (vier Besatzungszonen und Kondominium Berlin), Frankreichs (Saarland), Polens
und der Sowjetunion.

den: Heer, Marine, Luftfahrt, Politik, Verkehr, Wirtschaft, Finanzen, Reparationen, Rückerstattung und Wiedergutmachung, Innere Angelegenheiten mit Post und Nachrichtenwesen, Recht, Kriegsgefangene einschließlich »Displaced Persons« und Arbeitseinsatz. Diese Fachressorts
(die drei militärischen wurden 1946 zusammengelegt) bildeten Kommissionen und Unterausschüsse. Im Winter 1945/46, als der Kontrollrat in voller Funktion war und einigermaßen effektiv arbeitete, waren
175 Ausschüsse am Werk, um Deutschland zu verwalten und zu regieren. Die Tätigkeit schlug sich in Proklamationen, Gesetzen und Verordnungen nieder, die im viersprachigen Amtsblatt des Kontrollrates
den Deutschen zur Kenntnis gebracht wurden.

Solange es dabei um die formelle Auflösung der NSDAP und nationalsozialistischer oder militaristischer deutscher Organisationen ging

oder um die Außerkraftsetzung nationalsozialistischer Gesetze, konnte das Einvernehmen im Kontrollrat ohne besondere Mühe hergestellt werden, und die gegenseitigen Bewirtungen nach den Sitzungen – offiziell nannte man es »leichte Erfrischungen« – bedeuteten für die Bewirteten manches Mal die eigentliche Anstrengung des Tages. Die erste Krise kam aber schon im Herbst 1945, als Frankreich die Errichtung deutscher Instanzen verhinderte, die als Fachressorts mit den alliierten Direktoraten korrespondiert und als Ausführungsorgane einer einheitlichen alliierten Deutschlandpolitik gedient hätten.

Anfang Juni 1945, als die Mechanismen der Besatzungsherrschaft eingerichtet wurden, war dies noch kaum vorhersehbar, obwohl es bei der Besetzung der Zonen, wie sie in Jalta festgelegt worden waren, schon Reibereien zwischen Amerikanern und Franzosen gegeben hatte, die weitere Konfrontationen ahnen ließen. Entgegen den Absprachen wollten die Franzosen Stuttgart und Karlsruhe, Großstädte, die sie im April erobert hatten, nicht zugunsten der Amerikaner räumen. Es brauchte Konferenzen auf Regierungsebene, und es war vor allem der Tatsache zu verdanken, dass die schlecht ausgerüsteten französischen Truppen ohne amerikanische Hilfe nicht operationsfähig waren, dass die Franzosen sich Anfang Juli aus Nordwürttemberg und Nordbaden in das ihnen zugestandene Territorium zurückzogen.[66] Die Sowjetunion wiederum hatte Berlin als Faustpfand benutzt und die Konstituierung des Kontrollrates – die am 5. Juni möglich gewesen wäre – verzögert, bis die Amerikaner Anfang Juli die von ihnen besetzten Gebiete in Thüringen, Sachsen und Mecklenburg räumten. Im Gegensatz zu den Franzosen hatten die Amerikaner allerdings nicht beabsichtigt, sich über die Verabredungen mit den Bundesgenossen hinwegzusetzen. Auch um sowjetisches Misstrauen gegenüber einem anglo-amerikanischen Block zu zerstreuen, wurde am 14. Juli das gemeinsame Oberkommando SHAEF (Supreme Headquarters, Allied Expeditionary Force) aufgelöst, dem unter Eisenhowers Oberbefehl nicht nur die drei Millionen amerikanischen Soldaten unterstanden, sondern auch die britischen und die französischen Armeen sowie die kanadischen, neuseeländischen und australischen Kontingente und die in anglo-amerikanischen Verbänden kämpfenden Einheiten aus Norwegern und Polen, Belgiern, Holländern und Angehörigen anderer Völker, deren Land von den Deutschen okkupiert gewesen war.

Militärregierungen in den Zonen

Die neuen Hauptquartiere wurden jeweils auch Sitz der Zonenregierung. General Koenig residierte mit seinen militärischen und zivilen Stäben in Baden-Baden, von dem es hieß, dass es in der Besatzungszeit mehr französische als deutsche Einwohner hatte. Das amerikanische Hauptquartier wurde in Frankfurt am Main aufgeschlagen. Die Sowjetische Militäradministration in Deutschland (SMAD) amtierte seit dem 9. Juni 1945 in Berlin-Karlshorst. Die Briten hatten sich in mehreren Orten etabliert. Das militärische Hauptquartier war in Bad Oeynhausen, die Zentrale der britischen Militärregierung (offiziell: Control Council Group/British Element) war im Umkreis, in Lübbecke, Herford und Minden untergebracht. Das war teils Zufall, teils Absicht: In den schwer zerstörten Großstädten der britischen Zone im Ruhrgebiet wie in Hamburg fehlte es an Unterbringungsmöglichkeiten, andererseits lagen die eher idyllischen Städte, von denen aus die britische Zone regiert wurde, ziemlich in deren Mitte.

Das wirkliche Problem bestand für die drei Westmächte aber darin, dass die Aufteilung ihres Militärregierungsapparates zwischen Berlin und ihren Zonen beträchtliche Reibungsverluste erzeugte. In Berlin beim Kontrollrat musste die jeweilige politische Schaltstelle der Militärregierung sein, um dem Aspekt des Kondominiums über Deutschland Rechnung zu tragen. Die Exekutive musste dagegen zur Ausübung des Zonenregiments ebenso zwingend in der jeweiligen Besatzungszone tätig sein. Für das Personal von OMGUS (Office of Military Government for Germany, U. S.), wie die amerikanische Militärregierung ab Herbst 1945 hieß, und für die britischen Kollegen bedeutete dies ein ständiges Hin und Her zwischen Berlin und den Dienststellen in ihrer Zone.[67] Solange der Kontrollrat funktionierte oder wenigstens zu funktionieren schien, lag das Schwergewicht der personellen Präsenz in Berlin, 1947 wurde es wieder nach Frankfurt am Main bzw. in den westfälischen Raum verlagert. Die Franzosen jedoch betrachteten Berlin stets nur als Außenstelle, die sie im Gegensatz zu ihrer Zentrale in Baden-Baden personell gering ausstatteten, und auch der Militärgouverneur Koenig begab sich ungern und selten persönlich zu Kontrollratssitzungen nach Berlin. Den eindeutigen Platzvorteil hatten die sowjetischen Stäbe, weil sich ihre Zonenzentrale am Sitz des Kontrollrates befand.[68]

Die Sowjetische Militäradministration hatte auch nicht die Personalprobleme, mit denen die britische und die amerikanische Militärregierung zu kämpfen hatten. Sowohl Washington wie London hatten sich während des Krieges viel Mühe gegeben, um die künftigen Besatzungsoffiziere für ihre speziellen Aufgaben bis ins Detail auszubilden. In den USA waren an verschiedenen Universitäten »Civil Affairs Training Schools« und in Charlottesville (Virginia) außerdem für Stabsoffiziere eine besondere Schule zur Vorbereitung auf Besatzungsaufgaben errichtet worden. Ab Dezember 1943 wurden die Amerikaner in Shrivenham (Südwestengland) ausgebildet, im Herbst 1944 wurden sie nach Frankreich in die Nähe von Paris verlegt. Der Unterricht umfasste Sprachkurse und Landeskunde und reichte bis zum Studium deutscher Wirtschafts- und Verwaltungsstrukturen einschließlich regionaler und lokaler Besonderheiten. Die Engländer hatten ähnliche Lehrprogramme. Nach Kriegsende strebten aber viele und nicht zuletzt die hochqualifizierten Offiziere der Militärregierung nach Hause; ihre Zivilberufe als Rechtsanwälte oder Bankiers, Universitätsprofessoren, aber auch schlichtere Positionen in der Heimat waren attraktiver als befristete Karrieren bei der Besatzung im unwirtlichen Deutschland. Andererseits waren die Jobs bei der Militärregierung anspruchsvoll und setzten erhebliche Qualifikationen voraus, wenn die Tätigkeit der Deutschen in Verwaltung, Wirtschaft, Industrie wirksam kontrolliert und eine Demokratisierung des besetzten Landes von Grund auf bewirkt werden sollte.[69]

Mindestens im Frühjahr und Sommer 1945 war es für die Deutschen aus vielen und nicht zuletzt aus psychologischen Gründen schwierig zu erkennen, was die Besatzungsmächte vorhatten und wie sie dazu gerüstet waren. Zwischen den Übergriffen der besetzenden Truppen und dem Wirken der Besatzungsoffiziere an den Schreibtischen der örtlichen Militärregierungen konnten und mochten viele nicht unterscheiden. Die Plünderungen und Vergewaltigungen durch die Soldaten der Roten Armee verbreiteten auch unter denen, die davon nur gehört hatten, Furcht und Schrecken, und dasselbe galt für den Südwesten Deutschlands, wo die französischen Krieger anfangs so übel hausten, dass die Amerikaner als Erlösung empfunden wurden. (Dass die französischen

Verbände zum guten Teil aus Kolonialtruppen, die in Nordafrika aufgestellt gewesen waren, bestanden, galt bei vielen Deutschen als besondere
Schmach.) Es war Irrtum und Trost spendende Selbsttäuschung zugleich,
wenn die gebildeten Deutschen – und wer rechnete sich nicht dazu? –
die Angehörigen aller Besatzungsmächte als zwar mächtige, aber mit gewissen Nuancen doch nur als Tölpel betrachteten, denen man zwar mit
Demut begegnen musste, über die man aber insgeheim herzlich lachen
konnte. Die Nuancen lagen darin, dass man die Russen als gefährliche
Barbaren sah, die Briten eher als typische Kolonialherren, die Amerikaner als phantastisch ausgerüstete, Lebensmittel und Material verschwen-
dende Boy-Scouts und die Franzosen zwar als kulturell ebenbürtige Land-
plage, die aber alles kahl fraß und kahl schlug.

Mit dem unterschiedlichen Auftreten der Besatzer hing das ebenso
zusammen wie mit ihren Zielen. Amerikaner und Briten fühlten sich
noch auf einem Kreuzzug gegen den Nationalsozialismus und für die
Demokratie, während die Sowjetunion und Frankreich als von Hitler-
Deutschland Überfallene und Ausgeplünderte zuallererst die Wiedergutmachung des Schadens im eigenen Land im Sinn hatten und requirier-
ten, was eben zu requirieren war, menschliche Arbeitskräfte genauso wie
Rohstoffe, Industrieprodukte und andere Güter. Dabei wurde im Eifer
der Besetzung häufig ein Übriges getan und manches zerstört, was auch
genützt hätte, in der französischen wie in der sowjetischen Zone. Die
Amerikaner und Briten hatten dafür andere Eigenheiten. Sie ernährten
sich nicht aus dem Lande, wie es allezeit Kriegsbrauch war, sondern
brachten ihre Verpflegung mit und sollten anfangs aufs Strengste den
Kontakt mit der Zivilbevölkerung vermeiden. Das Gebot der »Non-
Fraternization« hatte die unangenehme Nebenwirkung, dass z. B. bei Re-
quirierungen für amerikanische Dienststellen, auch wenn nur ein Teil
des Raums in einem Haus gebraucht wurde, stets das ganze Gebäude
von Deutschen geräumt werden musste. Angesichts der katastrophalen
Wohnraumnot im zerbombten Deutschland, das zusätzlich einen schier
unendlichen Strom von Flüchtlingen aus den Ostgebieten und von Vertriebenen aus der Tschechoslowakei, aus Ungarn, Jugoslawien und anderen Ländern aufnehmen musste, erregte diese Praxis besonderen
Verdruss.

Die US-Army bereitete ihre Soldaten auf die Besetzung Deutschlands

mit dem Schulungsfilm »Your job in Germany« vor, der 1945 den GIs
das Motto »Trau' keinem Deutschen« einhämmerte. Im O-Ton hieß
das: »Die deutsche Gier nach Eroberung ist nicht erloschen, sie hält sich
nur versteckt. Irgendwo in diesem Deutschland sind die SA-Männer,
500 000, unsichtbar, aber immer noch auf der Szene, sie beobachten und
hassen Dich. Irgendwo in Deutschland sind zwei Millionen ehemalige
Nazi-Funktionäre ohne Macht, aber noch sind sie da und bereiten sich
vor auf das nächste Mal.« Besonders auf der Hut sollten die US-Soldaten
vor der deutschen Jugend sein. Sie würde keine anderen Werte als die
der NS-Ideologie kennen, in der sie erzogen sei: »Sie sind das Ergebnis
des schlimmsten Verbrechens, auf dem Gebiet der Erziehung in der
ganzen Weltgeschichte. So ziemlich alles, an das Du glaubst, haben sie
gelernt, zu hassen und zu zerstören. Sie glauben, sie seien zu Herren
geboren, wir dagegen zu Minderwertigen mit der Bestimmung, ihre
Sklaven zu sein.«[70]

Das Gebot der Non-Fraternization galt nicht nur für die US-Army.
Auch britische Soldaten wurden auf ihre Rolle als Besatzer in Deutschland vorbereitet. Und zwar mit einem Büchlein im Oktavformat. Gegliedert in Kapitel über Landesnatur, Geschichte und Nationalcharakter und
zu den Themen »Was die Nazis aus Deutschland gemacht haben« und
»Was der Krieg aus Deutschland gemacht hat« ist der Text sowohl ein
kulturhistorischer wie politischer Abriss als auch der Katechismus kor-
rekten und fairen Verhaltens der siegreichen Armee und schließlich
Gebrauchsanweisung über Essen und Trinken, über die Gewohnheiten
der Einheimischen, über Geld und sprachliche Verständigung.

Bemerkenswert sind nicht nur die Einsichten, die in militärischer
Knappheit vermittelt werden, sondern auch der Ton der Botschaft. Zur
Einstimmung auf die Situation, die die britischen Soldaten vorfinden
würden, hieß es mit dem Vorspann »Wer anderen eine Grube gräbt«: »In
West- und Mitteldeutschland findet man ein Kriegsgebiet voll trostloser
Armut und Verzweiflung. Den Deutschen ist wahrlich kräftig vergolten
worden, was sie in Warschau, Rotterdam und Belgrad angerichtet haben.«
Verständnisvoll wurden die Entbehrungen des deutschen Volks geschildert. Charakterisiert wurden die Deutschen mit der Feststellung, sie
hätten viele Tugenden wie Fleiß und Gründlichkeit, Sauberkeit und Ordnung, sie seien stolz auf ihre Kultur; Literatur, Musik und Kunst hätten

großes Ansehen. Aber die Deutschen seien autoritätsgläubig, zum Gehorsam erzogen und deshalb liebten sie Hitler: »Er kommandierte sie herum und das gefiel den meisten.« Deshalb, so wurden die britischen Soldaten belehrt, würden sich die Deutschen jetzt als Opfer ihres Gehorsams darstellen: Mit den Verbrechen des Hitlerstaats hätten sie nichts zu tun, nichts mit der Barbarei der SS und der Gestapo, und die Vergewaltigung fremder Staaten sei nur vom Generalstab der Wehrmacht zu verantworten, nicht vom deutschen Volk. Freilich hätten die Deutschen Hitler akzeptiert und geliebt. »Erst als sie den eisigen Wind der Niederlage spürten, entdeckten sie ihr Gewissen.«

Bereits 1944 formuliert, war der Text geradezu prophetisch angesichts der Lebenslüge vieler Deutscher, die nichts von NS-Verbrechen gewusst haben wollten, die nach dem Zusammenbruch des Hitlerstaats massenhaft ihre Abneigung, gar Gegnerschaft zum Nationalsozialismus entdeckten. Im Vergleich mit deutschen Instruktionen, in denen Wehrmacht und SS auf die Eroberung und Okkupation fremden Territoriums vorbereitet wurden, etwa im Barbarossa-Gerichtsbarkeitserlass oder im Kommissarbefehl, der Zivilbevölkerung zum Freiwild machte, ganz zu schweigen von den Anordnungen zur »Lösung der Judenfrage«, atmet der britische Leitfaden zur Besatzung in Deutschland den Geist großzügiger Humanität in militärischer Diktion. Er endet: »Das Leben in Deutschland wird ständig Ihre Wachsamkeit, Alarmbereitschaft und Ihr Selbstbewusstsein erfordern. Jeder Einzelne von Ihnen hat eine Aufgabe zu erledigen. Wie belastend diese auch immer sein mag, bemühen Sie sich, sie mit gutem Willen und Entschlossenheit auszuführen. Je gründlicher wir jetzt sind, desto eher vermeiden wir zukünftigen Ärger.«

Nützliches für viele Lebenslagen findet sich in dem höchst lesenswerten Dokument ebenfalls. Unter der Rubrik »Was man tun soll« stehen Ratschläge wie »Augen und Ohren offen halten« oder »Seien Sie vorsichtig mit Schnaps« (»GO EASY on Schnaps«), und eine Warnung vor Geschlechtskrankheiten. Definiert war auch: »Was man lassen soll«, nämlich »DON'T sell or give away dress or equipment« oder »DON'T be sentimental. If things are tough for the Germans they have only themselves to blame. They made things much worse for the innocent people of the countries they occupied.«[71]

Was mit der Politik des Kontaktverbots gemeint war, ließ der britische

Militärgouverneur Montgomery die Einwohner seiner Zone am 10. Juni wissen: Die anglo-amerikanischen Soldaten handelten auf Befehl, wenn sie Grüße und Winken nicht erwiderten, wenn sie nicht mit deutschen Kindern spielten. Es gehe darum, den Deutschen eine endgültige Lehre zu erteilen, »nicht nur, daß Ihr besiegt seid – das werdet Ihr schließlich erkannt haben – sondern ... daß Euer Volk auch am Ausbruch dieses Krieges schuldig ist«.

In Montgomerys Botschaft war an keiner Stelle von der ominösen »Kollektivschuld« die Rede (auch Eisenhower sprach in seiner Proklamation nicht davon), wohl aber davon, dass das Volk für seine Führung verantwortlich war: »Und solange diese Führung Erfolg hatte, habt Ihr gejubelt und gelacht. Darum stehen unsere Soldaten mit Euch nicht auf gutem Fuße.«[72] Als Trost war aber verheißen, dass dies nur für eine Übergangszeit, bis das NS-System endgültig zerstört sei, gelte. Überdies hatten Eisenhower und Montgomery am selben Tag das Verbot für ihre Soldaten, mit kleinen deutschen Kindern zu spielen, aufgehoben. Stillschweigend missachtet wurde das Kontaktverbot selbstverständlich auch in einem anderen naheliegenden Bereich.

Die Reaktion der Deutschen auf die Besatzer bewegte sich auf einer Skala, die von Apathie und beleidigtem Stolz über Demut und Unterwürfigkeit bis zum Gefühl des Befreitseins reichte, wobei vor allem das Ende des Krieges als befreiend empfunden wurde. Die Befreiung von den nationalsozialistischen Führern war aus unterschiedlichen Gründen für die Mehrheit ein willkommener Nebenzweck; das Nachdenken über die nationalsozialistische Ideologie, das Begreifen ihrer Auswirkungen und das Bedürfnis nach Abrechnung mit dem Nationalsozialismus war aber Sache der Minderheit. Erschöpfung und Alltagssorgen drängten das Problem ins Unbewusste, und dort lebte auch die Phraseologie der Nationalsozialisten noch lange fort: »Volksgemeinschaft« und »Führertum« gingen auch erwiesenen Demokraten glatt über die Lippen.

Ein aufmerksamer Beobachter und Gegner des NS-Regimes, der ehemalige liberale Reichstagsabgeordnete und württembergische Minister Reinhold Maier, den die Amerikaner im August als Ministerpräsidenten von Württemberg-Baden einsetzten, beschrieb die Reaktionen der deutschen Bevölkerung auf die Besatzung als überwiegend wehleidig: »Es war, als ob sie völlig vergessen hätten wie es mit uns dahin gekommen war. Die Amerikaner waren hier einzig und allein wegen der deutschen Kriegspolitik, hinter die sich die große Mehrheit des deutschen Volks jahrelang unentwegt gestellt hatte, solange es sich dagegen noch zur Wehr setzen konnte. Sie waren im Lande wegen der unbekümmerten und bedenkenlosen Ausdehnung des Kriegs auf die ganze Welt. Familien, die einstens den Heldentod eines hoffnungsvollen Sohnes ›in stolzer Trauer‹ angekündigt hatten, zeigten jetzt, als sich das Blatt wendete, selten denselben hochgemuten Sinn. Weite Kreise versanken geradezu in Selbstmitleid und Selbstgerechtigkeit. Sehr wenige bekannten sich zu ihrem Anteil an den grauenvollen Verhältnissen, und es war jämmerlich, wie Menschen, welche jahrelang zum Dritten Reich wie Mauern gestanden hatten, auf Anhieb eine billige Ausrede bereithielten, wo, wann und wie sie von Zweifeln übermannt sich von Hitler abgewandt hätten. Gewiss, die Deutschen waren viele Jahre von harten persönlichen Schicksalsschlägen getroffen und am Ende ihrer Kraft und ihrer Nerven. Ihre Haltung war aber doch überraschend kleinmütig.«[73]

Aus entgegengesetzter Position beobachtete Sir Ivone Kirkpatrick die Szene. Der britische Diplomat berichtete Mitte Juni 1945 seinem Außenminister über eine Reise durch das von Amerikanern und Briten besetzte Gebiet über die Haltung der Deutschen gegen die Besatzungstruppe. Sie scheine recht freundlich zu sein, »und die Gewohnheit zum Gehorsam ist so stark, daß militärische Befehle ohne Murren angenommen werden«. Vertraulichkeit erzeuge jedoch Verachtung. Dank des disziplinierten Verhaltens der britischen und amerikanischen Truppen mache die Bevölkerung allmählich einen weniger eingeschüchterten Eindruck, ihr Verhalten grenze manchmal an Unverschämtheit.[74] In der Mehrzahl aller Berichte, die auf der Siegerseite geschrieben wurden, erscheinen die Deutschen aber als gehorsam bis unterwürfig und bemüht, einen netten Eindruck auf die Besatzer zu machen.[75]

Die Amerikaner begannen unmittelbar nach der deutschen Kapitulation mit dem Abbau bzw. der Verlagerung ihrer riesigen Streitmacht. Ein großer Teil davon wurde auf den Kriegsschauplatz in Ostasien verlegt, denn der japanische Teil der »Achse« Berlin – Rom – Tokio kämpfte weiter und hielt noch beträchtliche Gebiete besetzt. Auch die Armeen der übrigen Alliierten wurden im Laufe des Jahres 1945 reduziert, die Demobilisierung betraf jedoch nicht das Personal der Militärregierungen. Vor allem die Amerikaner und Briten standen aber trotzdem bald vor der Notwendigkeit, neue Leute anzuwerben, weil viele Besatzungsoffiziere in ihre Heimat zurückwollten. (Auf die Entlassung hatten die anglo-amerikanischen Soldaten und Offiziere nach Kriegsende Anspruch; geregelt war die Reihenfolge der Entlassung nach einem Punktesystem, das aus der Dauer des Kriegsdienstes und der Art des Einsatzes ermittelt wurde.)

In der sowjetischen Besatzungszone war die Rote Armee direkter mit der Verwaltung deutscher Angelegenheiten befasst, als dies in den Westzonen geschah, wo ab Spätsommer 1945 der Militärregierungs-Apparat von den taktischen Truppen deutlich geschieden war. Eine Besonderheit der Ostzone war die Errichtung deutscher zentraler Verwaltungen schon ab Juli 1945; sie empfingen Weisungen von der SMAD und handelten in deren Auftrag.[76] In der französischen Zone fehlten während der ganzen Besatzungszeit deutsche Organe auf zonaler Ebene. Dafür übten die Franzosen von allen Besatzungsmächten ihre Herrschaft am direktesten aus. In ihrer Zone waren im Verhältnis auch am meisten Besatzer am Werk, etwa 11 000 Mann (von denen viele zahlreiche Familienangehörige mitgebracht hatten) im Jahr 1946, als in der viel größeren US-Zone nur noch rund 7600 Amerikaner an Militärregierungs-Schreibtischen saßen. Der absoluten Zahl nach waren die Briten am stärksten vertreten, fast 26 000 Ende 1945, allerdings war die Aufgabenverteilung zwischen Armee und Militärregierung in der britischen Zone etwas anders als in der US-Zone. Für die sowjetische Besatzungszone sind keine Zahlen bekannt. Ende 1946 kamen in der französischen Zone auf je 10 000 Einwohner 18 Funktionäre der Militärregierung, in der britischen zehn und in der amerikanischen drei[77].

In Berlin, das stand seit der Konferenz in Teheran im November 1943 fest, wollten die alliierten Mächte gemeinsam die Besatzungsherrschaft ausüben. Zu diesem Zweck wurde die Stadt in Sektoren eingeteilt; analog den Besatzungszonen waren zunächst drei Sektoren vorgesehen, ein vierter wurde nachträglich für die Franzosen aus dem britischen Anteil abgezweigt. Anfang Juli 1945 marschierten amerikanische und britische Besatzungstruppen in Berlin ein, nachdem die sowjetischen Truppen zwölf der zwanzig Berliner Verwaltungsbezirke, die sie seit Ende April besetzt hielten, vereinbarungsgemäß für ihre Verbündeten geräumt hat-

ten. Die Franzosen waren anfangs mehr symbolisch nur mit einem
kleinen Detachement in Berlin vertreten, sie nahmen ihren Sektor erst
am 12. August in Besitz.[78]

Zur gemeinsamen Verwaltung und Regierung der ehemaligen Reichshauptstadt hatten die Alliierten eine Art Kontrollrat en miniature konstruiert. Die »Kommandatura«, wie die »Inter-Allied-Governing Autho-
rity« meist genannt wurde, bestand aus den vier Kommandanten der
alliierten Truppen, die mit Hilfe eines technischen Stabes die Organe
der deutschen Stadtverwaltung kontrollierten. Magistrat und Oberbürgermeister von Berlin empfingen ihre Weisungen von der Kommandatura, die direkt dem Kontrollrat unterstand. Sie trat am 11. Juli zu ihrer
ersten Sitzung zusammen; das war der Beginn der mühsamen Vier-
mächteverwaltung Berlins.[79] Dienstsitz der Kommandatura war ab 25. Juli
das Gebäude der Hauptverwaltung des Verbandes der öffentlichen Feuer-
versicherungsanstalten in Dahlem an der Kaiserswerther Straße im
amerikanischen Sektor. Die letzte Sitzung des seit Juni 1948 nur noch
dreizonalen Gremiums fand im Oktober 1990 statt. Seit 1993 nutzt die
Freie Universität das Haus.

Berlin war immer noch die Metropole Deutschlands; hier gab es auch
diplomatische Vertretungen anderer Nationen als der vier Siegermächte.
Sie hießen Militärmissionen, und sie waren beim Kontrollrat akkredi-
tiert. Im gleichen Maße, wie sich das Verhältnis zwischen den Alliierten
verschlechterte, geriet die Stadt allmählich in die Lage einer Insel fernab
von den Westzonen.[80] Der Höhepunkt dieser Entwicklung war 1948
erreicht, als die sowjetische Seite die Verbindungswege nach Berlin
blockierte und lediglich die engen Luftkorridore noch offenstanden.

4. DIE POTSDAMER KONFERENZ

Die Einrichtung des Apparats zur Ausübung der Besatzungsherrschaft in Deutschland vollzog sich dank der langfristigen Planung und Vorarbeit auf Seiten der Alliierten verhältnismäßig reibungslos. Aber welche gemeinsamen Ziele sollten gegenüber Deutschland verfolgt werden, welche Deutschlandpolitik würde während der Besatzung getrieben werden?

Einer Verständigung der Alliierten über das Schicksal Deutschlands standen Schwierigkeiten entgegen, die vielfältige Ursachen und Erscheinungsformen hatten. Das Misstrauen des Kremls gegenüber den Westmächten hatte sich anlässlich der Kapitulationsprozedur manifestiert, am heftigsten war es Ende März/Anfang April 1945 zum Ausdruck gekommen, als Stalin die Sondierungen in der Schweiz, die zwischen amerikanischen und britischen Agenten und Vertretern der deutschen Italien-Armee geführt wurden, als Verrat apostrophierte[81].

Bei der Benutzung Berlins als Faustpfand zur Durchsetzung der unstrittigen Forderung des amerikanischen und britischen Rückzugs aus Sachsen, Thüringen und Mecklenburg hatte sich die misstrauische Empfindlichkeit der sowjetischen Führung wieder gezeigt. Umgekehrt wuchs in der ersten Hälfte des Jahres 1945 der Argwohn in London gegenüber der sowjetischen Politik in Ost- und Südosteuropa ständig an. Vor allem die künftige Gestalt Polens, in territorialer wie in politischer Hinsicht, wurde in London als Problem empfunden, und die Haltung der Sowjetunion gegenüber der polnischen Regierung galt als Prüfstein. Zwei Regierungen konkurrierten im Anspruch, die wiedererstehende polnische Nation zu repräsentieren: die bürgerliche Exilregierung, die seit Herbst 1939 erst in Paris und dann in London auf die Rückkehr in ein befreites Warschau hoffte, und das Lubliner Komitee, das im Juli 1944 unter sowjetischer Patronage als erste polnische Nachkriegsregierung auf polnischem Boden gegründet worden war.

In Jalta hatten die drei Großmächte den Kompromiss geschlossen, dass Angehörige der Londoner Exilregierung ins Lubliner Komitee aufgenommen würden. Das geschah dann auch, aber Churchills Befürchtungen, dass die bürgerlichen Politiker ohne Einfluss bleiben und Polen ein Satellitenstaat von Moskaus Gnaden werden sollte, wurden durch die Ereignisse des Frühjahrs 1945 eher bestätigt als zerstreut.[82] Es bestanden ferner die Interessenkonflikte zwischen London und Moskau um den Einfluss in den Balkanstaaten, die Churchill und Stalin zuerst zwischen den Konferenzen von Teheran und Jalta in Sphären vorherrschender Dominanz eingeteilt hatten: Rumänien sollte sowjetische, Griechenland britische »Operationszone« sein, in Jugoslawien und Bulgarien sollte der Einfluss jeweils einer Großmacht überwiegen. Aus britischer Sicht wurde damit eine Politik der Balance of Power verfolgt, die Churchill im Frühjahr 1945 am liebsten mit Hilfe von Faustpfändern durchgesetzt hätte. Zur Kraftprobe mit der Sowjetunion wäre aber die Mitwirkung der USA erforderlich gewesen, in Washington hatte man dazu jedoch keine Neigung.

Churchill warnte Präsident Truman vor dem in seinen Augen überstürzten Abbau der amerikanischen Kriegsmaschinerie in Europa und beschwor ihn, das Verhältnis zur Sowjetunion zu klären, solange sich noch Trümpfe in Händen der Westmächte befänden. In diesem Zusammenhang gebrauchte der britische Premier im Mai 1945 erstmals das (von Goebbels geprägte) Bild vom »Eisernen Vorhang«, den die Rote Armee vor ihre Front gezogen habe. Was dahinter in Ost- und Südosteuropa vorgehe, wisse man nicht[83].

Stärker noch als das gegenseitige Misstrauen wirkte freilich die brüske Einstellung der Pacht- und Leihhilfe durch die USA auf die sowjetische Führung. Es war kein Trost, dass die anderen Verbündeten der Amerikaner davon genauso betroffen waren, in Moskau empfand man die Maßnahme, die in kurioser Hast erfolgte, als Schlag ins Gesicht. Was war geschehen?

Am 8. Mai 1945, sobald die Tatsache des Kriegsendes in Europa in Washington bekannt war, legte der geschäftsführende Außenminister Grew Präsident Truman eine Verfügung vor, die das Ende der Hilfslieferungen an die Verbündeten zum Inhalt hatte. Präsident Roosevelt, der das Leih- und Pachtsystem kreiert hatte, habe die Einstellungsverfügung bereits genehmigt, aber nicht mehr unterschreiben können. Truman, dem die Idee der Einstellung der Hilfslieferungen zum Kriegsende unmittelbar einleuchtete, unterschrieb ohne zu zögern und ohne den Text der Verfügung zu lesen.[84] Gleich darauf brach der Sturm los, wie er sich in seinen Memoiren erinnerte. Die zuständigen Bürokraten in Washington vollzogen das Dekret mit seltenem Übereifer. Schiffe mit Lieferungen an die Sowjetunion und Großbritannien wurden wieder entladen, andere, die bereits unterwegs waren, wurden in die amerikanischen Häfen zurückgerufen. Lediglich die Güter, die für die Kriegführung gegen Japan gebraucht wurden – die UdSSR sollte ja auf amerikanischen Wunsch auch auf dem pazifischen Kriegsschauplatz noch aktiv werden –, wurden nicht zurückgeleitet.

Hinter dem Entschluss in Washington standen Überlegungen wie die, dass die Leih- und Pacht-Aktion zur Kriegführung und nicht zum Wiederaufbau der Sowjetunion, Großbritanniens oder der kleineren Bündnispartner ins Leben gerufen worden war. Trotz starker Zweifel, ob die angeforderten Güter – Lebensmittel, Waffen, Maschinen, Munition, Kleidung, Fahrzeuge usw. – auch sämtlich für kriegswichtige Zwecke eingesetzt wurden, hatten die Amerikaner bis Mai 1945 die sowjetischen Wunschlisten erfüllt, auch um Vertrauen zu stiften und um Reibungen zu vermeiden. Die Kriegsanstrengung war an der amerikanischen Volkswirtschaft jedoch nicht spurlos vorübergegangen, es gab sogar in den USA auf bestimmten industriellen Sektoren Rationierungen, und die Leih- und Pacht-Aktion hatte bis Kriegsende mit 42 Milliarden Dollar zu Buche geschlagen. Was in Washington zunächst rein geschäftsmäßig angeordnet wurde, weil die äußeren Umstände – das Kriegsende in Europa – dafür sprachen, wurde in Moskau, wo man auf die US-Lieferungen dringend angewiesen war, als Versuch verstanden, politischen Druck auszuüben. Stalin protestierte vehement und bezeichnete die Einstellung der Hilfe als unfreundlichen Akt; die anderen Verbündeten beklagten sich ebenfalls, und so wurde das Dekret wenige Tage später modifiziert, die Lieferungen wurden wieder aufgenommen, aber politisch war das Porzellan schon zerschlagen.

»Völlig unabsichtlich hatten wir Stalin ein Argument in die Hand gespielt, dessen er sich nun bei jeder Gelegenheit bedienen konnte«, meinte Truman, und subjektiv war er dabei sicherlich ganz im Recht, wenn er später beklagte, dass er die Tragweite seiner Unterschrift an jenem 8. Mai 1945 nicht erfasst hatte. Harry S. Truman, der im Januar 1945 Vizepräsident und am 12. April nach Roosevelts plötzlichem Tod Präsident der Vereinigten Staaten geworden war, verkörperte als Durchschnittsamerikaner den Typ des kleinen Geschäftsmannes – ohne weiteres Interesse für und daher auch ohne Kenntnis über die Welt außerhalb der USA. Truman war ein Mann provinziellen und durchaus unintellektuellen Zuschnitts, dem zu Beginn seiner Amtszeit außenpolitische Zusammenhänge fremd waren. Er bemühte sich aber in diesen Wochen zwischen der deutschen Kapitulation und der Potsdamer Konferenz sehr darum, einen Überblick über die außenpolitische Situation zu gewinnen. Den Partnern in London und Moskau versicherte er, die Roosevelt-Linie weiter zu verfolgen und die Absprachen, die sein Vorgänger mit Churchill und Stalin getroffen hatte, getreulich einzuhalten.

Die Notwendigkeit einer Dreier-Konferenz, wie sie Churchill Anfang Mai vorschlug, wie sie aber auch schon in Jalta für die Zeit nach dem Sieg in Aussicht genommen worden war, ergab sich zwingend aus der Fülle der Probleme in ganz Europa. Dazu gehörte die neue Regierung im besetzten Österreich, die von der sowjetischen Seite ohne Konsultation mit den Westmächten sanktioniert worden war; dazu gehörte der Streit um Triest, wo die jugoslawischen Truppen Titos, der sich der Unterstützung Moskaus erfreute, britischem Militär, das die Interessen Italiens vertrat, gegenüberstanden. Die Frage, wie die ehemaligen Verbündeten Hitlers, die Balkanstaaten Bulgarien und Rumänien sowie Ungarn zu behandeln seien, stand ebenso im Katalog der zu regelnden Angelegenheiten wie die Reparationen, die Deutschland bezahlen sollte.

Über die Regularien einer Dreier-Konferenz wurden, nach dem Anstoß durch Churchill am 6. Mai 1945[85], Telegramme zwischen Washington und London gewechselt, als deren Ergebnis schließlich feststand, dass Stalin eingeladen werden sollte, zu einem Konferenzort im Westen zu reisen (weil die beiden vorhergehenden Gipfeltreffen seinen Wünschen entsprechend in Teheran und Jalta stattgefunden hatten), und zwar mindestens bis nach Deutschland. Es sei unwahrscheinlich, dass sich Stalin über die Grenzen des unter sowjetischer Herrschaft stehenden Territoriums hinausbegeben werde, hatte man in Washington erfahren. Weil der Führer der Sowjetunion auf gute Nachrichtenverbindungen nach Moskau angewiesen sei, war Trumans Idee, sich in Alaska zu treffen, nicht praktikabel, aber auch die Tatsache, dass Stalin nur mit der Eisenbahn zu reisen pflegte, schränkte die Möglichkeiten ein. Churchills Anregung, die Konferenz in einer unzerstörten Stadt in Deutschland zu veranstalten, war daher ebenso realistisch wie symbolträchtig.

Aber nicht nur der Konferenzort war ein Thema für die alliierten Diplomaten. Der günstigste Zeitpunkt war ebenfalls schwer zu ermitteln. Man war in London und Washington einig, dass die Konferenz bald sein sollte. Churchill war ungeduldig, weil er das Gefühl hatte, die Zeit arbeite gegen die Westmächte. Truman fühlte sich aber vor dem 30. Juni, dem Ende der amerikanischen Haushaltsberatungen im Kongress, nicht abkömmlich, und Stalin war ebenfalls vor Ende Juni nicht konferenzbereit, und zwar wegen der Siegesfeier in Moskau, die für den 24. Juni 1945 anberaumt war.

US-Präsident Truman legte aber auch Wert darauf (und als Neuling in der großen internationalen Politik war er darauf angewiesen), sich vor der Konferenz über die Stimmung und über die Lagebeurteilung seiner Koalitionspartner Stalin und Churchill eingehend zu informieren. Zu diesem Zweck entsandte er Ende Mai Sonderbotschafter nach Moskau und London. In den Kreml schickte er Harry Hopkins, den langjährigen Berater Roosevelts, der auch Stalins Vertrauen genoss. Stalin empfing den zum 26. Mai avisierten Besuch auch gern, nicht zuletzt deshalb, weil Hopkins eine Art Garantie der Fortsetzung der Roosevelt'schen Außenpolitik signalisieren sollte.

Hopkins machte Stalin beim ersten Zusammentreffen darauf aufmerksam, wie sich die öffentliche Meinung in Amerika gewandelt hatte. »Vor zwei Monaten habe beim amerikanischen Volk eine überwältigende Sympathie für die Sowjetunion« bestanden. »Sympathie und Unterstützung seien hauptsächlich durch die brillanten Leistungen der Sowjetunion im Kriege, teilweise durch das Ansehen des Präsidenten Roosevelt und durch die vorzügliche Art und Weise der Zusammenarbeit unserer beiden Länder, um die Niederringung Deutschlands herbeizuführen, veranlaßt gewesen. Das amerikanische Volk habe zu diesem Zeitpunkt gehofft und vertrauensvoll geglaubt, beide Länder könnten im Frieden genauso gut zusammenarbeiten, wie sie es im Kriege getan hatten.«[86] Inzwischen habe sich die Stimmung gegenüber Russland ernsthaft verschlechtert. Als einen der Gründe nannte Hopkins die Polenpolitik Stalins, der erwiderte, dass die Ursache für die Verstimmung in London zu suchen sei: Churchill wolle das überholte System des »Cordon Sanitaire« längs der sowjetischen Grenzen wieder aufleben lassen, die Sowjetunion wünsche dagegen eine ihr freundschaftlich gesonnene polnische Nation zum Nachbarn zu haben. Hopkins versicherte daraufhin Stalin, dass auch die Vereinigten Staaten »ein gegenüber der Sowjetunion freundschaftlich eingestelltes Polen begrüßen und in der Tat den Wunsch hätten, längs der gesamten sowjetischen Grenzen freundschaftlich eingestellte Staaten zu sehen«[87]. Das konnte als Abkehr vom britischen Verbündeten, als Ermunterung zur Etablierung sowjetfreundlicher Regierungen und zur Ausschaltung der jeweiligen innenpolitischen Gegner in den Nachbarstaaten der UdSSR verstanden werden, aber auch nur als Geste politischer Courtoisie gegenüber Stalin.

In London, wohin Truman zur gleichen Zeit ebenfalls einen Sonderbotschafter geschickt hatte, sah Churchill düster in die Zukunft. Die Konferenz mit dem britischen Premierminister am Samstag und Sonntag 26./27. Mai und dann wieder am übernächsten Tag, die teilweise in Churchills Schlafzimmer stattfand – der Premier nach Art barocker Fürsten im Bett sitzend –, war nicht nur eine Art Marathon, sondern sie verlief auch sehr dramatisch. Sonderbotschafter Joseph E. Davies, ein Vertrauter und Freund Roosevelts, der 1936 bis 1941 die USA in Moskau vertreten und viel Sympathie für die sowjetische Seite hatte, berichtete Truman schriftlich und mündlich in großer Ausführlichkeit über Churchills Sicht der Dinge. Über Frankreich war der Brite verärgert, und von de Gaulle habe er übergenug, er müsse scharf zurechtgewiesen und belehrt werden, dass er nicht ohne Rücksicht auf die anderen handeln könne. Über den jugoslawischen Regierungschef Tito war Churchill noch erboster, Tito sei »von Grund auf unzuverlässig, ein Kommunist, und steht völlig unter dem Einfluß Moskaus«. Heftig war Churchills Kritik auch am Verhalten der sowjetischen Armeen in den besetzten Gebieten. Wiederum das Bild vom »Eisernen Vorhang« gebrauchend, beschwor der Premierminister den Abgesandten Trumans, die amerikanischen Truppen weder aus Mitteldeutschland noch aus Europa zurückzuziehen. Immer wieder kam Churchill auf diesen Punkt zurück und artikulierte erregt seine Furcht vor dem Rückzug der USA aus Europa, das er dann in verzweifelter Lage schutzlos stalinistischem Imperialismus preisgegeben sah. Davies, der Churchills Pessimismus nicht teilte und im Auftrag des amerikanischen Präsidenten für Verständigung und Kooperation mit Moskau plädierte, war gleichwohl von der Persönlichkeit und der Eloquenz des Briten beeindruckt: »Der Premierminister ist einer der größten Männer unserer Zeit – nach meiner Meinung der größte Engländer seiner oder irgendeiner anderen Zeit. Er ist aber zuallererst Engländer; er ist immer noch Minister des Königs, der das Imperium nicht liquidieren wird ... Er ist überreich begabt und ein großer Advokat. Im Gerichtssaal, auf der Bühne oder auf irgendeinem geistigen oder kämpferischen Gebiet wäre er gleich bedeutsam. Er vollbrachte eine rednerische und machtvolle Glanzleistung.«[88]

Davies interpretierte Churchills Plädoyer für starke amerikanische Präsenz in Europa vor allem als Wunsch, das britische Empire durch amerikanischen Rückhalt zu konservieren und die britische Führungsrolle in Europa durchzusetzen. Der US-Sonderbotschafter hielt dem britischen Premier entgegen, wenn Churchills Haltung den Sowjets bekannt sei, so wäre sie eine mehr als ausreichende Erklärung für deren auch die Amerikaner irritierendes Handeln in den vergangenen Wochen. Churchill war auch ziemlich beunruhigt über die Möglichkeit einer Zweierkonferenz Stalin–Truman (worüber Davies sondiert hatte). Er könne auch unter keinen Umständen an einer Dreierkonferenz teilnehmen, die bilateral zwischen Moskau und Washington begonnen habe. Er konzedierte jedoch, dass Truman und Stalin, die sich ja persönlich noch nicht kannten, sich vor Beginn der eigentlichen Konferenz informell begegnen könnten. Umgekehrt wollte Truman nicht mit Churchill vor einer Dreierkonferenz zusammentreffen, um nicht den sowjetischen Argwohn vor einem anglo-amerikanischen Block zu nähren.

Die erbitterte Feindseligkeit Churchills gegenüber der Sowjetunion veranlasste den Amerikaner Davies zu bemerkenswerten Feststellungen: »Ich sagte, daß ich mich offen gestanden bei seinen heftigen Ausfällen über die Gefahr einer sowjetischen Beherrschung und über die Ausbreitung des Kommunismus in Europa und angesichts des dadurch bekundeten Mangels an Vertrauen in die Erklärungen guten Willens seitens der sowjetischen Führerschaft gefragt habe, ob er, der Premierminister, nunmehr willens sei, der Welt zu erklären, daß er und England einen Fehler gemacht hätten, indem sie Hitler nicht unterstützt hätten; denn soweit ich ihn verstanden habe, vertrete er nunmehr die Ansicht, die Hitler und Goebbels in den vergangenen vier Jahren in dem Bemühen, die alliierte Einheit aufzuspalten und ›zu teilen und zu herrschen‹ immer wiederholt und verkündet hätten; sie hätten dieselben Argumente angeführt, wie er sie vorgebracht habe, und die gleichen Schlußfolgerungen gezogen, wie er sie nunmehr zu ziehen scheine. Ich könne einfach nicht glauben, daß sein wohlerwogenes Urteil oder seine Erklärungen eine solche Auslegung im Endergebnis zuließen.«

Das war schweres Geschütz gegen den britischen Premier, der mit aller Energie und anfangs in fast aussichtsloser Situation Hitler-Deutschland Widerstand geleistet hatte und der jetzt, unmittelbar nach Kriegsende, im Wahlkampf um eine konservative Mehrheit stand. Aber Churchill blieb gelassen: »Der Premierminister hörte mich aufmerksam bis zum Ende an; er sagte, er stehe unter sehr großem Druck, habe nur eben laut gedacht; seine Erklärungen würden vielleicht aggressiver wirken, als er selbst wolle. Er betonte, er erkenne, wie ernst die unmittelbare Lage sei; es sei vielleicht einigen wenigen überlassen, in den kommenden Wochen über die Lebensbedingungen mehrerer kommender Generationen zu entscheiden.«

Churchill hatte dem andersgläubigen Amerikaner sehr imponiert, auch durch seine Fairness, und Davies konstatierte in seiner Schlussfolgerung über die Beratungen ausdrücklich, dass London der amerikanischen Politik gegenüber der Sowjetunion keinen Widerstand entgegensetzen werde, dass Churchill einverstanden sei, »zu versuchen, alle mit der Selbstachtung zu vereinbarenden Mittel auszuschöpfen, um die Schwierigkeiten zwischen den Großen Drei zu lösen, damit die Einheit gewahrt und der Friede nach dem militärischen Sieg erhalten bleibe« und auch, dass Churchill mit einem Treffen zu dritt einverstanden sei zu dem Zeitpunkt und dem Ort, den Truman mit Stalin vereinbaren werde.[89]

Als Konferenzort schlug Stalin am 30. Mai Berlin vor, und als Termin wurde auf Anregung Trumans der 15. Juli in Aussicht genommen.[90] In Berlin fiel wiederum, jetzt zum dritten Mal, der sowjetischen Seite die

Gastgeberrolle zu: In Teheran hatten die Großen Drei in der sowjetischen Botschaft konferiert, in Jalta hatten sie sich auf sowjetischem Territorium getroffen, und in Berlin würde das Treffen auf sowjetisch besetztem Gebiet stattfinden.

Vorbereitung der »Berliner Konferenz«

Die Vorbereitungen für die letzte der Kriegskonferenzen der Großen Drei, die offiziell »Berliner Konferenz« heißen sollte und die unter dem beziehungsreich-mehrdeutigen Code »Terminal« – Endstation – firmierte, begannen Anfang Juni. Da im zerstörten Berlin selbst keine brauchbaren Räumlichkeiten für die Konferenz auffindbar waren, machten die Generale des sowjetischen Staatssicherheitsdienstes und die Beamten des Moskauer Volkskommissariats für Auswärtige Angelegenheiten, in deren Händen die Organisation des Gipfeltreffens lag, den Vorschlag, in die Vororte auszuweichen.

In Babelsberg fand sich eine Villenkolonie, die als Wohngebiet für die Delegationen dienen konnte (viele der Häuser gehörten Größen des Films, die Ufa-Studios lagen in der Nähe), und in geringer Entfernung davon wurde ein Tagungslokal ausgemacht, das allen Ansprüchen genügte: Schloss Cecilienhof. Es war unzerstört, bis März 1945 hatten Angehörige der Familie Hohenzollern darin gewohnt, als Kronprinzenpalais war das Schloss zwischen 1913 und 1917 im »Neuen Garten« am Heiligen See in Potsdam erbaut worden. Für preußische Verhältnisse sah es etwas sonderbar aus. Paul Schultze-Naumburg, als Architekt auf Landsitze, Villen, Siedlungen spezialisiert, hatte das Gebäude im Stil eines englischen Landhauses gebaut, unter charakteristischer Kombination von Ziegeln und Fachwerk mit dekorativen Schornsteinen von geradezu orientalischer Pracht. Die kostspielige Inneneinrichtung der 176 Räume war allerdings ausgelagert worden und teilweise unauffindbar. So fertigte eine Moskauer Möbelfabrik einen riesigen runden Konferenztisch an, der mit einem Durchmesser von knapp sieben Metern aber zu üppig ausfiel und wieder verkleinert werden musste. Er wurde in der großen Empfangshalle aufgestellt, die als Sitzungssaal diente. Schloss

Cecilienhof wurde auch in aller Eile restauriert; unter dem Befehl von Generalleutnant Antipenko werkten Soldaten der Roten Armee und 1200 deutsche Arbeiter und Techniker im Palais und seiner Umgebung. Im Schlosshof pflanzten sie aus Tausenden roten Geranien einen Sowjetstern. Die Zufahrtswege von Babelsberg nach Cecilienhof wurden repariert, teilweise sogar neu erbaut, damit die Delegationen in etwa zehnminütiger Autofahrt unter Umgehung der schwer zerstörten Innenstadt Potsdams den Konferenzort erreichen konnten.[91]

Präsident Truman begab sich, während Churchill in Südwestfrankreich Erholung suchte, als Erster auf die Reise nach Potsdam. In der Morgenfrühe des 7. Juli 1945 ließ er in Newport News den schweren Kreuzer »Augusta« die Anker lichten. Ein großer Teil der US-Delegation, insgesamt etwa 450 Personen, befand sich mit ihm an Bord, unter ihnen der neue amerikanische Außenminister James F. Byrnes und Flottenadmiral Leahy, der militärische Berater des Präsidenten. Nach neuntägiger Reise wurde Truman am 15. Juli in Antwerpen von General Eisenhower empfangen. Von Brüssel aus flog er nach Berlin. Am späten Nachmittag zog er mit seiner engeren Begleitung in das »Kleine Weiße Haus« ein, eine Villa in der Babelsberger Kaiserstraße, die mit direkten Nachrichtenverbindungen nach Washington und zum US-Hauptquartier in Frankfurt ausgestattet worden war. Auf diesem Wege empfing Truman am Tag nach seiner Ankunft das streng geheime Telegramm, in dem ihm die erste Atomexplosion in der Geschichte der Menschheit gemeldet wurde.

Eine Stunde nach Truman traf Churchill in Berlin ein. Er war von seinem Urlaubsort an der französisch-spanischen Grenze kommend von Bordeaux direkt nach Berlin geflogen. Zur britischen Delegation gehörte Außenminister Anthony Eden, ein Mann von brillanten Umgangsformen und gutem Aussehen, der, damals 48 Jahre alt, noch in Churchills Schatten stand. Neben ihm war der zurückhaltende Sir Alexander Cadogan, Unterstaatssekretär im Foreign Office, der wichtigste Mann. Zum Gefolge Churchills gehörte aber auch Clement Attlee, der Führer der Labour-Partei. Attlee, ein unauffälliger, schmächtiger Mann, war zugleich Oppositionsführer und als Lordsiegelbewahrer Mitglied in Churchills Koalitionskabinett. Ihm sagte Cadogan nach, er habe bei Churchills Abwesenheit die Kabinettsitzungen geleitet »wie eine säuerliche und quengelnde Maus«.[92] Bei den Unterhauswahlen im Juli 1945 standen sich der

Sozialist Attlee und der Konservative Churchill als Rivalen gegenüber. Was zu Beginn der Potsdamer Konferenz noch keiner wusste und auch nur wenige für wahrscheinlich hielten: Der unscheinbare Attlee hatte den imponierenden Churchill bereits besiegt. Die Auszählung der Stimmen dauerte allerdings (wegen der britischen Soldaten, die in aller Welt stationiert waren) so lange, dass die Sensation erst in der zweiten Hälfte der Konferenz feststand.

Stalin machte sich als Letzter auf die Reise. Wegen eines leichten Herzanfalls bestieg der 65-jährige Vorsitzende des Rates der Volkskommissare der UdSSR, Generalsekretär des Zentralkomitees der KPdSU und soeben neu und selbst ernannte Generalissimus der Roten Armee erst am frühen Morgen des 15. Juli 1945 in Moskau einen Sonderzug, der ihn über Litauen und Ostpreußen nach Potsdam brachte. Dort traf er am 16. Juli gegen 11 Uhr Moskauer Zeit (die im Sommer 1945 auch in der sowjetischen Besatzungszone Deutschlands galt) ein. Marschall Schukow hatte sich zur Begrüßung eingefunden und geleitete ihn nach Babelsberg. Den Salonwagen, von denen man einige aus den Museen geholt hatte (zuletzt hatte sie der russische Zar benutzt), entstiegen auch Außenminister Molotow, seine Stellvertreter und hohe Militärs, unter ihnen Admiral Kusnezow und General Antonow. Zur sowjetischen Delegation gehörten auch die Botschafter Gromyko (Washington) und Gusew (London) sowie der politische Berater der SMAD, M. S. Saburow.

Churchill und Truman hatten sich die Wartezeit am 16. Juli mit der Besichtigung des zerstörten Berlin vertrieben. Truman nahm auf dem Weg in die Stadt die Parade der 2. amerikanischen Panzerdivision ab, der »zu jener Zeit größten Panzerdivision der Welt«. Volle 22 Minuten fuhr der US-Präsident im Jeep an der Formation vorbei, die erst kurz zuvor in Berlin angekommen war, um den US-Sektor in Besitz zu nehmen. Dann begab sich Truman ins Stadtzentrum, ins Regierungsviertel und »zu den Ruinen der Reichskanzlei, von wo aus Hitler sein Schreckensregiment ausgeübt hatte. Eine derartige Zerstörung habe ich nie wieder gesehen«, schrieb Harry Truman in seinen Erinnerungen. »Dann fuhren wir am Tiergarten, an der Reichstagsruine, am deutschen Außenministerium, am Sportpalast und Dutzenden von anderen vor dem Kriege weltberühmten Stätten vorbei. Jetzt waren sie nichts als Haufen von Schutt und Stein. Noch deprimierender als der Anblick der zerstörten Gebäude wirkte jedoch die nie endende Kette von alten Männern, Frauen und Kindern, die ziellos auf der Autobahn und den Landstraßen einherwanderten und den Rest ihrer Habe vor sich herschoben oder nachschleppten. In dieser zweistündigen Fahrt wurde ich Zeuge einer großen Welttragödie, und ich war aus tiefstem Herzen dankbar, daß meinem Lande diese unvorstellbare Zerstörung erspart geblieben war.«[93]

Churchill, der in Begleitung von Eden, Unterstaatssekretär Cadogan und seinem Arzt nach Berlin gekommen war, erklomm die Stufen zum Reichstagsgebäude, dann besuchte er, eskortiert von einer wachsenden Menge von Schaulustigen, Reportern, britischen und russischen Soldaten, die Überreste der Reichskanzlei. Seine Stimmung war düster, die seiner Begleiter nicht minder. Das Ausmaß der Verwüstung in Berlin erschien ihnen kaum erträglich.

Begleitet von Molotow und dessen Stellvertreter Wyschinski besuchte Stalin zur Mittagszeit des 17. Juli den amerikanischen Präsidenten im »Kleinen Weißen Haus«. Es sollte eine Höflichkeitsvisite zum gegenseitigen Kennenlernen sein, aber Truman nötigte Stalin, zum Lunch zu bleiben, und die Herren unterhielten sich ganz gut. Truman »begann zu hoffen, daß wir zu einer für uns selber und für die Welt befriedigenden Verständigung kommen könnten«[94]. Die erste Unterhaltung mit Stalin habe ihn sehr befriedigt, schrieb er in seinen Erinnerungen, und der Generalissimus sagte beim Gehen zu ihm, der Besuch habe ihm Vergnügen bereitet.

Am Spätnachmittag desselben Tages begann in Cecilienhof die Potsdamer Konferenz. Pressevertreter waren nicht zugelassen; die Fotografen durften zehn Minuten lang den Konferenzsaal und die Staatsmänner verewigen, dann schlossen sich die Türen des Saales hinter ihnen. Am Tisch, der mit rotem Tuch bedeckt und in der Mitte mit den Fähnchen der drei Großmächte dekoriert war, hatten 15 Herren Platz, die Großen Drei in Armsesseln, neben ihnen ihre Dolmetscher, die Außenminister und die ranghöchsten Berater; hinter ihnen saß in mehreren Reihen der diplomatische Tross bis hin zu den Sicherheits- und Geheimdienstleuten.

Auftakt zur Teilung der Welt

Um 17.10 Uhr Moskauer Zeit eröffnete Stalin die Konferenz mit dem Vorschlag, Truman solle präsidieren.[95] Der Präsident der Vereinigten Staaten, kein Diplomat, aber geschmeichelt, legte sofort los, ohne sich mit den üblichen Formeln internationalen Höflichkeitsaustausches aufzuhalten. Es ging bei dieser Eröffnungsveranstaltung nur um die Tagesordnung der Konferenz, daher brachte Truman ohne Umschweife die vier Themen auf den Tisch, die in amerikanischer Sicht Priorität hatten. Die Errichtung eines Rats der Außenminister der Großmächte war das erste Thema. Der Rat der Außenminister sollte die Friedenskonferenz vorbereiten. Als Nächstes verlangte Truman, dass der Alliierte Kontrollrat für Deutschland seine Tätigkeit möglichst bald aufnehmen sollte; zur Form, in der das Gremium arbeiten sollte, legte Truman gleich einen US-Entwurf vor. Zum Dritten verlas er ein Memorandum, dem zu entnehmen war, dass Vereinbarungen von Jalta bezüglich der Länder des befreiten Europas nicht eingehalten worden seien. Das ging gegen die Sowjetunion, und gemeint war vor allem deren Verhalten gegenüber Bulgarien, Rumänien und Polen. Der vierte Punkt betraf die Behandlung Italiens, das den eigenartigen Status eines ehemals mit Deutschland Verbündeten besaß, der bedingungslos kapituliert, aber auch den eines befreiten Landes, das Deutschland den Krieg erklärt hatte. Truman plädierte dafür, Italien in seiner politischen Selbstständigkeit und im wirtschaftlichen Wiederaufbau zu unterstützen. Churchill hielt dem US-Präsidenten aber entgegen, dass das Italienproblem wohl gründlicher bedacht werden müsse, dass man Zeit dafür brauche. Im Übrigen schlage er vor, dass der Präsident seine Liste abschließe, damit man die Tagesordnung aufstellen könne.

Das war eine Art Zurechtweisung, und Truman merkte jetzt auch, dass er ein bisschen zu eifrig und zu forciert in die Materie eingestiegen war. Er bemühte sich, das Versäumte nachzuholen, und holperte eine verspätete Begrüßung zurecht, dass er froh sei, die Bekanntschaft des Generalissimus und die des britischen Premiers zu machen. Er wolle die Freundschaft festigen, die zwischen Roosevelt und ihnen bestanden habe. Churchill entgegnete auch im Namen von Stalin, dass man die warmen Gefühle, die sie für den verstorbenen US-Präsidenten hegten, auf Truman übertragen wolle.

Nachdem so diplomatischem Brauch entsprochen war, beantragte Churchill, die polnische Frage auf die Tagesordnung der Konferenz zu setzen, und Stalin stieß nach, indem er das Problem der Aufteilung der deutschen Flotte, die sich größtenteils in britischer Hand befand, als wichtig bezeichnete, ferner die Reparationsfrage, und dann wollte er über Treuhandgebiete konferieren. Er wisse noch nicht genau, welche Gebiete das seien, aber die Russen wünschten an deren Verwaltung teilzunehmen. Die Wiederherstellung diplomatischer Beziehungen zu den ehemaligen Satellitenstaaten Deutschlands schien ihm außerdem der Erörterung wert. Auch sei es erforderlich, über Spanien zu sprechen. Das Franco-Regime sei dem spanischen Volk von Deutschland und Italien aufgezwungen worden, es bilde eine Gefahr für die freiheitsliebenden Nationen. Und Stalin setzte den Katalog fort, mit dem er das Konferenzterrain absteckte, gleichzeitig Prioritäten aus Moskauer Sicht darstellen und seine Verhandlungsstrategie demonstrieren wollte: Tanger, die Zukunft Syriens und des Libanons und schließlich die polnische Frage, und zwar hinsichtlich der Auflösung der Exilregierung in London zugunsten der auf polnischem Terrain konstituierten Regierung (»Lubliner Komitee«).

Churchill machte darauf aufmerksam, dass die polnische Exilregierung in London die Voraussetzung für die polnische Armee gewesen war, die in den britischen Reihen gegen Hitler-Deutschland gekämpft hatte. Daher habe in Großbritannien das polnische Problem große Bedeutung, und insbesondere gelte das für Wahlen, die die tatsächlichen Bestrebungen des polnischen Volkes an den Tag brächten. Das war eine Kampfansage an Stalin. Der erwiderte vorerst nichts.

Aber am Ende der Sitzung, als man sich schon auf den nächsten Tag verabredet hatte und zum Büfett aufbrechen wollte, griff der Generalissimus den britischen Premier doch noch an. Warum er es ablehne, dass die Sowjetunion ihren Anteil an der deutschen Flotte bekomme? Churchill ausweichend: Er sei nicht dagegen, aber die Flotte müsse versenkt oder aufgeteilt werden. Stalin: »Sind Sie für Versenkung oder Aufteilung?« Churchill: »Alle Kriegsinstrumente sind furchtbare Dinge.« Stalin gab zurück, die Flotte müsse aufgeteilt werden, und wenn Herr Churchill das vorziehe, könne er seinen Anteil versenken. Er habe diese Absicht nicht für seinen Teil. Churchill darauf: »Gegenwärtig ist fast die gesamte deutsche Flotte in unseren Händen.« Stalin: »Das ist es ja eben, das ist es ja eben. Deshalb müssen wir ja auch diese Frage lösen.«[96]

Truman schloss nach diesem Schlagabtausch die Sitzung. Zuvor hatten sich die Großen Drei über Konstruktion und Status des Rats der Außenminister unterhalten, der sich mit dem Entwurf eines Friedensvertrages beschäftigen sollte. Hier waren alle Fragen offen, nämlich ob er neben oder statt der Europäischen Beratenden Kommission (EAC) fungieren sollte, und wie viele Nationen daran beteiligt sein würden, nur die drei Großmächte oder, unter Einschluss von Frankreich, die vier Besatzungsmächte Deutschlands oder, wie der amerikanische Vorschlag lautete, analog dem Sicherheitsrat der Vereinten Nationen fünf Mächte, wenn auch China zugezogen würde. Stalin behagte diese Idee überhaupt nicht, und Churchill konnte sich ebenfalls nicht dafür erwärmen.

Trotzdem einigte man sich schon am nächsten Tag, in der zweiten Plenarsitzung, und zwar nicht nur über den Rat der Außenminister, sondern auch über die Zuständigkeiten des Alliierten Kontrollrates für Deutschland. Nach dem Geplänkel des ersten Tages hatte der Konferenzmechanismus zu arbeiten begonnen, das heißt, die eigentliche Arbeit wurde jetzt von den drei Außenministern getan und von vielen Ausschüssen und Unterausschüssen, in denen die Experten über schriftliche Vorlagen debattierten, sie redigierten und Entscheidungen vorbereiteten.

Die Großen Drei trafen sich in den folgenden Tagen, bis zur achten Sitzung, immer am Spätnachmittag für jeweils etwa zwei Stunden. Das waren die Vollsitzungen, denen Einladungen und Bankette folgten, wobei man sich mit Tafelfreuden und Kunstgenüssen gegenseitig zu überbieten trachtete. Hatte Stalin das Klavierduo Trumans durch zwei gewichtige Violinvirtuosinnen und zwei Pianisten aus Moskau übertrumpft, so ließ Churchill zu seinem Galadiner gleich die ganze Royal Air Force Band aus London einfliegen, die während des ganzen Abends (es war der 23. Juli) in voller Besetzung und Lautstärke rumorte.[97]

Die Verständigung über den Rat der Außenminister war verhältnismäßig einfach gewesen. Die Sowjetunion zog ihren Vorbehalt gegen den ersten Absatz des amerikanischen Entwurfs zurück – er betraf die Mitwirkung Chinas –, als klargestellt war, dass die Institution, die zuerst die Friedensverträge mit den Satellitenstaaten Deutschlands und dann mit Deutschland selbst vorbereiten sollte, auch in kleiner Besetzung tagen konnte, das heißt, dass der chinesische Außenminister bei der Regelung der europäischen Angelegenheiten nicht mitwirken musste. Die erste Sitzung des Außenministerrats, der in London ein ständiges Sekretariat haben sollte, wurde für den September 1945 in Aussicht genommen und vom 11. September bis 2. Oktober in London durchgeführt. Anschließend, im Dezember 1945, wurde in Moskau auch, zum großen Ärger Frankreichs, die in Potsdam verabredete Möglichkeit angewendet, trilateral, im Kreis der eigentlichen Großmächte, zu tagen. Auf der zweiten Sitzung der Potsdamer Konferenz, am 18. Juli, einigten sich die Großen Drei auch über den amerikanischen Entwurf der politischen Grundsätze zur Behandlung Deutschlands. Diese Grundsätze bildeten, durch eine allgemeine Präambel ergänzt, die Handlungsanweisung für den Kontrollrat und die Umschreibung seiner Befugnisse. Die Präambel war neu, sie enthielt die Ankündigung, dass das deutsche Volk jetzt anfange, »die furchtbaren Verbrechen zu büßen, die unter Leitung derer, welche es zur Zeit ihrer Erfolge offen gebilligt hat, begangen wurden«, dass der deutsche Militarismus und Nazismus ausgerottet würden, aber auch die Versicherung, es sei »nicht die Absicht der Alliierten, das deutsche Volk zu vernichten oder zu versklaven«[98]. Über die Definition, was unter »Deutschland« derzeit zu verstehen sei, hatte es allerdings ein längeres Hin und Her zwischen Truman und Stalin gegeben.

Churchill brachte die Debatte über diesen Punkt voran, als er fragte, was mit Deutschland gemeint sei; falls der Ausdruck »Vorkriegsdeutschland« bedeute, stimme er zu.[99] Stalin gab zu Protokoll, dass Deutschland das sei, was es nach dem Kriege wurde. Ein anderes Deutschland gebe es nicht. Angesichts der Tatsache, dass die Gebiete östlich der Oder-Neiße-Linie im Sommer 1945 bereits unter polnischer Verwaltung standen bzw. (der nördliche Teil Ostpreußens) de facto von der Sowjetunion annektiert waren, zeigte sich diese Diskussion als einer der Stationswege zu den Formelkompromissen von Potsdam: Truman insistierte auf der Definition »Deutschland in den Grenzen von 1937«, Stalin beharrte auf dem Deutschland, wie es 1945 sei. Truman entgegnete, ein solches existiere ja faktisch überhaupt nicht. So ging es weiter, bis Stalin sich schließ-

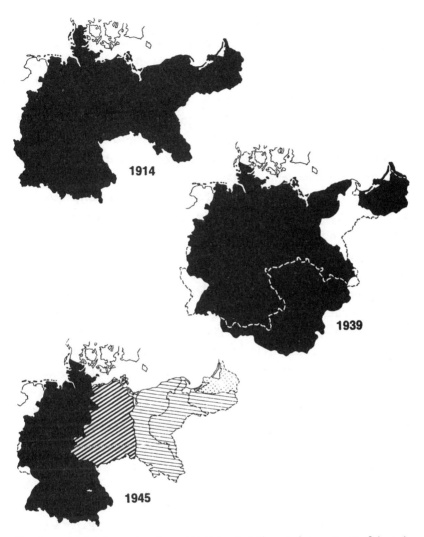

Das Deutsche Reich vor dem Ersten Weltkrieg (mit Elsass-Lothringen), »Großdeutschland« zu Beginn des Zweiten Weltkriegs (mit annektierten Sudetengebieten, »Protektorat Böhmen und Mähren« und Österreich), Deutschlands Teilung nach 1945.

lich dazu herbeiließ, die Formel von 1937 zur geographischen Definition Deutschlands zu akzeptieren. Das sei aber rein formal zu verstehen, die Wirklichkeit sei anders, und wenn in Königsberg eine deutsche Verwaltung auftauche, würde man sie fortjagen.

Dass die unter polnischer Verwaltung stehenden Gebiete nicht mehr zu dem Territorium gehörten, das vom Alliierten Kontrollrat unter der Bezeichnung Deutschland regiert und verwaltet werden würde, wussten die Politiker der Westmächte natürlich genauso gut wie Stalin. Aber ebenso wie die ermüdenden Auseinandersetzungen um die Aufnahme Italiens in die UNO (hier erstrebten die Amerikaner die Vorzugsbehandlung des ehemaligen Mitglieds der nationalsozialistisch-faschistischen Achse Berlin–Rom–Tokio), blieb das Problem auf der Tagesordnung. Die Italienfrage hatte ihr Pendant in Osteuropa; zu Stalins Ärger verweigerten die Westmächte den Regierungen von Rumänien, Bulgarien und Ungarn die diplomatische Anerkennung, weil sie ohne Legitimation durch demokratische Wahlen als Marionettenregime von Moskaus Gnaden galten. Dass Griechenland zur britischen und Jugoslawien zur sowjetischen Sphäre gehörten, war unausgesprochen selbstverständlich, auch wenn darum immer wieder gestritten wurde.

Das Problem der deutschen und der polnischen Grenzen bildete freilich, obwohl die Grundentscheidungen schon längst gefallen waren, und zwar noch im Konsens der drei alliierten Großmächte, keinen Nebenkriegsschauplatz, sondern eine der wichtigen Fragen der Konferenz.

In der fünften Vollsitzung, am 21. Juli, verbissen sich die Großen Drei wieder in das Problem der polnischen Westgrenze. Truman eröffnete das Pokern mit der Bemerkung, die Frage könne erst auf der Friedenskonferenz definitiv entschieden werden. Man habe sich kürzlich geeinigt, von Deutschland in den Grenzen vom Dezember 1937 auszugehen. Die Besatzungszonen und deren Grenzen seien festgelegt, es habe nun den Anschein, als hätte Polen als fünfte Besatzungsmacht einen Teil deutschen Territoriums als Besatzungszone erhalten, und zwar ohne Konsultation. Er sei Polen gegenüber freundschaftlich gesinnt, fügte Truman hinzu, und es sei möglich, dass er sich mit den Vorschlägen der sowjetischen Regierung hinsichtlich der polnischen Westgrenze einverstanden erkläre, allerdings erst später, »weil es dafür einen anderen Ort geben wird, nämlich die Friedenskonferenz«.[100]

Stalin entgegnete, in Jalta sei beschlossen worden, dass die Ostgrenze Polens entlang der Curzon-Linie verlaufen werde und dass Polen im Westen als Ausgleich einen bedeutenden Gebietszuwachs erhalten müsse. Das war unbestreitbar; deshalb argumentierte Truman ebenso intransigent und formalistisch, wie es Stalin in vergleichbaren Situationen zu tun pflegte, indem er darauf herumritt, dass Polen de facto unberechtigt eine Besatzungszone erhalten habe. Stalin verwies auf die Notwendigkeit einer polnischen Verwaltung in den deutschen Ostgebieten, weil, so behauptete er, sich dort keine deutsche Bevölkerung mehr befinde, die Deutschen seien aus diesem Gebiet bereits geflohen. Die sowjetische Armee könne »nicht zur gleichen Zeit Verwaltungen im Hinterland einrichten, kämpfen und das Territorium vom Feind säubern. Sie ist daran nicht gewöhnt, deshalb haben wir die Polen hereingelassen.«[101]

Truman versicherte, er habe keine Einwände gegen die Ausführungen zur künftigen polnischen Grenze. Aber es sei vereinbart, dass sich alle Teile Deutschlands unter Verwaltung der vier Mächte befinden sollten. Dann ließ der US-Präsident erstmals die Katze ein bisschen aus dem Sack schauen. Es werde sehr schwer sein, sagte er, sich über eine gerechte Lösung der Reparationsfrage zu einigen, wenn wichtige Teile Deutschlands unter der Besatzung eines Staates stünden, der nicht zu den vier Mächten gehöre. Das Stichwort Reparationen klang aber nur an, Truman versteifte sich wieder auf die (allmählich imaginär werdende) Friedenskonferenz, und Stalin verkündete abermals, es sei sehr schwierig, die deutsche Verwaltung in dem strittigen Gebiet wiederherzustellen, weil alle Deutschen geflohen seien.

Das entsprach natürlich nicht der Wahrheit, denn von den knapp 10 Millionen Deutschen, die im Jahr 1939 in den Gebieten östlich der Oder-Neiße-Linie gelebt hatten, war vielleicht die Hälfte oder etwas mehr als die Hälfte geflohen. Die Zurückgebliebenen wurden drangsaliert, enteignet und entrechtet; das war aber nur der Auftakt zur organisierten Austreibung, die etwa zu dem Zeitpunkt begann, als die Großen Drei in Potsdam konferierten.[102] Während Stalin lakonisch immer wieder versicherte, die Bevölkerung sei »fortgegangen«, versuchte Churchill ihn von der anderen Seite in die Zange zu nehmen, indem er auf die Ernährungsprobleme hinwies, die durch diesen Exodus im Westen Deutschlands entstünden. Im Übrigen seien noch mindestens zwei bis zweieinhalb Millionen Deutsche in den Ostgebieten. So ging es noch einige Zeit fort. Churchill warf in die Debatte, dass mit dem Wegfall der deutschen Ostgebiete ein Viertel der landwirtschaftlichen Nutzflächen verloren sei, mit entsprechender Konsequenz für die Versorgung Restdeutschlands. Truman gab zu bedenken, dass Frankreich die Saar und das Ruhrgebiet begehre; wenn man diesen Wünschen auch entspreche, was bleibe dann von Deutschland überhaupt noch übrig?

Stalin erwiderte ungerührt, darüber gebe es keinen Beschluss, wohl aber hinsichtlich des polnischen Territoriums, und dem war von Seiten der Westmächte eigentlich nichts anzufügen. Churchill räumte ein, dass man längst übereingekommen war, Polen für den Verlust seiner Ostgebiete im Westen auf Deutschlands Kosten zu entschädigen. Jetzt werde aber viel mehr verlangt als das Äquivalent für die polnischen Verluste östlich der Curzon-Linie. Wenn drei oder vier Millionen Polen aus dem an die Sowjetunion fallenden Gebiet umgesiedelt würden, dann hätten etwa gleich viele Deutsche im Westen umgesiedelt werden müssen, um ihnen Platz zu machen. Jetzt seien es aber bereits acht Millionen Menschen, die umgesiedelt würden, und das sei mehr, als er unterstützen könne.

Man kam noch auf die schlesischen Kohlebergwerke zu sprechen, das Stichwort Reparationen fiel noch einige Male; schließlich meldete sich auch noch der britische Minister Attlee zu Wort und gab zu bedenken, dass man die Ressourcen ganz Deutschlands (nach dem Stand von 1937) zur Versorgung der gesamten deutschen Bevölkerung nutzen müsse. Wenn ein Teil Deutschlands losgerissen würde, entstünden für die Besatzungsmächte im Westen und Süden Deutschlands große Schwierigkeiten. Diese Argumente waren auch in den folgenden Monaten noch häufig zu hören, weil sie die ökonomischen Hauptprobleme der Besatzungszeit zusammenfassten.

Aber in Potsdam drehte sich längst alles im Kreis. Stalin fragte Attlee, ob er vielleicht berücksichtigen wolle, dass Polen auch unter den Folgen des Krieges leide und ein Bundesgenosse sei. An die Adresse des Briten gerichtet war das eher Hohn als nur Sarkasmus, denn gerade den Engländern wurde von Stalin ja bei der Lösung des Polenproblems nicht wenig zugemutet. Churchill hatte einige Tage zuvor, in der zweiten Plenarsitzung, einen ausführlichen Überblick gegeben, was die britische Regierung als zeitweise einziger Verbündeter für Polen getan hatte. Fünfeinhalb Jahre lang finanzierte Großbritannien die polnische Exilregierung, damit sie eine Armee von 200 000 Mann gegen Hitler-Deutschland kämpfen lassen und diplomatische Beziehungen unterhalten konnte. England war die einzige Zuflucht der Polen gewesen, und London hatte 120 Millionen Pfund Sterling für sie aufgewendet.

Das war Stalin alles nicht unbekannt, aber um Polens territoriale Gestalt und die deutsch-polnische Grenze ging es nur vordergründig. Eigentlich wurden die Machtpositionen der Großmächte abgesteckt, und nur vor diesem Hintergrund sind die Worte Trumans zu verstehen: »Ich möchte offen sagen, was ich in dieser Frage denke. Ich kann mich im Hinblick auf die Lösung der Reparationsfrage und im Hinblick auf die Versorgung der gesamten deutschen Bevölkerung mit Nahrungsmitteln und Kohle nicht mit der Fortnahme des östlichen Teils von Deutschland in den Grenzen von 1937 einverstanden erklären.«[103] Mindestens in dieser Frage war man am toten Punkt angelangt und vertagte sich.

Am 24. Juli erschien auf Einladung der drei Großmächte eine Abordnung der polnischen Regierung mit Präsident Bolesław Bierut an der Spitze in Potsdam, um den Außenministern ihre Sicht der Dinge darzulegen. Im Grunde hörte man sie nur aus Höflichkeit an, sie waren auf dem Schachbrett der großen Politik unbedeutende Figuren, und die polnische Delegation musste auch nichts erzwingen und erkämpfen, was ihnen nicht längst zugesichert war.

Symptomatisch war schon die Zusammensetzung der »Provisorischen Polnischen Regierung«. Nach langwierigem diplomatischem Tauziehen hatte sich Stalin bereit erklärt, das »Lubliner Komitee« durch die Aufnahme von einigen nichtkommunistischen Ministern umzubauen. Ende Juni war – in Moskau – die Umbildung der polnischen Regierung abgeschlossen. Das wesentliche Ereignis war die Übernahme des Landwirtschaftsressorts durch Stanislaw Mikolajczyk, den Ministerpräsidenten der Exilregierung in London. Damit galten die bürgerliche Exilregierung und das kommunistische »Lubliner Komitee« als verschmolzen, die demokratische Legitimierung durch Wahlen wurde den Westmächten zugesagt, die daraufhin am 5. Juli 1945 die »Provisorische Regierung der Nationalen Einheit« offiziell anerkannten. Die Exilregierung war damit am Ende, ihr Vermögen von 20 Millionen Pfund wurde von der britischen Regierung sequestriert, ihre Angestellten erhielten ein Übergangsgeld von drei Monatsgehältern, das Weitere würde sich finden, nämlich die Frage der Rückkehr von Hunderttausenden Polen, die in England und anderen westlichen Exilländern lebten, in ihre Heimat.

Die polnische Westgrenze kam praktisch in allen Sitzungen der Potsdamer Konferenz mehr oder minder ausführlich zur Sprache[104], auch am

25. Juli, in der neunten Vollsitzung, die ausnahmsweise schon am Vormittag stattfand. Aber das Problem wurde, ebenso wie die Frage nach der deutschen Flotte, die wieder einmal auf dem Tisch war, schnell vertagt. Churchill war es, der auf einen Komplex aufmerksam machte, der so nicht auf der Tagesordnung stand, über den man auch bald hinwegging, weil er nur den Stellenwert eines eher marginalen Folgeproblems hatte. Es handelte sich um die bevorstehende oder auch schon in Gang gekommene Umsiedlung der Deutschen, die in der Tschechoslowakei lebten. Churchill schätzte die Zahl der Sudetendeutschen, die ihre Heimat verlieren sollten, auf 2,5 Millionen. Die Schwierigkeit beim bevorstehenden Prozess der Umsiedlung – der Ausdruck hörte sich harmlos an, die grauenhaften Umstände der Vertreibung entzogen sich diplomatischem Sprachgebrauch – sahen die Konferenzteilnehmer allenfalls darin, welcher Besatzungszone diese Menschen zur Last fallen würden. Mitgefühl konnten die Deutschen, die in den folgenden Monaten ihre Heimat in der Tschechoslowakei, in Jugoslawien, in Ungarn, Rumänien und in den ehemaligen deutschen Ostgebieten verlassen mussten, in Potsdam nicht erwarten.

Das Reparationsproblem: Kalter Krieg und deutsche Teilung

Wichtiger als das Schicksal einiger Millionen Deutscher oder Polen war in Potsdam der Versuch, eine Nachkriegsordnung zu errichten, die auf Macht- und Interessensphären gegründet sein würde. Weit war man dabei am neunten Konferenztag noch nicht gekommen. Am Reparationsproblem hakte sich alles fest, und eine Lösung war – jedenfalls am runden Tisch im Schloss Cecilienhof – noch nicht in Sicht, als sich am 25. Juli die Konferenz vertagte. Eine Pause von anderthalb Tagen wurde anberaumt, weil Churchill und Attlee nach London fliegen mussten zur Bekanntgabe der Ergebnisse der Unterhauswahlen vom 5. Juli.

Die zehnte Vollsitzung fand aber erst am späten Abend des 28. Juli statt. Churchill, der eine vernichtende Wahlniederlage erlitten hatte, kehrte nicht an den Potsdamer Konferenztisch zurück. Er hatte am

26. Juli demissioniert. An seiner Stelle kam der farblose Clement Attlee, den alle für einen Langweiler hielten, als neuer Premierminister wieder nach Potsdam, in seinem Gefolge als neuer Außenminister Ernest Bevin anstelle des gewandten und geschmeidigen Aristokraten Anthony Eden. Bevin war ein eher rauer Geselle, der als Gewerkschafter aufgestiegen war. Es war aber nicht nur ein Verlust an Stil und Theatralik, der infolge der neuen britischen Delegationsspitze (unterhalb derselben blieb fast alles wie gehabt) bemerkbar wurde, Churchills Demission bedeutete auch einen Verlust an staatsmännischer Substanz. Sosehr sich sowohl die Männer seiner engeren Umgebung als auch die Gegenspieler über die endlosen Monologe und Eskapaden des großen alten Konservativen ereifert hatten, er besaß das Gefühl für die historische Dimension der Probleme, und er artikulierte es. Sein Labour-Nachfolger war als Konferenzteilnehmer in Potsdam eher unerheblich, denn im Gegensatz zu Churchill kämpfte er nicht für Großbritanniens Empire, sondern ganz im Gegenteil für die Selbstbeschränkung auf die britische Insel, was freilich den Möglichkeiten und Realitäten besser entsprach als der große politische Entwurf seines Vorgängers.

Die letzten vier Plenarsitzungen der Potsdamer Konferenz am 28. Juli und 31. Juli sowie am 1./2. August waren auf jeden Fall langweiliger als die, an denen Churchill teilgenommen hatte. Bedeutungslos war die Schlussphase aber deshalb nicht, denn Entscheidungen und Kompromisse, die neben und zwischen den offiziellen Konferenzterminen bilateral zwischen den Vereinigten Staaten und der Sowjetunion vorbereitet wurden, kamen Ende Juli zum Abschluss.

Zunächst, bei der zehnten Sitzung am 28. Juli, sah die Zwischenbilanz böse aus. Der Katalog der Fragen, über die noch keine Einigung erzielt war, enthielt 14 Positionen, darunter die wirtschaftlichen Grundsätze der Behandlung Deutschlands, die von Deutschland, Österreich und Italien zu leistenden Reparationen, die Westgrenze Polens, die Bestrafung der Kriegsverbrecher, die Umsiedlung der Deutschen aus Polen, der Tschechoslowakei und Ungarn, die deutsche Flotte.[105]

Ehe die Großen Drei aus dieser Fülle von Problemen etwas herausgriffen (sie diskutierten dann vor allem die Behandlung Italiens), teilte Stalin mit, dass die japanische Regierung über ihre Botschaft in Moskau die Bereitschaft zur Beendigung des Krieges signalisiert habe. Stalin verband die Mitteilung mit dem Vorwurf, von den Westmächten über deren Strategie gegen Japan nicht hinreichend informiert worden zu sein.

Dieser Vorwurf traf zu. Das Hauptmotiv für Trumans Zurückhaltung lag darin, dass er am Kriegseintritt der Sowjetunion gegen Japan nicht mehr interessiert war. Was einige Monate zuvor noch höchst wünschenswert erschien und verabredet war, dass nämlich die UdSSR nach der Niederlage Deutschlands auf dem pazifischen Kriegsschauplatz aktiv werden würde, das empfand Truman jetzt nur noch als lästige Beutegier eines Verbündeten, der zum Konkurrenten bei der Teilung der Welt geworden war. Während Stalin Truppen nach Ostasien verlegte und Vorbereitungen für den Kampf gegen Japan traf, mühte sich Truman, ihn hinzuhalten, weil alles dafür sprach, dass der japanische Gegner in Agonie lag. Außerdem gab es die amerikanische Wunderwaffe, der hinter den Kulissen der Potsdamer Konferenz die gespannte Aufmerksamkeit der US-Delegation galt.

Truman hatte Churchill von dem gelungenen Experiment mit der Atombombe, die in New Mexico am 16. Juli erstmals erfolgreich getestet worden war, in Kenntnis gesetzt. Während der Konferenz empfing Truman weitere Nachrichten über die Atombombe, die zu kühnen Erwartungen zu berechtigen schienen. Truman war überzeugt, mit der neuen Superwaffe den Trumpf aller Trümpfe auch gegen die Sowjetunion im Spiel zu haben. Ob und wie Stalin informiert werden solle, war zwischen den Regierungschefs der beiden Westmächte diskutiert worden. Churchill, der am 22. Juli durch den US-Kriegsminister Stimson ausführlich unterrichtet wurde, war vom technischen Fortschritt, den die Bombe verkörperte, begeistert, aber auch von den politischen Möglichkeiten, die sie zu bieten schien.

Eine unmittelbare Wirkung hatte er in der Polendebatte des Vortages schon zu spüren geglaubt. Die Auseinandersetzung zwischen Stalin und Truman, bei der der US-Präsident so hartnäckig wie geschmeidig dem Generalissimus in der Frage der deutschen Ostgebiete Paroli geboten hatte, erklärte sich der britische Premier als direkte Folge der Informationen, die Truman wenige Stunden zuvor über den Atombombentest erhalten hatte. Er sei ein anderer Mann gewesen, als er nach der Lektüre des Berichts des amerikanischen Generals zum Treffen der Großen Drei kam. »Er dirigierte die Russen hin und her und hatte die ganze Versammlung in der Hand.«[106] Das war eine etwas übertreibende Sicht der Dinge, aber es war doch etwas daran. Truman fühlte sich gestärkt und gedachte, diese Stärke einzusetzen. Am 24. Juli informierte er Stalin – betont beiläufig – über die Atombombe und ihre fantastische Sprengkraft. Das sollte imponieren und sowjetische Aggressionen dämpfen. Mit der kurzen Unterhaltung am Ende der Plenarsitzung, wozu Truman zu Stalins Platz geschlendert war, sollten aber noch andere Absichten politisch gefördert werden. Ein Rest von Fairness gegenüber den Verbündeten der Anti-Hitler-Koalition gebot die Unterrichtung der Sowjetunion, die Art der Information war freilich ein Akt der Schläue, denn die Atombombe würde so bald wie möglich gegen die Japaner eingesetzt werden. Das würde mit Sicherheit sowjetische Kriegsanstrengungen im Fernen Osten erübrigen, wenn die Bombe nur rasch genug abgeworfen würde.

Stalin reagierte gelassen auf Trumans Ankündigung; er ließ sich nichts anmerken, nahm aber – natürlich – so bald als möglich den Wettlauf um Atomwaffen auf. Die amerikanische Bombe erwies sich später nur als Etappenvorsprung, und die erhofften politischen Wirkungen brachte sie auch nicht.[107] Umso schrecklicher war der Entschluss, sie gegen japanische Städte einzusetzen, wozu militärisch im Sommer 1945 keine Notwendigkeit bestand. Die »Potsdamer Deklaration« an die Adresse Japans, am 26. Juli 1945 veröffentlicht, war deshalb auch in mehrfacher Hinsicht ein Täuschungsmanöver. Es war die letzte Aufforderung an Tokio zu kapitulieren. Das Dokument, das im Namen der Regierungschefs der USA, Chinas und Großbritanniens ausgefertigt war[108], enthielt zwar allerlei Zusicherungen an die Japaner, jedoch absichtlich nicht die entscheidende Zusage, dass sie ihren Kaiser behalten dürften. Und das Dokument war an den Sowjets vorbeigeschmuggelt worden. Sie sollten erstens nicht mehr am Krieg gegen Japan beteiligt werden, und zweitens sollte ihnen auf japanischem Boden die Stärke Amerikas demonstriert werden. Die Kapitulation Japans vor dem Einsatz der Atombombe war eigentlich nicht erwünscht.

Als die letzte Warnung an Japan erging, waren die Vorbereitungen zum Abwurf der Atombombe schon in vollem Gange, die Ziele waren ausgewählt, die Spezialeinheit der amerikanischen Luftwaffe war bereit, die Bombe, »sowie das Wetter nach dem 3. August Bombardierung bei guter Sicht gestattet«, auf eine der Städte Hiroshima, Kokura, Nagasaki oder Niigata abzuwerfen.[109]

Inzwischen drohte die Potsdamer Konferenz »in einem Morast der Erfolglosigkeit zu versacken«[110]. Schuld daran war vor allem der Konflikt um die Reparationen, der seit der Jalta-Konferenz schwelte. Dort war im Februar 1945 über die Verpflichtung Deutschlands im Gesamtwert von 20 Milliarden Dollar gesprochen worden. Die Hälfte davon hatte die Sowjetunion gefordert. In Jalta war auch die Bildung einer Alliierten Reparationskommission verabredet worden, die ab Ende Juni 1945 in Moskau tagte. Hier prallten schon vor der Potsdamer Konferenz die Gegensätze zwischen der amerikanischen und der sowjetischen Auffassung aufeinander. Während die sowjetischen Vertreter auf festen Summen und auf ihrem festen Anteil daran beharrten, operierte der amerikanische Delegierte Edwin Pauley, ein echter Kapitalist, Präsident mehrerer kalifornischer Ölgesellschaften und mit guten Bankverbindungen ausgestattet, aufgrund seiner Instruktionen ganz anders. Fixe Summen interessierten die Amerikaner nicht, an zu hohen Reparationsverpflichtungen Deutschlands war ihnen, auch wegen der Erfahrung nach dem Ersten Weltkrieg, gar nichts gelegen, weil sie damals auf Umwegen die Hauptlast des europäischen Wiederaufbaus getragen hatten. Aus diesem Grund wollten die Amerikaner auch keine Entnahmen aus der laufenden Produktion; ein möglichst großer Teil der Reparationen sollte aus dem bestehenden deutschen Volksvermögen und vor allem durch Demontage von Fabriken und Maschinen gewonnen werden. Statt für fixe Summen plädierten die Amerikaner erst in der Reparationskommission und dann in Potsdam für die Festlegung von Quoten in Prozent. Die Kuh, die Milch geben sollte, müsse auch gefüttert werden, lautete das amerikanische Argument, das Pauley seinem sowjetischen Kollegen Maiskij entgegenhielt.

Exakter ausgedrückt war es in der Reparationsformel, die nach amerikanischer Vorstellung angewendet werden sollte: Reparationen würden sich ergeben aus der Produktion abzüglich der Besatzungskosten, des deutschen Verbrauchs und der Ausgaben für die notwendigen Einfuhren nach Deutschland. Damit sollte verhindert werden, dass Deutschland so stark ausgebeutet würde, dass es mit Hilfe amerikanischer Ressourcen wieder aufgepäppelt werden müsste, oder anders gesagt: Die

Amerikaner fürchteten, die deutschen Reparationen auf dem Umweg über Hilfeleistungen selbst zahlen zu müssen.

Die sowjetischen Vertreter hielten diese Argumentation für faule imperialistische Tricks, mit denen die ausgepowerte Sowjetunion um ihren gerechten Anteil betrogen werden sollte. Denn bei der amerikanischen Quotenregelung blieb unklar, wie viel der sowjetische 50-Prozent-Anteil wert sein würde. Vom Zeitpunkt der Bezahlung ganz abgesehen konnte es auch möglich sein, dass er sich auf 50 Prozent von nichts oder beinahe nichts belaufen würde. Da waren 10 Milliarden Dollar oder auch etwas weniger auf jeden Fall besser. Die drohende Verelendung des Reparationsgebiets Deutschland machte den sowjetischen Vertretern, die an ihr verwüstetes und ausgeplündertes Heimatland dachten, weiter keine Sorgen.[111]

Über den gegensätzlichen Auffassungen in der Reparationsfrage war die Potsdamer Konferenz also ins Stocken geraten, und über den ökonomischen Problemen hatte sich zwangsläufig auch die ideologische Kluft zwischen der Sowjetunion und den USA wieder weit aufgetan.

Ein folgenschwerer Kompromiss

Die Wende deutete sich hinter den Kulissen an, als der amerikanische Außenminister Byrnes zuerst ganz inoffiziell seinem Kollegen Molotow und dann, ebenfalls informell, in einem Dreiergespräch auch Eden ein Geschäft vorschlug, das aus zwei Teilen bestand, die scheinbar nichts miteinander zu tun hatten. Um der Einigkeit der Alliierten willen, so etwa formulierte es Byrnes, solle man nicht über die Struktur und die Höhe der Reparationen streiten, sondern das Reparationsgebiet teilen. Die sowjetische Besatzungszone entspreche auch in der Industrie- und Wirtschaftskapazität der Hälfte des deutschen Territoriums, dort könne sich die Sowjetunion nach Belieben bedienen, und die drei Westmächte könnten in ihren Zonen dasselbe tun oder lassen. Der andere Teil des Handels bestand darin, dass Byrnes die amerikanische Zustimmung zur polnischen Westgrenze in Aussicht stellte, wenn die Reparationsfrage nach Wunsch erledigt werde.[112]

Eden und Molotow waren an dem Geschäft interessiert, zeigte es doch einen Ausweg aus der Sackgasse und Aussicht auf einen Kompromiss, der alle einigermaßen befriedigen würde. Das war am 23. Juli 1945. Zum Abschluss kam der Handel am 29. Juli um die Mittagszeit im »Kleinen Weißen Haus«, als Molotow den US-Präsidenten aufsuchte. Zu sechst (Truman, dessen Berater Leahy, Außenminister Byrnes und Dolmetscher Bohlen sowie Molotow und dessen Dolmetscher Golunskij) wurden die Bedingungen in erster Runde ausgepokert. Die Briten brauchte man nicht dazu (das war nicht so sehr Geringschätzung der neuen britischen Delegationsspitze als vielmehr Ausdruck des Machtgefälles: Großbritannien war eine Potenz zweiter Ordnung, die man nur informierte).

Stalin hatte sich entschuldigen lassen, er war erkältet und konnte erst wieder am 31. Juli an der nächsten Plenarsitzung teilnehmen.[113] Da war der Handel bereits perfekt. Am Montagnachmittag davor hatten die Außenminister Molotow und Byrnes das Wesentliche vereinbart. Byrnes bot die amerikanische Zustimmung zur polnischen Westgrenze an, und zwar wollten die USA jetzt die westliche Neiße akzeptieren (das war eher mehr als verlangt: Polen hätte sich nämlich auch mit der östlichen Neiße zufriedengeben müssen), und außerdem offerierte Byrnes die diplomatische Anerkennung der Regierungen in Rumänien, Bulgarien, Ungarn und Finnland durch die USA und Großbritannien. Schrittweise gab Molotow nun in der Reparationsfrage nach und verzichtete schließlich auch auf die Reste von festen Summen, die noch als sowjetische Forderungen übrig waren. Byrnes hatte unmissverständlich zum Ausdruck gebracht, dass die amerikanischen Offerten als Junktim zu verstehen seien, und er hatte auf den Termindruck hingewiesen, unter dem die amerikanische Delegation stand. Truman, zu dessen Tugenden die Geduld ohnehin nicht gehörte, war des Konferierens überdrüssig und wollte abreisen. Byrnes' Drängen konnte man daher durchaus als Drohung verstehen, die Potsdamer Konferenz platzen zu lassen.

Die Details der Reparationsregelung, die in der elften Plenarsitzung am 31. Juli beschlossen wurden[114], sind einigermaßen kompliziert oder doch unübersichtlich: Die Sowjetunion sollte ihre Ansprüche hauptsächlich aus ihrer Besatzungszone sowie aus deutschen Guthaben in den Ländern Ost- und Südosteuropas befriedigen. Zusätzlich sollte die

UdSSR aus den Westzonen 10 Prozent der Reparationsentnahmen ohne Bezahlung sowie 15 Prozent deutscher Leistungen im Tausch gegen Lebensmittel, Holz, Kohle, Kali und einige andere Waren erhalten. In den sowjetischen Anteil an den Reparationen war pauschal auch Polens Anspruch aufgenommen worden, das heißt, es gab keine eigenen Ansprüche Polens auf Reparationen durch Deutschland.

Der Preis, den die Westmächte auf Kosten Deutschlands für die kurze Eintracht in der Reparationsfrage zahlten, war immens. Die Zustimmung zur Abtrennung der Ostgebiete von Deutschland war noch nicht das Ärgste, und die Umsiedlung der dort lebenden Deutschen war ohnehin beschlossen. (Die Aussiedlung solle »organisiert und human« erfolgen, war dann unter Ziffer XIII im Konferenzkommuniqué zu lesen, der Alliierte Kontrollrat in Berlin solle sich um den Zustrom der Heimatlosen irgendwie kümmern, die gegenwärtige Lage in Deutschland sei zu berücksichtigen, und die Regierungen in Prag, Warschau und Budapest wurden ersucht, dies zur Kenntnis zu nehmen.)

Die Teilung des Reparationsgebiets in eine östliche und eine westliche Hälfte und die gleichzeitig erteilte Vollmacht an die Zonenkommandanten, das Reparationsproblem auf zonaler Basis zu regeln, war der entscheidende Schritt zur Aufteilung Deutschlands in die Interessensphären der beiden konkurrierenden Weltmächte. Das Postulat, dass Deutschland weiterhin als Wirtschaftseinheit zu behandeln sei, war dementsprechend wenig wert. Wie wenig, das zeigte sich schon einige Monate nach der Konferenz von Potsdam, als General Clay Reparationsleistungen aus der US-Zone an die Sowjetunion stoppte, weil die Tauschlieferungen für die amerikanische Zone ausgeblieben waren.

Schon in einiger Eile begann am Nachmittag des 1. August 1945 die zwölfte Sitzung, bei der es vor allem um den Wortlaut des Protokolls ging, das als Zusammenfassung der Konferenzergebnisse der Weltöffentlichkeit unterbreitet werden sollte und das als »Potsdamer Abkommen« das berühmteste Dokument der Nachkriegszeit wurde. Weil die Expertenkommissionen die Fülle der Formulierungen nicht so schnell bewältigen konnten, musste am Abend des 1. August noch eine längere Pause eingelegt werden. Um 22.40 Uhr traf man sich dann zur Schlussrunde, die bis nach Mitternacht dauerte. Präsident Truman schloss die Veranstaltung, nachdem die Teilnehmer sich Liebenswürdigkeiten gesagt und sich fortdauernder Freundschaft der drei Nationen versichert sowie eine Grußadresse an Churchill und Eden verfasst hatten.

Am 2. August 1945, 9.30 Uhr mitteleuropäischer Zeit, wurde das Kommuniqué über die Potsdamer Konferenz veröffentlicht. Das »Potsdamer Abkommen« ist eine Kurzfassung des »Protocol of Proceedings«, in dem die Beschlüsse, Vereinbarungen und Absichtserklärungen der Regierungschefs der drei Großmächte festgehalten sind. Die Kurzfassung wurde als Konferenzkommuniqué unmittelbar nach dem Ende der Verhandlungen veröffentlicht, die Langfassung unter dem ebenfalls etwas irreführenden Titel »Verhandlungsprotokoll« am 24. März 1947 vom US-Außenministerium publiziert. In rechtlicher Hinsicht ist das »Potsdamer Abkommen« kein völkerrechtlicher Vertrag, was seine Gültigkeit und Wirkung freilich keineswegs behinderte: Das »Verhandlungsprotokoll« ist nicht zu verwechseln mit wörtlichen Berichten über den Gang der einzelnen Sitzungen.[115]

Präsident Truman befand sich schon auf dem Heimweg via Plymouth, wo ihn der Kreuzer »Augusta« erwartete. Auf See arbeitete Truman an seiner Rundfunkansprache über die Konferenzergebnisse. Den Rat der Außenminister als ständiges Gremium der fünf Großmächte wollte er an erster Stelle erwähnen. In der Reparationsfrage sei, anders als nach dem Ersten Weltkrieg, der Fehler vermieden worden, erst Reparationsleistungen festzusetzen, die Amerika schließlich finanzieren müsse. Deutschland werde die Möglichkeit haben, sich zu einem gesitteten Staat zu entwickeln, um dann wieder seinen Platz in der zivilisierten Welt einnehmen zu können. Und in der Frage der polnischen Grenze sei ein Kompromiss geschlossen worden, der beste, der möglich gewesen sei, und immerhin bleibe der endgültige Beschluss über Polens territoriale Gestalt der Friedenskonferenz vorbehalten.

Unterwegs auf hoher See erhielt der US-Präsident die Nachricht, dass der Abwurf der Atombombe auf Hiroshima ein voller Erfolg gewesen sei. Hunderttausend Menschen auf einmal zu töten war in der Geschichte der Menschheit vor diesem Datum, dem 6. August 1945, 8.15 Uhr japanischer Ortszeit (in Washington war es erst 19.15 Uhr am Vorabend), noch keiner Kriegsmaschinerie gelungen. An Bord der »Augusta« herrschte euphorische Stimmung. Zwei Tage später erklärte die Sowjetunion Japan den Krieg und begann mit dem Vormarsch in der Mandschurei und in Korea. Am 9. August wurde Nagasaki durch eine zweite Atombombe zerstört. Am 10. August bot der japanische Kaiser die Kapitulation an – zu den Bedingungen der Potsdamer Deklaration, aber unter Vorbehalt der kaiserlichen Rechte. Am 2. September 1945 unterzeichneten die Vertreter Japans auf dem amerikanischen Schlachtschiff »Missouri« in der Bucht von Tokio die bedingungslose Kapitulation vor dem amerikanischen General MacArthur. Das japanische Mutterland wurde amerikanisch besetztes Gebiet unter dem Oberbefehl MacArthurs. Der Zweite Weltkrieg war zu Ende.

In seinen Memoiren hielt Harry S. Truman die Motive zu seinem Entschluss, Japan allein zu kontrollieren, für die Nachwelt fest: »So sehr mir an Rußlands Beteiligung am fernöstlichen Kriege lag, war ich aber jetzt doch auf Grund meiner Potsdamer Erfahrungen entschlossen, die Russen unter keinen Umständen an der Besetzung Japans zu beteiligen. Was wir mit ihnen in Deutschland, Bulgarien, Rumänien, Ungarn und Polen erlebt hatten, zeigte mir zur Genüge, daß ich mich hinsichtlich Japans auf keine gemeinsame Abwicklung mit den Russen einlassen durfte. Meine Überlegungen auf der Heimreise gipfelten in dem Entschluß, General MacArthur die uneingeschränkte Gewalt über das besiegte Japan zu übertragen. Im Stillen Ozean sollte uns die russische Taktik nicht stören.«[116]

Zweifellos hat der amerikanische Präsident bereits vor der Potsdamer Konferenz bestehende Absichten aufgrund späterer Erfahrungen bei der gemeinsamen Besatzungspolitik in Deutschland harmonisiert und seine wirklichen Motive dabei verschleiert. Für die Stimmung, den fehlenden Willen zur Kooperation und die mangelnde Fähigkeit zum politischen Konsens im Sommer 1945, am Ende der Konferenz, war die Darstellung Trumans jedoch charakteristisch.

In seiner Rundfunkansprache am 9. August – dem Tag, als Nagasaki verwüstet wurde – schilderte Truman die Ergebnisse von Potsdam in leuchtenden Farben. Es sei ihm leichtgefallen, mit dem Sowjetführer und den beiden britischen Premierministern im Geiste gegenseitigen Verstehens und in Freundschaft auszukommen, sagte Truman, ehe er die Resultate der Konferenz ausführlich erläuterte. Bemerkenswert waren seine Ausführungen über Rumänien, Bulgarien und Ungarn, von denen er wider besseres Wissen behauptete, sie würden nicht »in die Einfluß-

sphäre irgendeiner Macht« kommen, diesen Ländern gehöre so lange
das gemeinsame Interesse der drei Großmächte, bis sie wieder Mitglieder der internationalen Familie geworden seien. Den Kompromiss
über Polens Westgrenze verteidigte Truman mit der Bemerkung, keine
Nation könne erwarten, alles zu bekommen, was sie wolle. Für die Völ-
kerwanderung, die mit der in Potsdam gefundenen Regelung in Gang
gesetzt wurde, fand er ausgesprochen harmlos klingende Worte: In dem
an die Sowjetunion fallenden Gebiet östlich der Curzon-Linie »leben
über 3 Millionen Polen, die Polen zurückgegeben werden müssen. Sie
brauchen Siedlungsraum. Das neue Gebiet im Westen wurde früher von
Deutschen bevölkert. Die meisten von ihnen haben das Gebiet aber
schon angesichts der herannahenden sowjetischen Invasionsarmee verlassen. Wir wurden informiert, daß nur etwa eineinhalb Millionen zurückgeblieben sind.«[117]

Hatte er »Uncle Joe«, wie die Amerikaner und Briten Stalin nannten,
diese Zahlenangaben wirklich geglaubt? Truman hatte bei der Rede
sicherlich eher die polnischstämmigen Amerikaner vor Augen, und im
Rückblick auf die abenteuerlichen Beschlüsse von Potsdam war jede
Verharmlosung willkommen. Im Übrigen diente die Formel vom Provisorium der Beschwichtigung des Unbehagens. Das klang dann so: »Die
polnische Regierung stimmte uns darin zu, dass die endgültige Bestimmung der Grenzen nicht in Berlin erreicht werden kann, sondern erst in
einem Friedensvertrag. Immerhin wurde ein beachtlicher Teil der russischen Besatzungszone Deutschlands auf der Konferenz von Berlin bis
zur endgültigen Entscheidung des Friedensabkommens Polen zu Ver-
waltungszwecken übergeben.«[118]

Vielleicht hat Truman aber an den eisfreien Hafen Königsbergs ge-
glaubt. Der hatte ja schon in Jalta die Begründung geliefert, dass ein
Teil Ostpreußens von der Sowjetunion annektiert werden durfte. Der
Schönheitsfehler bei der Operation bestand lediglich darin, dass der
Hafen von Königsberg im Winter ebenso vom Eis gelähmt wird wie die
Ostsee-Häfen, die die Sowjetunion schon besaß. In einer anderen Frage
war Truman hartnäckiger gewesen, aber erfolglos geblieben: Zu den
Lieblingsprojekten des amerikanischen Präsidenten gehörte das Ver-
langen nach internationaler Kontrolle der großen Binnenwasserstraßen,
vor allem der Donau, des Rheins, der Schwarzmeerenge, des Kieler

Nord-Ostsee-Kanals und aller Wasserstraßen Europas, die an zwei oder mehr Staaten grenzten. In Potsdam war die Idee, die je nach Standort als amerikanische Marotte oder als kapitalistischer Trick zur Durchdringung der europäischen Wirtschaftsräume angesehen wurde, an den Rat der Außenminister verwiesen worden, damit sie vom Tisch war.

Truman kam gegen Ende seiner Rede an die Amerikaner auf die Not der Europäer. Er spreche nicht von den Deutschen, sondern von den Völkern, deren Land von den Deutschen überrannt und verwüstet wurde, und ausdrücklich sprach er, denn die Welt war ja schon geteilt, von den westeuropäischen Völkern. Es fehle ihnen an dem Nötigen zum Wiederaufbau, an Nahrung und Kleidung: »Mit Beginn des Winters wird das Elend zunehmen. Wenn wir nicht alles tun, um zu helfen, verlieren wir vielleicht im nächsten Winter das im letzten Frühjahr so schrecklich teuer Errungene. Verzweifelte neigen dazu, ihre Gesellschaftsstruktur zu zerstören, um in deren Vernichtung einen Ersatz für Hoffnung zu finden. Wenn wir Europa der Kälte und dem Hunger überlassen, verlieren wir vielleicht Fundamente der Ordnung, worauf die Hoffnung auf weltweiten Frieden ruhen muß. Wir müssen bis zu den Grenzen unserer Stärke helfen. Und wir werden es tun.«[119] Diese Botschaft wurde in Europa verstanden.

Churchill, nunmehr Führer der Opposition im britischen Parlament, resümierte die Ergebnisse von Potsdam am 16. August im Unterhaus, wobei er die Truman-Rede höchst bemerkenswert nannte. Churchill durfte die Schwächen der Potsdamer Kompromisse deutlicher beim Namen nennen als Truman, und er scheute sich nicht, das zu tun. Es wäre verkehrt, meinte der ehemalige Premier, die voneinander abweichenden Ansichten der Sieger über die Situation in Ost- und Mitteleuropa zu verheimlichen. Man müsse sich darüber klar sein, dass keine der drei führenden Mächte ihre Lösung den anderen aufzwingen könne, dass nur Kompromisse möglich seien, wobei die Briten sehr zeitig und im steigenden Maße die Grenzen ihrer Macht und ihres Einflusses in der Nachkriegswelt hätten erkennen müssen.

Seiner persönlichen Meinung nach sei »die Polen zugestandene provisorische Westgrenze, die von Stettin an der Ostsee, längs der Oder und ihrem Nebenfluß, der westlichen Neiße, verläuft und ein Viertel des

Ackerlandes ganz Deutschlands umschließt, kein gutes Vorzeichen für die künftige Karte Europas«[120]. Man sei, bei aller Anerkennung des Grundsatzes, dass Polen auf deutsche Kosten für seinen Gebietsverlust im Osten entschädigt werden müsse, weit über das hinausgegangen, was Notwendigkeit und Billigkeit erforderten. Einen guten Teil der Verantwortung maß Churchill dabei der polnischen provisorischen Regierung zu. Wie hätten deren Mitglieder, polnische Patrioten allesamt, freilich bescheidener sein sollen in der Lage, in der sie sich befanden? Churchill aber tadelte sie mit dem Diktum, es gebe nur wenige Tugenden, die die Polen nicht besäßen, und es gebe nur wenige Irrtümer, die sie jemals vermieden hätten.

Das war auch ein Versuch, Polen mit in die Haftung zu nehmen für den Beschluss, den polnischen Staat anlässlich seiner Wiedergeburt en bloc von Osten nach Westen zu verschieben, ohne Rücksicht auf die betroffenen Menschen. Churchill war ja keineswegs unbeteiligt an diesem Beschluss und seiner Vorgeschichte. Deshalb grauste ihm auch vor den Folgen. Im Unterhaus sagte er am 16. August 1945: »Besonders beschäftigen mich in diesem Augenblick die Berichte, die uns über die Bedingungen zukommen, unter denen die Vertreibung und der Auszug der Deutschen aus dem neuen Polen durchgeführt werden. Vor dem Krieg lebten acht bis neun Millionen Menschen in diesen Gebieten. Die polnische Regierung sagt, von diesen befänden sich noch 1,5 Millionen, die bisher nicht vertrieben wurden, innerhalb der neuen Grenzen. Andere Millionen müssen hinter den britischen und amerikanischen Linien Zuflucht genommen haben, wodurch sie die Lebensmittelknappheit in unserer Zone erhöhten. Über eine riesige Anzahl fehlt jede Nachricht. Wohin haben sie sich gewandt, was war ihr Schicksal? Die gleichen Zustände können sich in veränderter Form bei der Ausweisung einer großen Anzahl Sudetendeutscher und anderer Deutscher aus der Tschechoslowakei wiederholen. Spärliche und vorsichtige Berichte über die Dinge, die vor sich gingen und gehen, sind durchgesickert; es ist aber nicht ausgeschlossen, daß eine Tragödie ungeheuren Ausmaßes sich hinter dem Eisernen Vorhang, der Europa gegenwärtig entzweischneidet, abspielt.«[121]

In der ›Prawda‹ vom 3. August 1945 war die offizielle sowjetische Stellungnahme nachzulesen, die allerdings wenig Erhellendes bot: »Die

Ergebnisse der Berliner Konferenz sprechen überzeugend dafür, daß die erreichten Vereinbarungen zu den wichtigsten Fragen der Nachkriegsentwicklung, den Weg der weiteren Zusammenarbeit sowohl der Großmächte als auch der anderen freiheitsliebenden Völker vorzeichnen.«[122]

Noch während der Potsdamer Konferenz hatte der Alliierte Kontrollrat in Berlin seine Tätigkeit aufgenommen. Dass Frankreich in diesem Gremium vertreten war, wurde in Paris nicht als Zugeständnis der Großmächte realisiert und empfunden, sondern als selbstverständlich. Der Ausschluss de Gaulles von der letzten Kriegskonferenz der Großen Drei in Potsdam empörte über alle Maßen. Das Gefährliche an der Demütigung der Franzosen bestand darin, dass zu befürchten war, Frankreich werde von den Potsdamer Beschlüssen nur diejenigen akzeptieren, die den deutschlandpolitischen Vorstellungen der französischen Regierung entsprechen würden.

Genau so kam es. Paris war vorab, und zwar am 31. Juli, am 1. und 2. August über die Potsdamer Entscheidungen informiert worden. Am 7. August 1945 überreichte de Gaulles Außenminister Georges-Augustin Bidault den Botschaftern der drei Großmächte eine Note, in der die französische Auffassung dargelegt war. Einigen der Potsdamer Entscheidungen stimmte Frankreich freudig zu, wie der Teilnahme am Rat der Außenminister, gegen andere, wie die Regelungen über Polen und Italien, hatte man keine Bedenken, aber gegen die Grundsätze über die Behandlung Deutschlands enthielt die Note Einwendungen. Besonders die Zulassung politischer Parteien auf gesamtdeutscher Ebene und die Errichtung zentraler Verwaltungsbehörden unter Staatssekretären, die im ganzen deutschen Gebiet Befugnisse hätten[123], waren nicht im Sinne der französischen Regierung, der die Vorstellung eines extrem föderalisierten Deutschlands lieb war[124].

Zwei Wochen später, am 23. August, hatte Bidault in Washington eine Unterhaltung mit seinem Kollegen Byrnes. Bei der Gelegenheit brachte er die französischen Sorgen ausführlich auf den Tisch: Man fühle sich beim Reparationskompromiss betrogen, weil die französischen Ansprüche nicht im Entferntesten befriedigt werden könnten. Auch dem Sicherheitsbedürfnis der Franzosen sei nicht hinlänglich entsprochen worden. Der Gedanke, dass im Osten beträchtliche deutsche Gebiete dem sowjetischen Herrschaftsbereich einverleibt worden seien, sei hart zu ertragen angesichts der Tatsache, dass das Saargebiet weiterhin zu Deutschland und nicht zu Frankreich gerechnet werde. Über das Ruhrgebiet wünsche Frankreich mindestens eine internationale Kontrolle, und politisch solle Deutschland der Sicherheit Frankreichs wegen im höchsten Grade dezentralisiert werden.[125]

Byrnes suchte seinen Kollegen zu beschwichtigen, aber Bidault hielt daran fest, dass über vitale Interessen Frankreichs in Potsdam ohne französische Beteiligung vorentschieden worden sei, und er fühle sich daher verpflichtet, die äußersten Vorbehalte zum Ausdruck zu bringen. Das war zwar eine deutliche Ankündigung, aber erst ein Vorgeschmack der obstruktiven Politik, die Frankreich dann im Alliierten Kontrollrat und auf den anderen Foren der Deutschlandpolitik treiben sollte.

Auch aus dieser Perspektive erschien die Potsdamer Konferenz eher als Misserfolg. Die Veranstaltung zwischen Krieg und Frieden war der Versuch gewesen, die politischen, territorialen und wirtschaftlichen Probleme zu lösen, die sich am Ende des Zweiten Weltkrieges in Europa stellten. Es war die letzte der Kriegskonferenzen der Hauptmächte der Anti-Hitler-Koalition, die abgehalten wurde zur Teilung der Kriegsbeute und zur Verständigung über die Bedingungen, die einer späteren Friedenskonferenz vorgegeben werden sollten. Festgeschrieben im »Potsdamer Abkommen« wurden Anfang August 1945 die politischen und wirtschaftlichen Grundsätze zur Behandlung Deutschlands, wie sie der Alliierte Kontrollrat exekutieren sollte, Vereinbarungen über die Reparationen, die Aburteilung von Kriegsverbrechern, die Abtrennung der Gebiete östlich der Oder-Neiße-Linie und die Vertreibung der Deutschen aus diesem Territorium und aus anderen Staaten Ost- und Südosteuropas.

Der Erste Weltkrieg war durch den Frieden von Versailles beendet worden. Der Friedensvertrag trug die Unterschrift von Vertretern des Deutschen Reiches auf der Verliererseite gegenüber 27 Siegerstaaten. Der Friedensschluss erfolgte im Juni 1919, ein halbes Jahr nach Beginn der Friedenskonferenz und acht Monate nach dem Ende der Kampfhandlungen. Das war ein wesentlicher Unterschied zur provisorischen Nachkriegsordnung der deutschen Angelegenheiten in Potsdam, die niemals durch eine Friedenskonferenz und durch einen Friedensvertrag feierlich bekräftigt wurde. Trotzdem erwies sie sich beständiger als die Ordnung der internationalen Angelegenheiten, wie sie nach dem Ersten Weltkrieg in Versailles versucht worden war. Der Streit um die juristische Gültigkeit des »Potsdamer Abkommens« ist daher gegenüber den historischen Realitäten ziemlich müßig. Ob das Dokument nun (wie im sowjetischen Verständnis) als »völkerrechtlicher Vertrag« interpretiert wird oder ob man (wie im Westen) darauf beharrt, dass es sich lediglich um ein Konferenz-Kommuniqué handelt, was formal korrekt ist, aber an den Tatsachen nichts ändert: Das Potsdamer Protokoll war die Magna Charta der Nachkriegspolitik gegenüber Deutschland. Das Dokument verlor allerdings im Laufe der Zeit, je geringer die Chancen wurden, dass die darin auch enthaltenen Verpflichtungen der Alliierten gegenüber Deutschland erfüllt würden, an Bedeutung.[126]

Potsdam hatte mit Versailles auch einiges gemeinsam, nicht zuletzt die Tatsache, dass die Sieger sich zerstritten. Die Dimensionen waren aber 1945 anders als 1919. Zur Teilung der Beute waren die Großmächte in Potsdam zusammengekommen, als sie auseinandergingen, hatten sie nicht nur Deutschland, sondern auch Europa und die Welt geteilt.[127]

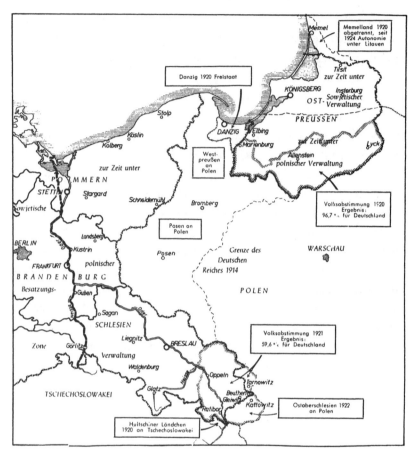

Ostgebiete des Deutschen Reiches (Grenzen nach dem Versailler Vertrag von 1919).
1939 lebten östlich der Oder-Neiße-Linie etwa 9,6 Millionen Deutsche.

5. LÄNDERREGIERUNGEN UND ZONALE BÜROKRATIEN ALS AUFTRAGNEHMER DER BESATZUNGSMÄCHTE

An die Stelle der Regierung des Deutschen Reiches war im Sommer 1945 der Alliierte Kontrollrat getreten. Das galt mindestens in der Theorie, in der Praxis waren es aber die Militärgouverneure, die an der Spitze der vier Besatzungszonen die jeweils oberste Regierungsgewalt verkörperten. Unterhalb der durch alliierten Machtspruch künstlich entstandenen Zonenebene bestanden zunächst die traditionellen politischen und administrativen Strukturen fort; auf der Kommunal- und Kreisebene sollte die Idee der Selbstverwaltung mit neuem Leben erfüllt werden. Hier, im lokalen Bereich, konnte sich unter strenger Aufsicht der örtlichen Militärregierung auch am frühesten wieder Politik in deutscher Verantwortung entfalten.

Auf der Länderebene sah es ganz anders aus. Die ehedem selbstständigen deutschen Staaten, die sich unter preußischer Hegemonie zum Norddeutschen Bund (1866) und dann mit den süddeutschen Ländern zum Deutschen Reich von 1871 zusammengeschlossen hatten, waren 1945 nur noch Verwaltungseinheiten. Durch die Weimarer Reichsverfassung und durch Matthias Erzbergers Finanzreform hatten sie nach dem Ersten Weltkrieg einen erheblichen Teil politischer Selbständigkeit eingebüßt, die »Gleichschaltung« nach der nationalsozialistischen Machtergreifung beseitigte in den Jahren 1933–1935 die letzten Reste bundesstaatlicher Qualität und Tradition. Übrig geblieben war die Dominanz des übergroßen Landes Preußen, das drei Fünftel der Fläche des Deutschen Reiches umfasste. Die Territorialreform war eines der ungelösten Probleme der Weimarer Verfassungsväter von 1919 und auch späterer Bemühungen vor Hitlers Machtantritt geblieben. Das Nebeneinander des preußischen Riesen mit Zwergen von der Größe der Länder Braunschweig, Oldenburg, Anhalt, Schaumburg-Lippe usw. und den süd- und mitteldeutschen Ländern mittlerer Größe Bayern, Sachsen, Württemberg, Baden und Hessen hatten auch die nationalsozialistischen Reformversuche nicht beseitigen können.

1945 waren die Besatzungszonen ohne Rücksicht auf die deutschen Ländergrenzen errichtet worden. In jeder der vier Zonen lag ein Stück Preußen, am meisten in der sowjetischen (die Provinzen Brandenburg und Sachsen sowie Reste von Pommern und Schlesien) und vor allem in der britischen Zone, nämlich die Provinzen Schleswig-Holstein, Hannover, Westfalen, die nördliche Rheinprovinz. In die US-Zone fiel der größere Teil der Provinz Hessen-Nassau, unter französische Herrschaft kamen das Saarland und andere südliche Teile der preußischen Rheinprovinz sowie die Enklave Hohenzollern (Sigmaringen). Die Zonengrenzen bewirkten schon 1945 de facto, was dann im Februar 1947 durch Gesetz des Alliierten Kontrollrates de jure besiegelt wurde: die Auflösung des Landes Preußen.[128]

Die Neustrukturierung der politisch-administrativen Geographie wurde in der sowjetischen Zone am frühesten vollzogen. Im Juli 1945 bestätigte die SMAD die personelle Zusammensetzung der Landes- bzw. Provinzialverwaltungen, die auf ihrem Territorium entstanden waren. Bis 1947 gab es den feinen, in der Praxis jedoch bedeutungslosen Unterschied zwischen »föderalen Ländern« – Mecklenburg, Sachsen, Thüringen – und den »Provinzen« Sachsen-Anhalt und Brandenburg. Durch SMAD-Befehl waren die Gebiete als fünf neue Verwaltungseinheiten definiert worden mit jeweils einem regionalen SMAD-Chef an der Spitze.

Die Neuzusammensetzung entsprach praktischen wie historischen Gesichtspunkten: Die westlich der Oder und Swine liegenden Reste der Provinz Pommern kamen zu Mecklenburg (das amtlich bis 1947 »Mecklenburg-Vorpommern« hieß), das Ländchen Anhalt wurde der ehemals preußischen Provinz Sachsen zugeschlagen, der westlich der Neiße gelegene Rest der Provinz Niederschlesien kam zum Land Sachsen. Der Bezirk Erfurt wurde von der Provinz Sachsen getrennt und dem Land Thüringen zugeteilt. Brandenburg blieb, bis auf die Verluste östlich der Oder, im Gebietsstand unverändert. 1947 erhielten alle den Länderstatus, was freilich keine besondere Bedeutung hatte, einmal wegen des Zentralismus in der SBZ, der den Ländern lediglich die Rolle von Selbstverwaltungskörperschaften zubilligte, zum anderen war den fünf Ländern der Sowjetzone ohnehin nur noch eine kurze Lebensdauer beschieden. In der Verwaltungsreform vom Juli 1952 wurde die DDR in 14 Bezirke eingeteilt, die vielfach ohne Rücksicht auf die früheren Ländergrenzen gebildet wurden. Brandenburg, Sachsen, Mecklenburg-Vorpommern, Thüringen und Sachsen-Anhalt wurden nach dem Ende der DDR als »neue Bundesländer« der Bundesrepublik wieder ins Leben gerufen.

Ein Nebeneinander von Ländern und ehemals preußischen Provinzen herrschte bis Ende 1946 auch in der britischen Zone. Im April 1945 hatte die britische Militärregierung im Land Braunschweig einen deutschen Ministerpräsidenten (Hubert Schlebusch) eingesetzt. Im Mai wurde Theodor Tantzen auf britischen Befehl Ministerpräsident von Oldenburg (er hatte dieses Amt schon in der Weimarer Zeit bekleidet), im Stadtstaat Hamburg war am 15. Mai 1945 Rudolf Petersen, ein vor 1933 bekannter Liberaler (DVP), zum Ersten Bürgermeister ernannt worden. In Hannover wurde Hinrich Wilhelm Kopf von den Briten Anfang Mai als Regierungspräsident eingesetzt und im September 1945 zum Oberpräsidenten und Chef der Provinzialregierung der Provinz Hannover ernannt. Kopf war ab Oktober auch Vorsitzender des von der Militärregierung gebildeten Verwaltungsrates für die Region Hannover. Das war die Keimzelle des Landes Niedersachsen.[129] Gleichberechtigte Stellvertreter von Kopf waren die Regierungschefs von Braunschweig und Oldenburg.

Im August 1946 verordnete die britische Militärregierung die Auflösung der Provinzen des früheren Landes Preußen. Das war aber nur eine Titeländerung, denn gleichzeitig erfolgte ihre Neukonstituierung als Länder. Kopf war jetzt Ministerpräsident von Hannover, sein Kollege Theodor Steltzer in Kiel tauschte zur gleichen Zeit den Titel eines Oberpräsidenten der Provinz Schleswig-Holstein mit der Bezeichnung Ministerpräsident des gleichnamigen Landes.[130] Der Provinzialbeirat dieses Landes, der im Februar 1946 eingerichtet und von Delegierten der Verwaltung, der Parteien, Gewerkschaften und Berufsstände beschickt worden war, wurde zum Provinziallandtag umgebildet. Der neue Status eines Landes war aber erst provisorisch. Im Dezember wurde ein neuer Landtag gebildet, die Mandatsträger waren zum größeren Teil von der Militärregierung ernannt (39), zum kleineren von den Kreistagen (21) gewählt

worden. Nach der förmlichen Auflösung Preußens durch Kontrollratsgesetz im Februar 1947 wurde Schleswig-Holstein de jure auch ein selbst-
ständiges Land.

Das Land Niedersachsen, das aus dem Zusammenschluss von Hannover mit den Ländern Braunschweig und Oldenburg sowie dem Ländchen Schaumburg-Lippe hervorging, wurde bereits im November 1946
konstituiert. Das dritte Land der britischen Zone hatte eine ähnliche
Entstehungsgeschichte. Der nördliche Teil der preußischen Rheinprovinz erhielt einen Oberpräsidenten (ab Oktober 1945 versah Robert
Lehr dieses Amt). Im Juli 1945 bestellte die Militärregierung Rudolf
Amelunxen zum Oberpräsidenten der Provinz Westfalen. Ein Jahr später
wurde Amelunxen als Ministerpräsident mit der Bildung einer Regierung für das zu errichtende Land Nordrhein-Westfalen beauftragt, für
das im August ein Landtag ernannt wurde.[131] Das vierte Land der britischen Zone war die Hansestadt Hamburg, die unverändert in ihrer 1937
erworbenen Größe den Charakter eines selbstständigen Landes bewahren konnte.[132]

In der amerikanischen Zone hatte Bayern seine historische Gestalt
behalten, wenn man vom linksrheinischen Landesteil Pfalz, der in die
französische Zone kam, absieht.

Die Länder Württemberg und Baden waren aus strategischen Gründen entlang der Autobahnlinie Ulm-Stuttgart-Karlsruhe zerschnitten
worden. Die nördlichen Teile fielen in die amerikanische, die südlichen
in die französische Zone. Die Amerikaner fügten ihre Teile zum neuen
Land Württemberg-Baden zusammen, die Franzosen bildeten zwei
Länder: Württemberg-Hohenzollern mit der Hauptstadt Tübingen (das
kleine Land umfasste den Süden Württembergs und die ehemals preußischen Enklaven Sigmaringen und Hechingen) und Baden mit dem
Regierungssitz in Freiburg. Um Verwechslungen zu vermeiden, nannte
man das von Freiburg aus regierte Land der französischen Zone »(Süd-)
Baden«, was freilich bei der dortigen Regierung nicht beliebt war.[133]
Während dieses Ländchen von seinem nördlichen amerikanisch besetzten Schwestergebiet ziemlich abdriftete und späterhin seine Selbstständigkeit hartnäckig verteidigte, war man zwischen Tübingen und Stuttgart
eines Sinnes, dass nämlich die Wiedervereinigung das einzig erstrebens-
werte Ziel sei.[134] Bis Oktober 1945 hatte man die Verwaltungseinheit

zwischen Süd- und Nordwürttemberg über die Zonengrenze hinweg aufrechtzuerhalten versucht. Als letzte Möglichkeit verfielen die Schwaben im Oktober 1945 auf die Idee, dass Carlo Schmid, der als Tübinger Regierungschef den Titel »Vorsitzender des Staatssekretariats für das französisch besetzte Gebiet Württembergs und Hohenzollern« führte, gleichzeitig mit der Bezeichnung »Staatsrat« an den Sitzungen der Landesregierung in Stuttgart teilnahm. Das Tübinger Staatssekretariat wollte sich nur als »Abwesenheitspflegschaft« verstehen[135], aber es entwickelte sich auf französisches Drängen und der Eigengesetzlichkeit bürokratischer Gebilde entsprechend eine richtige Landesregierung mit (ab 1946) Ministern und (ab 1947) einem Staatspräsidenten an der Spitze. Die Wiedervereinigung der württembergischen Landesteile unter Beibehaltung der Union mit Nordbaden und der Anschluss (Süd-)Badens an ein gemeinsames Land, den Südweststaat, wurde in den beiden Landeshauptstädten Tübingen und Stuttgart während der ganzen Besatzungszeit mit Eifer verfolgt, und auch in Karlsruhe, wo die Verwaltung des nordbadischen Landesteils etliche Autonomie genoss, gewöhnte man sich an den Gedanken. Der Zusammenschluss der drei durch die Besatzungsmächte künstlich geschaffenen Länder im Südwesten zum Bundesland Baden-Württemberg im April 1952 blieb die einzige Revision der durch alliierten Machtspruch erzeugten Länderkarte in den drei westlichen Besatzungszonen Deutschlands.[136]

Erstaunlicherweise entwickelten sich in wenigen Nachkriegsjahren in den neuen Ländern solche Bindungskräfte, dass die 1948 von den Westalliierten angebotene bzw. angeordnete Eröffnung der Neugliederungsdiskussion ohne Ergebnis blieb. Erstaunlich war das deshalb, weil jahrzehntelang propagierte Territorialreformen, deren Durchführung schlichte Vernunft geboten hätte, unter Berufung auf gewachsene Bindungen und Traditionen weder in der Weimarer Republik noch im NS-Staat (von wenigen Ausnahmen abgesehen) zustande gekommen waren.

Rheinland-Pfalz, das dritte Land der französischen Zone, ist geradezu das Schulbeispiel dafür, wie schnell sich neue Beharrungskräfte entwickelten. Das Land, dessen Entstehung durch die französische Besatzungsverwaltung Ende August 1946 verordnet wurde, hatte, außer dem teilweisen Besatzungswechsel von den Amerikanern zu den Franzosen, bei dem im Juli 1945 auch die Verwaltungsstrukturen geändert wurden, eine verwirrende Entstehungsgeschichte.[137] Es war aus Territorialsplittern zusammengefügt, die ehedem zu Bayern, zu Rheinpreußen, zum preußischen Hessen-Nassau, zu Hessen, zu Oldenburg (Birkenfeld) gehört hatten, als die Franzosen Ende Juli 1945 das Saargebiet abtrennten, um es als selbstständige Verwaltungseinheit einer eigenen französischen Kontrollbehörde zu unterstellen. Das Saarland gehörte jetzt nicht mehr zur französischen Zone und (mit zähneknirschender Duldung der anderen Alliierten) auch nicht mehr zum Hoheitsgebiet des Alliierten Kontrollrates. Es war de facto von Deutschland abgetrennt worden, um allmählich französisch zu werden.[138]

Die Amerikaner proklamierten in ihrer Zone am 19. September 1945 die Errichtung von drei Ländern: Bayern, Württemberg-Baden und (Groß)Hessen[139]. Bremen, das zunächst britisch besetzt war, erhielt den Status eines Landes der US-Zone erst im Januar 1947. Zum Land Hessen hatte die amerikanische Militärregierung die Gebiete zusammengeschlossen, die früher zu Preußen gehört hatten (Provinz Kurhessen mit Verwaltungszentrum Kassel und die Provinz Hessen-Nassau), und sie mit den beiden Teilen des Landes Hessen (Darmstadt) vereinigt, die rechts des Rheins lagen. Die Hauptstadt des neuen Landes wurde Wiesbaden.

Diese Länder, je drei und ein Stadtstaat in der anglo-amerikanischen, drei in der französischen und fünf in der sowjetischen Zone, waren nicht nur von der Entstehung her unterschiedliche Gebilde, sie hatten auch unterschiedliche Funktionen. In der britischen Zone waren sie in den ersten beiden Besatzungsjahren kaum mehr als Administrationskörper, in der sowjetischen blieben sie es bis zu ihrer Auflösung.

In der französischen Zone waren die Länder zwar auch in erster Linie Ausführungsorgane der Besatzungsmacht, den staatenbündischen Konzepten der Pariser Deutschlandpolitik entsprechend war ihnen aber doch auch eine eigene politische Funktion zugedacht. Anstelle einer auf Dauer unerwünschten deutschen Zentralregierung sollten die Länder in großer Selbständigkeit gegeneinander agieren. Folgerichtig gab es in der französischen Zone bis zum Ende der Besatzungszeit keine deutschen politischen Gremien oberhalb der Länderebene, und die Teilnahme der drei Länderregierungschefs der französischen Zone an Konferenzen mit ihren Kollegen aus den anderen Zonen wurde noch bis in die Gründungsphase der Bundesrepublik von der Militärregierung ungern gesehen.[140]

Die Amerikaner betrieben ebenfalls die Föderalisierung, das heißt, ihnen galten lebensfähige und mit eigener Kompetenz ausgestattete Einzelstaaten, die sich im Bundesstaat zur höheren Ordnung vereinigten, als selbstverständliche Voraussetzung eines demokratischen Systems. Sie statteten daher schon im September 1945 die Länder ihrer Zone (die sie als »States« bezeichneten) mit voller legislativer, exekutiver und richterlicher Gewalt aus. Das brachte den Ministerpräsidenten, da sie noch keiner parlamentarischen Kontrolle unterlagen, gegenüber ihren Kabinetten und der Verwaltung eine beträchtliche Machtfülle, die jedoch durch ihre Abhängigkeit von der Besatzungsmacht nach außen hin enge Grenzen hatte.

Besonders drastisch zu spüren bekam das Fritz Schäffer, der erste Nachkriegs-Ministerpräsident von Bayern. Er war am 28. Mai 1945 von der Militärregierung eingesetzt worden, weil er als ehemaliger Vorsitzender der Bayerischen Volkspartei (1929–1933) und Chef des bayerischen Finanzministeriums am Ende der Weimarer Zeit sowohl fachlich wie demokratisch legitimiert war. Vorgeschlagen für dieses Amt hatte ihn der Erzbischof von München und Freising, Kardinal Faulhaber, der auf Wunsch des Regional Military Government eine Kandidatenliste geeigneter Politiker aufgestellt hatte. So war Schäffer angeblich von seiner Ernennung selbst überrascht worden.

Am 28. September 1945 wurden Ministerpräsident Schäffer und sein Justizminister Wilhelm Hoegner zum Amtssitz der Militärregierung für Bayern in der Münchner Holbeinstraße bestellt. Ohne Umschweife und ohne Begründung wurde Schäffer dort eröffnet, dass er entlassen sei, und Hoegner erhielt die Mitteilung, er sei jetzt bayerischer Ministerpräsident. Die Amerikaner kreideten Schäffer an, dass er die Säuberung der öffentlichen Verwaltung von Nationalsozialisten nicht rigoros genug betrieb.[141] Der Sozialdemokrat Hoegner, der schon vor 1933 als Hitlergegner hervorgetreten war und deshalb 1933 ins Exil in die Schweiz fliehen musste, war der Typus des Weimarer Demokraten, der in den Augen der Besatzungsmacht das richtige Format zum Nachkriegspolitiker hatte.

In Stuttgart machten die Amerikaner Reinhold Maier im August 1945 zum Ministerpräsidenten. Der streitbare Liberale war 1929–1933 württembergischer Wirtschaftsminister und Reichstagsabgeordneter gewesen, sein Kabinett bestand aus Männern ähnlichen Schlages. Justizminister von Württemberg-Baden wurde Josef Beyerle, der schon als Zentrumspolitiker von 1923 bis 1933 das württembergische Justizministerium geleitet hatte. Der ehemalige liberale Reichstagsabgeordnete Theodor Heuss, der das NS-Regime in der inneren Emigration überdauert hatte, wurde Kultusminister. Zum Ministerpräsidenten des Landes Hessen ernannten die Amerikaner im Oktober 1945 den Rechtsprofessor Karl Geiler, der 1939 von den Nationalsozialisten seines Amtes an der Universität Heidelberg enthoben worden war. In Bremen wurde der Sozialdemokrat Wilhelm Kaisen[142] im Juni 1945 zunächst zum Senator für Wohlfahrt (das war er von 1927 bis 1933 schon einmal gewesen), im August dann zum Bürgermeister und Senatspräsidenten ernannt.

Die Rekrutierung der deutschen Politiker, besser gesagt der Administratoren der ersten Stunde, erfolgte in allen Zonen im Grunde nach diesem Muster: Wer sich in der Weimarer Zeit als Demokrat und Republikaner erwiesen hatte und nach 1933 gegenüber dem Nationalsozialismus resistent geblieben war, hatte in der Nachkriegszeit gute Chancen, wieder etwas zu werden. Das galt auch für die sowjetische Besatzungszone, allerdings mit gewissen Einschränkungen. Denn in der SBZ spielten die kommunistischen Emigranten, die die NS-Zeit in der Sowjetunion verbracht hatten, eine besondere Rolle. Im Gefolge der Roten Armee kamen im April 1945 drei Gruppen von KPD-Funktionären nach Deutschland zurück, in der Absicht und mit dem Auftrag, beim Neuaufbau der Verwaltung, des politischen und kulturellen Lebens entscheidend mitzuwirken. Die »Gruppe Ulbricht« operierte in Berlin, die »Gruppe Ackermann« in Sachsen und die »Gruppe Sobottka« in Mecklenburg-Vorpommern.

Die sowjetische Besatzungszone hatte auch insofern eine Sonderstellung, als nur dort Emigranten (sofern sie aus dem Moskauer Exil zurückkehrten) eine wesentliche Rolle beim Neuaufbau spielten. In den Westzonen taten sich die Emigranten nach der Rückkehr schwerer, in der politischen Prominenz waren Männer wie Wilhelm Hoegner in Bayern und Max Brauer in Hamburg eher Ausnahmeerscheinungen. Andere waren als Bürger der Exilländer zurückgekehrt und dienten, teilweise in amerikanischer, britischer und französischer Uniform, ihrem früheren

Vaterland auf neue Weise wie Carl J. Friedrich und Arnold Brecht als Berater der amerikanischen Militärregierung in Verfassungsangelegenheiten, wie der ehemalige preußische Ministerialbeamte Robert Kempner als Ankläger in den Nürnberger NS-Prozessen, wie der Journalist Peter de Mendelssohn als britischer Presseoffizier in Berlin oder der Schriftsteller Alfred Döblin als Mitarbeiter der Kulturbehörde der französischen Militärregierung.[143]

Entsprechend dem Stellenwert der Länder in der sowjetischen Besatzungszone waren die Chefs der Landes- bzw. Provinzialverwaltungen eher farblose Leute, unter ihnen befanden sich drei Sozialdemokraten, Rudolf Friedrichs (Sachsen), Karl Steinhoff (Brandenburg) und Wilhelm Höcker (Mecklenburg), der bürgerliche Liberale Erhard Hübner (Sachsen-Anhalt) und der parteilose Rudolf Paul, der in Thüringen von der SMAD zum Nachfolger des demokratischen Sozialisten Hermann Brill ernannt wurde. Die Ironie lag darin, dass Brill ein profilierter linker Sozialdemokrat und Antifaschist war, der im Konzentrationslager Buchenwald gewesen war, der die Einheit der Arbeiterparteien propagierte und den die Amerikaner zum Regierungschef in Weimar gemacht hatten.[144] Mit dem Besatzungswechsel im Juli 1945 musste Brill gehen. Das einzige Aufsehen, das sein Nachfolger Paul erregte, war seine Flucht in den Westen im Jahr 1947, bald nach der Münchner Ministerpräsidentenkonferenz.

Die Münchner Ministerpräsidentenkonferenz

Die Vertreter der Ostzone waren zwar in letzter Minute erschienen, um auf Einladung des bayerischen Ministerpräsidenten Hans Ehard an einer Konferenz aller Länderchefs der vier Besatzungszonen Deutschlands teilzunehmen, aber sie reisten noch vor Beginn der Tagung in den Morgenstunden des 6. Juni 1947 wieder ab. Man hatte sich über die Tagesordnung nicht verständigen können; Ehard bezeichnete den Auszug der Ostzonendelegation aus der Vorbesprechung als »Spaltung Deutschlands«, und eine Legende war geboren.

Der bayerische Ministerpräsident hatte am 7. Mai 1947 seine Kollegen aus allen vier Zonen nach München eingeladen, um Maßnahmen zu beraten, die den Militärregierungen der Alliierten vorgeschlagen werden sollten, »um ein weiteres Abgleiten des deutschen Volkes in ein rettungsloses wirtschaftliches und politisches Chaos zu verhindern«. Es ging um das ökonomische und soziale Elend (Wohnungsnot, Hunger, Flüchtlingsprobleme), und der Gastgeber erhoffte sich auch politische Wirkungen im Sinne einer Organisation der Zusammenarbeit der Länder, der Stärkung künftiger föderalistischer Strukturen. Die Wiederherstellung des deutschen Nationalstaats durch die Vereinigung der vier Besatzungszonen war nicht gemeint, dazu hatten die Ministerpräsidenten weder die Kompetenz noch die politische Kraft. Sie waren 1947 Befehlsempfänger, nicht Partner der alliierten Militärgouverneure.

Die Amerikaner und Briten hatten keine Einwände gegen den Plan der Ministerpräsidentenkonferenz erhoben, der französische Militärgouverneur aber hatte nur unter der Voraussetzung zugestimmt, dass keine politischen Themen erörtert würden: Die Debatten in München müssten sich auf wirtschaftliche Angelegenheiten beschränken. Diese Beschränkung bedeutete aber von vornherein fast zwangsläufig die Ausgrenzung der sowjetischen Besatzungszone. Deren Vertreter hatten Ende Mai 1947 gerade vorgeschlagen, den Teilnehmerkreis der Konferenz durch Vertreter von Parteien und Gewerkschaften zu erweitern und »in den Mittelpunkt der Tagesordnung die Schaffung der wirtschaftlichen und politischen Einheit Deutschlands zu stellen«, überdies wollten sie den Tagungsort nach Berlin verlegt wissen. Dieser von der Sowjetischen Militäradministration inspirierte Wunsch entsprach aber weder den föderalistischen Intentionen des amerikanischen bzw. bayerischen Gastgebers, noch hätten die Franzosen zugestimmt.

Die gesamtdeutsche Begegnung war also im Grunde schon gescheitert, ehe sie begann und ehe – zur Überraschung der Westdeutschen – die fünf Ministerpräsidenten aus der Ostzone am Abend des 5. Juni doch noch in München erschienen. Man setzte längst keine Erwartungen mehr in ihr Kommen und misstraute ihnen, weil man sie ausschließlich für Handlanger der Sowjets hielt.

In stundenlangem Streit um die Tagesordnung kamen sich beide Seiten nicht näher. Das von der westlichen Seite angebotene feierliche Bekenntnis zur deutschen Einheit war der östlichen Delegation zu wenig, sie beharrte auf der sofortigen »Bildung einer deutschen Zentralverwaltung, die selbstverständlich eine Verständigung der demokratischen Parteien und Gewerkschaften zur Schaffung eines deutschen Einheitsstaates mit dezentralisierter Selbstverwaltung beinhalte«. Die Vertreter von Brandenburg, Thüringen, Sachsen-Anhalt, Mecklenburg und Sachsen verließen, als sie das nicht durchsetzen konnten, den Konferenztisch und reisten ab. Ihre Kollegen aus den drei Westzonen verfassten ein Pressekommuniqué, in dem sie von einem Theatercoup sprachen und den Länderchefs der Ostzone alle Schuld zuwiesen. Die Ministerpräsidenten der drei Westzonen behandelten dann am 6. und 7. Juni 1947, wie vorgesehen, die Themen »Ernährungsnot, Wirtschaftsnot, Flüchtlingsnot«.[145]

Rechtfertigungsversuche – auch für die intransigente und inflexible Haltung der Westseite – gab es in der Folge reichlich in beiden Lagern, sie bewiesen aber vor allem, dass die Spaltung Deutschlands längst Realität war und dass die Münchner Ministerpräsidentenkonferenz weder das Forum zur Verhinderung noch zur Herbeiführung der deutschen Einheit hätte sein können. Die Veranstaltung war lediglich ein Symbol des Fortschreitens der deutschen Teilung.

Verlust der Einheit durch zonale und überzonale Strukturen

Die Ministerpräsidenten der US-Zone hatten von Anfang an höhere Autorität als ihre Kollegen in den anderen Zonen. Die Amerikaner hatten sie im Herbst 1945 mit mehr Selbstständigkeit und mehr Befugnissen versehen, weil sie entschlossen waren, das Besatzungsregime möglichst indirekt auszuüben und sich auf Anleitung und Überwachung zu konzentrieren. Außerdem ging die Militärregierung nicht lange nach der Proklamation der drei Länder ihrer Zone noch einen Schritt weiter und ließ als zonales Koordinierungsgremium einen »Länderrat« einrichten. Dessen Aufgabe bestand einmal darin, die Verständigung der Regierungen in München, Stuttgart, Wiesbaden und Bremen untereinander zu ermöglichen, um wenigstens in der US-Zone gleichförmige Gesetzgebungsakte zu gewährleisten und die Aufgaben gemeinsam zu lösen, die

den Rahmen der Landespolitik sprengten. Der Länderrat, der in Stuttgart sein Domizil hatte, ein Sekretariat und Ausschüsse unterhielt, war
also auch als eine Art Reichsersatz gedacht, und er sollte ferner nach der
Vorstellung von General Clay ein Modell für die künftige föderalistische
Gestaltung Deutschlands sein.

Am 17. Oktober 1945 wurde der Länderrat mit einer Ansprache Clays
eröffnet, am 6. November begann er zu arbeiten, indem er Organisation
und Programm manifestierte: Die Aufgaben bestünden darin, »im Rahmen der politischen Richtlinien der Besatzungsmacht die über das Gebiet eines Landes hinausreichenden Fragen gemeinschaftlich zu lösen,
Schwierigkeiten im Verkehr der Länder untereinander zu beseitigen und
die wünschenswerte Angleichung der Entwicklung auf den Gebieten des
politischen, sozialen, wirtschaftlichen und kulturellen Lebens sicherzustellen«[146]. Bis 1949 tagte der Länderrat unter vierteljährlich wechseln-
dem Vorsitz einmal monatlich. Die Beschlüsse, die unter dem Zwang der
Einstimmigkeit zustande kommen mussten, hatten in der ganzen US-
Zone Gültigkeit, sie mussten also in den Ländern jeweils gesondert
gleichlautend in Kraft gesetzt werden.

Der Länderrat der US-Zone war aber auch eine Reaktion auf die Verwaltungsstrukturen, die in der sowjetischen und der britischen Zone
entstanden waren.

Die britische Militärregierung hatte schon im Sommer 1945 begonnen, überregionale Einrichtungen in ihrem Bereich zu etablieren,
die zentrale Aufgaben wahrnehmen sollten und direkt der britischen
Kontrollkommission unterstanden. Diese Zentralämter waren als mo-
nokratisch organisierte Behörden zuständig für Handel und Industrie,
Ernährung und Landwirtschaft, Rechtswesen, Gesundheitswesen, Post,
Arbeitseinsatz, öffentliche Sicherheit, Erziehung, Transportwesen, Flüchtlinge; sie korrespondierten mit den Abteilungen der Kontrollkommission, und die Chefs dieser Ämter waren in der streng zentralistisch
strukturierten Zone wichtiger als die Chefs der Länder. In der britischen Zone gab es ab März 1946 auch ein deutsches Gremium auf
oberster Ebene, den Zonenbeirat, der in Hamburg tagte.

Nach seiner Funktion wie nach seiner Zusammensetzung war der
Zonenbeirat ein merkwürdiges Gebilde, und mit dem Länderrat der US-
Zone war er kaum vergleichbar. Im Zonenbeirat saßen sechs Länder-

chefs als Vertreter der Regionalverwaltungen, neben den zehn Chefs der Zentralämter (später kam ein elfter, der Leiter des Finanzressorts hinzu) und Abgeordneten der Parteien, für die SPD, CDU, FDP und KPD je ein Vertreter und ein Stellvertreter (ein Repräsentant der Niedersächsischen Landespartei und einer des Zentrums folgten im Herbst 1946) sowie je zwei Vertreter der Gewerkschaften und der Verbrauchergenossenschaften. Der Zonenbeirat hatte keinerlei exekutive oder legislative Befugnisse, er war ein Beratungsorgan der britischen Militärregierung, das in sich ganz heterogene Strukturelemente vereinigte, nämlich parlamentarische und berufsständische, mit Merkmalen eines Regierungskollegiums, aber auch denen einer Länderkammer. Der Zonenbeirat blieb bis zur Gründung der Bundesrepublik tätig. Nach einer gründlichen Reform im Frühjahr 1947 war sein Charakter als parlamentarische Institution verstärkt worden; die 37 Mitglieder wurden nun von den Landtagen gewählt, seine Kompetenzen waren aber kaum vergrößert.[147] Eine Gemeinsamkeit mit dem Länderrat der US-Zone bestand darin, dass auch der Zonenbeirat im britischen Besatzungsgebiet ein bisschen Reichs-Ersatz sein musste. Und das war wiederum ein Reflex auf die wegen der französischen Obstruktion im Kontrollrat nicht realisierbare Einrichtung gesamtdeutscher Staatssekretariate, die unter der Aufsicht des Kontrollrates wenigstens die wirtschaftliche Einheit Vier-Zonen-Deutschlands hätten aufrechterhalten sollen.

Am frühesten vorgeprescht war aber auch auf diesem Gebiet die Sowjetische Militäradministration. Schon im Juli 1945, während der Potsdamer Konferenz, befahl die SMAD die Errichtung zentraler deutscher Verwaltungsbehörden für ihre Besatzungszone. Ebenso wie in Berlin, wo im Mai und Juni 1945 vor dem Eintreffen der Westalliierten in Eile Magistrat und Stadtverwaltung gebildet und mit passendem Personal besetzt worden waren, erstrebte die sowjetische Militärregierung mit den Zentralverwaltungen ein *fait accompli,* denn sie hätten im günstigsten Fall mindestens das Modell für die Vier-Zonen-Staatssekretariate abgegeben, die von den Franzosen dann verhindert wurden. Die elf Zentralverwaltungen der Ostzone waren reine Hilfsorgane der SMAD ohne eigene Befugnis, aber sie enthielten den Keim zu politischen Fachressorts einer deutschen Regierung.[148]

Otto Grotewohl, Vorsitzender des sozialdemokratischen Zentralausschusses in Berlin, wurde am 20. Juli 1945 zur SMAD nach Karlshorst bestellt. Der sowjetische Generalleutnant Bokow erklärte ihm, dass die Leiter der Zentralverwaltungen von den Parteien nominiert werden müssten. Grotewohl fertigte eine Aktennotiz über die Unterredung an, in der er festhielt, dass er sich zunächst erkundigt habe, ob mit den neuen Instanzen die Errichtung einer Regierung oder des Vorläufers einer Reichsregierung geplant sei. Der sowjetische Offizier umging eine klare Antwort und deutete lediglich an, dass es schon möglich sei, dass aus der »Vereinigung von Wirtschaftlern« einmal eine politische Instanz werden könne. »Zur Zeit komme es jedoch lediglich darauf an, ausgesprochene Fachleute aus dem Wirtschaftsleben zu bestimmen, die gleichzeitig möglichst so populär sein sollten, daß ihre Namen überall, auch im westlichen Reichsgebiet, bekannt seien und bereits ein gewisses Programm darstellen.«[149] Wenn nicht nach dem gleichen Rezept, so doch mit genau der Wirkung, die Grotewohl vermutet hatte, entwickelten sich eineinhalb Jahre später die »Verwaltungen« der anglo-amerikanischen Bizone zum Grundmuster des Regierungsapparats im deutschen Weststaat, der Bundesrepublik.

Die Zentralverwaltungen in der Ostzone wurden durch den SMAD-Befehl Nr. 17 vom 27. Juli 1945 geschaffen. Anfang August fingen sie an zu arbeiten; zunächst in verschiedenen Behördengebäuden Berlins untergebracht, wurden sie dann im ehemaligen Luftfahrtministerium, dem Dienstsitz des Reichsmarschalls Göring, zusammengefasst. Ende 1946 waren hier etwa 2000, im folgenden Jahr mehr als dreimal so viele Mitarbeiter beschäftigt. Bemerkenswert an der so eilig betriebenen Einrichtung der Zentralverwaltungen war einmal die Tatsache, dass der SMAD-Befehl geheim gehalten wurde; erst im September 1945 erfuhr die Öffentlichkeit, dass »deutsche Verwaltungen« auf dem Gebiet der SBZ arbeiteten, »zwecks Entwicklung der lebenswichtigen Wirtschaft und Wiederherstellung von Eisenbahn und Telegraph, Gesundheits- und Volksbildungsämtern«.

Die elf Fachressorts widmeten sich folgenden Aufgaben: Transportverwaltung, Post- und Telegraph, Brennstoffindustrie, Handel und Versorgung, Industrieverwaltung, Landwirtschaft, Finanzen, Arbeit und Sozialfürsorge, Volksbildung, Justiz, Gesundheitswesen. Bis zum Frühjahr 1946 kamen noch die »Verwaltung für Umsiedlerfragen« zur Lösung der Probleme der Heimatvertriebenen und Flüchtlinge hinzu sowie die

Verwaltung für Statistik (im Oktober 1945) und für Sequestrierung und Beschlagnahme (März 1946). Im Juli 1946 wurde die »Deutsche Verwaltung des Innern« und genau ein Jahr später die Verwaltung für Außen- und Interzonenhandel etabliert.

Die Personalbesetzung der Zentralverwaltungen der sowjetischen Besatzungszone bildet das andere bemerkenswerte Faktum. Im Gegensatz zu den Landes- und Provinzialregierungen dominierten in den führenden Positionen die Kommunisten. Das war auch ein Indiz für die geringere Bedeutung, die den Ländern im Gegensatz zu den zentralen Ressorts zukam. Von den vierzehn Präsidenten der Verwaltungen, die im Frühjahr 1946 existierten, gehörten sechs der KPD, vier der SPD, je einer der CDU und der LDP an, zwei waren parteilos. Aber allein elf von vierzehn Vizepräsidenten waren Kommunisten. Die tatsächlichen Machtverhältnisse zeigten sich auch bei Auseinandersetzungen innerhalb der Behörden. Ferdinand Friedensburg, ein prominenter bürgerlicher Liberaler der Weimarer Zeit, war als CDU-Vertreter Chef der Zentralverwaltung für Brennstoffindustrie geworden, einer seiner Vizepräsidenten war der Kommunist Gustav Sobottka. Als sie in Konflikt gerieten und Friedensburg Sobottkas Ablösung durch die SMAD verlangte, wurde stattdessen er selbst »wegen Duldung faschistischer Umtriebe« am 12. September 1946 entlassen.[150] Eine ironische Parallele zur Amtsenthebung des bayerischen Ministerpräsidenten Schäffer mit ähnlicher Begründung in der US-Zone?

Für die Leitung der Justizverwaltung hatte man den ehemaligen Reichsjustizminister (1919) Eugen Schiffer gewonnen, einen der großen alten Männer des Liberalismus und Mitbegründer der LDP.[151] Ursprünglich hatte es geheißen, die leitenden Positionen der Zentralressorts würden aufgrund der Personalvorschläge der vier in der SBZ zugelassenen Parteien – KPD, SPD, CDU und LDP – paritätisch besetzt. Die Zentralverwaltungen waren aber nicht nur als Einrichtungen zur Überwindung des Nachkriegschaos und zum Wiederaufbau des Wirtschaftslebens gedacht. Diese Funktion hatten sie natürlich auch, sie waren aber in erster Linie Instrumente zur Durchführung der völligen Neustrukturierung der gesellschaftlichen, administrativen und politischen Verhältnisse in der SBZ – dafür wurde ein für alle Mal die Formel »antifaschistisch-demokratische Umwälzung« gestanzt –, und deshalb mussten die kommunistischen Kader die ausschlaggebenden Stellen in den Hilfsorganen der SMAD innehaben.

Festzuhalten bleibt, dass sich, noch ehe die Tinte des Potsdamer Protokolls getrocknet war, die inneren Strukturen der vier Besatzungszonen mit größter Geschwindigkeit auseinanderentwickelten. Ende 1945/Anfang 1946 waren die Verhältnisse in den Zonen schon so verschieden, dass die Potsdamer Absichtserklärung, Deutschland wenigstens in wirtschaftlicher, technischer oder administrativer Hinsicht als Ganzes zu behandeln, illusionär geworden war. Die politischen und administrativen Grundstrukturen blieben in allen vier Zonen bis zum Ende der direkten Besatzungsherrschaft im Herbst 1949 bestehen, und zwar so, wie sie zwischen Sommer 1945 und Sommer 1946 entstanden waren. Im amerikanischen und britischen Besatzungsgebiet, das ab Januar 1947 zur Bizone fusioniert wurde (und durch politischen Druck auf Paris allmählich die französische Zone in die Vorbereitungen zur Weststaatsgründung einband), waren ähnlich früh organisatorische Voraussetzungen und Strukturmerkmale der Bundesrepublik entstanden wie in der Sowjetzone die Weichen für die spätere Gestalt der DDR gestellt wurden. Die Gründung beider deutscher Nachkriegsstaaten im Herbst 1949 hatte organisatorische Wurzeln in den allerersten Monaten der Besatzungszeit.

6. WIEDERBEGINN POLITISCHEN LEBENS: DIE GRÜNDUNG VON PARTEIEN UND GEWERKSCHAFTEN

Der Wiederbeginn des politischen Lebens nach dem Zusammenbruch der NS-Herrschaft vollzog sich nicht durch Wahlen, sondern durch Befehl der lokalen, regionalen oder zonalen Instanz der jeweiligen Besatzungsmacht. Bürgermeister, Landräte, Ministerpräsidenten wurden nach Bedarf eingesetzt und, wenn dies den Militärregierungen nötig schien, auch wieder entlassen.

Das politische Leben spielte sich im Sommer 1945 zunächst in allen Zonen auf der untersten Ebene ab. Die deutschen Politiker rekrutierten sich aus dem Potenzial der Nichtnationalsozialisten; die meisten waren in der Weimarer Republik bereits hervorgetreten, und ihre parteipolitische Orientierung als Sozialdemokraten, Kommunisten, Liberale (Deutsche Demokratische Partei und Deutsche Volkspartei), Christliche Demokraten (Zentrum und Bayerische Volkspartei, Christlich-Sozialer Volksdienst) und Konservative (Deutschnationale Volkspartei und Volkskonservative) brachten sie aus der Zeit vor 1933 mit. Von diesen Positionen aus, die je nachdem bewahrt oder fortentwickelt werden sollten, machten sich überall in Deutschland politische Köpfe Gedanken über den Neu- oder Wiederbeginn. Das war aber nur die eine Seite der vielfältig keimenden Parteienlandschaft. Die Demokratisierungskonzepte der Alliierten und die Förderung oder Hemmung, die die Parteien in den einzelnen Zonen erfuhren, bildeten den eigentlichen Rahmen, in dem sich parteipolitisches Leben früher oder später entwickeln konnte.

Nach dem Potsdamer Protokoll stand, als Teil der Demokratisierungsabsicht gegenüber den Deutschen, die Abschaffung aller nazistischen Organisationen und Gesetze ebenso auf dem Programm wie die Überwachung des Erziehungswesens, damit sich »demokratische Ideen erfolgreich entfalten« könnten. Das Gerichtswesen sollte »entsprechend den Prinzipien der Demokratie, der Gerechtigkeit und der Gleichheit aller vor dem Gesetz ohne Unterschied der Rasse, Nationalität und der Religion reorganisiert werden«, und die Verwaltung Deutschlands müsse »in Richtung auf eine Dezentralisation der politischen Struktur und auf die Entwicklung örtlicher Selbstverwaltung hin angelegt werden«. Zu diesem Zweck sollten in ganz Deutschland alle demokratischen Parteien erlaubt und gefördert werden, sie sollten das Recht haben, Versammlungen und öffentliche Diskussionen abzuhalten, und der Grundsatz der repräsentativen Demokratie sollte in den Kreis-, Provinzial- und Landesverwaltungen möglichst bald eingeführt werden.

Die Vorstellungen der Alliierten, wie die Demokratie im Nachkriegsdeutschland im Detail aussehen sollte, waren mindestens zu Beginn der Besatzungszeit eher verschwommen, auf jeden Fall aber ebenso unterschiedlich wie die Methoden, die die Besatzungsmächte in ihren Zonen anwendeten. Am präzisesten hatten die Amerikaner in Worte gefasst, wie sie sich die Demokratie in Deutschland vorstellten. Schon aus diesem Grund verdienen die amerikanischen Konzepte besondere Aufmerksamkeit, aber auch wegen des dominierenden Einflusses, den die Amerikaner auf die beiden anderen Westmächte aus ökonomischen Gründen hatten.

Das Vorschriften-Handbuch, aus dem sich die US-Militärregierung über Wege und Ziele der Besatzungspolitik informierte, enthielt unter Titel 3 »Politische Aktivitäten« vier Thesen, die den Besatzungsoffizieren als Richtschnur dienten: Erstens sollten alle demokratischen Parteien ermuntert werden, und zwar in ganz Deutschland; es folgte zweitens der Lehrsatz, dass Träger politischer Mandate sich regelmäßig der öffentlichen Diskussion ihres Programms und neuen Wahlen stellen mussten; drittens war vorgeschrieben, dass die Wahlen unter gleichen Bedingungen für alle und mit mindestens zwei konkurrierenden Parteien durchgeführt wurden; viertens war definiert, was unter einer politischen Partei zu verstehen war: demokratisch musste sie sein, durch freiwilligen Zusammenschluss entstanden und säuberlich getrennt von den Organen der Regierungsgewalt.[152] Das waren Grundüberzeugungen, die in den USA als selbstverständlich galten. In Deutschland mussten diese Grundsätze aber erst wieder erlernt und eingeübt werden, und zwar nach Meinung der Amerikaner und Briten zunächst in den Gemeinden und kleineren Städten.

Mitte Juli 1947 erhielt der amerikanische Militärgouverneur neue Richtlinien, die die Direktive JCS 1067 ersetzten. »Als positives, sofort durchzuführendes Programm« strebte die Regierung der Vereinigten Staaten nun »die Herstellung von politischen, wirtschaftlichen und sittlichen Verhältnissen in Deutschland« an, »die den wirksamsten Beitrag für ein gesichertes und blühendes Europa« bilden würden. Die Aufgabe der amerikanischen Besatzungsmacht in Deutschland sollte im Wesentlichen darin bestehen, »die wirtschaftliche und erzieherische Grundlage für eine gesunde deutsche Demokratie zu legen«. Konkret hieß das u. a.: Förderung der demokratischen Selbstverwaltung und Delegation direkter Verantwortlichkeit an deutsche Regierungsstellen, wobei nach amerikanischer Vorstellung das Ideal in der Balance der Befugnisse zwischen starken Bundesstaaten (Ländern) und einer Zentralregierung mit begrenzten Kompetenzen bestand. Die amerikanische Regierung wolle aber, so hieß es in der Anweisung an General Clay, »nicht ihre eigenen, geschichtlich entwickelten Formen der Demokratie und der gesellschaftlichen Ordnung aufzwingen«, sie strebe vielmehr in Deutschland die Bildung einer politischen Organisation an, »die vom Volke ausgeht und seiner Kontrolle untersteht, die in Übereinstimmung mit demokratischen Wahlverfahren wirksam wird, und deren Ziel es ist, die grundlegenden bürgerlichen und menschlichen Rechte des einzelnen zu sichern«.

Zum Verfahren, das die amerikanische Militärregierung den Parteien gegenüber anwenden sollte, enthielt die neue Direktive JCS 1779 alle Einzelheiten. Erstens habe Clay weiterhin die Politik zu verfolgen, »alle politischen Parteien zuzulassen und zu ermutigen, deren Programme, Tätigkeit und Struktur die Treue zu demokratischen Grundsätzen beweisen. Die politischen Parteien sollen miteinander konkurrieren und durch freiwillige Zusammenschlüsse von Bürgern gegründet sein, bei denen die Führer ihren Mitgliedern verantwortlich sind. Keine Partei soll bevorzugt werden.«

Zweitens wurde der Militärgouverneur auf den Grundsatz verpflichtet, »daß sich die Militärregierung und die deutschen Behörden den zugelassenen politischen Parteien gegenüber neutral verhalten« sollten. »Jede zugelassene politische Partei soll das Recht haben, frei ihre Anschauungen zu äußern und ihre Kandidaten für die Wahlen aufzustellen.

Die Militärregierung dürfe nicht zulassen, »daß die Parteien in der Ausübung dieses Rechtes eingeengt oder behindert werden«. Wenn jedoch festgestellt würde, dass eine zugelassene Partei undemokratisch handele oder undemokratische Ideen vertrete, dann sei es Sache des Militärgouverneurs, deren Rechte und Privilegien einzuschränken oder aufzuheben.

Drittens erhielt General Clay als amerikanischer Vertreter im Alliierten Kontrollrat die Anweisung, dort »die Anerkennung auf ganz Deutschland ausgedehnter politischer Parteien und die gleichmäßige Behandlung aller zugelassenen Parteien in allen Besatzungszonen zu vertreten«.[153]

Wie so häufig im Leben hinkten die Richtlinien aus Washington der politischen Praxis hinterher. Oder anders ausgedrückt, mit der Realität einer ziemlich vielfältigen Parteienlandschaft hatte es der amerikanische Militärgouverneur längst zu tun, und in der Praxis wurde seit Herbst 1945 so verfahren, wie es die neue Direktive ab 1947 vorschrieb. Seit Sommer 1945 existierten in Deutschland wieder politische Parteien, aber genauso wie bei den Wahlen herrschten in den vier Zonen ganz unterschiedliche Usancen.

Am schnellsten war die Sowjetische Militäradministration gewesen, die noch vor der Potsdamer Konferenz mit Befehl Nr. 2 am 10. Juni 1945 antifaschistische Parteien in der Ostzone zugelassen hatte. Im August folgten die amerikanische, im September die britische und im Dezember 1945 die französische Militärregierung mit der Erlaubnis zu Parteigründungen. Die Erlaubnis war in den Westzonen aber auf Kreisebene beschränkt und an allerlei bürokratische Bedingungen geknüpft.

In der britischen Zone war folgende Prozedur verordnet: »Jede Person oder jede Gruppe von Personen, die den Wunsch hat, eine politische Partei für einen Kreis zu gründen, kann einen Antrag an die Militärregierung auf Genehmigung zur Bildung einer solchen Partei stellen. Solche Anträge müssen von den Antragstellern unterzeichnet werden. Die folgenden Schriftstücke sind beizufügen:

a) Ein Entwurf der Satzungen und Richtlinien für die vorgeschlagene politische Partei;

b) Ein ihre Ziele und Zwecke umfassendes Programm;

c) Eine Liste der Namen und Anschriften der zu bestimmten Ämtern

vorgeschlagenen Personen unter Angabe des von jeder Person zu beklei-
denden Amtes;

d) Eine Erklärung über die Finanzierung der Partei;

e) Eine Erklärung über die Höhe des von jedem Mitgliede zu zahlenden
Beitrages.«[154]

Damit aber nicht genug. Mit der Genehmigung der Partei war noch nicht
die Erlaubnis zur Veranstaltung politischer Versammlungen verknüpft,
und die Militärregierung behielt sich strenge Kontrollen des Parteilebens
vor, wozu exakte Mitgliederlisten bereitgehalten werden mussten. Außerdem wurden alle Parteien, die die Lizenz erhielten, verpflichtet, ab 1. Januar 1946 halbjährlich einen Bericht mit folgenden Einzelheiten vorzulegen: »1) eine Darlegung über die seit der Gründung oder dem vorhergehenden Berichte unternommene Tätigkeit; 2) eine finanzielle Aufstellung
mit Angabe aller Einkünfte; der Gesamtbetrag aller Beiträge und anderer
Bezüge sowie die Hauptposten und Gesamtbeträge aller Ausgaben seit
der Gründung oder seit dem vorhergehenden Berichte; 3) eine Liste der
Namen und Anschriften der Vorstandsmitglieder der Partei zu dem Zeit-
punkte des Berichtes.«[155] In der amerikanischen Zone ging es womöglich
noch pedantischer zu.

Der Alltag der Parteigründer war mühselig. Die Gründungsdiskus-
sionen unter Deutschen, das Entwerfen von Programmschriften, die Redaktion der werbenden Aufrufe bildeten nur die eine Seite der Medaille.
Diese Aktivitäten waren in den Westzonen bis in den Herbst bzw. Winter
1945 hinein sogar illegal, ebenso wie die stillschweigend geduldeten
überzonalen Zusammenkünfte, nämlich die Konferenz der SPD in
Wennigsen bei Hannover Anfang Oktober und die »Reichskonferenz«
der Christlich-Demokratischen Parteien Mitte Dezember 1945 in Bad
Godesberg.

SPD und KPD

Es ist erstaunlich, dass die Intentionen der deutschen Parteigründer in
allen vier Besatzungszonen keine großen Unterschiede aufwiesen. Am

frühesten erschienen überall die beiden Arbeiterparteien SPD und KPD wieder auf der Bildfläche. Ihre Mitglieder fanden sich aus der inneren Emigration und Resignation, aber auch aus Gefängnissen und Konzentrationslagern wieder zusammen; andere kamen aus dem Exil zurück.

Entscheidend war aber, dass die Organisation der SPD leicht zu rekonstruieren war. Die Sozialdemokraten kannten sich untereinander, die freundschaftlichen und nachbarschaftlichen Kontakte in den Arbeitervierteln der großen Städte hatten den Parteiapparat ersetzt und die NS-Zeit überdauert, und sie ließen sich samt den alten Mitgliederlisten, die wieder auftauchten, zur Wiedergründung der traditionsreichsten Partei in Deutschland benutzen. In Hannover sprach am 6. Mai 1945, noch vor der Kapitulation, Kurt Schumacher auf einer Versammlung des im April wiedergegründeten SPD-Ortsvereins. Die Rede des knapp fünfzigjährigen ehemaligen Reichstagsabgeordneten, dessen Gesundheit nach zehn Jahren Konzentrationslagerhaft ruiniert war, enthielt bereits die programmatische Absage an die Vereinigung mit den Kommunisten zu einer Einheitspartei aller Sozialisten.

Der Antikommunismus Schumachers war aber noch keineswegs unumstritten. Der Ruf nach der Überwindung der Spaltung der Arbeiterparteien war verbreitet, und Vorschläge wie das »Buchenwalder Manifest« vom April 1945, an dem der Sozialdemokrat Hermann Brill entscheidenden Anteil hatte[156], waren populär. Ein gemeinsamer Neubeginn auf dem Boden eines demokratischen Sozialismus erschien nach der Erfahrung vieler Sozialdemokraten mit dem Nationalsozialismus näherliegend als die Wiederauflage von SPD und KPD. Für Schumacher, der »nationaler« dachte als viele bürgerliche Politiker, galt die KPD jedoch als undemokratisch, und sie war für ihn nichts anderes als ein Werkzeug der Sowjetunion. Diese Überzeugungen musste Schumacher, der in Hannover eine Parteizentrale unter dem unverfänglichen Titel »Büro Dr. Schumacher« einrichtete, gegen die Anhänger der antifaschistischen Ausschüsse, die sich nach dem Zusammenbruch in vielen größeren Städten gebildet hatten, durchsetzen.

In der Antifa-Bewegung, die von allen Militärregierungen nach kurzer Zeit verboten wurde, hatten sich Gewerkschafter, Sozialdemokraten und Kommunisten zusammengefunden, um demokratischen Neuaufbau im Kleinen zu organisieren[157]. Die Anhänger der linken Parteien, die sich Ende der Zwanzigerjahre von der SPD oder der KPD abspalteten – Sozialistische Arbeiterpartei (SAP), Kommunistische Partei-Opposition (KPO), Internationaler Sozialistischer Kampfbund (ISK) u. a. –, sowie die Mitglieder der sozialistischen Gruppe »Neu Beginnen«, die sich im Widerstand formierte, sympathisierten ebenfalls nicht mit dem Schumacher-Kurs. Die Suche nach einer Partei des dritten Weges verlief freilich enttäuschend: Gründungen wie die Arbeiter-Partei (AP) in Offenbach, die im Herbst 1945 entstand und Ortsgruppen auch in Bremen und in Württemberg-Baden hatte, blieben Episode.[158]

Die Programmaussagen der wiedererstandenen Sozialdemokratie, die im Rückgriff auf die in der Weimarer Zeit und davor propagierten Ziele verkündet wurden, kristallisierten sich um die Kernüberzeugung, Demokratie und Sozialismus seien untrennbar miteinander verbunden: »Der Sozialismus ist in sich demokratisch, ist als Kampf um die geistige, politische und ökonomische Befreiung der arbeitenden Massen ein Kampf um das Recht und die Freiheit gegen Vergewaltigung und Knechtung.« Und darauf folgte in den »Politischen Richtlinien für die SPD« vom August 1945 die Absage an die alten und neuen Gegner: »Ein auf diktatorischem Wege erkämpfter und behaupteter ›Sozialismus‹ ist kein Sozialismus, sondern bestenfalls Staatskapitalismus oder irgendeine andere überindividualistische Wirtschaftsform.«[159]

Schumachers Führungsanspruch war zumindest in den Westzonen schon Ende August 1945 durchgesetzt. Bestritten wurde er noch vom sozialdemokratischen Exil-Vorstand in London, und dort namentlich von Hans Vogel und Erich Ollenhauer, und mit dem SPD-Büro in Hannover konkurrierte auch der »Zentralausschuß der SPD« in Berlin. Der Berliner Zentralausschuss, dem Otto Grotewohl, Gustav Dahrendorf, Max Fechner, Gustav Klingelhöfer und Erich W. Gniffke angehörten, hatte sich schon am 15. Juni 1945 an die Öffentlichkeit gewandt und für sich die Neugründung der SPD mit vierzonaler Geltung und unter Berliner Leitung in Anspruch genommen. Einig waren die Genossen in Berlin, Hannover und London darin, dass dem parteipolitisch organisierten demokratischen Sozialismus nach den Erfahrungen von Weimar und mit Hitler die führende Rolle beim politischen Wiederaufbau zukommen müsse. Das Trennende zwischen Berlin und Hannover war vor allem die Frage der Einheitspartei. Die Berliner, die zugleich die SPD der

Sowjetzone repräsentierten, propagierten das Zusammengehen mit der KPD. In Hannover galt das als ausgeschlossen.

Der Organisationsgrad der SPD war im Herbst 1945 bereits wieder so hoch, dass Schumacher etwa 120 Delegierte aus Ortsvereinen der Westzonen sowie Vertreter des Berliner Zentralausschusses zu einer Funktionärs-Konferenz nach Wennigsen bei Hannover rufen konnte. Hier fielen Anfang Oktober Entscheidungen, die lange nachwirkten. Mit Grotewohl einigte sich Schumacher, dass der Berliner Zentralausschuss seine Tätigkeit auf die SBZ beschränken sollte, solange eine gesamtdeutsche SPD-Organisation noch nicht möglich war, und mit Ollenhauer verständigte er sich über die Ablehnung des Vereinigungsgedankens. Die Londoner Exilzentrale der SPD kehrte im Februar 1946 nach Deutschland zurück und fusionierte mit dem »Büro Dr. Schumacher«, das fortan »Büro der Westzonen« hieß.

Der Schwerpunkt des Wiedererstehens der KPD lag in der Ostzone, weil die aus dem Moskauer Exil zurückkehrenden Funktionäre ihr Domizil in Berlin aufschlugen, weil die straff zentralistisch organisierte Partei sich dort ungehindert wieder organisieren konnte und weil sie sich der besonderen Förderung der SMAD erfreute. Der Gründungsaufruf vom 11. Juni 1945 trug die Unterschriften von 16 Funktionären, die als Zentralkomitee firmierten. Davon waren 13 gerade aus Moskau zurückgekehrt. Sie hatten in der Weimarer Zeit den stalinistischen Kurs des deutschen Kommunismus bestimmt, und einige davon spielten in der Zukunft der sowjetischen Besatzungszone bzw. in der DDR wichtige Rollen: Wilhelm Pieck, Walter Ulbricht, Anton Ackermann, Gustav Sobottka, Edwin Hoernle, Hermann Matern. Ein prominenter Unterzeichner war im westlichen Exil gewesen und hatte dann die Jahre 1942 bis 1945 im KZ Mauthausen verbracht: Franz Dahlem, der 1953 als Gegenspieler Ulbrichts seine hohen Ämter verlor. Mit den KPD-Organisationen, die in Westdeutschland gegründet wurden, stand das Berliner ZK in Verbindung; der Primat der Berliner stand bei den KP-Führern im Westen, etwa bei Max Reimann, nie in Zweifel.[160]

Dieser monolithische Zustand unterschied die beiden Arbeiterparteien. Als bemerkenswert wurde von der Ostzonen-SPD registriert, dass die KPD allen Avancen zur Vereinigung in einer gemeinsamen Arbeiterpartei auswich. Die Kommunisten waren andererseits verwundert, dass die Sowjetische Militäradministration mit ihrem Befehl Nr. 2 im Juni 1945 gleichzeitig alle Parteien und Gewerkschaften erlaubt hatte, die sich als antifaschistisch definierten und sich die Festigung der »Grundlagen der Demokratie« und die »bürgerlichen Freiheiten« zum Ziel setzten. Zum Ärger der westlichen Alliierten darüber, dass die Sowjetunion auf ihrem Gebiet bereits zu diesem Zeitpunkt politische Organisationen erlaubte, die im Gegensatz zum westlichen Verfahren von oben nach unten gegründet wurden, kam die Überraschung hinzu, dass offenbar ein pluralistisches Parteiensystem gefördert wurde. Denn nach der KPD und der SPD meldeten sich am 26. Juni 1945 die Christlich-Demokratische Union (CDU) und am 5. Juli die Liberal-Demokratische Partei (LDP) der Ostzone zu Wort. Das waren exakt die Parteien, die auch in den Westzonen die Traditionslinien der Weimarer Zeit fortführten.

Der sowjetischen Besatzungsmacht war aber ebenso wie den deutschen Kommunisten daran gelegen, dass die KPD der bestimmende politische Faktor wurde und auch blieb. Zu den Methoden, mit denen dieses Ziel verfolgt wurde, gehörte die Bildung der »Einheitsfront der antifaschistisch-demokratischen Parteien«, die bereits Mitte Juli 1945 realisiert wurde. Je fünf Vertreter der vier Parteien KPD, SPD, CDU und LDP bildeten einen gemeinsamen Ausschuss, der die Arbeit der Parteien im Hinblick auf die gemeinsamen Ziele (Beseitigung des Nationalsozialismus und Wiederaufbau) koordinieren sollte. Die Einheitsfront, für die sich die Bezeichnung »Antifa-Block« einbürgerte, wurde nicht nur als Spitzengremium, das regelmäßig tagte und dessen Beschlüsse einstimmig gefasst sein mussten, konstituiert, sondern auf allen Ebenen bis hinab zur Kommune installiert. Fortan konnte die KPD nirgendwo überstimmt werden und Koalitionen gegen die KPD waren auch nicht möglich. Theoretisch blieben Programm, Organisation und Mandate der beteiligten Parteien unangetastet, praktisch verhalf aber das System der Block-Parteien mit Nachhilfe durch die SMAD der KPD zur Dominanz.

Im Frühjahr 1946 löste sich auch das Rätsel der kommunistischen Abstinenz gegenüber sozialdemokratischen Vereinigungsbestrebungen. Die Neigung zum Zusammengehen war ab Ende 1945 in den Westzonen weitgehend geschwunden, und in der Ostzone bzw. in Berlin war sie gedämpfter, aber die KPD war inzwischen organisatorisch so weit, dass sie das Projekt Sozialistische Einheitspartei energisch vorantreiben konnte.

Die Einheitspartei förderte die Spaltung Deutschlands ungemein. Der Berliner Zentralausschuss der SPD, der deswegen ja im Gegensatz zu Hannover stand, propagierte zwar die gemeinsamen Ziele mit der KPD, aber nicht die Fusion beider Parteien. Eine Urabstimmung in Berlin, die im März 1946 in den drei Westsektoren durchgeführt wurde (im Ostsektor und in der Ostzone hatte sie die SMAD verboten), ergab, dass mehr als 82 Prozent der Sozialdemokraten den Zusammenschluss ablehnten. (62 Prozent votierten jedoch für ein Bündnis und für Gemeinschaftsaktionen beider Parteien, wie sie auch in den Westzonen noch üblich waren.) Der Zentralausschuss weigerte sich, dieses Abstimmungsergebnis anzuerkennen.

Die Weichen zur Vereinigung der beiden Parteien, de facto der Einschmelzung der SPD in die KPD, waren längst gestellt. Die Meinungen über das Ausmaß der Nötigung durch die sowjetische Besatzungsmacht bzw. die Bereitschaft zur freiwilligen Fusion gehen in der Historiographie in Ost und West weit auseinander, sie reichen vom Verdikt der Zwangsvereinigung bis zur Begründung ihrer historischen Notwendigkeit.[161]

Am 19. und 20. April 1946 wurde im Berliner Admiralspalast der letzte Parteitag der SPD der sowjetischen Besatzungszone abgehalten; er beschloss die Vereinigung mit der KPD zur Sozialistischen Einheitspartei Deutschlands (SED), und die Fusion wurde am 21./22. April 1946 vollzogen.

Der erste Nachkriegsparteitag der SPD der Westzonen, bei dem Schumacher zum 1. Vorsitzenden und Erich Ollenhauer zu seinem Vertreter gewählt wurden, verurteilte die SED-Gründung aufs Schärfste. Der forcierte Zusammenschluss und seine Begleitumstände, der auf viele Sozialdemokraten ausgeübte Druck, der bis zur Lagerhaft ging, löste in der West-SPD lang anhaltende Abwehrreaktionen aus und stärkte die antikommunistische Orientierung auf Dauer.

CDU und CSU

Als Novum in der deutschen Parteiengeschichte entwickelte sich ab Frühjahr 1945 unter verschiedenen Bezeichnungen und an vielen Orten gleichzeitig, aber unabhängig voneinander, eine bürgerliche Sammlungsbewegung, in der sich christliche, konservative und liberale Strömungen vereinten, die vor 1933 getrennt und gegeneinander agiert hatten. Der Name der neuen Partei, der aber vorerst nur ein Oberbegriff war, kam aus Berlin, wo die »Christlich Demokratische Union Deutschlands« im Juni 1945 an die Öffentlichkeit getreten war. Zu den Gründern gehörten Politiker vom linken Flügel des ehemaligen Zentrums mit gewerkschaftlichem Engagement wie Andreas Hermes, Jakob Kaiser und Josef Ersing. Ähnlich wie der Berliner Zentralausschuss der SPD erhob auch die Berliner CDU-Spitze einen Führungsanspruch, der ihr aber in den westlichen Gravitationszentren der CDU energisch bestritten wurde.

In Köln waren die Gründer einer Christlich-Demokratischen Partei seit März 1945 an der Arbeit. Ihr Programm entstand Ende Juni nach intensiven Beratungen im Dominikanerkloster Walberberg. Leo Schwering und Johannes Albers waren die Protagonisten dieser rheinischen CDU, erheblichen Anteil an der Programmarbeit hatten die Dominikanerpatres Laurentius Siemer und Eberhard Welty. Das Ergebnis wurde, als erste programmatische Plattform der CDU, unter der Bezeichnung »Kölner Leitsätze« bekannt. Bis zum Ende des Jahres 1945 war das Kölner Programm, das als Broschüre mit dem Titel ›Ein Ruf zur Sammlung des Deutschen Volkes‹ gedruckt wurde, in etwa 100 000 Exemplaren verbreitet.[162] Unter dem Einfluss der Patres hatten thomistisch-naturrechtliches Gedankengut und die Postulate des christlichen Sozialismus Eingang in die Kölner Leitsätze gefunden. Hinzu kamen traditionelle Forderungen des politischen Katholizismus wie das Elternrecht auf weltanschauliche Erziehung und die Bekenntnisschule.

Für die Aufbruchsstimmung des Sommers 1945 waren die Kernsätze zur Eigentums-, Wirtschafts- und Sozialordnung symptomatisch, die später im Ahlener Programm der CDU der britischen Zone vom Februar 1947 noch weiter ausgestaltet wurden. In den Kölner Leitsätzen hieß es: »Das Recht auf Eigentum wird gewährleistet. Die Eigentumsverhältnisse werden nach dem Grundsatz der sozialen Gerechtigkeit und den Erfordernissen des Gemeinwohls geordnet. Durch gerechten Güterausgleich und soziale Lohngestaltung soll es dem Nichtbesitzenden ermöglicht werden, zu Eigentum zu kommen. Das Gemeineigentum darf so weit erweitert werden, wie das Allgemeinwohl es erfordert; Post und Eisenbahn, Kohlenbergbau und Energieerzeugung sind grundsätzlich Angelegenheiten des öffentlichen Dienstes.« Und weiter: »Das Ziel der Wirtschaft ist die Bedarfsdeckung des Volkes auf der Grundlage einer freien körperlichen Selbstverwaltung. Die Vorherrschaft des Großkapitals, der privaten Monopole und Konzerne wird gebrochen ...«[163].

In anderen Gründerzirkeln der CDU, vor allem in Westfalen, dominierten protestantische und liberale Grundhaltungen. In Frankfurt wurde die Idee eines erneuerten Sozialismus auf christlicher Grundlage am entschiedensten vertreten. In Bayern lief die Entwicklung in eigener Richtung zur Christlich-Sozialen Union (CSU). Das war zunächst noch nichts Ungewöhnliches, denn die CDU war bis zu ihrem ersten Bundesparteitag in Goslar im Herbst 1950 eine Vereinigung selbstständiger Parteien gleichen Namens. Das lockere Band, das Gemeinsamkeit kaum herstellte, war das Sekretariat der »Arbeitsgemeinschaft der CDU/CSU Deutschlands«, das im August 1946 in Königstein gegründet worden war.

Die bayerische CSU unterschied sich nicht so sehr in den allgemeinen Gründungsintentionen von der CDU, als vielmehr in der stärkeren Betonung des Föderalismus bayerischer Spielart. Die politische und soziale Ideologie der bayerischen Partei entsprang den gleichen Wurzeln wie bei den Unionsgründungen in anderen Teilen Deutschlands. Dafür standen die Namen Adam Stegerwald in Würzburg, der als Gewerkschafter christlichen Sozialismus einbrachte, und Josef Müller (»Ochsensepp«) in München, der aus dem Widerstand kam. Die Richtungskämpfe waren aber in Bayern heftiger als andernorts und erschütterten die CSU in den ersten Nachkriegsjahren mehrfach bis an den Rand des Ruins, wenn die Exponenten des katholisch-konservativen und bayerisch-gouvernementalen Flügels, Fritz Schäffer und Alois Hundhammer, mit den liberalkonservativen, auf interkonfessionelle Öffnung bedachten antipartikularistischen Kräften um Josef Müller zusammenprallten.[164]

Zum eigentlichen Zentrum der CDU entwickelte sich das Rheinland, und der Streit um den Führungsanspruch wurde an der Spree verloren. Die Alliierten waren daran nicht unschuldig. Die Briten hatten als einzige Besatzungsmacht den Zusammenschluss der einzelnen Landesverbände der CDU in ihrem Besatzungsgebiet zu einem Dachverband erlaubt. An der Spitze dieses »Zonenausschusses der CDU der britischen Zone« stand seit Anfang März 1946 der damals 70-jährige Konrad Adenauer, der von 1917 bis 1933 Oberbürgermeister von Köln gewesen war. Die Nazis hatten ihn abgesetzt, die Amerikaner aus dem Ruhestand in sein altes Amt zurückgeholt und die Briten im Oktober 1945 wieder vor die Tür gesetzt. Adenauer bekämpfte erfolgreich den Führungsanspruch der CDU Berlins und der Ostzone, und dabei kam ihm die SMAD zu Hilfe. Zum »Reichstreffen« der Christdemokraten im Dezember 1945 in Bad Godesberg hatte der Vorsitzende der Ost-CDU, der ehemalige Reichsminister Andreas Hermes, keine Reiseerlaubnis erhalten (die französische Militärregierung verhielt sich ähnlich restriktiv), und wenig später waren er und sein Kollege Walther Schreiber von der SMAD abgesetzt worden. Seinem Nachfolger Jakob Kaiser, dem energischsten Gegenspieler Konrad Adenauers, widerfuhr zusammen mit Ernst Lemmer 1947 das gleiche Schicksal.[165]

Andere bürgerliche Parteien

Die CDU als Sammelbecken christlicher, konservativer und liberaler Politiker, die in der Weimarer Zeit in ideologisch geschlossenen Parteien organisiert gewesen waren, nun aber einen Neuanfang wagten, machte die Gründung anderer bürgerlicher Parteien der Nachkriegszeit schwer. Trotzdem gab es vorübergehend weitere erfolgreiche Versuche, alte Traditionen wieder aufzunehmen. Die wichtigsten Beispiele sind die Wiedergründung der katholischen Deutschen Zentrumspartei im Rheinland, in Westfalen und Niedersachsen und die Gründung der Niedersächsischen Landespartei, die antipreußisch-welfische Traditionen pflegte, den Typus der konservativ-nationalen Landespartei verkörperte und als Deutsche Partei bis Ende der Fünfzigerjahre eine Rolle spielte.[166] In Bayern gab es monarchistische Strömungen, die sich in der Heimat- und Königspartei zu artikulieren suchten, und daneben, mit größerem Erfolg, die Wirtschaftliche Aufbau-Vereinigung des wirrköpfigen Demagogen Alfred Loritz, die mittelständische Interessen mit populistischen Methoden verfocht. Als Konkurrentin der CSU kam später die extrem föderalistische Bayernpartei hinzu.[167] Im Rheinland hatte sie schon früher ein Pendant in der Rheinischen Volkspartei bzw. der Rheinisch Westfälischen Volkspartei.

Von Dauer über die Nachkriegszeit hinaus blieben die Wiedergründungen liberaler Parteien, die sich in der Westzone 1948 zur Freien Demokratischen Partei (FDP) zusammenfanden. In der Ostzone blieb es bei der Bezeichnung Liberal-Demokratische Partei (LDP); zum Bruch zwischen den Liberalen in Ost und West war es im Januar 1948 gekommen. Der liberale Neubeginn gestaltete sich mühsam, weil viele Weimarer Liberale, namentlich die Prominenz der Deutschen Volkspartei (DVP), den Weg zur CDU gewählt hatten, und weil die Besatzungsmächte, die Neuauflage der Weimarer Parteienvielfalt scheuend, die zweite bürgerliche Partei weniger ermunterten als die Unions-Bewegung. Unter vielen Namen (Liberal-Demokraten, Demokratische Volkspartei, Partei Freier Demokraten) entstanden Orts- und Kreisverbände; in der britischen Zone konnten sich im Frühjahr 1946 die liberalen Landesverbände schon auf Zonenebene zusammenschließen. Die frühe FDP zeigte wenig organisatorische Geschlossenheit, ein erhebliches Maß an programmatischer Vielfalt und konnte einige Namen mit gutem Klang aufbieten: Theodor Heuss, Reinhold Maier, Hermann Höpker-Aschoff, Wilhelm Heile und Theodor Tantzen im Westen, Wilhelm Külz und Eugen Schiffer im Osten.

Im Süden und Südwesten wurde das linksliberale Erbe der DDP stärker gepflegt, weiter nördlich, zumal in Hessen, im Rheinland und in Westfalen, dominierten die nationalliberalen Tendenzen. Einig waren sich alle Nachkriegsliberalen in der Ablehnung sozialistischer Gedankengänge. Die Entschließung der Freiburger Gründungsversammlung der »Demokratischen Partei in Süd- und Mittelbaden« vom 20. Januar 1946 war typisch auch für viele andere Programmentwürfe. Es hieß dort: »Wir sind Feinde jeder Diktatur im privaten und öffentlichen Leben und lehnen deshalb eine zwangsläufig dahin führende, zu weit gehende Sozialisierung ab.« Und: »Die Tätigkeit des Staates in wirtschaftlichen Dingen muß wieder auf das Aufsichtsrecht beschränkt werden. Der Staat soll nicht wirtschaften, sondern verwalten!« Und mit deutlicher Front gegen die Arbeiterparteien hieß es: »Die Demokratische Partei verwirft den Klassenkampf, denn sie vereinigt alle Schichten des Volkes in sich. Standesunterschiede kennt sie nicht.«[168]

Lizenzierung

Die Kehrseite der Parteigründungen war die jeweils auf Kreisebene erfolgende Prozedur der Lizenzierung durch den zuständigen Offizier der Besatzungsmacht. Das lässt sich am besten an Beispielen aus dem Besatzungsalltag der US-Zone verdeutlichen: Im hessischen Landkreis Schlüchtern beantragten am 3. Oktober 1945 fünf Männer die Zulassung der Kommunistischen Partei. Ordnungsgemäß beigefügt waren ein Parteiprogramm und die Statuten sowie Angaben über die Mitglieder. Am 19. Oktober erhielten die Antragsteller eine provisorische Genehmigung, in der es etwas drohend hieß, dass sie als Komitee der Kommunistischen Partei der Stadt Schlüchtern und der Stadt Steinau betrachtet würden und dass sie dafür verantwortlich seien, sich »mit allen Gesetzen und Regeln der Militärregierung betr. Politische Tätigkeit genauestens bekanntzumachen«. Ferner wurden sie zur strengsten Befolgung dieser Regeln ermahnt und zur richtigen Anwendung ihres Einflusses auf die politischen Angelegenheiten angehalten. Die endgültige Genehmigung erfolgte am 26. Oktober 1945, also dreieinhalb Wochen nach dem Antrag.[169]

Mit dem Genehmigungsschreiben des zuständigen amerikanischen Offiziers waren folgende politische Tätigkeiten erlaubt bzw. eingeschränkt: Öffentliche Versammlungen und Diskussionen, wobei der Militärregierung jeweils Zeit, Ort und Zweck der Versammlung, die Namen und Adressen aller Sprecher und deren Redetexte mitgeteilt werden mussten. Erlaubt waren ferner die Werbung von Mitgliedern, die Sammlung von Geld und das Verteilen von Schriften. Zweimal monatlich war aber eine eidesstattliche Erklärung über die Quellen des erhaltenen Geldes und über dessen Verwendung vorzuweisen. Für das Verfassen und Verteilen von Parteischriften galten die Vorschriften der Abteilung Nachrichten-kontrolle (Information Control Division), und der Militärregierung muss-ten Kopien aller Schriften eingereicht werden.

Das war die normale Prozedur der Parteilizenzierung und keines-wegs eine Schikane gegen die Kommunisten. Die Christdemokraten, die am 10. November 1945 unter Beifügung von Parteiprogramm, Sta-tuten, Unterschriftenlisten und Personalfragebogen die Lizenz für den Kreis Schlüchtern beantragten, erhielten diese mit exakt dem gleichen Formschreiben am 28. November. Der Demokratischen Partei Gelnhau-sen war Ende Oktober der gleiche Bescheid zugegangen.[170] Das Treiben der lizenzierten Parteien wurde, auch als sich die Kreisverbände ab Spätherbst 1945 landesweit zusammenschließen durften, von der ameri-kanischen Militärregierung auf allen Ebenen mit Argusaugen beobachtet. An ihrer Entfaltung gehindert wurden die vier großen Parteien – Sozial-demokraten und Kommunisten, Christdemokraten und Liberale – aber nicht.

Gegenüber Gründungen, die nationalistischer Bestrebungen verdäch-tig waren oder den Eindruck politischer Sekten machten, verhielten sich die Amerikaner jedoch restriktiv. Um Weimarer Zustände mit einer Vielzahl von Interessen- und Weltanschauungsparteien vorzubeugen, sollten solche Gruppierungen über die Kreisebene nicht hinauswachsen. Grund zur Klage hatte deshalb u. a. der Gründer der Nationaldemokra-tischen Partei Deutschlands (NDP), die in Bad Nauheim und Friedberg im Sommer und Herbst 1945 entstanden war und deren wesentlicher Programmpunkt lautete: »Im Hinblick auf die angelsächsischen politi-schen Zustände rufen wir zur Bildung einer großen bürgerlichen Ein-heitspartei auf, die Vorkämpferin für die Erhaltung des Privateigentums und der allein auf ihm ruhenden individuellen und dabei doch einheit-lichen Lebensgestaltung, der freien Persönlichkeit und der persönlichen Selbstverantwortlichkeit sein soll. Dem Staatskommunismus, sei er nun nationaler oder internationaler Prägung, dem wir seit beinahe hundert Jahren in Deutschland gehuldigt haben, muß endlich ein Bollwerk in einer großen, auf den Überlieferungen der Jahrhunderte fußenden de-mokratischen Bürger-, Arbeiter- und Bauernpartei entgegengestellt wer-den.«[171]

In mehreren Briefen beschwerte sich Dr. Leuchtgens, der Parteigrün-

der der Nationaldemokraten, bei General Clay. Offensichtlich glaube
die Militärregierung den politischen Gegnern der Nationaldemokraten,
nämlich, dass sie Reaktionäre seien und ein Sammelbecken für Anti-
demokraten bilden wollten. Das Gegenteil sei wahr, und er selbst sei ein
waschechter Demokrat, es gebe keinen besseren in ganz Deutschland,
und seit jeher sei es sein oberstes Ziel gewesen, die Deutschen zur angelsächsischen Demokratie zu erziehen, Churchill sei sein Idol, und jede
Form von Faschismus hasse er wie das Feuer, er stehe für den Individu-
alismus ein gegen Kommunismus und Sozialismus, seit vierzig Jahren
kämpfe er nun für eine konservative Politik, die das Ziel habe, den besten Mann des Volkes auf den höchsten Platz zu bringen. Die Militärregierung behandele seine Partei nicht korrekt, weshalb er um eine
Unterredung bitte. Die Amerikaner blieben seinen Beteuerungen gegenüber aber unempfindlich und entsprachen den Wünschen der Nationaldemokratischen Partei keineswegs.[172]

Während der Nationaldemokrat Leuchtgens mit seinen Beschwerden
und Anbiederungen auf den Dienstweg, die lokal zuständige Militärregierung, verwiesen wurde, beschäftigte sich in einem anderen Fall im
Juli 1946 die Spitze der amerikanischen Besatzungsbürokratie mit einem
Parteigründungsantrag. Der Fall hatte grundsätzliche Bedeutung. Es
ging um die Wirtschaftliche Flüchtlingspartei, die in Mainburg die Zulassung für die Regierungsbezirke Niederbayern und Oberpfalz begehrt
hatte. Programm, Statuten und 25 Unterschriften waren ordnungsgemäß
eingereicht worden, auf höchster Ebene wurde aber entschieden, dass
die Gründung politischer Parteien durch Flüchtlinge und Vertriebene
generell nicht geduldet würde. In der Begründung hieß es, die Heimatvertriebenen aus den Ostgebieten müssten in die Gesellschaft ihrer
neuen Wohnorte integriert werden, und sie sollten daher ihr politisches
Leben im Rahmen der bestehenden Parteien entfalten.[173] Bei dieser Politik blieb es in allen Zonen bis zum Ende des direkten Besatzungsregi-
ments, mit dem 1949 auch der Lizenzierungszwang entfiel. Erst dann
entstand mit dem Bund der Heimatvertriebenen und Entrechteten
(BHE) im Westen eine – allerdings kurzlebige – politische Interessenver-
tretung.[174] In der Sowjetischen Besatzungszone und dann auch in der
DDR galt sogar die Sprachregelung, nach der die Heimatvertriebenen
nur »Umsiedler« genannt wurden, um jede politische Konnotation zu

vermeiden. Auch Vereinigungen, die sich der Heimatidee, dem Brauchtum oder kultureller Tradition wie die Landsmannschaften im Westen widmeten, waren in der Ostzone nicht zugelassen.[175]

Gewerkschaften

Zwischen der Entstehung der Parteien und der Neugründung von Gewerkschaften gab es Parallelen. Am deutlichsten waren sie sichtbar im Verhalten der Besatzungsmächte gegenüber deutschen Initiativen. Die Skala reichte von starker Ablehnung in der französischen Zone, wo auch die Landesverbände sehr spät – ab Frühjahr 1947 – und ein Zonenverband gar nicht zugelassen wurden, bis zur Gründung durch Machtspruch der Sowjetischen Militäradministration im Juni 1945. Im SMAD-Befehl Nr. 2 war »der werktätigen Bevölkerung der sowjetischen Okkupationszone« ausdrücklich »das Recht zur Vereinigung in freien Gewerkschaften und Organisationen zum Zweck der Wahrung der Interessen und Rechte der Werktätigen« gewährt worden; sie sollten, wie die Parteien, unter der »Kontrolle der Sowjetischen Militäradministration und entsprechend den von ihr gegebenen Instruktionen« agieren. Unter Mithilfe der SMAD vollzog sich die Organisation des Freien Deutschen Gewerkschaftsbundes (FDGB) als zentrale Einheitsgewerkschaft zonenweit von oben nach unten.

Im Februar 1946 wurde der erste FDGB-Kongress abgehalten; zum 1. Vorsitzenden wurde Hans Jendretzky (KPD) gewählt, an die zweite und dritte Stelle kamen Bernhard Göring (SPD) und Ernst Lemmer (CDU). Wie die anderen Organisationen, die ab Sommer 1945 in der SBZ ins Leben gerufen wurden, hatte der FDGB mit seinen (im Februar 1946) zwei Millionen Mitgliedern in 18 Industrieverbänden auch Funktionen, die über das Traditionelle hinausgingen: »Es ging nicht mehr nur um die gewerkschaftliche Vertretung der Arbeiter und Angestellten, die Durchsetzung des Mitbestimmungsrechts. Die Gewerkschaften hatten eine große Verantwortung für die Erziehung der Arbeiterklasse im Geist des Antifaschismus und zum Klassenbewußtsein, bei der politischen Säuberung der Betriebe und Verwaltungen, beim Wiederaufbau der Wirtschaft.«[176]

Dasselbe galt für die Jugendausschüsse, die von der SMAD im Juli 1945 initiiert wurden; im September entstand unter Leitung Erich Honeckers ein zentraler Jugendausschuss für die ganze Zone, das war der Anfang der »Freien Deutschen Jugend«, die im März 1946 als einheitliche Organisation Gestalt gewann und im Juni 1946 in Brandenburg ihr erstes »Parlament« abhielt. Seit Sommer 1945 entstanden auch Frauenausschüsse, aus denen im März 1947 der »Demokratische Frauenbund Deutschlands« hervorging. Der »Kulturbund zur demokratischen Erneuerung Deutschlands«, im Juli 1945 unter der Präsidentschaft des Schriftstellers Johannes R. Becher gegründet, hatte unter den Intellektuellen eine entsprechende Funktion bei der »antifaschistisch-demokratischen Umwälzung«.

Eine Parallele zur Entstehung und Entwicklung der Gewerkschaften in den Westzonen bestand darin, dass die älteren Vorbilder aus der Weimarer Zeit, die ins Kaiserreich zurückreichten, kaum mehr zur Debatte standen. Wie die alten Weltanschauungsparteien keine Attraktivität mehr besaßen, so waren die Richtungsgewerkschaften der Vor-Hitlerzeit endgültig passé. Darüber waren sich die ehemaligen Gewerkschafter einig, die im Widerstand, in Konzentrationslagern, im Exil und in der inneren Emigration in Deutschland die Zeit nach der Gleichschaltung und Überführung der alten Gewerkschaften in die nationalsozialistische Deutsche Arbeitsfront (DAF) überstanden hatten.

Die Gründungen im lokalen und betrieblichen Bereich begannen im Westen überall unmittelbar nach Kriegsende, am frühesten in Aachen, wo Ende 1944 der erste Antrag auf Gründung einer Gewerkschaft von den Amerikanern zwar abgelehnt worden war, wo aber im März 1945 im zweiten Anlauf 80 ehemalige Gewerkschafter den Grundstein legten zu einem »Freien Deutschen Gewerkschaftsbund«, dem als parteipolitisch neutrale Zentralorganisation alle Arbeiter, Angestellten und Beamten angehören sollten.[177] Keimzellen der neuen Gewerkschaftsbewegung waren auch, bis zu ihrem Verbot im Sommer 1945, die Antifa-Ausschüsse, die in Betriebsgruppen oder als Betriebsräte gewerkschaftliche Aktionsgemeinschaften zwischen Sozialdemokraten und Kommunisten erstrebten. Zunächst hatten aber die Besatzungsmächte überall im Westen die Hand an der Bremse. Die Amerikaner achteten streng darauf, dass sich, wie bei den Parteien, die Etablierung der Gewerkschaften nur auf der unteren Ebene abspielte. Da sich die Spitzen der amerikanischen Militärregierung über die Konzeption ihrer Gewerkschaftspolitik in den Haaren lagen, blieb zu Beginn der Besatzung aber vieles dem Gutdünken örtlicher Besatzungsoffiziere überlassen. In der US-Zone dominierten 1945 noch die Befürworter der *grassroots-policy,* das heißt, die neuen Gewerkschaften sollten mitsamt einer neuen Führung von den Wurzeln her und durch Wahl an der Basis legitimiert entstehen. Solange dieses Konzept verfolgt wurde, stand es um die Ansprüche der alten Gewerkschaftsführer schlecht, eine neue, verbesserte Organisation mit dem erfahrenen Personal der Weimarer Zeit zu errichten.[178] Die Amerikaner favorisierten Betriebsgewerkschaften aber auch deshalb, weil sie sich Mitarbeit bei der Säuberung der Betriebe von Nationalsozialisten versprachen. Der eigentliche Zweck gewerkschaftlicher Organisation, die Mitgestaltung der Lohn- und Arbeitsbedingungen, war im August 1945 auch tatsächlich noch kein Problem.[179]

Die britische Besatzungsmacht war gewerkschaftsfreundlicher als die amerikanische, sie verhielt sich aber den deutschen Wünschen nach Errichtung einer zentralen Einheitsgewerkschaft gegenüber restriktiv, förderte jedoch das Industrieverbandsprinzip gegenüber der älteren Organisationsform von Berufsverbänden. Die Industrieverbände sollten autonom sein und – später einmal – in einem lockeren Dachverband zusammengefügt werden. Das machte die Militärregierung mit Hilfe einer Delegation englischer Gewerkschafter, die im November 1945 die britische Zone besuchte, dem deutschen Vorkämpfer für eine zentrale Einheitsorganisation klar. Der siebzigjährige Hans Böckler, der seit 1903 in der Gewerkschaftsbewegung aktiv war, musste einsehen, dass die Chance, bei der Neuordnung der Wirtschaft Einfluss zu gewinnen, nur dann bestand, wenn das britische Organisationsmodell akzeptiert wurde. Gewerkschaftspostulate wie die Sozialisierung der Grundindustrien und des Bergbaus sowie der Banken waren aber nur durchzusetzen, wenn dazu die politische Legitimierung durch die Besatzungsmacht erfolgt war. Das Ziel hieß Wirtschaftsdemokratie, darum entschlossen sich Böckler und seine Mitstreiter schweren Herzens für die weniger straffe Organisationsform.[180]

Im April 1947 wählte der Gründungskongress des Deutschen Gewerkschaftsbundes in der britischen Zone Hans Böckler zum Vorsitzenden. Der neue Dachverband, der die Vorstufe des 1949 gegründeten Deutschen Gewerkschaftsbundes (DGB) der Bundesrepublik bildete, hatte in 15 Einzelgewerkschaften über zwei Millionen Mitglieder. In den beiden anderen Zonen waren die Gewerkschafter ähnlich organisiert, jedoch nur bis zur Landesebene. Das Industrieverbandsprinzip war im Juni 1946 vom Kontrollrat für verbindlich erklärt worden, eine gesamtdeutsche Gewerkschaftsbewegung war aber, trotz der Kontrollratsdirektive und trotz mehrerer vierzonaler Gewerkschaftskonferenzen zwischen November 1946 und August 1948, von Anfang an außerhalb des Bereichs des Möglichen. Ebenso wie bei der Konstituierung der Parteien waren die jeweiligen Ziele der Besatzungsmächte miteinander unvereinbar.

7. REPARATIONEN, KRIEGSVERBRECHERPROZESSE, ENTNAZIFIZIERUNG

Entmilitarisierung und Reparationen

Zur vollständigen Entwaffnung und Entmilitarisierung Deutschlands, wie sie die Alliierten beschlossen und in Potsdam bekräftigt hatten, gehörte »die Beseitigung oder Kontrolle der gesamten deutschen Industrie, die für eine Rüstungsproduktion benutzt werden könnte«, und in den wirtschaftlichen Grundsätzen des Potsdamer Protokolls war die Richtung angedeutet, in der die ökonomische Entmilitarisierung vor sich gehen sollte. Die Produktion von Kriegsgerät, Munition, Flugzeugen und Hochseeschiffen wurde generell verboten, die Erzeugung von Metallen, Chemikalien, Maschinen etc., die auch für Kriegszwecke genutzt werden konnten, sollte streng überwacht werden und auf ein existenzerhaltendes Minimum beschränkt bleiben. Im Rahmen des Reparationsplans sollte die nicht mehr erforderliche Produktionskapazität »entnommen« oder vernichtet werden. Außerdem war beabsichtigt, die deutsche Wirtschaft zu dezentralisieren, »mit dem Ziel der Vernichtung der bestehenden übermäßigen Konzentration der Wirtschaftskraft«.[181] Das hieß im Klartext: Auflösung und Entflechtung der Kartelle, Syndikate und Monopole der deutschen Industrie und auch der Großbanken.

Das spektakulärste Beispiel war die Auflösung des bis 1945 größten deutschen Unternehmens, des Chemie-Giganten »Interessen-Gemeinschaft Farbenindustrie AG«. Die I. G. Farben, wie die gängige Kurzbezeichnung lautete, wurde im Sommer 1945 beschlagnahmt, das Auslandsvermögen enteignet. Den Verwaltungssitz in Frankfurt, ein Gebäude von imposantem Ausmaß, übernahmen die Amerikaner als Zentrale der Militärregierung der US-Zone. Durch Kontrollratsgesetz vom 30. November 1945 wurden die einzelnen Glieder des Konzerns verpflichtet, alle

Kartellbeziehungen zu liquidieren und sich als selbstständige Einheiten zu etablieren. Die I. G. Farben wurde dadurch in die Bestandteile zerlegt, aus denen sie 1925 entstanden war: BASF, Agfa, Casella Farbenwerke, Chemische Werke Hüls, Bayer AG, Farbwerke Hoechst, Duisburger Kupferhütte, Dynamit Nobel AG und einige andere mehr.[182]

Der Entflechtungsprozess der deutschen Industrie zog sich über Jahre hin und war nur in Ausnahmefällen von Dauer. Das öffentliche Interesse richtete sich auch stärker oder sogar fast ausschließlich auf den anderen Aspekt des Entmilitarisierungs- und Reparationsprogramms, die Demontagen. Der Straf- und Sühnegedanke wurde der Allgemeinheit nirgendwo im Alltag der Nachkriegszeit so drastisch vor Augen geführt wie hier, kein anderes Problem setzte bis in die Fünfzigerjahre hinein vergleichbare Emotionen frei, keine andere Maßnahme der Alliierten belastete das Verhältnis zwischen Siegern und Besiegten so stark wie die Demontagen. Der Abtransport der Maschinen und Geräte und die anschließende Sprengung der Fabrikgebäude wurden als blindes Wüten gegen deutsches Eigentum, als Rache gegen deutsche Tüchtigkeit, als Schlag gegen überlegene Konkurrenz und von den betroffenen Arbeitern als existenzbedrohende Vernichtung ihrer Arbeitsplätze empfunden.

Die industrielle Produktion in Deutschland war am Kriegsende zwar annähernd zum Stillstand gekommen, sie erholte sich vor allem in der amerikanischen und der britischen Zone aber überraschend schnell. Dass schon Ende 1945 in der britischen Zone wieder etwa 25 Prozent und in der amerikanischen sogar 30 Prozent der Vorkriegsproduktion (Vergleichsjahr: 1936) erreicht waren, erscheint angesichts der zerschnittenen Wirtschaftsräume, des allgemeinen Mangels an Rohstoffen, Hilfsgütern, Ersatzteilen, teilweise zerschlissener Produktionsanlagen, der Kriegszerstörungen und Transportschwierigkeiten fast als ein Wunder.[183]

Die ökonomische Krise stand allerdings noch bevor, sie kam im Winter 1946/47 und machte den bescheidenen Erholungseffekt des ersten Nachkriegsjahres zunichte. Im Katastrophenwinter 1946/47 waren die Vorräte tatsächlich aufgebraucht, wegen der Kälte brach das Transportsystem zusammen und die Ernährungs- und Energiekrise erreichte ihren Höhepunkt. Im Sommer 1946 war die Lage weit weniger dramatisch gewesen: Das Streckennetz der Bahn funktionierte zu 90 Prozent wieder, die Binnenwasserstraßen waren befahrbar; der Arbeitsmarkt allerdings war unübersichtlich, in vieler Hinsicht herrschte Chaos, aber ökonomisch gesehen hielten sich die Probleme in Grenzen. 1944 hatte zwar fast ein Drittel der Industriebelegschaften in Deutschland aus ausländischen Zwangsarbeitern bestanden, von denen ab Kriegsende viele als »Displaced Persons« in Lagern auf ihre Repatriierung warteten; andererseits wurden 11,5 Millionen deutsche Wehrmachtsangehörige aus der Kriegsgefangenschaft in der Heimat zurückerwartet, und der größere Teil kam bis Ende 1945 auch zurück.

Auf den Arbeitsmarkt drängten zudem die Flüchtlinge und Heimatvertriebenen. Trotzdem gab es auch offene Stellen, vor allem im Kohlebergbau, dem wichtigsten deutschen Industriezweig der Nachkriegszeit. Die Kohleproduktion unterlag keinen Beschränkungen, sie wurde im Gegenteil forciert, weil Kohle als wichtigster Energieträger ein bedeutendes Reparations- und Exportgut war. Die Förderung und der Verkauf der Kohle erfolgten jedoch nicht in deutscher Regie. Die Zechen, die fast alle im Ruhrgebiet in der britischen Zone lagen, waren beschlagnahmt und dem »North German Coal Control Board« unterstellt, unter dessen Aufsicht die »Deutsche Kohlenbergbauleitung« den damals so wertvollen Rohstoff förderte. Die Bergleute wurden im Rahmen des Möglichen besonders gut behandelt, mit Lohnzulagen, erhöhten Lebensmittelrationen und verbesserten Sozialleistungen.

Zu den Anstrengungen der Produktivitätssteigerung in der amerikanischen und britischen Zone standen die umfangreichen Reparations- und Wiedergutmachungsentnahmen in der französischen und russischen Zone in starkem Kontrast. Dennoch stießen die französischen und sowjetischen Maßnahmen zunächst nicht auf grundsätzlichen Widerspruch der Amerikaner und Briten, weil sie die vereinbarte planmäßige Schwächung der deutschen Wirtschaftskraft bewirkten. Für die Betroffenen war dies alles natürlich nicht recht durchschaubar. In der Praxis konnten zwei so gegensätzliche Absichten auch nicht funktionieren.

In langwierigen Verhandlungen bemühte sich der Kontrollrat, die Grenzen der künftig erlaubten Industriekapazität zu ziehen und die Quoten festzulegen, die in Zukunft produziert werden durften. Um die Stahlerzeugung wurde besonders gestritten, bis sie auf 39 Prozent der Vorkriegsproduktion festgesetzt wurde. Erzeugnisse der chemischen

Industrie waren auf 40 Prozent, Leichtmetalle auf 54 Prozent, Werkzeug-maschinen auf 11 Prozent begrenzt. Das Ergebnis der Verhandlungen im Kontrollrat wurde am 26. März 1946 in Gestalt des Industrieniveau-Plans festgeschrieben.[184] Damit war bestimmt, welchen Umfang die deutsche Nachkriegswirtschaft haben durfte und welches Ausmaß der Kapazitäts-abbau zugunsten der Reparationslieferungen annehmen würde.

Als Grundsatz galt die Aufrechterhaltung eines mittleren Lebensstan-dards in Deutschland, der den durchschnittlichen Lebensstandard in Europa (ausgenommen Großbritannien und Sowjetunion) nicht über-steigen durfte, und nach der Zahlung der Reparationen sollte Deutsch-land sich selbst erhalten können. Nicht nur wegen des Selbstbedienungs-verfahrens, das schon vor der Verabschiedung des Industrieplans in allen Zonen begonnen hatte und namentlich im Osten und Südwesten Deutschlands fortgesetzt wurde, war der Plan bald Makulatur.

Gustav Stolper, ein Freund von Theodor Heuss aus früherer Zeit und prominenter Emigrant, besuchte als amerikanischer Wirtschaftsexperte in offiziellem Auftrag im Rahmen einer Delegation zusammen mit dem ehemaligen US-Präsidenten Hoover Anfang 1947 Deutschland. Im Zusammenhang mit dem trostlosen Zustand der Wirtschaft charakteri-sierte er das Level-of-Industry-Abkommen des Kontrollrates als »das Produkt einer Horde von Statistikern, 1500 an der Zahl, Amerikaner, Engländer, Franzosen und Russen, die gegen alle Warnungen ökonomi-scher Vernunft wie Berserker wüteten«[185].

Die Demontagen, die ökonomisch unsinnig schienen, wurden aber, den Straf- und Sühnegedanken verfolgend, noch jahrelang fortgesetzt – auch in den beiden Westzonen, in denen Amerikaner und Briten bald große Anstrengungen zur Linderung der Wirtschafts- und Ernährungs-krise unternahmen. Außer der Sowjetunion und Polen gab es 18 Staaten, die als Reparationsgläubiger Ansprüche an Deutschland hatten. Auf der Pariser Reparationskonferenz (9. November bis 21. Dezember 1945) wurden die Quoten festgelegt, die auf die einzelnen Staaten entfielen und deren Verteilung ab 1946 die Interalliierte Reparationsagentur in Brüssel vornahm.

In der sowjetischen Zone wurden nicht nur, unmittelbar nach Kriegs-ende beginnend, Fabrikanlagen, Eisenbahngeleise, Transporteinrichtun-gen demontiert und abtransportiert. Es gab auch eine zweite Form der

Demontage, nämlich die Enteignung und Umwandlung von Betrieben zu Sowjetischen Aktiengesellschaften (SAG), die an Ort und Stelle in sowjetischer Regie weiterproduzierten. Etwa 200 Fabriken, die ein Viertel der Gesamtproduktion der Ostzone leisteten, wurden in diese neue Rechtsform überführt, darunter das Bunawerk bei Merseburg und das Leunawerk. Die SAG gingen später in den Besitz der DDR über. Die eigentliche Demontage betraf bis Ende 1946 über 1000 Betriebe, vor allem der eisenschaffenden, chemischen und optischen Industrie, des Maschinenbaus und der Energieerzeugung. Dazu kamen die Entnahmen aus der laufenden Produktion.[186]

Die Höhe der Reparationsleistung, die die Sowjetunion ihrer Besatzungszone bzw. der DDR bis 1953 entnahm, ist unbekannt. Geschätzt werden bis zu 66 Milliarden Mark, unstrittig ist jedenfalls, dass die in Jalta geforderte Summe von 10 Milliarden Dollar zugunsten der Sowjetunion durch die sowjetische Besatzungszone mehr als aufgebracht wurde.[187]

Hinzu rechnen müsste man auch die Arbeitsleistung, die von deutschen Kriegsgefangenen beim Wiederaufbau in der Sowjetunion bis 1955 erbracht wurde. Kriegsgefangenenarbeit war in der Nachkriegswirtschaft der Sowjetunion und Frankreichs ein beachtlicher Faktor. Von den über 11 Millionen deutschen Soldaten befanden sich etwa 7,7 Millionen in Gefangenschaft der Westmächte, insbesondere der USA, etwa 3,3 Millionen in sowjetischer Kriegsgefangenschaft. Während Amerikaner und Briten unmittelbar nach Kriegsende begannen, ihre Gefangenen in die Heimat zu entlassen, mussten viele im Osten jahrelang warten, weil ihre Arbeitskraft gebraucht wurde. Ähnlich verhielten sich zunächst die Franzosen, die sogar noch »Kriegsgefangene« machten, als der Krieg zu Ende war. Aus Stuttgart wird ein Fall berichtet, dass ein Konvoi deutscher Soldaten, die von den Amerikanern entlassen werden sollten, im Moment der Entlassung zu französischen Kriegsgefangenen erklärt und in die andere Richtung abtransportiert wurden.[188]

Die Amerikaner hatten subtilere Methoden. Ihnen lag am Sachverstand deutscher Wissenschaftler und technischer Spezialisten, die sie im Rahmen der »Operation Overcast« und der »Operation Paperclip« zwischen 1945 und 1950 in die USA transferierten. Die amerikanische Raketentechnik profitierte am sichtbarsten von dieser besonderen Art amerikanischer Kriegsbeute.[189]

Die Demontagen spielten ökonomisch in den Westzonen keine große Rolle. Wäre der Industrieplan vom März 1946 realisiert worden, hätte das freilich die Beseitigung von 1800 Fabriken bedeutet sowie entsprechend den Quoten, die für die einzelnen Produktionszweige festgesetzt waren, die Reduzierung der gesamten Produktionsmöglichkeiten auf den Stand des Krisenjahres 1932. Die spektakulären Demontagen, etwa der »Reichswerke Hermann Göring« in Salzgitter, die bis in die Fünfzigerjahre andauerten, wurden mit wachsender Erbitterung auf der deutschen Seite als mutwillige Vernichtung von Arbeitsplätzen in einer Zeit wirtschaftlicher Not begriffen, gegen die die Arbeiter mit Parolen wie »Vernunft statt Gewalt« und »Wir wollen keine Bettler sein ... laßt uns unsere Arbeitsstätten« demonstrierten.[190]

Spätestens im Mai 1946, als General Clay in der US-Zone einen Demontagestopp anordnete, war der Industrieplan überholt, aber auch seine Voraussetzungen galten nicht mehr. Die Weichen wurden in den Zonen der Amerikaner und Briten allmählich neu gestellt, und zwar in die Richtung ökonomischer Rekonstruktion. Einen gewissen Anteil daran hatte die Sowjetunion, die die in Potsdam vereinbarten Lieferungen aus der Ostzone in die Westzonen im Tausch gegen Reparationsgüter schuldig geblieben war. Das hatte Clay mit dem Ende der Demontagelieferungen aus seiner Zone an die UdSSR quittiert, und die Überlegungen zur Errichtung der Bizone hatten ihren Ursprung im vierzonal nicht lösbaren Reparationsproblem.

Sühne für NS-Verbrechen

Die Demontagen wurden bei den Deutschen als – ungerechte – Strafe empfunden und im bescheidenen Rahmen des Möglichen bekämpft. Dass die Angeklagten der zahlreichen Kriegsverbrecherprozesse, die auf deutschem und ausländischem Boden ab Herbst 1945 stattfanden, unschuldig waren, glaubten höchstens unverbesserliche Nazis, die sich mit dieser Meinung (noch) nicht hervorwagten. Sie konnten es auch nicht, weil sie, zusammen mit höheren Funktionären des NS-Regimes – ob diese Nazis waren oder nicht spielte dabei keine Rolle – die Internierungslager bevölkerten. Bis Mitte Juli hatten die Amerikaner in ihrer Zone schon etwa 70 000 Personen in »automatic arrest« genommen: alle, die in der SS (einschließlich SD und Gestapo) einen Rang bekleidet hatten, NSDAP-Ortsgruppenführer, Bürgermeister, Kreisleiter, Gauleiter, Beamte höherer Dienstgrade, Offiziere. Selbstverständlich saßen nicht alle NS-Funktionäre in Lagern. Vielen gelang es, ihre Identität zu verbergen und im Untergrund bessere Zeiten abzuwarten, und nicht wenigen ermöglichte christliche Barmherzigkeit die Flucht ins rettende Ausland. Die Katholische Kirche und hauptsächlich ein aus Österreich stammender Bischof im Vatikan, Alois Hudal, organisierten einen Fluchtweg über Südtirol nach Rom und von dort aus nach Südamerika. Prominente NS-Mörder wie Adolf Eichmann, der Treblinka-Kommandant Franz Stangl, der KZ-Arzt Josef Mengele, der Lyoner Gestapo-Chef Klaus Barbie flohen über diese »Rattenlinie«.[191]

Neben den Internierten der Kategorie »automatic arrest«, die auf ihre Überprüfung warteten, befanden sich die »war criminals« in den gleichen Lagern. Vor allem Wachpersonal der Konzentrationslager bildete diese Kategorie. In den Internierungslagern der US-Zone wurde Selbstverwaltung geübt: Es gab einen deutschen »Bürgermeister« und einen deutschen Ordnungsdienst: Die lange Wartezeit bis zur Vernehmung der Internierten durch die amerikanischen Spezialisten vom Counter Intelligence Corps (CIC) sollte so nebenbei auch zur Einübung demokratischer Regeln benutzt werden.

Ernst von Salomon, der in Nürnberg auf dem ehemaligen Reichsparteitagsgelände inhaftiert gewesen war, hat im 1951 erschienenen Nachkriegsbestseller ›Der Fragebogen‹ Intention und Realität des Verfahrens ironisiert. Dafür war sechs Jahre nach Kriegsende leicht Beifall zu haben. Der Problematik der damaligen Situation wurde die genüssliche Schilderung der amerikanischen Bemühungen freilich nicht gerecht. Zur Anstrengung hatten die Amerikaner schließlich den Spott, dass sie politische Tölpel gewesen seien, als sie die gewaltige Gesinnungsprüfung der Deutschen inszenierten. In der sowjetischen Besatzungszone, wo ebenfalls Zehntausende ins Lager kamen (dort wurden auch nationalsozialistische Konzentrationslager wie Buchenwald und Sachsenhausen einfach neu belegt, in der US-Zone dienten vor allem ehemalige Kriegsgefangenenlager der Internierung), wurde pauschaler verfahren, auch im Strafmaß.

25 Jahre Zwangsarbeit waren die Regel für »Kriegsverbrecher«, zu verbüßen in der Sowjetunion.[192] Die »Speziallager« in der Ostzone unterschieden sich von den Internierungslagern im Westen auch dadurch, dass sie dem sowjetischen Geheimdienst NKWD unterstanden, dass sie in der Umgestaltung der Gesellschaft eine Rolle spielten und dass sie als Reservoir für Arbeitskräfte genutzt wurden.

»Auf die Frage, warum man so viele Menschen so lange gefangen halte«, hieß es in einem Bericht über das Internierungslager Moosburg bei Landshut in der US-Zone im Januar 1946, »erklären die Amerikaner vielfach, sie könnten die Zahl der verbrecherischen oder gefährlichen Deutschen nicht übersehen, sie hätten deshalb eine große Anzahl derjenigen, die sie für verdächtig hielten, zusammengezogen, um sie zu überprüfen. Diese Überprüfung sei schwierig, sie erfordere Zeit.«[193] Der Freiheitsentzug wurde von den meisten als ungerecht empfunden: »Die Mehrzahl der Internierten ist sich keiner Schuld bewußt. Auch die früheren Parteifunktionäre glauben, das allein könne sie nicht strafbar machen – keine Strafe ohne Strafgesetz. Sie weisen dabei auch auf die Verträge hin, die das Ausland in den Anfängen mit dem Dritten Reich schloß ...«[194]

Zweifellos verfügten die Amerikaner über das größte demokratische Sendungsbewusstsein unter den Alliierten. Aus diesem Grunde waren sie, um die Kriegsverbrecher zu bestrafen und die Exponenten des NS-Regimes unschädlich zu machen, in ihrer Zone den Verbündeten vorausgeeilt. Der Alliierte Kontrollrat schob dann wie in so vielen anderen Fällen die Gesetzgebung nach. Das galt jedoch nicht für die Kategorie der »Hauptkriegsverbrecher«, deren Bestrafung seit November 1943 durch die Moskauer Deklaration der Alliierten angekündigt war.[195] Wie der Kreis der Hauptkriegsverbrecher der Achsenmächte zu definieren und in welcher Form die Strafverfolgung zu bewerkstelligen sei, war seit Februar 1944 Beratungsgegenstand der United Nations War Crimes Commission, die in London eingerichtet worden war. Am 8. August 1945 unterzeichneten Vertreter von 23 Staaten in London das »Abkommen über die Bestrafung der Hauptkriegsverbrecher der europäischen Achse«. Beigefügt war dem Abkommen das Statut für einen Internationalen Gerichtshof, den Vertreter Großbritanniens, der USA, Frankreichs und der Sowjetunion bilden sollten. Im Namen der Vereinten Nationen sollte zu Gericht gesessen werden. Als Straftatbestände wurden 1. Verschwörung gegen den Frieden (Vorbereitung zum Angriffskrieg), 2. Verbrechen gegen den Frieden, 3. Kriegsverbrechen (Verletzung der Kriegsrechte und 4. Verbrechen gegen die Menschlichkeit festgelegt.[196]

Die im Gerichtsstatut an zweiter bis vierter Stelle genannten Verbrechen konnten mit den allgemeinen Strafgesetzen abgeurteilt werden, da sich dahinter Morde und Misshandlungen, Deportation zur Sklavenarbeit, Verfolgung und Vernichtung von Menschenleben verbargen. Der Anklagepunkt »Vorbereitung und Durchführung eines Angriffskrieges« jedoch war ein absolutes Novum in der Geschichte des Rechts, und dieser Anklagepunkt nährte den Verdacht vieler, dass das juristische Fundament des ganzen Hauptkriegsverbrecherprozesses auf schwankendem Grund erbaut sei. Dass die Sieger über die Verlierer zu Gericht saßen, um den Angriffskrieg als Völkerrechtsbruch zu ahnden, erschien den meisten auf der Verliererseite eher als Rachejustiz denn als Exempel zur Fortentwicklung des internationalen Rechts. Über der Diskussion, ob der Internationale Gerichtshof nicht den Grundsatz *nulla poena sine lege* verletze – keine Strafe für eine Tat, die zur Zeit der Ausführung noch nicht unter Strafe stand –, konnte allerdings zu leicht vergessen werden, dass zur Verurteilung der Männer auf der Anklagebank die herkömmlichen Strafgesetze völlig ausreichten und dass kein Einziger nur wegen des Delikts »Vorbereitung des Angriffskrieges« verurteilt wurde.

Der Gerichtshof trat am 18. Oktober 1945 in Berlin zur Eröffnungssitzung zusammen, die Verhandlungen begannen am 20. November 1945 in Nürnberg.[197] Die Bezeichnung »Militärtribunal« könnte zu der irrigen Annahme verleiten, dem Gericht habe es an Fachkompetenz gemangelt. Richter wie Ankläger waren erstklassige Juristen, der Vorsitzende Sir Geoffrey Lawrence (Großbritannien) ebenso wie sein Kollege, der ehemalige US-Justizminister Francis Biddle, oder der sowjetische Generalmajor Nikitschenko, dem außer großem juristischem Fachwissen auch Humor und Konzilianz bescheinigt wurden. Der französische Richter Robert Falco galt ebenfalls als tüchtiger Jurist. Eine überragende Rolle spielte der frühere US-Bundesrichter Robert H. Jackson als Ankläger. Telford Taylor (USA), François de Menthon (Frankreich), R. A. Rudenko (UdSSR) und Sir Hartley Shawcross (Großbritannien) waren die bekanntesten Namen der Anklagebehörde.

Angeklagt waren 24 Individuen und sechs Kollektive, die im Sinne der Anklage als »verbrecherische Organisationen« definiert waren: Die Reichsregierung, das Korps der Politischen Leiter der NSDAP, die SS (einschließlich des Nachrichtendienstes SD), die Geheime Staatspolizei (Gestapo), die SA, der Generalstab und das Oberkommando der Wehrmacht. Für diese Organisationen saßen die Angeklagten auch stellvertretend auf der Anklagebank. Es waren nur 21 Männer, die an 218 Prozesstagen bis zum Urteilsspruch am 1. Oktober 1946 im Nürnberger Gerichtssaal zur Verantwortung gezogen werden konnten. Einer, der Reichsorganisationsleiter der NSDAP und Chef der »Deutschen Arbeitsfront« Robert Ley, hatte sich durch Selbstmord dem Gericht entzogen, gegen einen anderen, den Leiter der Partei-Kanzlei Martin Bormann, wurde in Abwesenheit verhandelt, ein Dritter, Gustav Krupp von Bohlen und Halbach, war verhandlungsunfähig. Er war eigentlich aus Versehen in die Anklageschrift geraten. Zwar sollte auf französischen und russischen Wunsch ein Krupp auf der Anklagebank sitzen, und der US-Chefankläger wollte sogar noch kurz vor Prozessbeginn einige weitere Industrielle vor den Gerichtshof bringen, aber weil die Amerikaner die Mitglieder der Familie Krupp nicht recht auseinanderhalten konnten, geriet der senile Gustav Krupp in die Anklageschrift.[198]

Nach langwierigen Verhandlungen der vier Gerichtsmächte wurden als Führungselite des NS-Regimes angeklagt: der ehemalige »Reichsmarschall« Hermann Göring, Hitlers Stellvertreter Rudolf Heß, Außenminister Joachim von Ribbentrop, Generalfeldmarschall und Chef des OKW Wilhelm Keitel, der Chef des Reichssicherheitshauptamts (der Gestapo- und SD-Zentrale des Dritten Reiches) Ernst Kaltenbrunner, der Chefideologe der NSDAP und Reichsminister für die besetzten Ostgebiete Alfred Rosenberg, der »Generalgouverneur« in Polen Hans Frank, der Herausgeber des antisemitischen ›Stürmer‹ Julius Streicher, der Reichswirtschaftsminister Walter Funk, der Großadmiral und Hitlernachfolger Karl Dönitz, dessen Vorgänger als Oberbefehlshaber der Kriegsmarine Ernst Raeder, der Reichsjugendführer Baldur von Schirach, der als »Generalbevollmächtigter für den Arbeitseinsatz« für die Zwangsarbeiter verantwortliche Fritz Sauckel, der Reichsinnenminister Wilhelm Frick, Rüstungsminister Albert Speer, Generaloberst Alfred Jodl, der »Reichskommissar für die Niederlande« Arthur Seyß-

Inquart, der »Reichsprotektor für Böhmen und Mähren« Constantin von Neurath, der Abteilungsleiter im Reichspropagandaministerium Hans Fritzsche, Hitlers Steigbügelhalter Franz von Papen, Reichsbankpräsident Hjalmar Schacht. Die drei Letztgenannten wurden, was ziemliches Erstaunen in der Öffentlichkeit erregte, freigesprochen. Verhältnismäßig glimpflich davon kamen Neurath, der zu 15 Jahren Gefängnis verurteilt wurde, von denen er 8 Jahre verbüßen musste, Dönitz (10 Jahre Gefängnis), Funk (lebenslang, jedoch 1958 entlassen), Schirach und Speer (jeweils 20 Jahre Gefängnis). Rudolf Heß musste seine lebenslange Haft als Einziger ganz verbüßen. Alle anderen Angeklagten wurden zum Tod durch den Strang verurteilt. Das Urteil wurde im Morgengrauen des 16. Oktober 1946 vollstreckt. Hermann Göring hatte sich am Vorabend seiner Hinrichtung den irdischen Richtern entzogen. Auf ungeklärte Weise hatte er sich Gift verschafft und Selbstmord begangen.

Es schien viele zu freuen, dass Göring, der wegen seiner vermeintlichen Jovialität populärer als andere Nationalsozialisten war, den Alliierten doch noch entwischte. In Meinungsumfragen und Leserbriefen zum Nürnberger Prozess kam das zum Ausdruck. Über das Schicksal der anderen gingen die meisten ohne Mitleid und Emotion zur Tagesordnung über (allenfalls das Ende Rosenbergs und Streichers wurde als wohlverdient bezeichnet). Die Freisprüche wurden allerdings angesichts der Entnazifizierungsprozeduren, die die kleinen Leute ertragen mussten, als Skandal empfunden. Und viele Flüchtlinge und Heimatvertriebene meinten, dass die Nürnberger Urteile nur ein Teil der Gerechtigkeit seien: Die für ihre Vertreibung Verantwortlichen in Polen, der Tschechoslowakei und den anderen Staaten, aus denen sie kamen, müssten auch zur Rechenschaft gezogen werden[199].

Der Nürnberger Hauptkriegsverbrecherprozess hatte weltweit große Publizität. Den Deutschen war seitens der Besatzungsmächte höchste Aufmerksamkeit verordnet worden; vor allem durch ausführliche Berichterstattung im Rundfunk und in der Presse sollte sie geweckt werden. Aber das Interesse ließ sich nicht auf Dauer erzwingen, und die Überzeugung, dass in Nürnberg nicht die Rache der Sieger triumphierte, sondern ein neues Kapitel Völkerrecht geschrieben wurde, war nicht allgemein. In der französischen Zone erschien 1946 eine Aufklärungsschrift (Auflage: 200 000 Exemplare) »Der Nürnberger Lehrprozeß«, in dem die Ethik

des Nürnberger Tribunals verteidigt wurde: »Schon daß ein Gericht da ist, daß etwas zum Richten in Nürnberg erscheint und daß es die Vorgänge, die zu diesem Krieg und zur bestehenden Verelendung Europas führten (mit Folgen, die sich noch über Jahrzehnte erstrecken werden), untersucht und überprüft, ist unsagbar beglückend.«[200]
Hinter dem Pseudonym des Verfassers Hans Fiedeler verbarg sich der Schriftsteller Alfred Döblin, der aus dem Exil zurückgekehrt bei der französischen Militärregierung in Baden-Baden als Literaturzensor Dienst tat. »In früheren Zeiten«, schrieb Döblin, »blieben Vorgänge, wie sie in diesem Prozeß verhandelt werden, ohne Ahndung und ohne wirkliche, bindende Folgen. Man wünschte und suchte, man fand aber kein Gericht. Man mußte das Urteil in der betreffenden Angelegenheit ›der Geschichte‹ überlassen und begnügte sich praktisch mit einer sehr vergänglichen Neuordnung der Machtverhältnisse.«[201] Deshalb müsse der Nürnberger Prozeß als Zukunftshoffnung begriffen werden: »Man kann es nicht oft genug und nicht laut (und nicht freudig) genug wiederholen: Es geht bei der Wiederaufrichtung des Rechts in Nürnberg um die Wiederherstellung der Menschheit, zu der auch wir gehören. Darum die Sicherstellung des Charakters dieses Prozesses, diese minutiöse Arbeit, das Sammeln des Beweismaterials aus ganz Europa, das Vernehmen der tausend Zeugen, wodurch er ein Monsterprozeß von amerikanischem Ausmaß wurde. Man baute einen juristischen Wolkenkratzer, wie ihn die Welt noch nicht gesehen hat. Das Fundament aber, auf dem er errichtet wurde, der Beton, war der solideste Stoff, der sich auf Erden finden ließ: die Moral und die Vernunft.«[202]
So umstritten die juristischen und auch die moralischen Positionen des Nürnberger Gerichts waren[203], so war der Hauptkriegsverbrecherprozeß doch eine Demonstration der Einigkeit der Alliierten. Es war auch die letzte. Die ursprüngliche Absicht, dem Verfahren vor dem Internationalen Gerichtshof in Nürnberg weitere Prozesse unter gemeinsamer Gerichtshoheit folgen zu lassen, ließ sich nicht realisieren. In allen vier Besatzungszonen fanden in der Folgezeit Prozesse statt, bei denen nationalsozialistische Verbrechen von Militärgerichtshöfen der Besatzungsmächte untersucht und verurteilt wurden. Am meisten Aufsehen erregten die zwölf Prozesse, die die Amerikaner in Nürnberg unmittelbar im Anschluss an das Hauptkriegsverbrecher-Tribunal führten. Diese

zwölf »Nachfolge-Prozesse« dauerten bis Mitte 1949, 184 Personen waren angeklagt, 98 wurden zu befristeten, 20 zu lebenslangen Freiheitsstrafen und 24 zum Tode verurteilt. Die Hälfte der Todesurteile wurde vollstreckt.

Diese Prozesse boten einen Querschnitt durch zwölf Jahre nationalsozialistischer Politik, Diplomatie und Wirtschaft; das Militär und der Verfolgungsapparat gehörten ebenfalls zu den Komplexen der zwölf Verfahren: Im Ärzteprozess ging es um »Euthanasie« und Menschenversuche, im Milch-Prozess um die Kriegsrüstung, im Flick-Prozess um Zwangsarbeit und Raub ausländischen Eigentums, im Südost-Generale-Prozess standen Geiselerschießungen auf dem Balkan zur Debatte, im RuSHA-Prozess waren Mitarbeiter des »Rasse- und Siedlungshauptamtes der SS« wegen der Ermordung von Juden und Polen angeklagt, im Wilhelmstraßenprozess standen Diplomaten, Gauleiter und andere Funktionäre wegen Kriegsverbrechen vor Gericht, im Einsatzgruppen-Prozess waren die Mordaktionen in den besetzten Ostgebieten Gegenstand der Anklage.

Außer diesen Nachfolgeprozessen, von denen einer auch dem Komplex Verwaltung der Konzentrationslager gewidmet war, verhandelten amerikanische Militärgerichte auf dem Gelände des KZ Dachau ab 1945 in mehreren Verfahren gegen das Personal ehemaliger Konzentrationslager wie Dachau, Flossenbürg, Buchenwald, Mauthausen usw.

Britische Militärgerichte führten in Lüneburg im Herbst 1945 Strafverfahren gegen KZ-Personal von Bergen-Belsen und Auschwitz. In Hamburg hatte sich Generalfeldmarschall von Manstein und in Venedig Generalfeldmarschall Kesselring vor britischen Militärgerichten zu verantworten. In der französischen Zone wurde vor allem KZ-Personal verurteilt; der ehemalige Gauleiter Robert Wagner stand im Frühjahr 1946 in Straßburg vor Gericht. In der sowjetischen Zone kamen Deutsche in unbekannter Anzahl vor die Militärtribunale. Im Januar 1950 wurden 10 513 Verurteilte den Behörden der DDR zur Strafverbüßung übergeben.[204]

Vor den Gerichten anderer ausländischer Staaten fanden weitere Prozesse gegen nationalsozialistische Straftäter statt, in Belgien, Dänemark und Luxemburg, in den Niederlanden, in Norwegen, Polen, der Tschechoslowakei und Jugoslawien wurden die Folgen der deutschen

Besatzungsherrschaft juristisch bereinigt. In Krakau wurde im März 1947 der Auschwitz-Kommandant Rudolf Höß verurteilt. Sehr spät – 1961 – fand Adolf Eichmann seine Richter in Israel, noch später, 1987, stand Klaus Barbie in Lyon vor Gericht. Eines der letzten Verfahren fand 2011 in München gegen den ukrainischen SS-Gefolgsmann Demjanjuk statt, dem vorgeworfen wurde, an Morden in Vernichtungslagern mitgewirkt zu haben.

Die Zuständigkeit deutscher Gerichte für NS-Verbrechen regelten die Kontrollratsgesetze Nr. 4 vom Oktober und Nr. 10 vom Dezember 1945. Danach war die Verfolgung von NS-Straftaten gegen Angehörige der Vereinten Nationen den deutschen Gerichten generell entzogen. Zur Aburteilung von Verbrechen gegen Deutsche konnten die Besatzungsbehörden deutsche Gerichte ermächtigen. In der britischen und französischen Zone wurde diese Ermächtigung generell, in der amerikanischen fallweise erteilt. De facto waren die deutschen Gerichte damit von der Verfolgung der Mehrzahl der NS-Verbrechen bis zum Ende der Besatzungszeit ausgeschlossen.[205] Die Prozesse vor deutschen Gerichten begannen daher unverhältnismäßig spät. Es kam hinzu, dass deutsche Gerichte Fälle, die rechtskräftig von alliierten Tribunalen erledigt waren, nicht wieder aufgreifen durften. Das war als Sicherung gegen nachträgliche Abmilderung der Urteile gedacht; in der Praxis der Prozesse gegen NS-Gewalttäter in der Bundesrepublik hatte es aber häufig die Folge, dass in der Besatzungszeit Verurteilte und dann Amnestierte als Zeugen auftraten und nicht mehr belangt werden konnten, auch wenn neues Material auftauchte, das die Zeugen ärger belastete als die Angeklagten.

Entnazifizierung als politische Säuberung

Die Entnazifizierung war als politischer Reinigungsprozess konzipiert, der als Bestandteil der Demokratisierung Vorbedingung der Rehabilitierung Deutschlands sein sollte. In Potsdam hatten die Regierungschefs der drei Großmächte im Sommer 1945 dekretiert: »Alle Mitglieder der nazistischen Partei, welche mehr als nominell an ihrer Tätigkeit teilgenommen haben … sind aus den öffentlichen oder halböffentlichen

Ämtern und von den verantwortlichen Posten in wichtigen Privatunternehmungen zu entfernen. Diese Personen müssen durch Personen ersetzt werden, welche nach ihren politischen und moralischen Eigenschaften fähig erscheinen, an der Entwicklung wahrhaft demokratischer Einrichtungen in Deutschland mitzuwirken.«[206]

Das war eine Präzisierung der alliierten Absichten zur Beseitigung des Nationalsozialismus und der Bestrafung der Exponenten des NS-Regimes, wie sie in den Kriegskonferenzen der Alliierten propagiert worden waren. Mit unterschiedlichem Eifer und Erfolg wurde gleich nach der Kapitulation in allen vier Besatzungszonen mit der Entnazifizierung begonnen. Örtliche antifaschistische Komitees, in denen sich in ganz Deutschland vor allem Männer aus der Arbeiterbewegung zusammenfanden mit dem doppelten Ziel kollektiver Selbsthilfe und politischer Säuberung, waren auf deutscher Seite die Vorreiter. Die Antifa-Leute hinderten die führenden Nazis in ihrer Umgebung am Untertauchen und gelegentlich auch die Bevölkerung an spontaner Lynchjustiz gegenüber Ortsgruppenleitern oder anderen lokalen Bonzen. In Frankfurt existierten Anfang April 1945 einem amerikanischen Bericht zufolge acht Antifa-Gruppen. Über die Antifa-Organisation in Riederwald, die als »eigenständige und neuartige Antwort auf das Nazi-Regime« spontan unter den Arbeitern des Ortes entstanden sei, berichtete der amerikanische Beobachter für den Geheimdienst OSS (Office of Strategic Services): »Ganz offensichtlich waren sie nicht nur äußerst entschlossen, überall den Einfluß der Nazis auszuschalten, sie waren auch die Gruppe, die am besten darüber informiert war, wo die Nazis in dieser Gegend noch Einfluß hatten und wie man ihrer habhaft werden konnte. Ohne die Hilfe solcher Leute wird es praktisch unmöglich sein, die gefährlichen Elemente aufzuspüren und zu identifizieren. Die Antifaschistische Organisation entsprach einer allgemeinen Tendenz in Frankfurt, wo nach meinen Beobachtungen selbst die Sozialisten und die liberalen Intellektuellen aktiver, mit mehr Nachdruck und radikaler in der Entnazifizierungsfrage auftraten als anderswo.«[207]

An solcher deutschen Mithilfe waren die Militärregierungen aber nicht interessiert. Die Antifa-Bewegung wurde, in der sowjetischen Zone genauso wie in der amerikanischen, schon im Frühsommer 1945 verboten. Die Entnazifizierung gehörte in die Zuständigkeit des Alliier-

ten Kontrollrates, der sich um eine einheitliche, für alle Besatzungszonen verbindliche Regelung bemühte und eine Direktive erließ, die
Anfang Januar publiziert wurde. Darin war zum praktischen Gebrauch
der Militärregierungen definiert und kategorisiert, welche Personen aus
welchen Ämtern und Stellungen entfernt werden sollten.[208]

Eine weitere Verordnung des Kontrollrates lieferte im Oktober 1946
gemeinsame Richtlinien für ganz Deutschland zur Bestrafung von
Kriegsverbrechern, Nationalsozialisten, Militaristen und Industriellen,
die das NS-Regime gefördert und gestützt hatten. Zur Durchführung der
Potsdamer Grundsätze wurden nach dieser Direktive zwecks »gerechter
Beurteilung der Verantwortlichkeit« und zur »Heranziehung zu Sühnemaßnahmen« fünf Gruppen gebildet: »1. Hauptschuldige, 2. Belastete
(Aktivisten, Militaristen und Nutznießer), 3. Minderbelastete (Bewäh-
rungsgruppe), 4. Mitläufer, 5. Entlastete (Personen der vorstehenden
Gruppen, welche vor einer Spruchkammer nachweisen können, daß sie
nicht schuldig sind).«[209]

Die Entnazifizierungsprozedur, die der Kontrollrat mit seiner Direktive in gleichförmige Bahnen lenken wollte, war aber längst im Gang,
und zwar in den einzelnen Besatzungszonen auf wiederum höchst unterschiedliche Weise[210]. Durch ihren bürokratischen Rigorismus taten
sich die Amerikaner hervor, in der britischen Zone wurde die Säuberung
besonders lax gehandhabt, in der französischen Zone gab es regionale
Unterschiede und diverse Kurswechsel der Besatzungsmacht. In beiden
Zonen wurde der Säuberungsprozess mehr als pragmatische Angelegenheit betrachtet, bei der das Schwergewicht darauf lag, die Eliten auszu-
wechseln, also die personellen Spitzen des NS-Systems zu treffen, wobei
ganze Berufsgruppen von der Entnazifizierung ausgenommen wurden,
weil sie für die Aufrechterhaltung der Lebensmittelversorgung, zur
Sicherstellung des Energiebedarfs oder für bestimmte andere Funktionen als unentbehrlich galten. In der britischen und der französischen
Zone neigte man bei der anzuwendenden Methode mehr bürokratischen als justizförmigen Prozeduren zu[211], passte sich aber ab Mitte bzw.
Ende 1946 mehr den amerikanischen Vorstellungen an, die auch in der
Kontrollratsdirektive Nr. 38 vom Oktober 1946 dominierten.

Die Festsetzung der Eliten des NS-Regimes in Lagern sahen die Betroffenen als großes Unrecht. Eugen Kogon besuchte im März 1947 drei

Tage lang das Internierungslager in Darmstadt, das mit etwa 11 000 Mann belegt und besonders verrufen war. Kogon, als ehemaliger Buchenwald-Häftling gewiss ein unverdächtiger Zeuge, schrieb danach in den ›Frankfurter Heften‹: »Die Stimmung der Darmstädter Internierten kann nur als miserabel bezeichnet werden. Sie schreien, soweit sie nicht völlig apathisch oder zynisch geworden sind, nach Gerechtigkeit und Gleichberechtigung. Ein Schuldbewußtsein haben die wenigsten: Sie haben nichts verbrochen, nichts gewußt, aus Idealismus gehandelt, sie waren Kameraden, – und die anderen sind auch schlecht! Wenig wird seit Jahr und Tag für ihre Aufklärung getan, vom wenigen das meiste einseitig, undifferenziert, unpsychologisch … Kaum ein Nationalsozialist wird in einem Internierungslager zum Demokraten. Die Haft wird meist als Rache und Vernichtungswille empfunden.«[212]

Entnazifizierung in der Ostzone

In der sowjetischen Besatzungszone wurde die Säuberung am konsequentesten durchgeführt und am schnellsten abgeschlossen. Die Entnazifizierung erfolgte hier im Zusammenhang der »antifaschistisch-demokratischen Umwälzung« aus einer etwas anderen Perspektive. Die Entfernung der ehemaligen NSDAP-Mitglieder aus allen wichtigen Stellungen war Bestandteil der politischen und sozialen Neustrukturierung, der »Auseinandersetzung zwischen der Arbeiterklasse und der Monopolbourgeoisie, da sie den überwiegenden Teil der leitenden Angestellten und Beamten aus ihren Positionen entfernte und damit wesentliche Stützen für eine Restauration der imperialistischen Verhältnisse ausschaltete«[213].

Bis zum Dezember 1946 wurde die Entnazifizierung nach unterschiedlichen Gesetzen und Richtlinien betrieben. In der Provinz Brandenburg und im Land Mecklenburg galten alle ehemaligen Nationalsozialisten generell als zu entlassen. In Sachsen wurde bei der angestrebten Entfernung aller belasteten Funktionsträger der Dienstrang als Kriterium benutzt, in Sachsen-Anhalt wurde über jeden Fall einzeln entschieden. Die Entnazifizierung oblag – unter Kontrolle der Sowjetischen Militäradministration – zunächst den Personalabteilungen der Landes- und Provinzialverwaltungen. Sie bestand hauptsächlich in der Entlassung ehemaliger Parteigenossen aus dem öffentlichen Dienst. Ende Oktober 1946 standen dann auch »Richtlinien für die Bestrafung der Naziverbrecher und die Sühnemaßnahmen gegen die aktivistischen Nazis« zur Verfügung. Sie waren von einem gemeinsamen Ausschuss der Blockparteien verfasst worden. Der Katalog der Sühnemaßnahmen sah vor: »1. Entlassung aus öffentlichen Verwaltungsämtern und Ausschluß von Tätigkeiten, die öffentliches Vertrauen erfordern; 2. zusätzliche Arbeits-, Sach- und Geldleistungen; 3. Kürzung der Versorgungsbezüge und Einschränkung bei der allgemeinen Versorgung, solange Mangel besteht; 4. Nichtgewährung der politischen Rechte einschließlich des Rechts auf Mitgliedschaft in Gewerkschafts- oder anderen Berufsvertretungen und in den antifaschistisch-demokratischen Parteien.«[214]

Die nur nominellen Mitglieder der NSDAP sollten von Bestrafung und Sühneleistung ausgenommen sein, »in der Erwartung, dass sie mit ihrer politischen Vergangenheit vollkommen brechen und sich mit ganzer Kraft am Wiederaufbau unseres Landes beteiligen. Sie dürfen jedoch in der öffentlichen Verwaltung und in öffentlichen Betrieben nur dann beschäftigt werden, wenn andere Bewerber gleicher Eignung nicht vorhanden sind.«[215]

In dieser Konzeption hatte sowohl das Element der Diskriminierung als auch das der Rehabilitierung Platz, und bei der gesellschaftlichen Strukturänderung ließ sie sich auch zur Durchsetzung der Hegemonie der Arbeiterklasse einsetzen. Aber wie in den Westzonen wurde auch in der Ostzone bei der Säuberung Rücksicht genommen auf unentbehrliche Fachleute. Die sowjetische Militärregierung hatte schon im Herbst 1945 die bei vielen Behörden anzutreffende Praxis gerügt, ehemalige NSDAP-Mitglieder weiter zu beschäftigen, und ihre Entlassung bis 15. November gefordert. Das war aber einfach unmöglich, weil die Leute nicht ersetzbar waren. Trotzdem konnte sich die Bilanz etwa im Lande Sachsen ein Jahr später, Ende 1946, sehen lassen: Unter den 58 336 Angestellten des öffentlichen Dienstes befanden sich nur noch 3415 (5,9 Prozent) ehemalige Nazis. Im Apparat der sächsischen Landesregierung selbst gab es unter 2520 Beschäftigten insgesamt noch 34 Amtsinhaber (1,3 Prozent), die ein NSDAP-Parteibuch besessen hatten. Unter den 2280 Landräten, Oberbürgermeistern und Ratsmitgliedern waren nur noch zehn ehemalige Nazis im Amt.

Ende 1946 waren in der sowjetischen Besatzungszone insgesamt 390 478 ehemalige NSDAP-Mitglieder entlassen bzw. nicht wieder eingestellt worden. Zu diesem Zeitpunkt wurde das Säuberungsverfahren neu organisiert.

Entnazifizierungskommissionen wurden gebildet, und zwar auf der Ebene der Landes- bzw. Provinzialregierung als oberster Instanz mit Kontroll- und Revisionsfunktion. Vertreter der Parteien, Gewerkschaften, der Vereinigung der Verfolgten des NS-Regimes, der Frauen- und Jugendausschüsse sowie der Industrie- und Handelskammern usw. gehörten den Entnazifizierungskommissionen an. Die Arbeit vor Ort wurde von Kreiskommissionen unter dem Vorsitz der Oberbürgermeister bzw. Landräte getan. Die Kommissionen entschieden nur über Entlassung oder Weiterbeschäftigung, sie arbeiteten sich von oben nach unten durch die Behörden und mussten unter ziemlichem Zeitdruck auch die von den früheren Instanzen erlaubten Fälle von Weiterbeschäftigung wieder aufrollen. Schwierigkeiten bereiteten immer noch die Fachleute, wie aus einer Beschwörung von höherer Stelle hervorgeht: Es sei »heilige Pflicht, alle faschistischen Personen durch antifaschistische Kräfte zu ersetzen und keinerlei Rücksicht auf jene Elemente zu nehmen, die glauben, als unersetzbare ›Fachkraft‹ im Trüben fischen zu können«[216].

Allmählich wurde der Gedanke der Rehabilitierung stärker propagiert. Wilhelm Pieck mahnte im Februar 1947 in einem Artikel über den Sinn der Entnazifizierung zur deutlichen Unterscheidung von Aktivisten und nur nominellen NSDAP-Mitgliedern. Diese seien zwar nicht frei von jeglicher Schuld zu sprechen, aber es müsse alles getan werden, »ihnen verständlich zu machen, daß ein neuer Weg gegangen werden muß, um Deutschland aus dem Unglück herauszuführen und seinen Wiederaufstieg zu ermöglichen. Es würde aber diese Aufgabe sehr erschweren, wenn gegen sie auch jetzt noch mit Strafmaßnahmen, Entlassung aus der Arbeit, Beschlagnahme ihres Eigentums oder Verächtlichmachung vorgegangen wird. Es sind vorwiegend werktätige Massen, die wir nicht von uns stoßen, sondern die wir auf das engste an uns heranziehen und an der Aufbauarbeit beteiligen müssen.«[217]

Die letzte Phase der Entnazifizierung wurde im August 1947 durch den Befehl Nr. 201 der SMAD eingeleitet. Er stellte endgültig die Weichen zur Rehabilitierung aller nominellen NSDAP-Mitglieder. Das Ziel war die baldige Beendigung des Säuberungsprozesses. Der SMAD-Befehl gab den Mitläufern das Wahlrecht ganz und die übrigen bürgerlichen Rechte weitgehend zurück. Den deutschen Gerichten wurde gleichzeitig mit der Auflösung der meisten Entnazifizierungskommissionen die Aburteilung der Nazi- und Kriegsverbrecher übertragen. Die Justiz sollte sich aber ausschließlich mit den Vergehen aktiver ehemaliger Nationalsozialisten befassen. Bis zum März 1948 waren seit Beginn der Entnazifizierung insgesamt 520 734 Personen aus ihren Ämtern und Funktionen entlassen bzw. nicht wieder eingestellt worden. Das war die rechnerische Schlussbilanz der politischen Säuberung in der sowjetischen Besatzungszone, als sie durch Befehl der Militärregierung im Frühjahr 1948 abgeschlossen wurde.

Zur Entnazifizierungspraxis in der amerikanischen Zone gab es eine ganze Menge von gemeinsamen Intentionen bei der Säuberungs- bzw. Rehabilitierungsprozedur. Es gab aber auch einen recht erheblichen Qualitätsunterschied. In der Ostzone lag nicht nur das Schwergewicht auf der Räumung von Positionen im öffentlichen Dienst (und selbstverständlich bei Schlüsselpositionen in Industrie und Wirtschaft), sondern auch die Entlassungen in zwei weiteren Bereichen waren definitiv und irreversibel, nämlich in der inneren Verwaltung und in der Justiz.

Die Sowjetische Militäradministration hatte schon im September 1945 den Aufbau einer neuen demokratischen Justiz befohlen. Aus dem Justizapparat mussten sämtliche NSDAP-Mitglieder entfernt werden. Im Gerichtswesen spielte die Frage aktiver oder nur nomineller Mitgliedschaft keine Rolle. Da etwa 90 Prozent des Justizpersonals in der Partei gewesen waren, hatte der SMAD-Befehl revolutionären Charakter. Von den 16 300 Bediensteten der Justiz auf dem Gebiet der ganzen Zone waren am Stichtag 8. Mai 1945 13 800 Beamte und Angestellte sowie 2467 Richter und Staatsanwälte in der NSDAP und ihren Gliederungen organisiert gewesen. In Sachsen wurden von 1000 Richtern und Staatsanwälten 800 entlassen. Um das entstandene Vakuum wieder zu füllen, wurde ab Anfang 1946 in jedem der fünf Länder der sowjetischen Besatzungszone eine Volksrichterschule errichtet. In sechs- bis neunmonatigen Lehrgängen genossen jeweils 30 bis 40 Adepten, die von den politischen Parteien und Organisationen vorgeschlagen wurden, eine Ausbildung zu Volksrichtern. Die Erfolgsquote war zunächst recht gering, da fast die Hälfte der Kandidaten ungeeignet war und die Abschlussprüfung nicht bestand. Im Oktober 1946 nahmen die ersten Volksrichter die Arbeit auf. Im August 1947 wurde durch SMAD-Befehl die Quote der Auszubildenden auf 350 pro Land erhöht und die Ausbildung um ein Jahr verlängert[218].

Mancherlei Argumente sind gegen diese Form der Säuberung der Justiz der sowjetisch besetzten Zone vorgebracht worden, etwa die sozialen Härten gegenüber den Entlassenen oder die bedenkliche Fachqualifikation der neuen Richter; der Vorwurf mangelnder Konsequenz ginge allerdings ins Leere.

Entnazifizierung in der US-Zone

Der maßgebende Mann der amerikanischen Zone, Militärgouverneur Clay, konstatierte rückblickend: »Zweifellos wurden in keiner anderen Zone die wirklichen Nazis so systematisch ausgesiebt; auch verhängte man nirgends Strafen, die mit denen bei uns vergleichbar gewesen wären. Meiner Ansicht nach hat unser Programm die irgendwie bedeutenderen Naziführer davon abgehalten, die Öffentlichkeit während der Zeit, da die Länderregierungen entstanden, zu beeinflussen. Es hat bewirkt, dass führende Nationalsozialisten unbedingt von maßgeblichen Stellungen im deutschen Leben ausgeschlossen wurden.«[219]

Angepackt hatten die Amerikaner das Problem in ihrer Zone mit denkbar größtem Elan, um alle ehemaligen Nazis aus dem öffentlichen Leben und der Wirtschaft zu entfernen. Zur Ermittlung dieses Personenkreises war der viel beschworene Fragebogen eingeführt worden, dem jeder Inhaber einer höheren Position so ziemlich alle Details seines Lebenslaufs anvertrauen musste, das Körpergewicht ebenso wie religiöse Bindungen, Vorstrafen, die Einkommensentwicklung für jedes Jahr ab 1931, die Vermögensverhältnisse, berufliche Karriere, Militärdienst, Auslandsreisen usw. Auf 131 Fragen war wahrheitsgetreue Antwort verlangt, Auslassung und Unvollständigkeit war als Delikt gegen die Militärregierung mit Strafe bedroht. Das Kernstück des sechsseitigen Fragebogens bildeten die Positionen 41 bis 95, unter denen detaillierte Auskunft über die Mitgliedschaft in nationalsozialistischen Organisationen, von der NSDAP angefangen bis zum »Werberat der Deutschen Wirtschaft«, gefordert war.

Richter, Staatsanwälte, Notare und Rechtsanwälte mussten einen Ergänzungs-Fragebogen ausfüllen, dessen erste Frage auf die Mitgliedschaft im Volksgerichtshof zielte, in dem nach beruflichen und privaten Verbindungen zu Gestapo-Beamten, nach der Art und Zahl der geführten Prozesse gefragt wurde. Ziemlich hilflos fielen die Antworten auf die Frage Nummer neun aus, die lautete: »Wie können Sie die Tatsache erklären, daß ehrbare Menschen wie Richter und Juristen jeder Art, die geschworen hatten, das Recht und die Gesetze zu verteidigen, das deutsche Volk vor Unrecht und Willkür zu schützen, ohne Protest zu Hitlers und Himmlers ›Gestapo-Justiz‹ übergingen?«

Dazu schrieb ein Landgerichtsdirektor, der als Entlasteter eingestuft wurde: »Die Richter, die ›zur Gestapo-Justiz‹ übergingen, sind m. E. nicht besonders ›ehrbar‹ oder sie fürchteten für ihre und ihrer Familie Existenz.« Es gab aber auch einen Amtsgerichtsrat, der als Motiv für die Anpassung der Juristen an den Nationalsozialismus in den Fragebogen geschrieben hatte, sie sei erklärbar aus moralischem Zwang, nämlich der Angst vor dem Verlust des täglichen Brotes, »daneben aus Strebertum und falschem Ehrgeiz«. Wehrten sich die meisten gegen den Sinn der Frage – oder verstanden sie sie einfach nicht? –, so taten sie sich mit der nächsten eher noch schwerer. Sie lautete: »Haben Sie persönlich irgendwelchen Protestversuch gemacht, Ihr Amt niedergelegt, Ihre Praxis eingestellt?« und »genaue Ausführungen« waren ausdrücklich erbeten. Da schrieb der eben Zitierte in die Antwortspalte, er habe Protest eingelegt gegen das Verbot, die Bibel zu zitieren. Andere führten zu diesem Punkt an, sie hätten die richterliche Unabhängigkeit z. B. bei den Strafmaßen gewahrt oder den Vorsitz bei Sondergerichten abgelehnt.[220]

Anfang Dezember 1945 waren bei den Dienststellen der amerikanischen Militärregierung ungefähr 900 000 Fragebogen eingegangen. Mehr als zwei Drittel waren schon geprüft worden mit dem Ergebnis, dass über 140 000 Personen sofort aus ihren Positionen entlassen wurden. Fast ebenso viele wurden als minder gefährliche Nazi-Sympathisanten eingestuft, und rund 4000 aktive Nazi-Gegner waren auch entdeckt worden.

Die Durchführung der Entnazifizierung lag in der US-Zone bis zum Frühjahr 1946 in der Zuständigkeit der Militärregierung. Zunächst beschränkte sich die Säuberung freilich darauf, die Fragebogen zu überprüfen. Die ärgsten Nazis fielen in die Kategorie »Automatischer Arrest«, dann kamen die NS-Aktivisten, die aus ihren Stellungen entlassen werden mussten, nach ihnen die harmloseren Fälle, deren »Entlassung empfohlen« wurde, und schließlich die Mitläufer, die ihre Stellungen behalten durften. Es gab auch die beiden positiven Einstufungen »kein Beweis für nationalsozialistische Aktivität« und das De-luxe-Etikett »Antinationalsozialistische Aktivität bewiesen«.

Die ständige Erweiterung des Säuberungsprogramms über die eigentlichen Führungspositionen hinaus schuf beträchtliche Probleme, einerseits Personalmangel in der Verwaltung wegen der zahlreichen Entlassungen – im Frühjahr 1946 waren es 300 000 –, andererseits bedeutete die Existenz der Internierungslager, in denen rund 120 000 Personen der Kategorie »automatischer Arrest« inhaftiert waren, eine lastende Hypothek für den Demokratisierungsanspruch der amerikanischen Besatzungsmacht. Die in den elf Lagern der US-Zone auf ihre Entnazifizierung Wartenden sahen kaum den Zweck ihrer Festsetzung ein, und die ebenso schleppende wie unsystematische Prozedur ihrer Überprüfung ließ für die Betroffenen auch keinen rechten Sinn erkennen. Denn nach der Aussonderung der »Goldfasane«, der Inhaber hoher Ränge in der NS-Hierarchie und der mutmaßlichen Straftäter blieben die mittleren Ränge der SS und der SA, die mittleren Funktionäre der NSDAP, die Apparatschiks vom Ortsgruppenamtsleiter bis zum Gauamtsleiter übrig, und die brauchten sich kaum schuldiger zu fühlen als die meisten anderen, denen bis zu drei Jahre Internierungslager erspart blieben. Sicherlich, die Haftbedingungen waren im elendsten der Internierungslager noch tausendmal besser, als sie es in den nationalsozialistischen Zwangsarbeitslagern, vom KZ ganz zu schweigen, gewesen waren, aber das Gefühl, ungerecht behandelt zu werden, förderte die Läuterung nicht.

Ab Frühjahr 1946 bezogen die Amerikaner deutsche Stellen in die Entnazifizierungsprozedur ein. In den Ländern der US-Zone wurde gleichlautend ein »Gesetz zur Befreiung von Nationalsozialismus und Militarismus« verabschiedet, das fortan die Rechtsgrundlage der Säuberung bilden sollte.[221] Das Befreiungsgesetz war formal in den Rahmen der Kontrollratsdirektiven eingepasst und suchte den Kompromiss zwischen dem Diskriminierungs- und Strafgedanken und der als notwendig empfundenen Rehabilitierung. Wie in den anderen Zonen setzte sich das Rehabilitierungsstreben nachhaltiger durch. Infolge des größeren Rigorismus, mit dem in der US-Zone das Problem in Angriff genommen worden war, erschien die zunehmend betriebene Umwidmung von Schuldigen in Unschuldige als besonders eklatanter Fehlschlag des ganzen Unternehmens oder als in politischer Absicht programmiert. Im Grunde hatte der Vorgang, dass die Spruchkammern in der US-Zone zu Mitläuferfabriken denaturierten, jedoch dieselben Motive wie in der sowjetisch besetzten Zone: Wiederaufbau war ohne Rehabilitierung des dazu benötigten Personals nicht möglich.

Die Diskrepanz zwischen Anspruch und Wirklichkeit, die sich in der amerikanischen Zone im Laufe der Entnazifizierung ergab, war allerdings gewaltig. Dreizehn Millionen Menschen vom vollendeten 18. Lebensjahr an hatten ihre Fragebogen ausgefüllt, knapp ein Drittel der Bevölkerung erwies sich daraufhin als vom Befreiungsgesetz betroffen. Etwa zehn Prozent wurden dann von einer Spruchkammer tatsächlich verurteilt. Und tatsächliche Strafen oder Nachteile von Dauer erlitt weniger als ein Prozent der zu Entnazifizierenden überhaupt. Die justizförmige Prozedur der Entnazifizierung in der amerikanischen Zone, die mit einer gewissen Zeitverzögerung auch in den beiden anderen Westzonen angewendet wurde, erfolgte vor Spruchkammern. Diese (insgesamt über 545) waren Laiengerichte mit öffentlichen Klägern. Oberste deutsche Instanz waren die Befreiungsministerien der Länder, beaufsichtigt wurde die Prozedur von der amerikanischen Militärregierung. Jeder Fall war individuell zu würdigen. Ein bisschen Entlastung brachte die Jugendamnestie vom August 1946, die ab Jahrgang 1919 galt, und die Weihnachtsamnestie von 1946, die Kriegsbeschädigte und sozial Schwache begünstigte. Für die Spruchkammern blieben 930 000 Einzelfälle übrig.

Einwände gegen das Spruchkammersystem gab es zuhauf. Beklagenswert war der schleppende Gang der Verhandlungen, der die Aktivisten und tatsächlichen Nazis begünstigte, weil deren Fälle zuletzt behandelt wurden. Als streng gerichtet wurde, waren nämlich die Harmloseren an der Reihe. Der Elan, die Reste des Nationalsozialismus auszukehren, die politische Säuberung zu vollziehen, war spätestens ab Frühjahr 1948 dahin, als die schlimmen Nazis zur Entnazifizierung kamen. Die Besatzungsmacht lockerte die Kontrollen, und um die Sache abzuschließen, wurden sogar Schnellverfahren eingerichtet. Im Zeichen des Kalten Krieges verflüchtigte sich der Straf- und Diskriminierungsgedanke endgültig. Ein anderer Vorwurf war quasi systemimmanent, er richtete sich gegen das grassierende Denunziantentum und gegen Korruption, Scheinheiligkeit und Persilscheinhamsterei. Schließlich war die Spruchkammer als Instanz zur Gesinnungsprüfung vom rechtsstaatlichen Standpunkt aus gesehen ein zweifelhaftes Instrument.

Diskreditiert war die Entnazifizierung, als sie ab 1948 hastig zu Ende gebracht wurde, auf jeden Fall. Ob sie wirkungslos war, ist eine andere Frage. General Clay, der einer der Protagonisten des Säuberungsgedankens gewesen war, führte im Rückblick ein Argument an, das vor allem als Entschuldigung für die bescheidene Bilanz dienen sollte: »Hätten die nominellen Parteimitglieder nicht ihre vollen bürgerlichen Rechte und die Möglichkeit zurückerhalten, wieder ein normales Leben zu führen, dann hätte sich bestimmt früher oder später ein ernsthafter politischer Unruheherd entwickelt.«[222] Der US-Militärgouverneur meinte, immerhin hätten die deutschen Spruchkammern zwar das eigene Haus vielleicht noch nicht gründlich gesäubert, aber den groben Schmutz wenigstens beseitigt. Das war sicherlich richtig, wenn auch für überzeugte Antifaschisten und engagierte Reformer nicht befriedigend.[223]

8. ERZIEHUNG ZUR DEMOKRATIE: BILDUNGSWESEN UND KULTURPOLITIK, PRESSE UND RUNDFUNK

Die Alliierten hielten die Herstellung demokratischer Zustände, auch wenn sie diesen Begriff höchst unterschiedlich interpretierten und sehr verschiedene Methoden anwendeten, übereinstimmend für ein grundlegendes Kriegsziel und einen wichtigen Besatzungszweck gegenüber Deutschland. Viele Deutsche rümpften freilich über den Versuch der »Umerziehung« – ein Wort, das bei einigen noch heute gereizte Reaktionen auslöst – die Nase oder fanden die Demokratisierung der Gesellschaft, des öffentlichen Lebens, der kulturellen Szenerie nicht so wichtig wie den materiellen Wiederaufbau. Viele zweifelten an der Eignung (und Legitimation) der amerikanischen, sowjetischen, britischen und französischen Lehrmeister, und für nicht wenige waren die Anstrengungen der Alliierten zur Re-Education (oder Re-Orientation, wie man auch sagte) nichts anderes als die mehr oder weniger verbrämte Absicht, Deutschland eine fremde Kultur zu oktroyieren. Das Gefühl kultureller Überlegenheit wurde von vielen Angehörigen des Bürgertums als letzte Bastion nach der militärischen und politischen Katastrophe verteidigt. Der Anspruch der Alliierten, die Deutschen Demokratie zu lehren, wurde daher vehement abgewehrt: Die kulturelle Niederlage wollten sie nicht auch noch erleiden oder auch nur hinnehmen. Hartnäckig wurde daher, meist im Stillen, Widerstand geleistet gegen Konzepte zur Demokratisierung des Bildungswesens, der Presse und des Rundfunks, und mit Argwohn betrachteten viele die kulturpolitischen Bemühungen der Militärregierungen auf dem Gebiet des Theaters, der Musik, des Films, bei der Lizenzierung von Büchern und beim Wiederaufbau der Bibliotheken, bei der Öffnung Deutschlands für bislang dort verbotene Literatur ausländischer Schriftsteller und deutscher Autoren, die ins Exil getrieben worden waren. Die Wiederherstellung des Zustands vor Hitler schien vielen zu

genügen, verbunden mit der Besinnung auf Goethe und die anderen
Heroen deutschen Geistes. Das würde zugleich das Bollwerk gegen die
Unkultur der Yankees und die Barbarei der Russen bilden.

Bestandsaufnahme und Reformen im kultur- und medienpolitischen
Bereich waren nicht ganz so dringend wie die Lösung anderer Probleme.
Die notwendigen Verlautbarungen konnten, nach dem Verbot deutscher
Zeitungen und Rundfunksendungen, durch alliiertes Instrumentarium
besorgt werden; die kulturellen Anfänge, so erstaunlich frühzeitig sie
zwischen den Trümmern präsentiert wurden, sie waren nicht so dringend wie die Notwendigkeit, das durch den Nationalsozialismus schwer
kompromittierte Schul- und Bildungswesen neu zu definieren und wieder in Gang zu bringen.

Schulpolitik in zonaler Variation

Nach dem Einmarsch der Alliierten waren alle deutschen Schulen geschlossen worden. Vor der Wiederaufnahme des Unterrichts sollten die
Lehrer (sowie Lehrpläne und Lehrmittel) entnazifiziert werden. Angesichts der Mitgliedschaft der überwiegenden Mehrheit aller Lehrer in
der NSDAP oder deren Gliederungen war dies nicht nur ein organisato-
risches Problem, die konsequente Durchführung eines umfassenden
Entnazifizierungsprogramms hätte auch auf lange Zeit jeden Schulbe-
trieb in Deutschland verhindert. Gegen alle Bedenken und trotz mangel-
hafter Vorbereitung wurden daher in allen Zonen im Laufe des Herbstes
1945 die Schulen wiedereröffnet, hauptsächlich, um die Kinder und
Jugendlichen von der Straße zu holen[224]. Viele Schulhäuser waren, abgesehen von den Zerstörungen, zweckentfremdet; sie dienten seit 1944 als
Lazarette und wurden dann als Notquartiere für Flüchtlinge benutzt.
Einklassige Schulen mit mehr als 80 Schülern waren auch im Herbst
1946 nicht ungewöhnlich, auf dem Land bildeten sie sogar den Normal-
fall. In Niedersachsen lag der Rekord bei einem Lehrer, der 229 Schüler
gleichzeitig betreute. Versuche, dem Lehrermangel abzuhelfen, bestanden darin, dass man Pensionäre an die Katheder zurückholte und
»Schulhelfer« einstellte, mehr oder weniger qualifizierte Studenten und

ähnliches Personal. Schichtunterricht in unheizbaren Schulhäusern (weil Brennmaterial und Fensterglas fehlten) war die Regel. Dass die Schulen aufgrund dieses Notprogramms ihren Betrieb in den alten Formen wiederaufnehmen mussten, war selbstverständlich. Strukturreformen sollten aber so bald wie möglich durchgeführt werden. Zunächst wurde das traditionelle Schulsystem zwangsläufig erst einmal stabilisiert.

Der Alliierte Kontrollrat stellte erst knapp zwei Jahre später Grundsätze zur Demokratisierung des deutschen Erziehungssystems auf. Die Direktive vom Juni 1947 enthielt zur Strukturreform des Bildungswesens aber nur vage Andeutungen und allgemeine Wendungen. So wurde ein »umfassendes Schulsystem« gefordert, in dem die »Begriffe Grundschule und Höhere Schule zwei aufeinanderfolgende Stufen der Ausbildung darstellen« sollten, aber nicht »zwei Grundformen oder Arten der Ausbildung, die sich überschneiden«[225]. Das konnte so oder so ausgelegt werden. Entweder zugunsten einer mindestens sechsklassigen Grundschule – das war in der alliierten Direktive gemeint –, aber auch im Sinne der Fortschreibung des dreigliedrigen Schulsystems deutscher Tradition. Die Weisung war aber nicht nur zu allgemein und unklar, um in eine bildungspolitische Konzeption umgesetzt werden zu können, sie kam auch zu spät.

Die Verhältnisse in den vier Besatzungszonen hatten sich, weil auch auf diesem Gebiet jede Besatzungsmacht nach eigenen Konzepten regierte, schnell auseinanderentwickelt. Aber auch die deutschen Politiker hatten das Ihre getan, das Gelände abwechslungsreich zu gestalten. Parteipolitische, konfessionelle oder regionale Motive, Interessen und Traditionen in den wiedererstandenen Ländern hatten zu höchst verschiedenen Schulsystemen geführt: Strukturelle Reformen in einem Land standen in scharfem Kontrast zur Restaurierung alter Schultypen aus der Weimarer Zeit in einem anderen[226].

In der sowjetischen Besatzungszone begann die Schulreform am frühesten. In einem gemeinsamen Aufruf von KPD und SPD war der Grundriss eines neuen Schulsystems schon im Oktober 1945 skizziert worden: »Alle Bildungsprivilegien einzelner Schichten müssen fallen. Das Ziel der demokratischen Schulreform ist die Schaffung eines einheitlichen Schulsystems, in dem die geistigen, moralischen und physischen Fähigkeiten der Jugend allseitig entwickelt, ihr eine hohe Bildung vermittelt und allen Befähigten ohne Rücksicht auf Herkunft, Stellung und Vermögen der Eltern der Weg zu den höchsten Bildungsstätten des Landes frei gemacht wird …«[227] Auf diesem Programm basierte der Gesetzentwurf der »Deutschen Zentralverwaltung für Volksbildung« (das war die durch SMAD-Befehl Ende Juli 1945 errichtete zonenzentrale Unterrichts- und Bildungsverwaltung, der Paul Wandel präsidierte). Das »Gesetz zur Demokratisierung der Deutschen Schule« wurde Ende Mai/Anfang Juni 1946 gleichlautend von den einzelnen Landes- und Provinzialverwaltungen beschlossen.

Damit war in allen Ländern der sowjetischen Besatzungszone die Einheitsschule eingeführt, sie bestand aus einer achtklassigen Grundschule und einer anschließenden vierstufigen Oberschule oder einer dreistufigen Berufsschule.

Mit ähnlichen Methoden wie bei der Erneuerung des Richterstandes hoffte man, auch dem Lehrermangel abzuhelfen. Da etwa 72 Prozent aller Lehrer in der Ostzone der NSDAP angehört hatten, benötigte die Zentralverwaltung für Volksbildung ungefähr 40 000 Neulehrer innerhalb kürzester Frist. Sie mussten Antifaschisten und sollten Angehörige der Arbeiterschicht sein. Die Kandidaten wurden ab Herbst 1945 in Dreimonatskursen, ab Anfang 1946 in Achtmonatskursen ausgebildet. 1947 dauerte die Lehrzeit der neuen Pädagogen dann zwölf Monate. Das Experiment, auf diese Weise einen neuen demokratischen Lehrerstand zu gewinnen, wurde, nachdem die Übergangszeit dem dringendsten Bedarf gerecht geworden war, in traditionelleren Bahnen fortgeführt. Die Lehrerausbildung erfolgte dann an Universitäten; die auf der Schnellbleiche trainierten Neulehrer qualifizierten sich in der Praxis und durch Weiterbildungsveranstaltungen zu richtigen Lehrern. Oder doch die Mehrzahl von ihnen[228].

Das in bildungspolitischen Fragen radikalste Besatzungsregime führten die Franzosen. Sie unterbanden nicht nur bis 1949 deutsche Initiativen, sie versuchten darüber hinaus, ihr eigenes Schulsystem auf ihren Herrschaftsbereich in Deutschland zu übertragen. Das französische System vereinigte liberalen Geist mit elitären Zielsetzungen. Die höheren Schulen dienten, ebenso wie sie es in der deutschen Tradition getan hatten, der sozialen Auslese, und sie programmierten frühzeitig Lebenschancen, Status und gesellschaftlichen Erfolg.

Die von der französischen Militärregierung oktroyierte Schulreform war jedoch der Form nach einschneidender als im Inhalt. Am 1. Oktober 1946 erging der Befehl zur Vereinigung der verschiedenen Typen höherer Schulen. Neu war vor allem, dass die ersten drei Klassen des Gymnasiums – so hießen von nun an alle höheren Lehranstalten – eine Art Förderstufe darstellten, die auch Volksschülern den Eintritt noch ermöglichen sollten. Französisch erhielt vor allen anderen Fremdsprachen den Vorrang, das humanistische Gymnasium wurde zwar nicht beseitigt, es sollte aber künftig nur noch eine marginale Rolle spielen. Schließlich wurden auch alle Formen besonderer Mädchenausbildung abgeschafft. Höhere Schulen bescheidenen Anspruchs, die der künftigen Frau und Mutter gering dosierte Bildung vermittelten, mussten auf französischen Befehl verschwinden.

Dass die Franzosen auch kein Verständnis für Konfessionsschulen zeigten, verärgerte die deutschen Bildungspolitiker im Südwesten besonders, waren sie doch mehrheitlich an einer Wiederherstellung des Schulsystems der Zeit vor 1933 interessiert. Die Empörung des Mainzer Bischofs Albert Stohr, die sich im Oktober 1946 in einem Brief an den zuständigen französischen General entlud, war symptomatisch. Die Kirche, schrieb der Bischof, sei von »tiefster Sorge« erfüllt über das Zurückdrängen des humanistischen Gymnasiums; er fürchtete um die Ausbildung des Theologennachwuchses. Besorgt war der Bischof auch über das Verlangen der Gleichbehandlung von Knaben- und Mädchenschulen. Der Kirchenmann sah darin Parallelen zum »Nazismus«, im Übrigen konstatierte er auch »Ähnlichkeiten im Vorgehen zwischen der französischen und russischen Zone«. Der Brief des Bischofs an den General schloss mit dem für das deutsche Reformbedürfnis charakteristischen Plädoyer: »… nach all der Unruhe, die die Schule, und insbesondere die höhere, erlitten hat in den letzten Jahrzehnten, [wäre] die beste Schulreform die Ruhe. Nur so kann die Schule zu sich selber kommen und sich organisch entwickeln, auch die erforderlichen Umformungen in gesunder Weise vorbereiten.«[229]

In der britischen und in der amerikanischen Besatzungszone verfuhren die Militärregierungen nach der Maxime, Schulreformen müssten von den Deutschen selbst entwickelt und durchgeführt werden. Während die Engländer diesen Grundsatz bis zum Ende des Besatzungsregimes aufrechterhielten[230], entschlossen sich die Amerikaner im Herbst 1946 doch dazu, stärkeren Einfluss zu nehmen. Von deutschen Bestrebungen zur Reform des Schulwesens hatten sie bis dato nämlich nicht viel bemerkt.

Um initiativ werden zu können, mussten die Amerikaner aber erst eine Konzeption finden. Eine Kommission aus amerikanischen Bildungsexperten unter dem Vorsitz von George F. Zook (er war Präsident des American Council on Education) trat in Aktion und studierte die Erziehungs- und Bildungsprobleme in der US-Zone. Die Zook-Kommission, die im September 1946 General Clay ihren Bericht vorlegte, empfahl dringend die Einführung einer Art Gesamtschule: »Die Entwicklung eines umfassenden Erziehungssystems für alle Kinder und Jugendlichen ist von allergrößter Bedeutung. Die Bezeichnungen ›elementar‹ und ›höher‹ in der Erziehung sollten in erster Linie nicht als zwei verschiedene Arten oder Qualitäten des Unterrichts angesehen werden (wie es die deutschen Worte ›Elementarschule‹ und ›höhere Schule‹ tun), sondern als zwei aufeinanderfolgende Schulabschnitte, wobei die Elementarschule die Klassen 1 bis 6, die höhere Schule die Klassen 7 bis 12 umfasst. In diesem Sinne sollten die Berufsschulen als Teil des höheren Schulwesens gelten.«

Die ersten sechs Jahre sollten alle Kinder ohne Unterschied des Geschlechts, der sozialen Herkunft und der künftigen fachlichen oder beruflichen Absichten zusammen verbringen, um Gemeinschaftsgefühl zu entwickeln. Die höheren Schulen sollten vereinheitlicht, die notwendige Differenzierung innerhalb der Schule, nicht durch den Wechsel in getrennte Schularten, erzielt werden. Als Ziel schwebte den amerikanischen Fachleuten dann vor: »Von dieser erweiterten sechsjährigen Volksschule und der umfassenden höheren Schule einschließlich der Berufsschule muß verlangt werden, daß der gesamte Lehrplan für die Erziehung zu einer demokratischen Haltung wichtige Beiträge leistet. Der gegenwärtige Lehrplan der höheren Schule scheint mit Fächern überfüllt, die mit akademischer Tradition belastet und lebensfremd sind und weder den heutigen noch den künftigen Bedürfnissen der Schüler entsprechen. Die wichtigste Änderung, die in allen deutschen Schulen notwendig ist, ist eine grundsätzliche Umgestaltung der sozialwissenschaftlichen Fächer nach Inhalt und Form. Die Schüler müssen die aktiven Träger des Lernvorganges sein. Dann werden die Sozialwissenschaften (Geschichte, Geographie, Staats- und Heimatkunde) vielleicht den Hauptbeitrag zur Entwicklung demokratischen Bürgersinnes leisten.«[231]

Die Empfehlungen der amerikanischen Expertenkommission tauchten im März 1947 in den Richtlinien für die Bildungsoffiziere der Militärregierung wieder auf. Kernstück des Reformkatalogs war die Gesamtschule für alle Schulpflichtigen, außerdem wünschten die Amerikaner Schulgeldfreiheit, Lernmittelfreiheit, die Schulpflicht bis zum 15. Lebensjahr, die volle Integration von Berufsausbildung und Berufsberatung in das allgemeine Schulsystem und die Ausbildung der Lehrer an Universitäten. Diese Reformziele sollten von den Bildungsoffizieren auf Länderebene propagiert, aber nicht oktroyiert werden. Angesichts der geringen Neigung zur Schulreform auf deutscher Seite entschlossen sich die Amerikaner 1947, notfalls durch sanften Druck nachzuhelfen.

Während sich in Württemberg-Baden, Hessen und Bremen wenigstens Ansätze zur Reform zeigten, Berlin sogar als bildungspolitische Musterlandschaft gepriesen wurde, rührte sich in Bayern nichts, allenfalls Widerstand. Die Militärregierung verwarf die Vorschläge, die Bayerns Kultusminister Hundhammer widerwillig eingereicht hatte, als »reaktionär und undemokratisch«. Zur Empörung Hundhammers griffen die Amerikaner jetzt direkt in das Erziehungswesen Bayerns ein und setzten Termine für die einzelnen Reformschritte: Die Schulgeldfreiheit musste ab 1. September 1948 eingeführt werden, und zum 1. Januar 1949 wurde die Vorlage eines Planes für die sechsjährige Grundschule befohlen. Der amerikanische Militärgouverneur rechtfertigte sein Vorgehen mit der Renitenz der bayerischen Behörden: »Der Widerwille der bayerischen Regierung, von sich aus die Durchführung dieser Reform in die Hand zu nehmen, hat es notwendig gemacht, daß diese Termine von der Militärregierung gesetzt wurden. Die Hauptgründe für die Opposition der bayerischen Behörden lagen in ihrer Gegnerschaft gegen kostenlose Schulbildung, gegen die geplante Änderung bezüglich der Vorschriften für den Religionsunterricht und gegen das System der neuen sechsjährigen Grundschule.«[232]

Der harte Kurs der amerikanischen Militärregierung in Bayern wurde freilich erst fünf nach zwölf gesteuert. 1948 war es, wie sich auf vielen anderen Gebieten zeigte, für alliierte Reformanstrengungen schon zu spät. Wenige Wochen nach dem amerikanischen Befehl zur Schulreform in Bayern war es denn auch beschlossene Sache, dass die Militärregierung nicht auf die Erfüllung ihrer Anordnungen dringen würde.

Die bildungspolitische Diskussion hatte 1948 ihren Höhepunkt erreicht, und die Zersplitterung des Schulwesens in den einzelnen Zonen und Ländern war weit vorangeschritten. Walter M. Guggenheimer klagte in den ›Frankfurter Heften‹, es gebe, die deutschen Vorschläge nicht gerechnet, ebenso viele Reformpläne wie Besatzungsmächte, und das könne in wenigen Jahren dazu führen, »daß ein Leipziger Jurist seinem Kollegen aus Charkow ähnlicher sein wird als dem aus Bonn und daß der Altphilologe aus der amerikanischen Zone vor einer Untersekunda in der französischen vielleicht nicht bestehen würde«[233].

Einem anderen Aspekt des Schulreformprogramms widmete Adolf Grimme, der letzte sozialdemokratische Kultusminister Preußens vor Hitler und erste Nachkriegs-Kultusminister in Niedersachsen, öfters die Klage, dass man sich »vom Ausland jetzt schulerzieherisch notwendige Maßnahmen und Organisationsformen vorschreiben, möglicherweise sogar diktieren lassen« solle, »die das Gesicht des Auslands tragen, aber in Wirklichkeit aus deutschem Blut gezeugt sind«. Das sei ein beschämendes Schauspiel, wenn man die anderen sagen höre: »Macht das und das, das hat sich wunderbar bei uns bewährt – und dabei ist es bei uns gewachsen!«[234]

Grimme war der wohl prominenteste deutsche Bildungspolitiker der ersten Nachkriegsjahre. Auf seine Initiative kam auch die einzige Politikerzusammenkunft zustande, die das Prädikat »gesamtdeutsch« wirklich verdient: die Konferenz der Erziehungsminister am 19. und 20. Februar 1948 in Stuttgart. Zusammengekommen waren die Kultusminister aus allen Zonen zu einer Aussprache über akute Schulprobleme und bildungspolitische Perspektiven. Die Veranstaltung wurde aber nur zur Demonstration, wie abwechslungsreich und vielfältig knapp drei Jahre nach Kriegsende die schul- und bildungspolitische Landschaft geworden war. Sogar innerhalb einer Zone, der amerikanischen, gab es beträchtliche Unterschiede zwischen der progressiven Schulpolitik in Hessen (unter dem CDU-Minister Stein), wo man der differenzierten Einheitsschule mit sechsjähriger Grundstufe zuneigte, und der reaktionären Reformfeindlichkeit in Bayern unter dem CSU-Minister Hundhammer, der für das vierjährige Grundschulmodell und die Beibehaltung des getrennten höheren Schulwesens focht.

Auf der Konferenz in Stuttgart prallten die Gegensätze von Nord und Süd, Ost und West so aufeinander, dass eine Verständigung über Bildungsziele und deren Organisation schon nicht mehr möglich war. Resigniert konstatierte Adolf Grimme in seinem Schlusswort, er werde den Verdacht nicht los,»daß jeder sozusagen seinen Spruch ausgemacht hat, daß er sich die anderen Argumente zwar anhört, aber dann nach Hause geht und seine Politik im alten Sinne fortsetzt ...«[235].

Kulturpolitik: Kino, Theater, Musik, Literatur

Die Bildungspolitik war im Rahmen der Demokratisierungsbemühungen ein Wechsel auf die Zukunft; es bestand aber die Notwendigkeit, möglichst sofort und unmittelbar auf die Erwachsenen in Deutschland einzuwirken. Ein dazu – damals – hervorragend geeignetes Medium war das Kino. Die nationalsozialistische Kulturindustrie hatte den Film virtuos als Propaganda- wie als Entspannungsmittel eingesetzt, und bis zuletzt waren Durchhalte- und Beruhigungsfilme produziert worden. Die ›Deutsche Wochenschau‹ kam Ende März 1945 letztmals in die noch spielbereiten Lichtspieltheater.

Im Rahmen der alliierten Informationspolitik wurde die deutsche Filmindustrie beschlagnahmt, sahen sich die Filmschaffenden zu einer kurzen schöpferischen Pause gezwungen, und Herstellung, Verleih und Vorführung unterlagen jetzt den Gesetzen der jeweiligen Militärregierung. In der Praxis hieß das, dass Filmproduzenten und Kinobesitzer eine Lizenz haben mussten (sie wurde nach der Überprüfung der politischen Eignung erteilt), und alle Filme, die in Deutschland zur Aufführung kamen, wurden durch Spezialisten in den Informationsabteilungen der Militärregierungen zensiert. In den Westzonen kamen überwiegend britische und französische, dann auch amerikanische und schließlich ältere deutsche Filme zur Aufführung. Die Letzteren waren mehr oder minder gründlich geprüft worden, ehe sie in den Kinos das wachsende Bedürfnis nach Unterhaltung und Zerstreuung befriedigen durften. In der sowjetischen Besatzungszone kamen russische Filme zum Einsatz, hier begann aber auch am frühesten wieder eine deutsche, von der SMAD ermunterte Filmproduktion. Die Uraufführung des ersten deutschen Nachkriegsfilms – Wolfgang Staudtes ›Die Mörder sind unter uns‹ – fand unter sowjetischer Lizenz am 15. Oktober 1946 statt.

Die Chancen, die der Spielfilm als Mittel zur Demokratieförderung zweifellos bot, wurden jedoch eher halbherzig genutzt, und der Unterhaltungswert der ausländischen Importe überwog den der deutschen »Trümmerfilme« der frühen Nachkriegsjahre auch allemal. Damit aber nicht genug: Ab 1946 kamen dann die »Überläufer« ins Programm. Das waren Filme, etwa 40 an der Zahl, die von der NS-Filmindustrie vor Kriegsende begonnen, aber nicht mehr fertiggestellt worden waren. Das Material wurde aufbereitet, geschnitten, wenn nötig durch Nachaufnahmen ergänzt und synchronisiert, meist sogar in Personenkontinuität der Urheber, Regisseure, Schauspieler. Die »Überläufer« kamen, einen Bereich des deutschen »Nachkriegsfilms« repräsentierend, in den Jahren 1946 bis 1949 zur Uraufführung.

Größeres Gewicht legten die westlichen Besatzungsmächte auf die Wochenschau, das vor dem Fernsehzeitalter wichtigste und aktuellste visuelle Medium. Amerikaner und Briten produzierten gemeinsam ab Mai 1945 ›Welt im Film‹, in der Ostzone wurde ab Februar 1946 ›Der Augenzeuge‹ regelmäßig im Kino als Vorprogramm der Spielfilme gezeigt. In der französischen Zone kam bis zum Sommer 1947 eine in Frankreich zusammengestellte Serie zum Einsatz, sie wurde abgelöst durch die in Deutschland produzierte Wochenschau ›Blick in die Welt‹. Auch wenn alle diese von der jeweiligen Okkupationsmacht inspirierten Wochenschauen Werbung für Frankreich oder den *american way of life* trieben (wobei die Amerikaner mit der Darstellung technischer Leistungen in den USA ebenso imponierten wie gute Unterhaltung boten), darf man ihre Wirkung keineswegs unterschätzen. Die Wochenschauen waren ein Fenster zur Welt, selbst dann, wenn der Ausschnitt tendenziös oder allzu klein gewählt war[236].

Den vermutlich geringsten Effekt erzielten dagegen wohl die Dokumentarfilme, die ausdrücklich zum Zweck der Re-Education gefertigt waren und den Deutschen die Gräuel der Nazizeit augenfällig machen sollten. Das galt ebenso für den amerikanischen 20-Minuten-Film ›Die

Todesmühlen‹, der die Konzentrationslager zum Gegenstand hatte, wie für den Streifen ›Nürnberg und seine Lehren‹. Die ›Todesmühlen‹ kamen Anfang 1946 in die Kinos (114 Kopien hatte die US-Militärregierung im Einsatz), teilweise wurde, auch von deutschen Stellen, Zwang zur Besichtigung des Films ausgeübt. Das behinderte die pädagogische Absicht zweifellos[237]. Der erst 1947 gezeigte amerikanische Film über den Hauptkriegsverbrecherprozess in Nürnberg kam wohl einfach zu spät: Das Ereignis hatte zu viel Publizität verordnet bekommen, und der Nachtarock im Dokumentarfilm war dem Publikum endgültig zu viel.

Um das Theater- und Musikleben wieder in Gang zu bringen, entbrannte unter den Alliierten gleich nach Kriegsende ein edler Wettstreit. Seit September 1944 waren in Deutschland im Zuge der letzten Kriegsanstrengung alle Bühnen, soweit sie noch betriebsfähig gewesen waren, geschlossen worden. Schauspieler und Musiker, Regisseure und sonstige Akteure mussten an die Front oder in kriegswichtige Betriebe. Die Wiederbelebung der kulturellen Szene war den Alliierten aus mehreren Gründen wichtig: Propaganda für die eigene Kultur, Erziehung der Deutschen zur Demokratie und, zur Pazifizierung der Bevölkerung, auch ein bisschen Unterhaltung. (Das war der sowjetischen Besatzungsmacht ein ausgesprochenes Anliegen, die Amerikaner waren in diesem Punkt puritanischer und konzentrierten sich zunächst auf das Erziehen und Belehren.)

In Berlin war die Konkurrenz der Film-, Theater und Musikoffiziere der vier alliierten Militärregierungen am stärksten, und in der ehemaligen Reichshauptstadt ließen sich die Anstrengungen der vier Besatzungsmächte auch am besten vergleichen. Der Werbeeffekt der Kulturpolitik war in der Vier-Sektoren-Stadt am größten. Die sowjetischen Eroberer hatten sehr bald nach der Besetzung Berlins die ersten Theateraufführungen und das erste Konzert nach dem Kriege organisiert. Im Renaissance-Theater wurde am 27. Mai 1945 ›Der Raub der Sabinerinnen‹ gegeben, am 13. Mai hatte das Berliner Kammerorchester im Schöneberger Rathaus den ersten Auftritt, am 19. Mai eröffnete das Varieté »Roter Stern«, am 1. Juni das »Kabarett der Komiker«. Im Deutschen Theater wurde am 26. Juni Schillers ›Parasit‹ aufgeführt, und Anfang Juli war auch die Staatsoper wieder spielbereit[238].

Die sowjetische Kommandantur, die bis Juli 1945 Berlin allein re-

gierte, hatte eine »Kammer der Kunstschaffenden« als deutsches Aus-
führungsorgan ihrer Kulturpolitik ins Leben gerufen und den betagten
Schauspieler Paul Wegener, der prominent, unpolitisch und unbeschol-
ten war, zum Präsidenten gemacht. Politisch kontrolliert wurde die nach
dem Vorbild von Goebbels' Reichskulturkammer gebildete Institution
von dem jungen Kommunisten Wolfgang Harich (er war offiziell der
Sekretär des Präsidenten). Der Kammer oblag nicht nur die Kontrolle
der kulturellen Aktivitäten, sondern auch, bis die Westmächte in Berlin
erschienen, die politische Überprüfung der Schauspieler, Musiker, Filme-
macher. Die Amerikaner sahen dies mit großem Misstrauen, sie warfen
ihren sowjetischen Kollegen vor, dass ihnen künstlerische Aktivitäten
um beinahe jeden Preis – selbst wenn sie von ehemaligen Nazis oder
Nutznießern der NS-Kulturindustrie gestaltet waren – wichtiger erschienen als die gründliche Entnazifizierung sowohl der ausführenden Personen wie auch der Spielpläne, Texte, Programme usw. Solange die Amerikaner den Belehrungs- und Erziehungseffekten kultureller Darbietungen
den Vorrang vor ihrem Unterhaltungswert gaben, war die Befürchtung,
dass die Sowjets auf der kulturellen Szene in Berlin den westlichen Alliierten (Briten und Franzosen verhielten sich ähnlich wie die Amerikaner)
die Schau stehlen würden, angesichts der Qualität und Vielfalt des Ge-
botenen durchaus begründet.

Die Verantwortlichen in der US-Militärregierung waren sich darüber
auch im Klaren. In einem Memorandum der »Information Services
Section« kam das deutlich zum Ausdruck. Der Verfasser, Henry C. Alter,
im Zivilleben in Hollywood in der Filmindustrie tätig, jetzt Offizier in
der Abteilung Film, Theater, Musik, hatte im Juli 1945, als unter sowjetischer Ägide in Berlin bereits zehn Sprechtheater, zahlreiche Kabaretts,
zwei Opernhäuser und fünf große Orchester spielten, die sowjetische
Kulturpolitik mit folgenden Worten charakterisiert: »Zugrunde liegt der
russischen Politik eine fast fanatische Verehrung von Kunst und Künst-
lern, gepaart mit dem Glauben, daß künstlerische Betätigung an sich
schon gut und in Zeiten von Unsicherheit und Leid für den Menschen
ein dringendes Bedürfnis sei. Es liegt auf der Hand, daß für die russische
Führung die Wiederbelebung des Kulturlebens eine Aufgabe ersten Ranges war, nicht nur weil sie die beruhigende Wirkung auf die Bevölkerung
brauchte, sondern auch weil sie von der Notwendigkeit eines solchen

Kulturlebens für die Menschheit ganz überzeugt ist, ganz gleich wie unnormal die Zeiten sonst auch sein mögen. Folglich brachten die Russen gleich nach ihrem Einzug in Berlin Theaterleiter, Schauspieler, Bühnenarbeiter zusammen und verlangten, daß die Theater innerhalb weniger Tage eröffnet würden.«[239]

Zur gleichen Zeit, im Juli 1945, wurde in Berlin der »Kulturbund zur demokratischen Erneuerung Deutschlands« aus der Taufe gehoben. Die Gründungsversammlung hatte im Hause des Schriftstellers Johannes R. Becher stattgefunden, der kurz zuvor aus dem Moskauer Exil zurückgekehrt war. Im August konstituierte sich dann der Kulturbund als Organisation mit Becher an der Spitze (Vizepräsidenten waren der Maler Carl Hofer und der Schriftsteller Bernhard Kellermann) und vielen anderen bekannten Namen im Präsidialrat, darunter Jürgen Fehling, Herbert Ihering, Walter Schirmer, Paul Wegener, Eduard von Winterstein. An vielen Orten, nicht nur in der sowjetisch besetzten Zone, fanden sich im Sommer und Herbst 1945 Intellektuelle unterschiedlichen politischen Standorts zu Ortsgruppen des Kulturbundes zusammen. Obwohl die marxistisch orientierten Mitglieder den Ton angaben und obwohl die SMAD ein wachsames Auge auf den Kulturbund hatte, war er kein Werkzeug kommunistischer Propaganda, sondern der wohl früheste Versuch geistigen Neubeginns in Deutschland. Den Verschleißerscheinungen des Kalten Kriegs fiel natürlich auch der Kulturbund allmählich zum Opfer, aber die Anfänge waren verheißungsvoll gewesen, und erstaunlich lange bot er auch Nichtmarxisten eine geistige Heimat. Im Mittelpunkt des Programms stand die Forderung nach »Bildung einer nationalen Einheitsfront der deutschen Geistesarbeiter« und die »Schaffung einer unverbrüchlichen Einheit der Intelligenz mit dem Volk. Im Vertrauen auf die Lebensfähigkeit und die Wandlungskraft unseres Volkes: Neugeburt des deutschen Geistes im Zeichen einer streitbaren demokratischen Weltanschauung«.[240]

Artikuliert wurde das Verlangen nach einer demokratischen Reformation in Deutschland in der Zeitschrift des Kulturbundes mit dem Titel ›Aufbau‹, die unter sowjetischer Lizenz Ende September 1945 erstmals erschien. Demonstriert wurde die Absicht, die antifaschistische Reformation auf überparteilichem Wege zu erreichen, durch den Personenkreis der Herausgeber und ständigen Mitarbeiter der ersten Hefte:

Neben Heinrich Mann, Theodor Plivier, Georg Lukács, Willi Bredel waren auch Ferdinand Friedensburg und Ernst Wiechert genannt; Aufsätze von Hans Fallada wie von Thomas Mann wurden gedruckt, und der CDU-Politiker Ernst Lemmer firmierte noch im 4. Jahrgang der Zeitschrift als Mitglied des Redaktionskollegiums. Auf Initiative des Kulturbunds gab es, ebenfalls unter Lizenz der SMAD, auch eine der frühesten Verlagsneugründungen der Nachkriegszeit: Der Aufbau-Verlag nahm Mitte August 1945 in Berlin die Arbeit auf.

Der ›Aufbau‹ war die erste politisch-kulturelle Zeitschrift, die Deutsche für Deutsche herausgaben. In der britischen Zone wurde im Herbst 1945 in Göttingen ›Die Sammlung‹ lizenziert, eine Monatsschrift, deren maßgeblicher Kopf der Pädagoge Hermann Nohl war; Jugendbewegung und Reformpädagogik der Zwanzigerjahre gehörten zu den geistigen Wurzeln. In der US-Zone erhielt Dolf Sternberger die erste Lizenz der Militärregierung für eine Zeitschrift, die unter dem programmatischen Titel ›Die Wandlung‹ vom Spätherbst 1945 an in Heidelberg erschien. Die Zeitschrift verstand sich als »gelehrt, literarisch und politisch zugleich und bemühte sich, einen entschiedenen und modernen Humanismus in dieser Welt durchzusetzen«[241]. Die ›Wandlung‹ hatte, ihres eher akademischen Habitus' ungeachtet, einen bemerkenswerten Anteil an der Arbeit, den Schutt und die Trümmer der nationalsozialistischen Ideologie zu beseitigen. Das wichtige Buch ›Aus dem Wörterbuch des Unmenschen‹ ging aus einer Artikelserie der ›Wandlung‹ hervor, die Verfasser entlarvten darin Sprache und Semantik des Nationalsozialismus, ähnlich wie es in Dresden Victor Klemperer in seinem schon 1946 erstmals publizierten ›LTI‹ (= Lingua Tertii Imperii) unternommen hatte[242]. In der französischen Zone etablierte sich in Freiburg eine Halbmonatsschrift ganz anderen Zuschnitts: ›Die Gegenwart‹. Das erste Heft trug das Erscheinungsdatum 24. Dezember 1945, als Herausgeber zeichneten Ernst Benkard, Bernhard Guttmann, Robert Haerdter, Albert Oeser, Benno Reifenberg. Vom Typ her mehr eine Wochenzeitung, wollte die ›Gegenwart‹ Tradition und Geist der alten ›Frankfurter Zeitung‹ wahren oder wiederbeleben. Aus der Redaktion jenes Blattes, das als liberale Renommierzeitung fürs Ausland von Goebbels bis 1943 toleriert worden war, kamen auch die Herausgeber und Mitarbeiter der ›Gegenwart‹.

Ab 1946 folgten in allen Zonen Neugründungen von politisch-kulturellen, schöngeistig-literarischen, philosophischen, religiösen und sonstigen Kulturzeitschriften. Viele von ihnen waren eine Zeit lang wichtig wie etwa die ›Göttinger Universitäts-Zeitung‹ oder ›Der Ruf – Unabhängige Blätter der jungen Generation‹ (herausgegeben von Alfred Andersch und Hans Werner Richter), die ›Nordwestdeutschen Hefte‹ (verantwortlich waren Axel Eggebrecht und Peter von Zahn), der ›Ulenspiegel‹ mit dem Untertitel ›Literatur, Kunst, Satire‹ unter US-Lizenz in Berlin von Herbert Sandberg und Günther Weisenborn redigiert, Erich Kästners Jugendzeitschrift ›Pinguin‹ und deren Gegenstück ›Neues Leben‹, die von Erich Honecker geleitete Zeitschrift der »Freien Deutschen Jugend« der sowjetischen Besatzungszone. Viele dieser Zeitschriften hatten weltanschauliche Programme und brachten dies auch im Titel zum Ausdruck, etwa das erzkonservativ-katholisch-föderalistische Journal ›Neues Abendland‹, die ›Begegnung‹, ›Die Besinnung‹, ›Neubau‹, ›Neues Europa‹ und viele andere.

In Baden-Baden leitete Alfred Döblin, deutscher Schriftsteller, Emigrant und damals auch französischer Besatzungsoffizier (zuständig für Literaturpolitik und Zensur in der Direction de l'Education publique der Militärregierung) ›Das Goldene Tor – Monatsschrift für Literatur und Kunst‹. Hier kamen vor allem, aber keineswegs ausschließlich, Dichter des Exils zu Wort, Heinrich Mann, Lion Feuchtwanger, Bertolt Brecht, Stephan Hermlin, Johannes R. Becher und viele andere; die »innere Emigration« war im ›Goldenen Tor‹ vertreten durch Hermann Kasack, Ernst Kreuder, Wilhelm Hausenstein, und vernehmen ließ sich auch die jüngere Generation der eben beginnenden Nachkriegsliteratur: Wolfgang Borchert, Wolfgang Weyrauch, Erich Fried, Karl Krolow.

Wenige dieser Zeitschriften hatten über die ersten Nachkriegsjahre hinaus Bestand, übrig blieben vor allem die ›Frankfurter Hefte‹ von Eugen Kogon und Walter Dirks und der von Hans Paeschke und Joachim Moras begründete ›Merkur‹. Neben den Neugründungen erschienen auch Zeitschriften wieder, die in der NS-Zeit verboten waren wie die katholischen Blätter ›Hochland‹ und ›Stimmen der Zeit‹ oder Rudolf Pechels ›Deutsche Rundschau‹. In Berlin wurde Carl von Ossietzkys ›Weltbühne‹ wieder zum Leben gebracht, in München hatte der legendäre ›Simplicissimus‹ einen Nachfolger im ›Simpl‹. Die meisten dieser

Zeitschriften fielen jedoch ab 1948 den ökonomischen Zwängen im Zuge der Währungsreform zum Opfer. Es ist schwer zu sagen, ob den Abonnenten dann nur das neue Geld zu schade war oder ob auch die Normalisierung der Bücherproduktion die Überfülle der Zeitschriftenliteratur allmählich überflüssig machte. In den ersten drei oder vier Nachkriegsjahren hatten die Zeitschriften jedenfalls, nicht zuletzt auch wegen ihrer pluralistischen Vielfalt, einen gewichtigen Anteil an der Ausbreitung und Einübung demokratischen Denkens in Deutschland.

Die erste Nachkriegszeitschrift für deutsche Leser war freilich nicht von Deutschen gemacht worden. ›Ausblick – Zeitfragen im Lichte der Weltmeinung‹ hießen die Hefte, die ab März 1945 unter gemeinsamer britisch-amerikanischer Verantwortung publiziert wurden. Als Herausgeber war vermerkt: »Alliierter Informationsdienst«; mehr erfuhr der Konsument zunächst nicht über die Hintergründe. Die Zeitschrift enthielt, ebenso wie ihre Nachfolgerin ›Neue Auslese‹, die ab Ende 1945 in München gedruckt wurde, keine Originalbeiträge, sondern bot einen Querschnitt durch die internationale politische, soziale und kulturelle Szene. Die Briten zogen sich 1948 zurück, bis 1950 setzten die Amerikaner die Zeitschrift allein fort. Die ›Amerikanische Rundschau‹, die vom zweiten Heft an ebenfalls in München hergestellt wurde (das erste Heft war noch in New York kompiliert und publiziert worden), trieb auf beachtlich hohem Niveau Werbung für die amerikanische Kultur. Die ›Amerikanische Rundschau‹ druckte ebenfalls nur Beiträge in Übersetzung nach, die zuvor in amerikanischen Zeitschriften erschienen waren. Von deutschen Intellektuellen wurden diese Zeitschriften, obwohl sie in eindeutiger Absicht der »Re-Education« publiziert wurden, nicht als Indoktrinierungsversuche empfunden und abgelehnt wie so viele ähnliche Anstrengungen, sondern als Dienstleistungen begrüßt.

Das Gegenstück zur ›Amerikanischen Rundschau‹ war die (in den ersten Jahrgängen ausschließlich) von sowjetischen Redakteuren gestaltete »sozial-politische und populär-wissenschaftliche« Halbmonatsschrift ›Neue Welt‹, die im Verlag der ›Täglichen Rundschau‹ in Berlin erschien. Im vierten und fünften Jahrgang gehörte auch Wolfgang Harich zur Redaktion. 1954 wurde die ›Neue Welt‹ eingestellt, die ›Amerikanische Rundschau‹ war mit dem 29. Heft im Jahrgang 1949/50 letztmals erschienen.

In der Demokratisierungspolitik der Alliierten spielte auch die Belletristik eine nicht geringe Rolle. In der französischen Zone erschienen zwei offiziöse Zeitschriften zur Propagierung Schöner Literatur: ›Das Buch. Nachrichtenblatt für Kultur und Wissenschaft aus Frankreich‹ und ›Lancelot. Der Bote aus Frankreich‹. Die Briten publizierten ein zweisprachiges Magazin ›The Gate – Das Tor. International Review of Literature and Art‹. Am meisten ließen sich die Amerikaner den Import von Romanen und Erzählungen, Lyrik und Theaterstücken eigener Provenienz ins literarisch verödete Deutschland kosten. Das galt nicht nur für die Einrichtung der später so genannten »Amerikahäuser«[243]. Diese »American Libraries of Information«, ursprünglich eine Erfindung der Psychological Warfare Division, hatten ab Juli 1945 weit über die zunächst beabsichtigte Kulturpropaganda hinausreichende Funktionen: Sie waren mancherorts die einzigen benutzbaren öffentlichen Bibliotheken und Lesesäle überhaupt.

Die Information Control Division der US-Militärregierung förderte amerikanische Literatur dadurch, dass sie die Übersetzungsrechte in Amerika kaufte und sie deutschen Verlagen anbot. Die »Book Translation Unit« der Militärregierung prüfte natürlich sorgfältig die Titel, die auf den deutschen Markt kommen sollten, im Hinblick auf ihre politische Eignung. Den deutschen Verlegern, die das Angebot annahmen, war die Militärregierung dann meist auch bei der Papierzuteilung – das war die ärgste Klippe für Veröffentlichungspläne in Nachkriegsdeutschland – behilflich.

Auf diese Weise wurden ab 1945 Romane von Pearl S. Buck (›Die Frauen des Hauses Wu‹, 1948; ›Die gute Erde‹, 1945), Raymond Chandler, John Dos Passos (›Manhattan Transfer‹ 1948), William Faulkner, Ernest Hemingway (›Fiesta‹, 1947; ›In einem anderen Land‹, 1946; ›Wem die Stunde schlägt‹, 1948), Margaret Mitchell (›Vom Winde verweht‹, 1947), Edgar Allan Poe, William Saroyan, Upton Sinclair, Thomas Wolfe und vielen anderen Schriftstellern in Deutschland bekannt. Bühnenstücke gehörten ebenfalls zum Übersetzungsprogramm der Besatzungsmacht. Die Begegnung mit den Dramatikern Eugene O'Neill (›O Wildnis‹; ›Anna Christie‹; ›Der Eismann kommt‹; ›Trauer muss Elektra tragen‹; ›Seltsames Zwischenspiel‹), John Steinbeck (›Von Menschen und Mäusen‹), Thornton Wilder (›Unsere kleine Stadt‹; ›Wir sind noch einmal davon-

gekommen‹; ›Die glückliche Reise‹), Tennessee Williams (›Die Glas-
menagerie‹; ›Endstation Sehnsucht‹) verdankte der deutsche Theater-
besucher ebenfalls der amerikanischen Militärregierung. Literaturge-
schichte und Essayistik wurden in bescheidenem Maße auf die gleiche
Weise gefördert. Eine wohltätige Wirkung versprachen sich die Kultur-
offiziere aber auch von Biographien und Erinnerungen vorbildlicher
Menschen, die sie übersetzen ließen: Helen Keller, Thomas Edison,
Albert Einstein, Benjamin Franklin, Gebrüder Wright, Thomas Jeffer-
son, Columbus und viele andere gehörten dazu[244].

Massenmedien

Das wichtigste und weiteste Feld, auf dem Demokratie exerziert wurde,
waren die Massenmedien. In drei Schritten (wobei der zweite aber
schon nahezu gleichzeitig mit dem dritten getan wurde) sollten Presse
und Rundfunk in Deutschland zunächst verboten und durch alliierte
Sprachrohre ersetzt und dann in neuen Strukturen – pluralistisch und
demokratisch – völlig neu aufgebaut werden. Das Gesetz Nr. 191 vom
24. November 1944, das General Eisenhower als Oberbefehlshaber aller
westlichen Armeen für die von den Alliierten besetzten bzw. noch zu
besetzenden deutschen Gebiete erließ, untersagte u. a. das »Drucken,
Erzeugen, Veröffentlichen, Vertreiben, Verkaufen und gewerbliche Ver-
leihen von Zeitungen, Magazinen, Zeitschriften, Büchern, Broschüren,
Plakaten, Musikalien und sonstigen gedruckten oder (mechanisch) ver-
vielfältigten Veröffentlichungen, von Schallplatten und sonstigen Tonauf-
nahmen und Lichtspielfilmen jeder Art; ferner die Tätigkeit oder den
Betrieb jedes Nachrichtendienstes und Bilddienstes oder von Agenturen,
von Rundfunk- und Fernsehstationen und Rundfunkeinrichtungen, von
Drahtfunksendern und Niederfrequenzübertragungsanlagen; auch die
Tätigkeit in oder den Betrieb von Theatern, Lichtspieltheatern, Opern-
häusern, Filmateliers, Filmlaboratorien, Filmleihanstalten, Jahrmärk-
ten, Zirkusunternehmungen und Karnevalen jeder Art.«[245] Beabsichtigt war mit diesem Totalverbot aller öffentlichen Kommunikation eine
Art von Quarantäne, in der lediglich alliierte Mitteilungsblätter, die

»Heeresgruppenzeitungen« (so genannt, weil sie von bestimmten Einheiten der alliierten Armeen herausgegeben wurden), der deutschen Bevölkerung die notwendigsten Informationen für den Besatzungsalltag vermittelten.

Im publizistischen Vakuum der ersten Besatzungszeit nahmen die Alliierten auch die deutschen Rundfunkstationen in ihre Regie. Fast nahtlos war z. B. der Übergang in Hamburg: 24 Stunden, nachdem der Reichssender Hamburg am 3. Mai 1945 sein letztes Programm ausgestrahlt hatte, meldete sich »Radio Hamburg« als Station der Militärregierung, von britischen Radiooffizieren und Technikern bedient, zu Wort. Währenddessen diente die Rundfunkstation in Flensburg noch einige Tage lang der Verbreitung der Appelle und Proklamationen der Regierung Dönitz.

Die Heeresgruppenblätter und die Rundfunksendungen unter alliierter Regie leiteten aber auch schon die zweite Phase alliierter Medienpolitik ein, in der das Informationsmonopol bei den Besatzungsmächten lag. Der dritte Schritt war dann die Lizenzierungsphase, d. h., ausgewählte und überprüfte deutsche Journalisten und Verleger durften unter alliierter Kontrolle, also unter Zensur, deutsche Zeitungen machen und in Funkhäusern tätig werden. Die neuen Zeitungen sollten im Idealfall das vollkommene Gegenteil der gleichgeschalteten NS-Presse sein, nämlich objektive Berichterstattung im Nachrichtenteil und, säuberlich davon getrennt, Meinungsvielfalt auf den Kommentarseiten bieten. Das Prinzip der Trennung von Nachricht und Meinung war vor allem den beiden angelsächsischen Besatzungsmächten heilig. Der deutschen Pressetradition, auch der viel gerühmten publizistischen Szenerie vor der nationalsozialistischen Zeit, war dieser Grundsatz eher fremd. Amerikaner und Briten betrachteten ihn jedoch als essenziell für die Herstellung demokratischer Zustände in der öffentlichen Kommunikation, und vor allem die Amerikaner behielten bis 1949, dem Ende der Lizenzzeit, die neuen Gazetten streng im Auge[246].

Bei der Vergabe der begehrten Lizenzen achteten die Militärregierungen weniger auf Berufserfahrung und fachliche Qualifikation der Bewerber, als auf deren demokratische Zuverlässigkeit. Das hatte die Folge, dass manche Verleger, Herausgeber und Redakteure die Grundbegriffe ihres neuen Berufes erst erlernen mussten. Sehr zum Ärger vieler »Altverleger«, die zähneknirschend abwarten mussten, bis sie am Ende der Lizenzzeit wieder zum Zuge kamen, während die neuen Konkurrenten auf ihren – der Altverleger – Maschinen die neuen Zeitungen druckten, erwies sich die mangelnde Erfahrung nur gelegentlich als Handicap beim Start der neuen Presse in Deutschland. Die Militärregierung hatte durch Beschlagnahme und Zwangspachtverträge dafür gesorgt, dass die Lizenzträger auch technisch in der Lage waren, Zeitungen zu produzieren. Für die spätere Auseinandersetzung mit den »Altverlegern« wurde unter der Aufsicht der Militärregierung ein Fonds gebildet, der ab 1949 gute Dienste tat.

Die Amerikaner gaben in den Westzonen bei der Lizenzierungspolitik die Richtung an, und sie machten auch den Anfang. Wenn man von dem Experiment der ›Aachener Nachrichten‹, das schon im Januar 1945 gestartet worden war, absieht, begann die Lizenz-Ära in der US-Zone mit der ›Frankfurter Rundschau‹ am 1. August 1945. Ein Jahr später existierten bereits 35 neue Zeitungen in der amerikanischen Zone. Ab Herbst 1945 erteilten die Franzosen insgesamt (bis 1949) in 33 Fällen die Erlaubnis zur Gründung einer Zeitung in ihrer Zone. Die Briten begannen am spätesten, Anfang 1946; in ihrer Zone gab es, wie in der amerikanischen, zuletzt 61 Lizenzzeitungen. In der US-Zone, wo sich auch die publizistisch bedeutendsten Blätter befanden – die ›Süddeutsche Zeitung‹ in München errang schnell den Spitzenplatz, die ›Stuttgarter Zeitung‹ und die ›Stuttgarter Nachrichten‹ gewannen ebenso wie die ›Nürnberger Nachrichten‹ und die ›Frankfurter Rundschau‹ Renommee –, wurden Lizenzen am liebsten an drei oder vier Personen mit verschiedenem politischen Standort gemeinsam vergeben. Angesichts mancher Schwierigkeiten, die dieser innerbetriebliche Pluralismus heraufbeschwor, wurden später Zweimänner-Panels bevorzugt. Ab 1947 begann auch das Ausbooten der Kommunisten aus den Herausgebergremien; so beliebt KPD-Lizenznehmer am Anfang bei den US-Presseoffizieren als Pendant zu bürgerlichen und sozialdemokratischen Lizenziaten waren, so unerwünscht wurden sie im Zeichen des Kalten Krieges.

In der sowjetischen Besatzungszone hatte auch der Neubeginn im Pressewesen andere Züge als in den Westzonen. Die SMAD vergab im Sommer 1945 die Lizenzen zur Herausgabe von Tageszeitungen an die Parteien und Massenorganisationen. Die KPD, später die SED, wurde bevorzugt; SPD, CDU und LDP erhielten die Erlaubnis, jeweils ein zentrales Organ und außerdem in jedem der fünf Länder der SBZ eine weitere Tageszeitung zu publizieren. Über die Papierzuteilung wurde für die Dominanz der KPD gesorgt. Die Papierknappheit war auch im Westen das ärgste Problem der neuen Publizistik. Bis zur Währungsreform erschienen die Tageszeitungen in der Regel nur zweimal wöchentlich in dünnen Ausgaben. Die Zensur, nicht zu vergleichen mit der nationalsozialistischen Uniformierung der öffentlichen Meinung durch Gleichschaltung und Sprachregelung, war milde genug und beschränkte sich im Wesentlichen darauf, militaristische und nationalistische Töne sowie Kritik an den Besatzungsmächten zu verhindern. Eine Kontrollratsdirektive bestätigte im Oktober 1946 diese Praxis, wie sie seit Sommer 1945 auf zonaler Ebene gehandhabt wurde[247].

Neben der Lizenzpresse, die, von den Presseoffizieren betreut, als Übungsfeld demokratischer Publizistik betrachtet wurde, gaben die Alliierten auch eigene Blätter heraus. Die SMAD startete Mitte Mai 1945 in Berlin die ›Tägliche Rundschau‹, die Amerikaner publizierten seit Mitte Oktober in der Nachfolge der Heeresgruppenzeitungen ›Die Neue Zeitung‹. In der britischen Zone erschien in Hamburg ab Anfang April 1946 ›Die Welt‹ als »überparteiliche Zeitung für die gesamte britische Zone«, und auch im französischen Besatzungsgebiet gab es ein Organ der Militärregierung, die zweisprachige Zeitung ›Nouvelle de France‹.

Am attraktivsten von allen, auch weit über die Grenzen der US-Zone hinaus, war ›Die Neue Zeitung‹, die in München auf den Rotationsmaschinen gedruckt wurde, auf denen bis zum Frühjahr 1945 der ›Völkische Beobachter‹ hergestellt worden war. ›Die Neue Zeitung‹ war nicht nur als Organ der Militärregierung gedacht, sie sollte auch Vorbild und Ansporn für die Lizenzpresse sein, und sie wurde schließlich zur Legende. Bis zum Sommer 1948 konnte sie, trotz einer Auflage von 1,2 Millionen Exemplaren in ihrer Blütezeit, die Nachfrage nicht befriedigen; es gab Wartelisten für potenzielle Abonnenten. Der Erfolg lag nicht nur in der besseren Berichterstattung, die dem Blatt möglich war, weil es als »amerikanische Zeitung für Deutschland« (so lautete der Untertitel) an den internationalen Nachrichtenfluss über die großen Agenturen angeschlossen oder weil es in der Papierzuteilung natürlich bevorzugt war. Der Ruhm der ›Neuen Zeitung‹ gründete sich darauf, dass sie, wenigstens bis 1948/49, von guten Redakteuren ausgezeichnet gemacht war. Die Schlüsselstellungen hatten selbstverständlich die Amerikaner inne, das waren vor allem die beiden Chefredakteure Hans Habe und Hans Wallenberg. Im Übrigen arbeiteten aber deutsche und amerikanische Journalisten Hand in Hand. Der erste Feuilletonchef war Erich Kästner, Wissenschaftsredakteurin war Hildegard Hamm-Brücher, der Romancier Stefan Heym war Redaktionsmitglied und schrieb Leitartikel, und manche spätere Größe der westdeutschen Publizistik bis hin zu Robert Lembke verdiente sich in der Münchner Schellingstraße die ersten journalistischen Sporen[248].

Die Glanzzeit der ›Neuen Zeitung‹, deren Berliner Ausgabe noch bis 1955 erschien, ging mit der Währungsreform zu Ende: Das Blatt war überwiegend neben der örtlichen Zeitung abonniert worden. Das wurde vielen Lesern jetzt zu teuer. Außerdem sank das journalistische Niveau, nachdem auf Weisung aus Washington mit neuen Leuten im Zeichen des Kalten Kriegs eine weniger liberale Gangart eingeschlagen wurde. Die Absicht, dem neuen Journalismus in Deutschland ein Vorbild zu geben, war zu diesem Zeitpunkt, Anfang 1949, jedoch längst erreicht.

Ein lokales Pendant zur ›Neuen Zeitung‹ auf Ätherwellen war seit 1946 der »Rundfunksender im Amerikanischen Sektor Berlins (RIAS)«, der allerdings bald mehr als politische und propagandistische Waffe denn als Demokratisierungsmodell diente: Mit immer stärkerer Senderleistung tief in die sowjetische Besatzungszone hineinwirkend, galt er als »die einzige machtvolle Stimme der Wahrheit hinter dem Eisernen Vorhang«[249].

Die Massenmedien – Lizenzpresse und Rundfunkstationen ebenso wie die 1946 auf zonaler Ebene gegründeten Nachrichtendienste – sollten in deutsche Verantwortung übergehen, nachdem sie ihre Bewährungsprobe bestanden und nachdem die deutschen Politiker demokratische Presse- und Rundfunkgesetze geschaffen haben würden. Es war aber gar nicht so einfach, dem Geist der Demokratisierungsära zu folgen. Das bewiesen die Politiker der US-Zone Ende 1946 mit dem Entwurf eines Pressegesetzes, das in den Ländern der amerikanischen Zone gelten sollte, das aber von der Militärregierung zurückgewiesen wurde. General Clay konstatierte später, dass sich das deutsche Unvermögen, »demokratische Freiheit wirklich zu erfassen«, vor allem auf zwei Gebieten am

deutlichsten gezeigt habe, bei der Schulreform und der Pressegesetz-
gebung. »Es schien unmöglich zu sein, zu einer Gesetzgebung zu gelan-
gen, in der die Presse der regierenden Macht nicht auf Gnade oder Un-
gnade ausgeliefert war.«[250]

Beim Rundfunk zeigte sich das Problem noch deutlicher[251]. Nach der
Intention der Westmächte sollte der künftige Rundfunk in Deutschland
weder staatlich betrieben oder dominiert noch den Händen einzelner
oder privater Interessen ausgeliefert sein. Durch alliierten Machtspruch
wurden daher die Rechte der Post und die Gelüste der Politiker auf den
Rundfunk beschnitten. Beim Aufbau eines öffentlich-rechtlichen Rund-
funksystems waren die Briten die Vorreiter. Nach dem Vorbild der BBC
und von einem prominenten britischen Rundfunkmann, Hugh Carleton
Greene, dirigiert, wurde zum 1. Januar 1948 der »Nordwestdeutsche
Rundfunk (NWDR)« in Hamburg und Köln als erste Anstalt des neuen
Typs errichtet.

In der US-Zone hatte die Militärregierung den Übergang der Funk-
häuser in deutsche Hände von befriedigenden Rundfunkgesetzen der
Länder[252] abhängig gemacht. Darüber wurde bis 1949 gestritten, als
längst deutsche Intendanten, von amerikanischen Beratern und Über-
wachern flankiert, an der Arbeit waren. Immerhin hatten die drei westlichen Alliierten, als sie 1955 zusammen mit den Insignien politischer
Souveränität auch die endgültige Rundfunkhoheit der Bundesrepublik
übergaben, eine Reform zustande gebracht und gegen deutsche Inter-
essenten und Politiker durchgesetzt, die bis in die Achtzigerjahre Bestand
haben sollte: das System des öffentlich kontrollierten, pluralistischen
und dezentralisierten Rundfunks. Das gehört zu den Hauptaktiva der
Bilanz der Demokratisierungspolitik, die allen Befürchtungen zum Trotz
ganz überwiegend positiv ausfiel.

ZWEITER TEIL

DER WEG ZUM WESTSTAAT UND DIE GRÜNDUNG DER DDR

1. DIE LUFTBRÜCKE NACH BERLIN 1948/49

Berlin gehörte bis zum Zweiten Weltkrieg zu den wichtigsten Industrie- und Handelsstädten Europas. Die Hauptstadt Preußens und des Deutschen Reiches war im 19. Jahrhundert sogar eine der ersten Industriestädte auf dem Kontinent. Berlin war Zentrum des mitteleuropäischen Eisenbahnnetzes, hatte den zweitgrößten Binnenhafen Deutschlands, es spielte auf kulturellem Gebiet eine überragende Rolle. Durch die Eingemeindung von sieben Nachbarstädten und 59 Landgemeinden war 1920 »Groß-Berlin« entstanden, eine kommunale Einheit von größerer Ausdehnung als New York oder London. Durch amerikanische und britische Bombenangriffe und bei der Eroberung durch die Rote Armee in den letzten Tagen des Zweiten Weltkriegs sank die Stadt in Trümmer, war nahezu vernichtet und gelähmt. 1939 hatten 4,3 Millionen Menschen dort gelebt, zu Beginn des Jahres 1948 waren es noch rund 3,2 Millionen.

Der Wiederaufbau der ehemaligen Reichshauptstadt hatte erste Erfolge gezeitigt: Ende 1947 funktionierte die Gas-, Wasser- und Elektrizitätsversorgung wieder einigermaßen reibungslos, die öffentlichen Verkehrsmittel waren zur Hälfte wiederhergestellt (im Mai 1945 waren nur noch 10 Prozent des Straßenbahnnetzes, 20 Prozent der U-Bahn und 8 Prozent der Omnibuslinien betriebsfähig gewesen). Wohnungen, in denen laut Statistik 1,6 Personen in einem Raum zusammenlebten, wurden allmählich wiederhergerichtet. Ein Viertel der noch reparierbaren Häuser war wieder bewohnt. Die Berliner Industrie, zu 23 Prozent im Krieg zerstört, zu weiteren 43 Prozent nach Kriegsende durch Demontagen vernichtet, regte sich wieder, und im ersten Halbjahr 1948 nahm der Handel mit den westlichen Besatzungszonen laufend zu, obwohl die kürzeste Entfernung zwischen Berlin und dem Wirtschaftsgebiet der amerikanischen und der britischen Zone, der Bizone, wie das Gebiet seit Anfang 1947 hieß, 175 Kilometer betrug.

Trotz der Anwesenheit der vier Besatzungsmächte, von denen jede in einem »Sektor« die Oberhoheit ausübte, war Berlin zu Beginn des Jahres 1948 noch keine geteilte Stadt: Ein deutscher Magistrat, der aus den ersten (und letzten) freien Wahlen Groß-Berlins nach dem Krieg im Oktober 1946 hervorgegangen war, lenkte die Geschicke ganz Berlins unter der Aufsicht und Kontrolle der »Kommandatura«, in der die vier alliierten Stadtkommandanten gemeinsam entschieden. Auf der unteren Ebene der deutschen Kommunalverwaltung amtierten 20 Bezirksbürgermeister. Der Ostsektor der Stadt hatte die meisten Einwohner, 1 170 297. Im amerikanischen Sektor lebten 984 002, im britischen 605 300 und im französischen 422 110 Berliner.

Die Garnisonen der drei Westmächte bestanden zusammen aus etwa 6500 Soldaten, denen eine vielfache Übermacht im sowjetischen Sektor der Stadt, etwa 18 000 Mann, gegenüberstand. (Weitere 300 000 Rotarmisten waren in der Berlin umschließenden Ostzone stationiert.) Es waren natürlich viel mehr Amerikaner, Franzosen und Briten in Berlin als die 6500 Soldaten der Kampftruppe, nämlich das Personal der amerikanischen Militärregierung für Deutschland (OMGUS = Office of Military Government for Germany, U. S.) mit General Lucius D. Clay an der Spitze, die Angehörigen der amerikanischen, britischen und französischen Militärregierungen, die jeweils zuständig waren für ihren Sektor Berlins, ferner die Offiziere und Beamten, die als Vertreter ihrer Nationen im Alliierten Kontrollrat für Deutschland saßen, außerdem Verbindungsstäbe, Techniker, Berater und großenteils deren Familienangehörige. Im Jahre 1948 waren das noch mindestens 25 000 Personen.

Zur Präsenz der westlichen Alliierten in Berlin gehörten die »Zugangsrechte« zur ehemaligen Reichshauptstadt, die ringsum von der sowjetischen Besatzungszone umgeben war. Die Westmächte hatten während des Krieges und unmittelbar nach Kriegsende keinen Grund gesehen, ihre vertraglich festgelegte Anwesenheit in Berlin durch schriftliche Vereinbarungen über die Zugangswege zu Lande und zu Wasser förmlich abzusichern; vor allem die Amerikaner glaubten noch ziemlich lange an eine freundschaftliche Fortsetzung des Kriegsbündnisses mit der Sowjetunion. Lediglich die Luftverbindungen von Berlin nach Hamburg, Hannover und Frankfurt am Main – die drei Korridore – waren im November 1945 festgelegt worden. Einzelheiten des Luftverkehrs wurden im Oktober 1946 vom Kontrollrat in aller Form geregelt.

»Technische Störungen«: Nadelstiche und Schikanen der Sowjets

Seit Beginn des Jahres 1948 häuften sich die »technischen Störungen« auf den Verbindungswegen zwischen Berlin und den Westzonen, die durch das von der sowjetischen Besatzungsmacht kontrollierte Gebiet der späteren DDR führten. Seit Ende 1947 hatten sich die Anzeichen verstärkt, dass die Sowjetunion, die gemeinsam mit den USA, Großbritannien und Frankreich die Hoheit über Berlin ausübte, den Zustand vom Frühjahr 1945 wiederherstellen wollte, als sie zehn Wochen lang, vom Mai bis Juli, die Stadt allein beherrscht hatte.

Die technischen »Störungen« und »Schwierigkeiten« auf den Zufahrtswegen nach Berlin begannen am 24. Januar 1948. An diesem Tag wurde der Nachtzug Berlin-Bielefeld, in dem Angehörige der britischen Besatzungsmacht und 120 Deutsche saßen, elf Stunden lang in der sowjetischen Zone festgehalten; die Deutschen mussten nach Berlin zurück, weil ihre Ausweise von den sowjetischen Kontrolleuren nicht als gültig anerkannt wurden; die Briten durften schließlich die Fahrt fortsetzen. Im Februar wurde ein amerikanischer Militärzug in Helmstedt angehalten. Am 30. März erklärte General Dratwin, der stellvertretende sowjetische Militärgouverneur, innerhalb von 24 Stunden würden neue Bestimmungen für den Interzonenverkehr in Kraft treten, die namentlich Kontrollen durch die sowjetische Besatzungsmacht auf den Wegen nach Berlin ermöglichen sollten. Am 1. April wurden zwei britische Personenzüge an der sowjetischen Zonengrenze angehalten und zurückgeschickt, weil die Engländer sich weigerten, sich kontrollieren zu lassen. Ein amerikanischer Zug kam etwas weiter, bis er auf ein Nebengleis geleitet wurde, wo er ein paar Tage lang stehen blieb, ehe er wieder in die US-Zone zurückfuhr.

Ebenfalls in den ersten Apriltagen 1948 sperrten die sowjetischen Behörden die Eisenbahnlinien von Hamburg und von Bayern nach Berlin, der gesamte Frachtverkehr sollte nur noch über Helmstedt abgewickelt werden. Posteisenbahnwagen von Berlin nach dem Westen wurden ab 1. April nicht mehr abgefertigt, weil gewisse Formulare (über die aber keine genauen Auskünfte zu erlangen waren) hinterlegt werden sollten. Am folgenden Tag wurden die Frachtschiffe, die von Hamburg aus über die Elbe, die Havel und den havelländischen Hauptkanal nach Berlin fuhren, aufgehalten, weil die Frachtbriefe angeblich nicht gültig waren. Diese und ähnliche Dokumente wurden überhaupt in den folgenden Wochen zu einer rätselhaften Sache. Wie sorgfältig sie auch ausgestellt und wie oft sie auch (von sowjetischen und anderen Behörden) gestempelt und signiert waren, unweigerlich tauchten Soldaten der Roten Armee auf, die Binnenschiffern, Lkw-Fahrern, Zugschaffnern, und wer sonst auf den Transitstrecken nach Berlin unterwegs war, ihr stereotypes »propusk nix gut« entgegenhielten und die Weiterfahrt verhinderten. Am 2. April mussten die amerikanischen und britischen Reparaturstationen an der Autobahn zwischen Helmstedt und Berlin geschlossen werden, kurz darauf verlangten die Sowjets auch den Abzug des militärischen Nachrichtenpersonals, das Amerikaner und Engländer zur Betreuung der amtlichen Fernsprechlinien zwischen ihren Hauptquartieren in Berlin und Westdeutschland in der sowjetischen Zone stationiert hatten.

Im Mai und Juni erwiesen sich die Sowjets genauso erfinderisch wie im April; alle nur denkbaren Formalitäten für den Berlinverkehr wurden ersonnen, um »Plünderern«, »Spekulanten«, »Schwarzmarkthändlern«, »Banditen und Spionen« oder gar »terroristischen Elementen« die Reise zu erschweren. Gemeint waren freilich in erster Linie die Militärtransporte der Alliierten, und erschwert werden sollte vor allem die Versorgung der amerikanischen, britischen und französischen Garnisonen in Berlin.

Der ernsteste Zwischenfall ereignete sich am 5. April. Ein russisches Jagdflugzeug raste in eine britische Transportmaschine, die zur Landung auf dem Flugplatz Gatow im britischen Sektor angesetzt hatte. Beim Absturz kamen vierzehn Briten und der Pilot des sowjetischen Flugzeugs ums Leben. Die Schuld schien zunächst eindeutig beim sowjetischen Jäger zu liegen, nach Zeugenaussagen hatte er durch Akrobatenstücke die britische Maschine gefährdet. Marschall Sokolowskij, der sowjetische Militärgouverneur, sah das zunächst auch so, er bedauerte unmittelbar nach dem Unglück das Verhalten des sowjetischen Piloten. Daraufhin nahmen Amerikaner und Engländer ihre Entscheidung, künftig mit Jagdschutz nach Berlin zu fliegen, wieder zurück. Dann änderte Sokolowskij aber seine Haltung und beschuldigte die Briten, Flugsicherheitsvorschriften missachtet zu haben. Die britische Untersuchungskommission kam zwar zu dem Ergebnis, dass das sowjetische Jagdflugzeug das Unglück verursacht hatte, für die Annahme einer provokativen Gefährdung des britischen Flugzeugs reichten die Beweise aber nicht aus. Jedenfalls drehten die Sowjets den Spieß um, beschuldigten die Engländer, das Flugzeugwrack in ihrem Sinn präpariert zu haben und benutzten den Zwischenfall, für den sie sich erst entschuldigt hatten, vom nächsten Tag an für ihre Forderung, den Flugverkehr zwischen Westdeutschland und Berlin einzuschränken und alle Flüge von einer 24 Stunden vorher bei ihnen einzuholenden Genehmigung abhängig zu machen. Unterstützt wurde diese Forderung durch Presseberichte in den Zeitungen der Sowjetzone, nach denen die amerikanischen und britischen Piloten »höchst unerfahren« seien, ständig Luftverkehrsvorschriften verletzten und daher »dringend strenger Kontrolle« bedürften. Die Piloten der Royal Air Force und der US Air Force sollten freilich bald reichlich Gelegenheit erhalten, ihre Fähigkeiten zu beweisen.

Erste Kraftprobe im April: General Clay behält die Nerven

General Lucius D. Clay, der amerikanische Militärgouverneur für Deutschland, hatte am 2. April kurzerhand angeordnet, die stecken gebliebenen oder zurückgewiesenen Transportzüge durch Flugzeuge zu ersetzen. Von der Öffentlichkeit noch wenig beachtet, wurden die Güter, die die Truppen der westlichen Alliierten brauchten, vom Frankfurter Rhein-Main-Flughafen aus nach Berlin geflogen. Angesichts der 36 Transportflugzeuge, die zur Verfügung standen – 24 davon waren tatsächlich einsatzbereit –, waren die 200 Tonnen Lebensmittel und Material, die vom 2. bis 4. April 1948 nach Berlin geflogen wurden, eine ganz gute Leistung, spektakulär war sie freilich nicht. Man muss bedenken, dass die amerikanischen Streitkräfte demobilisierten: Mannschaft und

Gerät standen 1948 keineswegs mehr im Überfluss zur Verfügung, und der Chef der Frankfurter Transportgruppe war eher erschrocken, als er Clays Befehl mit seinen wenigen, überdies vom Krieg her ziemlich mitgenommenen Maschinen ausführen musste. Das Unternehmen, später »Baby-Luftbrücke« genannt, das nach der Normalisierung des Landverkehrs schnell wieder überflüssig wurde, demonstrierte allenfalls die Entschlossenheit des amerikanischen Militärgouverneurs, in Berlin nicht vor technischen Schwierigkeiten zu kapitulieren.

Der Ruhm General Clays in der amerikanischen Armee gründete sich gerade auf die Bewältigung von scheinbar unlösbaren technischen Schwierigkeiten. Clay war damals 51 Jahre alt, seit 30 Jahren Berufssoldat (die ersten 17 Jahre seiner Karriere hatte er als Leutnant verbracht, was aber nicht seine militärische Unfähigkeit beweist, sondern die Sparsamkeit der US Army nach dem Ersten Weltkrieg). Als Armeeingenieur hatte er zwischen 1918 und Amerikas Eintritt in den Zweiten Weltkrieg Dämme, Schleusen und Flugplätze gebaut, im Zweiten Weltkrieg war er zu einem der wichtigsten Rüstungsmanager aufgestiegen, der vom Schreibtisch in Washington aus Nachschubprobleme löste. Seine Glanzleistung vollbrachte er 1944 in der Normandie, als er den hoffnungslos demolierten und verstopften Hafen Cherbourg, der für den Nachschub der amerikanischen Armee lebenswichtig war, innerhalb von zwanzig Tagen zum Funktionieren brachte. Auf Schlachtenruhm hatte der brillante Logistiker und Organisator verzichten müssen, aber als Stellvertreter und späterer Nachfolger Eisenhowers im Amt des amerikanischen Militärgouverneurs für Deutschland wurde er legendär: ein auch in Washington wegen seiner schnellen und manchmal eigenwilligen Entschlüsse mit Skepsis beobachteter Soldat mit politischem Auftrag, ein autokratischer Vorgesetzter mit schier unmenschlicher Arbeitskraft, glänzendem Gedächtnis und kühler Selbstbeherrschung in kritischen Situationen. Ein Angehöriger der britischen Militärregierung in Deutschland von hohem Rang sagte nach einer anstrengenden Konferenz mit ihm: »Er sieht aus wie ein römischer Kaiser – und so beträgt er sich auch.«

Angesichts der Blockade der Zufahrtswege im April 1948, durch die die Sowjets die Westalliierten in Berlin aushungern und zum Abzug bewegen wollten, wurde das alliierte Personal doch ein bisschen nervös.

Der Wunsch verbreitete sich, wenigstens die Familienangehörigen der westlichen Besatzungsmächte aus Berlin zu evakuieren. Während Franzosen und Engländer, nicht zuletzt um die Versorgungsschwierigkeiten möglichst gering zu halten, entsprechend verfuhren, lehnte Clay dies kategorisch ab. Er erklärte, dass jeder Evakuierungsantrag eines Amerikaners für seine Familie automatisch auch für den Antragsteller selbst gelte, das sei keine Diskreditierung, aber er wünsche keine Mitarbeiter um sich, die sich in Berlin ungemütlich fühlten. Daraufhin wurden die meisten Anträge zurückgezogen, und Clay meldete selbstbewusst nach Washington: »Eine Evakuierung kommt angesichts der bevorstehenden italienischen Wahlen und der europäischen Lage meiner Ansicht nach nicht in Betracht. Unsere Frauen und Kinder können es aushalten und wissen, worauf es ankommt. Hier denken wenige an die Abreise, wenn sie nicht dazu aufgefordert werden.«[1]

Der Militärgouverneur sah also seine Aufgabe auch darin, in ganz Europa amerikanische Stärke und Unerschrockenheit zu demonstrieren. Von den italienischen Parlamentswahlen, auf die Clay hinwies, wurde am 18./19. April 1948 die Entscheidung darüber erwartet, ob die Italiener sich beim ersten allgemeinen und freien Urnengang nach dem Zweiten Weltkrieg für die parlamentarische Demokratie oder für eine kommunistische Regierung entscheiden würden, die auch dieses Land hinter den »Eisernen Vorhang« gebracht hätte. Ein Abzug namentlich der Amerikaner aus Berlin hätte die Situation in ganz Europa ohne Zweifel erheblich verändert, er wäre von vielen als erster Schritt verstanden worden, dem vielleicht die Aufgabe ganz Westdeutschlands hätte folgen müssen. Das geglückte Experiment der »Baby-Luftbrücke« bestärkte Clay in der Zuversicht, in Berlin bleiben zu können, solange die westlichen Truppen nicht mit Gewalt vertrieben würden. Militärische Risiken wollte Washington nämlich nicht eingehen, und an eine Abdrosselung der Lebensmitteltransporte für die deutsche Bevölkerung in Berlin dachte man im April 1948 noch nicht ernsthaft. Aus politischen Gründen wollte General Clay unbedingt in Berlin bleiben, solange es irgend ging, dafür war er schlimmstenfalls auch bereit, Schikanen und Demütigungen durch die ehemals verbündeten Sowjets hinzunehmen.

Weitere Nadelstiche folgten, auch als sich die Lage auf den Zufahrtswegen nach Berlin wieder normalisiert hatte. Es gab ständig irgend-

welchen Arger mit Bestimmungen über Frachtbriefe: Am 30. April
wurde ein Lkw-Transport mit britischer Militärfracht aus Berlin von den
Sowjets zurückgeschickt, weil die Begleitpapiere angeblich unzulänglich
waren, eine Woche später traf zwei deutsche Güterzüge aus westlicher
Richtung das gleiche Schicksal, am 20. Mai wurden die Vorschriften für
Schiffspapiere noch komplizierter gestaltet, als sie schon waren. Post-
züge wurden wiederholt angehalten. Am 9. Juni griffen sowjetische Behörden sogar in den Eisenbahnverkehr im amerikanischen Sektor ein,
bis US-Militär sie daran hinderte. Wenig später wurden Züge aus dem
Westen mit der Begründung an der Weiterfahrt gehindert, die Waggons
seien »schadhaft«, wieder einige Tage später, am 19. Juni, schickten die
Sowjets Lastkraftwagen mit Lebensmitteln an der Zonengrenze in den
Westen zurück, mit der Begründung, die Fahrzeuge seien zu alt und
nicht verkehrssicher.

Ab Mitte Juni traten überall auch wieder »technische Störungen« auf.
Die Elbbrücke der Autobahn bei Magdeburg wurde am 15. Juni wegen
Reparaturarbeiten gesperrt. Der Verkehr wurde tagsüber durch eine
primitive Fähre mit geringer Kapazität, aber überhöhten Preisen mehr
schlecht als recht aufrechterhalten. Am 19. Juni 1948 unterbanden die
sowjetischen Behörden den gesamten Personenverkehr sowie den ganzen übrigen Straßenverkehr zwischen den Westzonen und der Ostzone.

Der Grund für diese Maßnahmen war die bevorstehende Währungsreform in den drei Westzonen, die am 20. Juni in Kraft trat. Lediglich
in Berlin würde vorläufig alles beim Alten bleiben, wegen des Viermächte-Status der ehemaligen Reichshauptstadt sollte dort die alte Reichsmark
bis zu einer Viermächte-Vereinbarung alleiniges Zahlungsmittel sein.

Macht die Währungsreform die Lage unhaltbar?

Auf der Bühne der Kommandatura, der Viermächte-Regierung für Berlin, inszenierten die sowjetischen Vertreter am 16. Juni ihre letzte Komö-
die. Nachdem der amerikanische Stadtkommandant, Oberst Howley, sich
nach einem dreizehnstündigen Streit um 11 Uhr nachts aus der Sitzung
entfernt hatte – sein Stellvertreter hatte in aller Form seinen Platz ein-

genommen –, protestierte die sowjetische Delegation gegen dieses »unwürdige Verhalten« und verließ den Saal auf Nimmerwiedersehen. Die Kommandatura als interalliiertes Gremium gemeinsamer Verantwortung für Berlin war damit praktisch beseitigt. Nachdem die Sowjets schon am 20. März 1948 den Alliierten Kontrollrat für Deutschland verlassen hatten, war die Inszenierung in der Kommandatura keine allzu große Überraschung mehr.

Hinter den Kulissen geschahen zur gleichen Zeit andere Dinge, deren Sinn noch nicht gleich erkennbar war: Am 12. Juni hatte der russische Bezirkskommandant das Kraftwerk Klingenberg im Ostsektor Berlins, eines der wichtigsten Elektrizitätswerke, von dem die Versorgung des westlichen Berlin abhing, in unmittelbare sowjetische Regie genommen, und bereits am 3. Juni war für den Ostsektor entgegen den Viermächte-Vereinbarungen ein Befehl zur Regelung der Löhne und Arbeitszeiten erlassen worden, ein Befehl, der für den Ostsektor andere Bedingungen setzte als für die Westsektoren der Stadt.

Die von der sowjetischen Besatzungsmacht beeinflusste deutsche Presse hatte seit Monaten schon psychologische Kriegsführung betrieben, um die Einwohner der Berliner Westsektoren auf eine russische Machtergreifung in der ganzen Stadt vorzubereiten. Mindestens sollten die Artikel den Eindruck erwecken, die Westmächte würden Berlin aufgeben. Von mangelnden Lebensmitteln war die Rede (das stimmte: Die Vorräte, die in Westberlin nach den Erfahrungen des Frühjahres 1948 angelegt worden waren, reichten kaum für ein paar Wochen), und immer wieder wurden angebliche Äußerungen westlicher Politiker oder General Clays kolportiert, dass Berlin nicht zu halten sei. Vorsorglich wurde auch gern betont, dass die Bevölkerung Berlins im Falle von Verkehrsschwierigkeiten nicht aus der Luft versorgt werden könne. An die »Baby-Luftbrücke« vom April erinnerten sich die Sowjets also offenbar ganz gut. Aber es war in der Tat unwahrscheinlich, dass die Westmächte mehr als zwei Millionen Berliner in den Westsektoren durch die Luft versorgen könnten. Aus der Tatsache, dass sie für ihr eigenes Personal und deren Familien, alles in allem etwa 25 000 Menschen, drei Tage lang das Lebensnotwendige mit Flugzeugen herbeigeschafft hatten, konnte man unmöglich schließen, dass die Operation im hundertfach vergrößerten Maßstab ebenfalls erfolgreich sein könnte.

Die schleichende Krise um Berlin wurde akut, als am 18. Juni 1948, einem Freitag, verkündet wurde, dass am 20. Juni die Währungsreform für die drei westlichen Besatzungszonen Deutschlands in Kraft treten würde. Die monatelangen Verhandlungen der vier Mächte über eine gemeinsame Reform in allen vier Zonen waren ergebnislos geblieben. Die Reform im Westen forderte aber zwingend auch entsprechende Maßnahmen in der Ostzone. Hätten die Verantwortlichen in der sowjetischen Besatzungszone nicht reagiert, so wäre ihr Gebiet mit der wertlosen Reichsmark aus dem Westen überschwemmt worden; die Beseitigung der Inflation im Westen hätte die Inflation im Osten ins Ungeheure gesteigert. Während aber die Westmächte Groß-Berlin von der Währungsreform bis zu einem Übereinkommen der vier Mächte ausklammern wollten, bezog Marschall Sokolowskij bei seiner Reform Gesamt-Berlin mit ein, da es in der sowjetischen Besatzungszone liege »und wirtschaftlich ein Teil der sowjetischen Zone« sei. Sokolowskij verbot in seinem Währungsreform-Befehl vom 23. Juni 1948 die Verwendung anderen Geldes in Berlin »außer der Währung der sowjetischen Besatzungszone«.

Für den Spätnachmittag des 23. Juni war eine Sondersitzung der Berliner Stadtverordneten einberufen worden. Schon Stunden zuvor drängten sich Menschenmengen vor dem Stadthaus in der Parochialstraße, Demonstranten hatten sich auch gewaltsam Einlass in den Stadtverordnetensaal verschafft und verhinderten die Eröffnung der Sitzung. Es waren Sympathisanten der SED, die zum Stadthaus befohlen waren, um die Beschlüsse des Magistrats und der Stadtverordneten zur Währungsreform zu verhindern. Seit den Wahlen vom Oktober 1946 hatte die Sozialistische Einheitspartei Deutschlands in der Stadtverordnetenversammlung von Groß-Berlin nur noch 26 von 130 Sitzen (SPD: 63, CDU: 29, LDP: 12). Die Mobilisierung der Straße sollte die Unterlegenheit im Stadtparlament ausgleichen. Mit reichlicher Verspätung wurde, trotz der Störversuche, gegen Abend verkündet, der Befehl Sokolowskijs sei nur im Ostsektor gültig. In den Westsektoren kämen die Befehle der westlichen Militärgouverneure zur Anwendung. Einige Stadtverordnete mussten ihre Haltung büßen, sie wurden von den bestellten Demonstranten nach der Sitzung misshandelt. Die Polizei sah zu oder ermunterte gar die Schläger, denn das Stadthaus lag im Ostsektor. Die Zeitung ›Neues Deutschland‹, das Organ der SED, versuchte am übernächsten Tag ihren Lesern einzureden: »Das war Demokratie, Berliner!« (So lautete die Schlagzeile zum Bericht über die Tumulte.) Die »Abgesandten der Werktätigen«, wie die SED die brutalen Demonstranten für die Einführung der Ostmark in ganz Berlin titulierte, wurden in dem Artikel aufgefordert, »diese Form eures demokratischen Willensausdrucks« so oft zu wiederholen, wie »die Wahrnehmung eurer Lebensinteressen es erfordert«.[2]

Am 24. Juni wurde in den drei Westsektoren die westliche DM eingeführt, allerdings nicht als alleiniges Zahlungsmittel. Bewirtschaftete Lebensmittel, Mieten, Postgebühren, Strom, Gas und die Fahrt in den öffentlichen Verkehrsmitteln konnten in Ost- oder in Westmark bezahlt werden. Ein Teil der Löhne und Gehälter wurde in Ostmark ausbezahlt. In den Westsektoren waren also zwei Währungen nebeneinander gültig, im Osten der Stadt war die Westmark hingegen verboten.

Die Schlinge wird zugezogen

Die Reaktion der Sowjetischen Militärverwaltung auf die Währungsreform im Westen Berlins setzte schlagartig ein, sie war trotz des Vorgeschmacks der monatelangen sowjetischen Nadelstiche ein Schock – für die Berliner, für die Westmächte, für die ganze Welt.

Kurz vor Mitternacht am 23. Juni 1948 gingen im westlichen Berlin die Lichter aus. Die Elektrizitätsversorgung aus dem Sowjetsektor und der Sowjetzone war abgestellt worden. Begründung: Kohlenknappheit oder, nach anderer Version, eine Störung im Großkraftwerk Golpa-Zschornewitz im mitteldeutschen Braunkohlenrevier, das seit Jahrzehnten Berlin mit Fernstrom versorgte. Um 6 Uhr morgens am 24. Juni wurde der gesamte Eisenbahnverkehr nach Berlin unterbrochen. Begründung: technische Störungen auf der Strecke Berlin-Helmstedt. Zur Verblüffung der Amerikaner und Engländer erreichten zwei Züge mit Kartoffeln einige Zeit nach der Sperre doch noch Berlin; General Clay meinte in seiner routinemäßigen Stabskonferenz am 26. Juni, bei der das Ereignis bestaunt wurde: »Das kann man wohl als eine Fügung Gottes bezeichnen. Vielleicht ist er auf unserer Seite.« Der Straßenverkehr vom

Westen nach Berlin war schon am 19. Juni unterbunden worden. Am 24. Juni wurde auch die Lieferung von Lebensmitteln aus der Ostzone für die Westsektoren Berlins eingestellt. Wenig später blockierten die Sowjets die Binnenschifffahrt. Die Begründung wurde am 10. Juli nachgereicht: Reparaturbedürftigkeit der Rathenower Havelschleuse. Die Blockade Berlins zu Lande und zu Wasser war damit vollständig.

Das Ziel der gründlich vorbereiteten Aktionen schien klar: Berlin vom Westen abzuschnüren, auszuhungern und nach dem irgendwann unvermeidlichen Abzug der Westmächte in Besitz zu nehmen. Die eifrig kolportierten Nachrichten in der ostzonalen Presse über Lebensmittelmangel, fehlende Vorräte und Energieknappheit in den Westsektoren, die gleichzeitig mit der Abdrosselung der Verkehrswege einsetzten, machten die sowjetischen Absichten deutlich. Offiziell beharrte die Sowjetische Militäradministration freilich auf der Lesart »technische Störungen«. Eine vom britischen Außenministerium veröffentlichte Darstellung der Ereignisse nannte die sowjetischen Vorbereitungen zur Blockade Berlins aber beim Namen: »Mit orientalischer Gewundenheit und Tücke wurde die Taktik allmählich entfaltet. Sie bestand aus zahllosen einzelnen Zügen, vergleichbar den winzigen Bewegungen einer Boa constrictor, von denen jede für sich kaum wahrzunehmen und schwer zu bestimmen, trotzdem aber von wesentlicher Bedeutung ist.« Eine führende New Yorker Zeitung hatte schon Mitte April geschrieben: »Die ganze Operation wird in der klassisch Hitlerischen Art durchgeführt, indem man begrenzte Ziele anstrebt, immer nur eines zur gleichen Zeit, bis schließlich eine unangreifbare Position erreicht worden ist.«[3]

Zur Versorgung des vom Westen abgeriegelten Berlin blieb ab 24. Juni 1948 nur noch der Luftweg. Als General Clay am folgenden Tag befahl, dass alle Transportmaschinen der US Air Force ausschließlich auf den Strecken nach Berlin eingesetzt werden sollten, war dies allerdings nicht viel mehr als eine Geste. Die Luftflotte, die Clay zur Verfügung stand, war nämlich alles andere als imponierend. Sie bestand aus 112 zweimotorigen Maschinen vom Typ Douglas C-47 (das war die militärische Version der 1935 erstmals gebauten DC-3; die Amerikaner nannten das Flugzeug ursprünglich Skytrain, bekannter wurde es unter der britischen Bezeichnung Dakota). Eine C-47 konnte mit drei Mann Besatzung theoretisch 3,1 Tonnen Nutzlast befördern, im Berlin-Verkehr waren aber nur 2,5 Tonnen möglich.[4]

Dass mit Hilfe einer »Luftbrücke« die sowjetische Blockade gebrochen werden könnte, hielt im Juni 1948 kaum jemand für realistisch. Die Engländer schafften am 25. Juni sechseinhalb Tonnen Lebensmittel (für ihre eigenen Leute) nach Berlin, die Amerikaner flogen am folgenden Tag 80 Tonnen ein. Das waren Mengen, die in keinem Verhältnis zu den aufmunternden Reden an die Berliner Bevölkerung standen und die, am Bedarf gemessen, überhaupt nicht zählten. Der französischen Besatzungsmacht standen gar keine Flugzeuge zur Verfügung, mit denen sie ihre Berliner Garnison oder die mehr als 400 000 Einwohner ihres Sektors hätten versorgen können.

Der Berliner Magistrat richtete am 29. Juni 1948 einen Appell an die Vereinten Nationen, die einzige Instanz, von der nach realistischer Einschätzung der Lage vielleicht noch Hilfe zu erwarten war. Wie dramatisch die städtischen Gremien die Lage beurteilten, geht aus folgender Passage des Schreibens der Berliner Behörden an die UNO hervor: »Die gesamte Berliner Bevölkerung wird nach Erschöpfung der noch in der Stadt vorhandenen Kohlenvorräte, das heißt nach Ablauf einer nur wenige Wochen betragenden Frist, vor dem Erliegen der Gas-, Elektrizitäts- und auch der Wasserversorgung stehen, wobei der der sowjetischen Besatzung unterstehende Ostsektor bei der Fortführung der Elektrizitätslieferung aus der Ostzone und vielleicht auch in anderer Hinsicht weniger betroffen wird. Für die Bewohner der drei anderen Sektoren dagegen muß das vollständige Aufhören aller drei Versorgungsarten etwa ab Anfang August zu noch schwer ausdenkbaren Folgen auf allen Gebieten des öffentlichen, wirtschaftlichen und privaten Lebens, insbesondere auch auf gesundheitlichem Gebiete führen. Etwa um die gleiche Zeit wird auch die Möglichkeit der geordneten Ernährung für die Bevölkerung dieser drei Sektoren aufhören, da die jetzt vorhandenen Vorräte durchschnittlich nur bis zu dieser Zeit reichen und da ins Gewicht fallende andere Zufuhrmöglichkeiten nicht bestehen. Gegenwärtig ist die Stromversorgung für die drei Westsektoren bis auf wenige Stunden eingestellt worden; ebenso hat bereits die Frischmilchversorgung der Säuglinge und Kleinstkinder in den Westsektoren aufgehört. Beide Tatsachen schaffen schon jetzt eine überaus gefahrvolle Lage für die Gesundheit der Bevölkerung. In fortschreitender Entwicklung wäre die gesamte 2,1 Millionen zählende Bevölkerung der Westsektoren zum regelrechten physischen Untergang verurteilt, wenn nicht mit größter Beschleunigung Abhilfe geschaffen würde.«[5]

Die Bitte an die Vereinten Nationen, die Situation von Groß-Berlin im Sicherheitsrat oder in der UN-Vollversammlung zu erörtern, weil »die Wahrung des internationalen Friedens und der Sicherheit« gefährdet sei, verhallte ungehört. Ein Mitgliedsstaat der UNO hätte den Brief aus Berlin weiterleiten müssen, aber niemand war dazu bereit. Indien und Dänemark, die als neutrale Mächte vom Magistrat gefragt worden waren, lehnten ab, dann wurde Frankreich gebeten, aber Paris schob die Angelegenheit auf die lange Bank.

Das größte Transportunternehmen in der Geschichte der Luftfahrt

Während die Regierungen in Washington, London und Paris untereinander und mit ihren Militärgouverneuren im besetzten Deutschland konferierten, wie sie politisch auf die sowjetische Blockade reagieren sollten, prüften die Oberkommandos der britischen und der amerikanischen Luftstreitkräfte die Möglichkeiten zur Versorgung Berlins durch Flugzeuge. Treibende Kraft war General Clay. Er ermahnte nicht nur das Heeresministerium und das Außenministerium der Vereinigten Staaten in den regelmäßigen Telekonferenzen über Fernschreiber zu einer festen Haltung, für ihn war ein Abzug aus Berlin nach wie vor nicht denkbar. Er versicherte sich am 25. Juni in einem Gespräch mit Ernst Reuter, dem 1947 gewählten Oberbürgermeister, der von den Sowjets an der Amtsausübung gehindert wurde, auch der Standhaftigkeit und Loyalität der Berliner. Clay versprach, das Menschenmögliche an Gütern durch die Luft herbeizuschaffen, wenn die Berliner sich hinter die westlichen Alliierten nach der Devise »Für die Demokratie, gegen den Kommunismus« stellen würden. Beide Gesprächspartner waren sich darüber im Klaren, dass schwere Entbehrungen für die Einwohner Berlins bevorstanden. Aber bereits am ersten Tag der Blockade waren mehr als 70 000 Berliner zu einer Protestkundgebung geströmt und hatten auf dem Hertha-Sportplatz die

Appelle der führenden SPD-Politiker, den kommunistischen Pressionen Widerstand entgegenzusetzen, mit gewaltigem Beifall beantwortet.[6]

Trotz der beruhigenden Versicherungen aus Washington und London waren die Westmächte in den ersten Tagen der Blockade jedoch unschlüssig, wie sie reagieren sollten. Als General Clay am 24. Juni erklärt hatte, dass die Amerikaner nur durch einen Krieg aus Berlin vertrieben werden könnten, war dies vor allem seine eigene Meinung gewesen. Der Präsident der Vereinigten Staaten, Harry S. Truman, entschied erst am 28. Juni – gegen die Bedenken vieler seiner Berater –, in Berlin nicht nachzugeben. Truman ordnete über die rein defensiven Maßnahmen wie die Luftbrücke hinaus auch die Verlegung schwerer Bomber nach Europa an, zur Abschreckung und Betonung der amerikanischen Absichten, sich nicht einschüchtern zu lassen. Im britischen Unterhaus erklärte Außenminister Bevin am 30. Juni unter dem Beifall des ganzen Parlaments, dass Großbritannien unter keinen Umständen kapitulieren werde. Paris verhielt sich dagegen abwartend, und die französischen Politiker gaben sich auch den Verbündeten gegenüber eher reserviert.

So dauerte es auch zwei Wochen, bis die drei Westmächte über ihre Protestnoten an die Sowjetunion einig waren. Die Luftbrücke funktionierte inzwischen schon ganz gut. Das Unternehmen musste bis ins Detail geplant und mit der Präzision eines riesigen Uhrwerks durchgeführt werden, und zwar auf unabsehbare Zeit. Der Berliner Magistrat und amerikanische Militärs errechneten zunächst den Bedarf der Bevölkerung. Als Ernährungsminimum ergaben die Planungen einen täglichen Bedarf von 1400 Tonnen Lebensmitteln, dazu 2650 Tonnen Kohle (für Elektrizitäts- und Gaserzeugung, für die Wasserwerke, die Kanalisation und 400 Tonnen für industrielle und gewerbliche Zwecke), 1250 weitere Tonnen Kohle als Hausbrand sowie 700 Tonnen Rohstoffe, Halbfabrikate und sonstige Güter. Dieser Minimalbedarf ergab eine Tagestransportleistung von 6000 Tonnen. Die Rechnung hatte sich an den Statistiken der mehr als bescheidenen Berliner Versorgung des Vorjahres orientiert und die 9660 Tonnen Güter, die Berlin 1947 täglich gebraucht hatte, auf ein Minimum reduziert. Es war aber klar, dass der zur Verfügung stehende Transportraum auch dafür nicht ausreichte. Clay hatte als Höchstleistung anfangs 500–700 Tonnen Fracht täglich für möglich gehalten, im Rahmen »einer sehr großen Operation«[7].

Ab 26. Juni transportierten alle verfügbaren Maschinen Hilfsgüter nach Berlin, am 28. Juni wurden 35 viermotorige Flugzeuge vom Typ C-54 Skymaster (mit einer Frachtkapazität von 10 Tonnen) von ihren Stützpunkten in Alaska, Texas und Hawaii nach Deutschland in Marsch gesetzt, am gleichen Tag begannen die vorhandenen C-47 (Dakotas) mit ihren Rund-um-die-Uhr-Flügen nach Berlin, die britische Luftwaffe flog dreizehnmal, erstmals mit Gütern für die Berliner Zivilbevölkerung. Am folgenden Tag wurde das Unternehmen Luftbrücke (»Operation Vittles«, wie die Militärs sagten) generalstabsmäßig organisiert. Aus den improvisierten Hilfsflügen der ersten Tage entwickelte sich das größte Transportunternehmen in der Geschichte der Luftfahrt.

Am 7. Juli 1948 wurde erstmals Kohle nach Berlin geflogen, eine Fracht, die sich nicht besonders gut zum Lufttransport eignet. Nicht nur, dass die Säcke mit größter Sorgfalt gegen Verrutschen während des Fluges gesichert werden mussten, eine weitere Gefahr bildete der Kohlenstaub, der sich statisch aufladen und dann von den Instrumenten angesogen werden konnte. Um die Explosionsgefahr des Kohlenstaubs zu verringern, wurden die Kohlen angefeuchtet, wodurch sie aber schwerer wurden. Ganz andere Probleme warf der Transport von Salz auf wegen der erhöhten Korrosionsgefahr für die Flugzeuge. Salz wurde daher von den Sunderland-Flugbooten des britischen Küstenschutzes und den Hythe-Flugbooten der Aquila Airways befördert. Die Wasserflugzeuge, die in Hamburg-Finkenwerder auf der Elbe starteten und in Berlin-Lindwerder auf der Havel wasserten, waren konstruktionsbedingt zum Salztransport besser geeignet als die Landflugzeuge. Ihr Leitwerk lag unter dem Schwimmkörper, konnte also durch die aggressive Ladung nicht angegriffen werden. Als Mitte Dezember der Flugboot-Betrieb wegen Vereisungsgefahr eingestellt wurde, brachten Flugzeuge vom Typ Haiton die 38 Tonnen Salz, die täglich gebraucht wurden, in »Körben«, die außenbords – unterhalb des Flugzeugrumpfs – befestigt waren, nach Berlin.

Im Laufe des Juli wurden immer mehr Transportmaschinen auf westdeutschen Flugplätzen für die Luftbrücke zusammengezogen. Teilweise kamen sie von amerikanischen Stützpunkten aus dem Pazifischen Ozean, der Karibik oder aus Panama. Im Herbst 1948 hatte die US Air Force 225 Maschinen vom Typ C-54 im Einsatz. Die Engländer verpflichteten zahlreiche zivile Fluggesellschaften, die unter der Regie der

Royal Air Force Spezialfrachten transportierten. Namentlich flüssiger Treib- und Brennstoff wurde in Tankern britischer Zivilfluglinien nach Berlin gebracht.[8]

Die Materialmengen, die mit Flugzeugen fast aller damals gängigen Typen über die Luftbrücke transportiert wurden, nahmen ständig zu. Waren am 7. Juli erstmals 1000 Tonnen innerhalb von 24 Stunden nach Berlin geflogen worden, so waren es am 1. August bereits 2000 Tonnen, eine Woche später wurden in 666 Flügen 3880 Tonnen Güter an einem Tag geflogen, und in diesem Tempo ging es weiter: am 12. August 4742 Tonnen (bei 707 Flügen), am 18. September 6987,7 Tonnen (896 Flüge), am 13. Januar 1949 brachten allein die Amerikaner 6678,9 Tonnen (755 Flüge) nach Berlin. Inzwischen hatte die US Air Force zusätzlich noch einen größeren Flugzeugtyp, den schweren Langstreckentransporter C-74 Globemaster, eingesetzt, der ca. 31 Tonnen Fracht (oder 200 Personen) befördern konnte. Die Tonnagen übertrafen bald die kühnsten Träume der Anfangszeit. Stolz wurden daher auch täglich die neuen Höchstleistungen veröffentlicht.

Dies entsprach aber nicht nur dem Sportsgeist, der Amerikaner und Engländer erfasst hatte, die Transportrekorde waren auch vorzügliche Waffen im Propagandakrieg zwischen der Sowjetunion und den Westmächten, der um die Bevölkerung Berlins ausgetragen wurde. Am 15. April 1949 wurden bei der »Osterparade« demonstrativ 24 Stunden lang 80 Prozent aller an der Luftbrücke beteiligten Maschinen eingesetzt; sie brachen mit 1398 Flügen alle Rekorde: 12 940 Tonnen Lebensmittel, Kohlen und andere Güter. Im Frühjahr 1949 überstieg die Beförderungsleistung der alliierten Flugzeuge sogar die Tonnage, die vor der Blockade auf Straße, Schiene und Wasser nach Berlin transportiert worden war. Vergleicht man die Leistung der Luftbrücke mit der Frachtbeförderung, die alle Luftverkehrsgesellschaften der Welt im Jahre 1938 zusammen erreicht hatten, nämlich 60 000 Tonnen, so grenzt die Luftbrücke ans Wunderbare.[9]

Die technischen Probleme, die bei dem gigantischen Speditionsunternehmen rund um die Uhr gelöst werden mussten, sind nur noch schwer vorstellbar. Aufgrund der Viermächte-Vereinbarungen vom Herbst 1945 standen drei Luftkorridore zur Verfügung: Berlin-Frankfurt, Berlin-Bückeburg (Hannover), Berlin-Hamburg, jeweils 32 Kilometer breit. Durch diese drei Nadelöhre mussten die Flugzeuge der Luftbrücke, die von

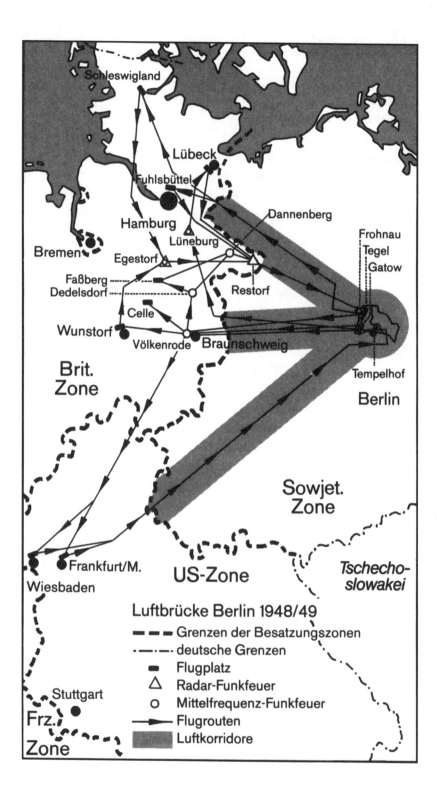

Schleswigland

Lübeck

Fuhlsbüttel

Hamburg

Dannenberg

Frohnau
Tegel
Gatow

Lüneburg

Bremen

Egestorf

Faßberg

Restorf

Dedelsdorf

Celle

Wunstorf

Völkenrode

Braunschweig

Tempelhof

Brit.
Zone

Berlin

Sowjet.
Zone

Frankfurt/M.

US-Zone

Tschecho-
slowakei

Wiesbaden

Stuttgart

Frz.
Zone

Luftbrücke Berlin 1948/49

━ ━ ━ Grenzen der Besatzungszonen
━ · ━ · ━ deutsche Grenzen
▬ Flugplatz
△ Radar-Funkfeuer
○ Mittelfrequenz-Funkfeuer
━▶ Flugrouten
▬ Luftkorridore

neun westdeutschen Plätzen kamen, eingefädelt werden. Das Gedränge der ab Herbst 1948 insgesamt 380 Maschinen der britischen und der amerikanischen Luftwaffe sowie der 46 Flugzeuge der Zivilgesellschaften, die außerdem im Auftrag der Royal Air Force flogen, war schon am Boden groß genug. Die Amerikaner, die ihre Flotte konsequent auf die C-54 umstellten, benutzten den Südkorridor nur für den Hinflug von Wiesbaden und Frankfurt aus nach Berlin. Die Maschinen flogen mit gleicher Geschwindigkeit (270 Stundenkilometer) im Abstand von drei Minuten (das bedeutete 13,5 Kilometer Distanz). Von den 225 Maschinen des Typs C-54 waren etwa 150 ständig im Einsatz.

Wie an einer unendlichen Perlenschnur aufgereiht flogen die Maschinen durch den Südkorridor zum Flughafen Tempelhof und kehrten durch den Mittelkorridor (der nur für Rückflüge nach Westdeutschland benutzt wurde) zurück. Wegen der dichten Folge gab es keine Warteräume über Berlin; wenn eine Maschine auch nur eine winzige Verspätung hatte, musste sie, ohne in Berlin landen zu können, sofort zurück, um sich aufs Neue in die Kette einzureihen. Der nördliche Korridor wurde in beiden Richtungen benutzt, für den Anflug der britischen Maschinen aus Hamburg–Fuhlsbüttel, Lübeck, Schleswigland und für die Flugboote aus Hamburg–Finkenwerder sowie für die amerikanischen Flugzeuge, die in Faßberg und Celle stationiert waren. Über die nördliche Luftstraße kehrten aber auch die Maschinen nach Hamburg–Fuhlsbüttel und Schleswigland zurück. Die anderen benutzten für den Rückflug zu den Flugplätzen in der britischen Zone den Mittelkorridor. Wegen der unterschiedlichen Flugzeugtypen, die verschieden schnell flogen, mussten im Nordkorridor Höhenstaffelungen vorgenommen werden. In einer »Etage« flogen die britischen York-Maschinen, in einer anderen die Dakotas, die die Royal Air Force im Unterschied zu den Amerikanern bis zum Ende der Luftbrücke benutzte, wieder in einer anderen Höhe bewegten sich die amerikanischen Skymasters C-54, und säuberlich getrennt von allen anderen zogen auch die Flugboote ihre Bahn.

Die neun Flugplätze in Westdeutschland (zwei in der amerikanischen, die übrigen in der britischen Zone) waren riesige Speditionslager, Umschlagplätze, die Tag und Nacht mit Gütern beliefert wurden, die in höchster Geschwindigkeit verladen werden mussten. Die meisten dieser Flugplätze mussten erst hergerichtet und mit den damals modernsten elektronischen Hilfsmitteln ausgestattet werden, was zum Teil bis zum Jahresende 1948 dauerte. In Berlin selbst standen zunächst nur zwei Landeplätze zur Verfügung: der Zentralflughafen Tempelhof im amerikanischen Sektor und der Flugplatz Gatow im britischen Teil der Stadt, ein ehemaliger Testflugplatz der Deutschen Luftwaffe. Tempelhof galt im Sommer 1948 zwar als der modernste Flughafen Europas, die Landebahn bestand aber ebenso wie die Runway in Gatow nur aus Lochblechen. In Windeseile wurden daher auf beiden Plätzen die Start- und Landebahnen ausgebaut und befestigt. Im französischen Sektor entstand in einer Bauzeit von nur 85 Tagen, bei der 19 000 Berliner unter französischen und amerikanischen Technikern und Ingenieuren Tag und Nacht arbeiteten, auf einem ehemaligen Artillerie-Schießfeld der dritte Flugplatz: Berlin-Tegel. Planierraupen, Walzen und anderes schweres Gerät waren über die Luftbrücke eingeflogen worden; sie mussten erst zerlegt und dann wieder zusammengeschweißt werden. Für die regelmäßige Wartung des Fluggeräts war in Berlin keine Zeit und auf den Startplätzen der Luftbrücke in Westdeutschland bald kein Platz mehr. Zu der nach 200 Flugstunden fälligen Inspektion flogen die Maschinen nach Oberpfaffenhofen bei München oder nach Burtonwood in England, nach 1000 Flugstunden wurden sie in den USA überholt. In Amerika, im Bundesstaat Montana, trainierten die Amerikaner auch ihre Piloten in »Luftkorridoren«, in denen die Bedingungen simuliert waren, wie sie bei den Berlin-Flügen herrschten.

Die Umstände, unter denen die Berliner während der Blockade leben mussten, waren trotz der fantastischen Leistungen der Luftbrücke kläglich. Der Strom, den acht Elektrizitätswerke in den Westsektoren produzieren konnten, reichte bei Weitem nicht aus. Die Kraftwerke waren für die Versorgung der 2,1 Millionen Berliner der Westsektoren gar nicht ausgelegt, sie waren überdies höchst unwirtschaftlich, weil sie viel zu viel Kohle brauchten: bei voller Last 35 000 Tonnen im Monat. So viel konnte natürlich nicht eingeflogen werden. Das Bravourstück der Luftbrücke, nämlich der Transport der kompletten Einrichtung für das Kraftwerk West – Turbinen, Kesselanlagen usw. – durch die fünf Großraum-Transporter Fairchild C-82 der US-Luftwaffe, brachte während der Blockade noch keine Wirkung, das Kraftwerk wurde erst später fertiggestellt (es trägt den Namen Ernst Reuters).

Für die Berliner Haushalte und die gewerblichen Kleinbetriebe gab es höchstens vier Stunden lang Strom am Tag und dies zu oft unmöglichen Zeiten, die man zudem nicht genau vorhersagen konnte. Das Schild »Heute Haarwäsche – Wasserwellen wegen Strommangels nur von 22– 24 Uhr« am Friseurgeschäft war kein Kuriosum, solche Hinweise auf die durch die Umstände diktierten Geschäftsbedingungen waren vielmehr die Regel. Der milde Winter 1948/49 war ein Geschenk Gottes, denn die Kohlerationen für die Heizung der Wohnräume konnte man bequem in der Einkaufstasche nach Hause tragen. Geologen hatten festgestellt, dass unter dem Berliner Boden Kohlevorkommen lagerten, der Magistrat ließ auch Probebohrungen in Reinickendorf, Marienfelde und Spandau vornehmen, die aber ergaben, dass die Schwierigkeiten der Förderung den Abbau nicht lohnten. Als einheimischer Brennstoff stand außer Holz allenfalls etwas Torf aus dem Hermsdorfer Moor zur Verfügung, aber vor allem im Winter musste für dessen Gewinnung und Trocknung ebenso viel Energie aufgewendet werden, wie die Torfbriketts dann selbst liefern konnten. Im britischen Sektor wurden Briketts nach folgendem Rezept hergestellt: 60 Prozent Kohlenstaub, 30 Prozent Sägemehl, 10 Prozent Teer. Das Zeug rauchte aber furchtbar und war nur ein kümmerlicher Ersatz für die Braunkohle, die vor der Blockade aus der Ostzone geliefert worden war.

Der Mangel an Energie und Rohstoffen zwang viele Betriebe zur Schließung oder zur Kurzarbeit. Die Industrieproduktion Berlins, infolge der Kriegsschäden und der Nachkriegsdemontagen ohnehin gering, sank während der Blockade noch einmal um 50 Prozent. Der Produktionsindex betrug im Mai 1948 42 Prozent des Standes von 1936, bis Juli 1949 war er auf ganze 17 Prozent zusammengeschmolzen. Während bis zum Beginn der Blockade großer Bedarf an Arbeitskräften bei wenigen freien Stellen geherrscht hatte, stieg die Arbeitslosenzahl zwischen Juni und Dezember 1948 um 140 Prozent, im Zeitraum Juni 1948 bis Mai 1949 gar um 250 Prozent. In absoluten Zahlen ausgedrückt hieß das, dass Ende 1948 im Westteil der Stadt 113 000 Menschen arbeitslos waren. Die Zahl der Kurzarbeiter ist darin noch nicht enthalten, sie sank während der ganzen Blockadezeit nie unter 50 000 und stieg gelegentlich auf 70 000 an.

Trost und Hoffnung bei den kümmerlichen Verhältnissen spendete das ununterbrochene Dröhnen der Luftbrücke. Immer waren Berliner unterwegs, um in Tempelhof, Gatow und Tegel die »Rosinenbomber« zu beobachten, die ab Herbst 1948 im Minutenabstand landeten und starteten. Die Berliner gewöhnten sich nach anfänglicher Skepsis auch an die ungewohnten Nahrungsmittel, die ihnen geliefert wurden, und fanden es bald selbstverständlich, mit Trockenkartoffeln (»Poms«), Trockengemüse, Trockenobst, Eipulver und Milchpulver umzugehen. Um den kostbaren Frachtraum auszunützen, wurde ja alles, was irgendwie getrocknet werden konnte, vor dem Transport dehydriert, um das Gewicht zu verringern. 67 Prozent aller eingeflogenen Güter waren Kohle, 24 Prozent Lebensmittel, 6 Prozent sonstiges Material, vom VW-Käfer für die Berliner Polizei über Medikamente, Baustoffe, Material für die Berliner Industrie bis zum Papier für die zahlreichen Tages- und Wochenzeitungen, die in Berlin auch während der Blockade erschienen.

Die Luftbrücke hatte auch einen humanitären Aspekt, von dem die Zeitgenossen nichts wussten. Mindestens 32 000 polnische Juden entzogen sich der Diskriminierung und neuer antisemitischer Gewalt nach dem Holocaust durch die Flucht aus ihrem Heimatland nach Berlin. Die ehemalige deutsche Reichshauptstadt war nicht ihr Ziel, aber Relaisstation für eine bessere Zukunft. In drei Lagern (zwei im amerikanischen, eines im französischen Sektor) hofften sie auf Auswanderungsmöglichkeiten, am liebsten in die USA. Auf dem Rückweg nach Westdeutschland transportierten US-Flugzeuge einige Tausend der polnisch-jüdischen »Displaced Persons« in den Westen, wo sie zunächst in DP-Lagern der US-Zone betreut wurden.[10]

Das Ende der Blockade – ein Sieg des Westens?

Ökonomisch gesehen war die Luftbrücke, bei der in 279 114 Einsätzen vom 28. Juni 1948 bis 6. Oktober 1949 über zwei Millionen Tonnen Güter nach Berlin geflogen worden waren, ein Verlustgeschäft von seltenem Ausmaß. Die reinen Transportkosten betrugen 100 US-Dollar pro Tonne (nach damaligem Umrechnungskurs waren das 400 DM). Diese Kosten, rund 200 Millionen Dollar, wurden vom amerikanischen und britischen Steuerzahler beglichen[11]. Die Hilfsgüter selbst wurden zum größten Teil mit Geldern des amerikanischen Hilfsprogramms GARIOA (Government Aid and Relief in Occupied Areas) bezahlt. Auch die Finanzierung des Berliner Haushaltsdefizits, das infolge entgangener Steuern, enormer Soziallasten, der Lagerung und des Transports der Hilfsgüter usw. und wegen sonstiger Blockadekosten monatlich ca. 53 Millionen DM betrug, erfolgte teilweise mit GARIOA-Geldern. Die Hauptlast der Unterstützung Berlins trug der Steuerzahler in der amerikanischen und britischen Zone. Seit November 1948 gab es in Westdeutschland eine Sondersteuer »Notopfer Berlin«, die teilweise durch einen Zuschlag von 2 Pfennigen auf alle innerdeutschen Postsachen aufgebracht wurde, zum anderen Teil bestand sie aus 1 Prozent aller Lohn- und Gehaltszahlungen in der US- und der britischen Besatzungszone. Da die Luftbrücke rein politischen Zwecken diente, dem Anspruch auf Präsenz der Westmächte und der Verhinderung einer sowjetischen Machtergreifung in den Westsektoren Berlins, ist die wirtschaftliche Bilanz des Unternehmens nicht wesentlich. Interessant daran ist allenfalls, wer die Rechnung bezahlen musste.

Die politische Bilanz, die nach der Aufhebung der Blockade zu ziehen war, wurde im Westen als sehr befriedigend empfunden. In den Jubel über die Tapferkeit der Berliner, die elf Monate lang unbeirrt den sowjetischen Drohungen (und Lockungen) widerstanden hatten, mischte sich der Stolz der Amerikaner und Engländer über die einmalige technische Leistung, und die Politiker freuten sich über die Festigkeit und Stärke, die sie gegenüber den sowjetischen Erpressungsversuchen bewiesen hatten. Durch die ganze Anstrengung war zwar lediglich der Zustand, wie er vor der Blockade bestanden hatte, wiederhergestellt bzw. aufrechterhalten worden. Aber das konnten die Westmächte durchaus als Sieg feiern. Auch Etappensiege sind Siege.[12]

Die Westmächte hatten auf die Abriegelung Berlins nicht nur mit der Luftbrücke reagiert. General Clay allerdings war mit seiner Idee, mit bewaffnetem Konvoi nach Berlin durchzubrechen, und zwar gleich, nachdem die Sowjets die Blockade verhängt hatten, in Washington nicht durchgedrungen. Clay war davon überzeugt, dass die Sowjets eine militärische Auseinandersetzung unter keinen Umständen riskieren wollten, und hatte deswegen für offensives Vorgehen plädiert. Die Sorge vor kriegerischen Verwicklungen war aber in Washington noch größer als in Moskau, die Bereitschaft zum Risiko entsprechend gering. Statt einer militärischen Demonstration verhängten die Westmächte – darunter waren zu jener Zeit immer zuerst die USA zu verstehen, denen sich Großbritannien und Frankreich jeweils anschlossen – eine »Gegenblockade«, die allmählich verschärft wurde. Diese einzige Maßnahme der Westmächte mit Repressaliencharakter war für die Sowjets spürbar und wirksam, namentlich wegen des Ausfalls industrieller Güter für die Wirtschaft der Ostzone. Der Ausdruck »Gegenblockade« umschrieb alle Maßnahmen, mit denen der Zufluss von Waren aller Art aus den Westzonen in die Ostzone unterbunden wurde. Das Verdikt der »Ausfuhr« von Lebensmitteln in Einkaufstaschen aus den Westsektoren Berlins in den Osten der Stadt fiel ebenso darunter wie das im Februar 1949 in der Bizone verhängte Verkehrsverbot für alle Fahrzeuge aus der Sowjetzone und (ohne Rücksicht auf den Standort) für alle Fahrzeuge mit dem Ziel SBZ.[13]

Gleichzeitig bemühten sich die Westmächte, mit diplomatischen Mitteln die Sowjetunion zum Einlenken zu bewegen. Ihre Protestnoten (die erste wurde am 6. August 1948 überreicht), die Antworten des Kremls, die Verhandlungen, Vorschläge und Gegenvorschläge drehten sich aber von Anfang an im Kreis. Während sich die Westmächte auf den Rechtsstandpunkt stellten und den seit Kriegsende herrschenden Zustand, der auf Vereinbarungen aus der Zeit des Krieges gegen Hitlerdeutschland basierte, wiederhergestellt sehen wollten, bestritten die sowjetischen Politiker die Existenz der Viermächte-Verwaltung für Deutschland und Berlin. Daraus folgerten sie, die Anwesenheit der Westmächte in Berlin sei rechtswidrig, und behaupteten ferner, Berlin sei ein Bestandteil der sowjetischen Besatzungszone.

Die Viermächte-Verwaltung durch den Alliierten Kontrollrat, das Kernstück der Besatzungspolitik der Sieger des Zweiten Weltkriegs, bestand spätestens seit dem 20. März 1948 de facto nicht mehr. So weit hatten die Sowjets recht. Allerdings hatten sie selbst am 20. März 1948 den Kontrollrat ohne überzeugende Begründung verlassen, und am 16. Juni 1948 hatten sie das Spiel in der Alliierten Kommandantur für Berlin unter noch fadenscheinigerer Begründung wiederholt. Die Taktik der Sowjets war leicht zu durchschauen, schon weil sie sich bei ihren

Begründungen wenig um deren Glaubwürdigkeit scherten. Viel größeres Gewicht legten sie darauf, Tatsachen zu schaffen, mit denen sie dann argumentieren konnten: die Lähmung des Kontrollrates und der Kommandantur. Nach der Zerstörung des Instrumentariums war es nicht mehr schwierig festzustellen, dass die Viermächte-Verwaltung Deutschlands nicht funktionierte oder gar nicht mehr existierte. Über die längerfristige Strategie der Sowjets kann man aber auch heute noch rätseln. Wollten sie »nur« Berlin für ihren Herrschaftsbereich kassieren, oder wollten sie mehr Einfluss in Westdeutschland gewinnen?

Bei den Verhandlungen auf diplomatischer Ebene ab August 1948 ließen die sowjetischen Vertreter höchstens einen Teil ihrer Absichten erkennen. Sie zeigten sich nämlich bereit, die Blockade zum 15. August aufzuheben, wenn die Westmächte auf die westliche Währung in Berlin verzichten würden (unter gewissen Bedingungen wären die Westmächte dazu bereit gewesen). Das war aber nur eine Bedingung. Mit einer anderen Forderung ließ Stalin die Katze aus dem Sack. Er verlangte eine Erklärung der drei Westmächte, dass sie zurzeit nicht beabsichtigten, die Frage der Bildung einer Regierung in Westdeutschland in Angriff zu nehmen.[14] Die Vorbereitungen zur Errichtung eines westdeutschen Staates – der Bundesrepublik Deutschland – außerhalb des Einflussgebietes der sowjetischen Besatzungsmacht waren aber zu jener Zeit in vollem Gange, und weder die Westmächte noch die überwiegende Mehrheit der Deutschen in den drei westlichen Besatzungszonen wollten sich davon noch abbringen lassen. Die brutale Erpressung der Sowjets gegenüber Berlin lud ja auch keineswegs dazu ein, über Bedingungen Moskaus, die nicht seine Einflusssphäre betrafen, freundlich nachzudenken.

Trotzdem schien Ende August eine Einigung über die Aufhebung der Blockade möglich zu werden, obwohl Stalin den Botschaftern der Westmächte abermals mitgeteilt hatte, dass eine Berlin-Regelung die Verschiebung der Bildung einer westdeutschen Regierung enthalten müsse. Die vier Militärgouverneure wurden beauftragt, anhand einer Direktive, die von den Regierungen der UdSSR, der USA, Großbritanniens und Frankreichs gebilligt war, praktische Vorschläge für eine Berlin-Regelung auszuarbeiten. Kern der Regelung wäre die Einführung der Ostmark in ganz Berlin gewesen, aber die Militärgouverneure (die sich in der Form eines »Sonderausschusses« zusammengesetzt hatten, weil die sowjetische Seite den Alliierten Kontrollrat nicht wiederbeleben wollte) konnten sich nicht einigen. Die drei westlichen Oberbefehlshaber stellten nach mehreren Sitzungen am 7. September fest, Marschall Sokolowskij habe sich nicht bereit gefunden, die in Moskau erzielte Verständigung anzuerkennen; die sowjetische Seite erklärte, die Westmächte hätten das Moskauer Übereinkommen »desavouiert und sabotiert«. Nach weiterem Notenwechsel beschwerten sich die Westmächte bei der UNO, deren Sicherheitsrat im Oktober 1948 siebenmal über das Berlin-Problem beriet. Die Resolution vom 25. Oktober 1948, in der die Aufhebung der Blockade verlangt wurde, fiel aber einem sowjetischen Veto zum Opfer.

Im Januar 1949 signalisierte Stalin in einem Interview mit einer amerikanischen Nachrichtenagentur, dass die Hauptbedingung für eine Aufhebung der Blockade, die alleinige Gültigkeit der Ostwährung in Berlin, für die sowjetische Seite nicht mehr interessant sei. Im Frühjahr 1949 verhandelten daraufhin der sowjetische UNO-Delegierte Malik mit seinem amerikanischen Kollegen Jessup wochenlang in aller Stille in einem kanadischen Dorf über die Berlin-Frage. Das Ergebnis war ein Viermächte-Abkommen, das am 4. Mai 1949 in New York unterzeichnet wurde. Es sah die Aufhebung der sowjetischen Blockade Berlins und das Ende der Beschränkung der Nachrichtenverbindungen, des Verkehrs und des Handels zwischen Berlin und der Ostzone bzw. zwischen den Westzonen und der Ostzone (»Gegenblockade«) mit Wirkung ab 12. Mai 1949 vor.

Elf Tage danach, am 23. Mai, sollte sich der Rat der Außenminister in Paris versammeln, »um die Deutschland betreffenden Fragen, die sich aus der Lage in Berlin ergebenden Probleme und die Währungsfrage in Berlin zu besprechen«. Der »Rat der Außenminister« hatte seit 1945 mehrmals erfolglos getagt, um eine Friedensregelung für Deutschland vorzubereiten, zuletzt in gespannter Atmosphäre im November und Dezember 1947 in London. Eine neue Viermächte-Konferenz auf der Ebene des Rats der Außenminister unmittelbar nach dem Ende der Blockade Berlins erschien nur noch wenigen als hoffnungsvolles Zeichen für Verhandlungen über die wirtschaftliche und politische Einheit Deutschlands. Am gleichen Tag, an dem die Außenminister im Palais Rose in Paris zusammentraten, am 23. Mai 1949, wurde in Bonn das Grundgesetz für die Bundesrepublik Deutschland verkündet, und die Vorbereitungen zur Gründung der Deutschen Demokratischen Republik auf dem Territorium der Ostzone waren im Gange: Die Teilung Deutschlands war bereits vollzogen.

Die Teilung Berlins

Der 12. Mai 1949 war für die Stadt Berlin ein Tag unbeschreiblichen Jubels. Nach über dreihundert Tagen wurden eine Minute nach Mitternacht die Stromsperren beendet, die Schlagbäume hoben sich, im Morgengrauen des 12. Mai erreichten die ersten Lastwagen aus dem Westen Berlin. Der erste Eisenbahnzug lief überpünktlich – eine Stunde zu früh – auf dem Bahnhof Charlottenburg ein. Einer Festsitzung der Stadtverordnetenversammlung, an der die westlichen Militärgouverneure und Politiker aus Westdeutschland, an ihrer Spitze Konrad Adenauer als Präsident des Bonner Parlamentarischen Rats, teilnahmen, folgte eine Kundgebung vor dem Schöneberger Rathaus, bei der sich Hunderttausende zum Zeichen der Freude und Dankbarkeit versammelten. Es war gleichzeitig General Clays offizieller Abschied von Berlin. Ihm galten endlose Ovationen. Auch der Opfer der Luftbrücke wurde gedacht: Sieben britische und siebzehn amerikanische Maschinen waren abgestürzt, insgesamt waren 76 Todesopfer zu beklagen. Trotz der Aufhebung der Blockade wurde die Luftbrücke aber bis Herbst 1949 fortgesetzt. Clay wollte sicher sein, dass bei einer Wiederholung des sowjetischen Vorgehens genügend Vorräte in der Stadt lagerten.

In der Siegesstimmung des 12. Mai 1949 war vielen nicht klar, wie stark sich Berlin seit dem Frühjahr 1948 verändert hatte: Unter der Luftbrücke war Groß-Berlin zu einer gespaltenen Stadt geworden.[15] Die administrative und politische Teilung hatte sich schrittweise vollzogen. Nach den Tumulten bei der Sitzung der Stadtverordneten am 23. Juni 1948, denen die Polizei tatenlos zugesehen hatte, war Polizeipräsident Markgraf vom Magistrat suspendiert worden. Markgraf genoss aber das Vertrauen der SED und der sowjetischen Behörden, wie sich einige Monate zuvor gezeigt hatte, als seine Absetzung schon einmal am sowjetischen Veto in der Kommandantur gescheitert war. Der sowjetische

Stadtkommandant weigerte sich auch im Juli, der Amtsenthebung Markgrafs zuzustimmen. Die Folge war, dass fortan zwei konkurrierende Polizeipräsidien in Berlin existierten, eines unter Markgraf im Ostsektor, das andere in der Prinzenstraße im Westen der Stadt. Beide Behörden erklärten die Handlungen der jeweils anderen Seite für rechtsungültig; der von den westlichen Stadtkommandanten bestätigte Polizeipräsident galt im Ostsektor der Stadt als illegal, und Markgraf hatte in den Westsektoren nichts zu sagen.

Im Herbst 1948 sah sich die Stadtverordnetenversammlung gezwungen, ihren Wirkungsort in den Westteil der Stadt zu verlegen, da die SED ihre parlamentarische Unterlegenheit durch Demonstrationen und Störungen der Sitzungen – in Zusammenarbeit mit der »Markgrafpolizei« – auszugleichen suchte. Am 6. September hatten die Stadtverordneten versucht, die Sitzung durch freiwillige Ordner schützen zu lassen, damit sie nicht wieder in eine »öffentliche Versammlung der Arbeiterklasse« unter Leitung der SED umfunktioniert werden konnte. Als die Polizei des Ostsektors die Ordner sowie Magistratsangestellte und Journalisten verhaftete, wich die Stadtverordnetenversammlung in den britischen Sektor aus. Auf dem Platz der Republik protestierten am übernächsten Tag 300 000 Berliner, die freiwillig gekommen waren – im Gegensatz zu den Demonstrationen im Ostsektor, deren Teilnehmer auf Befehl der Sowjets und der SED erscheinen mussten –, gegen die Vertreibung des städtischen Parlaments aus dem Stadthaus.

Die Spaltung des Magistrats hatte ebenfalls schon begonnen, leitende Beamte wurden von der sowjetischen Stadtkommandantur wegen »Sabotage« oder wegen »provokatorischer Agitation« oder wegen »Unfähigkeit« entlassen. Als Folge solcher widerrechtlicher Eingriffe mussten einige Abteilungen in den Westen verlegt werden, um sie dem Zugriff der Sowjets zu entziehen. Die Magistratsabteilungen für Arbeit und für Wirtschaft wurden nach derselben Methode wie das Polizeipräsidium gespalten. Ab 20. November durften die im Ostsektor stationierten Feuerwehren nicht mehr in die Westsektoren ausrücken, am folgenden Tag erließen die westlichen Besatzungsmächte ein entsprechendes Verbot, nachdem die »Markgrafpolizei« zwei Fahrzeuge aus den Westsektoren beschlagnahmt hatte.

Ab November verstärkte sich die SED-Propaganda gegenüber dem

Magistrat von Groß-Berlin, und der sowjetische Oberbefehlshaber, Marschall Sokolowskij, warf seinen drei westlichen Kollegen vor, sie betrieben systematisch die Desorganisation und Spaltung der Berliner Verwaltung. Tatsächlich war die Propaganda aber die Begleitmusik zu den Ereignissen des 30. November 1948, als unter dem Vorsitz des zweiten stellvertretenden Stadtverordnetenvorstehers Geschke (SED) in der Staatsoper im Admiralspalast im Ostsektor eine »außerordentliche Stadtverordnetenversammlung« abgehalten wurde. Unter den 1616 Teilnehmern befanden sich ganze 23 durch Wahl legitimierte, nämlich die SED-Fraktion, die ihr Mandat von den Wahlen 1946 herleiten konnte. Diese Versammlung erklärte den Magistrat wegen »Mißachtung elementarster Lebensinteressen Berlins und seiner Bevölkerung und ständiger Verletzung der Verfassung« für abgesetzt und wählte einen »provisorischen demokratischen Magistrat« mit Fritz Ebert, dem Sohn des ersten Reichspräsidenten der Weimarer Republik, als Oberbürgermeister an der Spitze.[16]

Das verfassungsmäßig illegitime Gebilde des Ost-Magistrats wurde am 2. Dezember 1948 von den sowjetischen Behörden als einzig rechtmäßige Verwaltung Groß-Berlins anerkannt. Das Ereignis fand fünf Tage vor den Berliner Wahlen statt, die im Juni 1948 turnusgemäß (und mit Zustimmung der SED-Fraktion der Stadtverordneten) angesetzt worden waren. Im Ostsektor waren sämtliche Wahlvorbereitungen schon am 3. November eingestellt worden, als alle Versuche, die Wahl zu verschieben, am westlichen Widerstand gescheitert waren.[17]

Die Wahl fand am 5. Dezember 1948 statt, aber nur in den drei Westsektoren. Trotz der Drohungen der sowjetischen Militärverwaltung, die Wahllisten würden nach dem Abzug der Westmächte aus Berlin gegen die Wähler ausgewertet, und trotz des Boykotts durch die SED beteiligten sich 86,3 Prozent aller Wahlberechtigten. Die Errichtung des »Opernmagistrats« und das Wahlverbot im Ostsektor hatten die Teilung Berlins praktisch besiegelt. Der legale Magistrat musste seine Amtsräume ins Schöneberger Rathaus in den US-Sektor verlegen. Ernst Reuter wurde am 7. Dezember 1948 zum Oberbürgermeister, nunmehr von Westberlin, gewählt. Er konnte jetzt das Amt antreten, das er de jure bereits seit Juni 1947 innehatte, wegen des sowjetischen Einspruchs aber nicht hatte ausüben können.

Im Laufe des Jahres 1948 hatten sich auch andere Institutionen und Organisationen Berlins geteilt. Die Gründung der Freien Universität durch Studenten und Professoren der Humboldt-Universität, die nach Westberlin übergesiedelt waren, und die Spaltung der Berliner Gewerkschaften in den von der SED beherrschten FDGB und die Westberliner UGO (Unabhängige Gewerkschaftsorganisation) waren nur zwei der Stationen auf dem Weg zur Teilung der Stadt.

Am 21. Dezember 1948 nahm die Alliierte Kommandantur ihre Tätigkeit wieder auf, jetzt aber nur noch als Dreimächte-Gremium. Die Weigerung des sowjetischen Stadtkommandanten, der am 16. Juni die Kommandatura verlassen hatte (wenig später war die Zusammenarbeit auch offiziell aufgekündigt worden), dürfe die »ordentliche gesetzmäßige Verwaltung« nicht länger behindern, konstatierten die Vertreter der drei Westmächte, die im Übrigen am Viermächte-Status für die ganze Stadt festhielten, auch wenn sie diesen Standpunkt nur in den drei Westsektoren geltend machen konnten. Als am 20. März 1949 die Westmark zum alleinigen gesetzlichen Zahlungsmittel in Westberlin erklärt wurde – anstelle des Nebeneinanders von Ost- und Westwährung, das seit Juni 1948 bestanden hatte –, war die Spaltung der Stadt in einen östlichen und einen westlichen Teil so ziemlich abgeschlossen.

Die Teilung Berlins im Laufe des Jahres 1948 hatte auch symbolischen Charakter: Dem gleichen Prozess unterlagen die in vier Besatzungszonen aufgeteilten, von den Siegern des Zweiten Weltkriegs verwalteten Reste des Deutschen Reiches, dessen Hauptstadt Berlin gewesen war. Die Blockade der Stadt durch die östliche Besatzungsmacht war in erster Linie der Versuch Moskaus, die Errichtung eines Staates auf dem Territorium der drei westlichen Besatzungszonen zu verhindern. Berlin-Blockade und Luftbrücke bildeten den düsteren Hintergrund der Entstehung der Bundesrepublik, die Wechselwirkung der Ereignisse – Drohgebärde und demonstrative Gewährung von Schutz – wirkte aber auf die Gründer des Weststaats darüber hinaus auch bestätigend und stimulierend.

Plenarsitzung der Potsdamer Konferenz in Schloss Cecilienhof. Vorn Mitte: US-Präsident Harry S. Truman, rechts 5. v. l.: Generalissimus Josef Stalin, links Mitte: Premierminister Winston Churchill (mit Zigarre). (ullstein bild)

Die Oberbefehlshaber der Besatzungszonen nach Bekanntgabe der Bildung des Alliierten Kontrollrates, 5.6.1945. V. l. n. r.: B. Montgomery (GB), G. Schukow (SU), D. Eisenhower (USA), J. de Lattre de Tassigny (F). (bpk)

Gottesdienst in der zerbombten Kirche St. Aegidien, Hannover 1947. (Bundesarchiv)

Soldaten der Roten Armee in Leipzig, 1945/1946. (ullstein bild)

Die Rede des US-Außenministers Byrnes in Stuttgart am 6. September 1946 weckte Hoffnungen auf wirtschaftliche und politische Verbesserungen durch die USA. (akg-images)

Bodenreform war Teil der alliierten Besatzungspolitik. Konsequent durchgeführt wurde sie nur in der SBZ. Demonstrationszug in Helfenberg bei Dresden, 1945. (Bundesarchiv, Foto Erich Höhne, Erich Pohl)

Der nach dem US-Außenminister George C. Marshall benannte Wirtschaftsplan wurde zum Motor des ökonomischen Wiederaufbaus im Westen. (Bundesarchiv)

SED-Gründung: Vereinigungsparteitag von SPD und KPD für Groß-Berlin, 14. April 1946 im Friedrichstadtpalast in Ostberlin. Links am Rednerpult Otto Grotewohl (SPD), Podium vorn 2. v. l. Wilhelm Pieck (KPD); Hintergrund v. l. n. r. W. Liebknecht, K. Marx, A. Bebel. (ullstein bild – ADN-Bildarchiv)

Erste Sitzung des Wirtschaftsrates der Bizone am 25. Mai 1947 in Frankfurt a. M.
(Bundesarchiv)

Tagung der Deutschen Wirtschaftskommission in der SBZ, Berlin, 24.3.1948;
v. l. n. r.: B. Leuschner, H. Rau, F. Selbmann, L. Steidle. (Bundesarchiv)

Ernst Reuter am 10. September 1948 bei der Protestkundgebung »Berlin ruft die Welt« gegen die Blockade Westberlins. (akg-images)

Demonstrationszug gegen die Spaltung und für die deutsche Einheit 21.6.1948, Ostberlin-Pankow. (Bundesarchiv)

Der Parlamentarische Rat verabschiedet am 8. Mai 1949 das Grundgesetz; vorn rechts Carlo Schmid, links Max Reimann und Heinz Renner (beide KPD) demonstrativ sitzend. (ullstein bild – ullstein bild)

Die Gründung der DDR am 7. Oktober 1949 durch Volkskongress-Beschluss in Ost-Berlin; 1. Reihe 3. v. l. O. Grotewohl, 6. v. l. W. Pieck, ganz rechts W. Ulbricht. (Bundesarchiv, Foto: Igel)

Antrittsbesuch Konrad Adenauers (2. v. re.) am 21. September 1949 bei den Hohen Kommissaren; v. l. n. r. J. McCloy (USA), A. François-Poncet (F), B. Robertson (GB) auf dem Petersberg bei Bonn. (ullstein bild – dpa)

Der sowjetische General W. J. Tschuikow (vorn l.) empfängt die Mitglieder der Regierung der DDR (vorn r. Ministerpräsident O. Grotewohl), 11. November 1949. (Bundesarchiv)

2. DIE BESCHLÜSSE VON POTSDAM UND DIE EINHEIT DEUTSCHLANDS

Die Teilung Deutschlands war im Frühjahr 1949 längst besiegelt. Unabhängig vom rechtlichen Status, den die für Deutschland verlorenen Ostgebiete hatten, ergoss sich seit Ende 1944 ein riesiger Menschenstrom nach Restdeutschland. Den Trecks der Flüchtlinge vor der Roten Armee folgten die Heimatvertriebenen aus den Gebieten östlich von Oder und Neiße (mehr als sieben Millionen Menschen) zugleich mit den aus der Tschechoslowakei verjagten Sudetendeutschen (etwa drei Millionen) und den aus Ungarn, Rumänien, Jugoslawien und anderen ehemaligen Siedlungsgebieten vertriebenen deutschen Volksgruppen (knapp zwei Millionen)[18]. Auf dem Gebiet der drei westlichen Besatzungszonen lebten 1949 über sechs Millionen Menschen mehr als zehn Jahre zuvor. Von den mehr als zwölf Millionen Deutschen, die ihre Heimat verloren hatten, lebten 1950 etwa 7,5 Millionen in der Bundesrepublik. Durch die Zuwanderung war trotz der zahlreichen Kriegsopfer die Bevölkerung in den Westzonen von 43 Millionen (1939) auf 49,2 Millionen (1949) angewachsen[19].

In der sowjetischen Besatzungszone lebten 18,5 Millionen Menschen, davon waren 4,5 Millionen Vertriebene oder Flüchtlinge. Der Weltkrieg, den Hitlers Deutschland unter der Ideologie »Volk ohne Raum« entfacht hatte, um Land zu erobern und Nachbarnationen zu versklaven, hatte damit geendet, dass auf vielfach verkleinertem deutschem Territorium erheblich mehr Menschen ihr Leben fristen mussten als je zuvor.[20]

Die existenziellen Probleme dieser Menschen im Nachkriegsdeutschland bestanden für fast alle im Hunger, für sehr viele im Verlust von Habe und Obdach und für eine beträchtliche Zahl von ihnen im drohenden Verlust der bürgerlichen Reputation im Zuge der Entnazifizierung, einem der Programmpunkte, die sich die Sieger als Vorbedingung für alles Weitere in Deutschland vorgenommen hatten. Es waren die vier großen D, die Leben und Gefühle der Deutschen bestimmten: Demilitarisierung, Denazifizierung, Demontage, Demokratisierung. Viele von denen, die nichts gegen eine Demokratisierung hatten, fanden doch die Methoden, die angewendet wurden, verabscheuenswert, weil kränkend und beschämend für das Nationalgefühl.

Frankreich, das an der Potsdamer Konferenz der Großen Drei nicht hatte teilnehmen dürfen, also gewissermaßen zu den Siegern zweiter Klasse zählte und diesen Prestigeverlust den Amerikanern und Briten in der Folgezeit durch Obstruktion im Kontrollrat vergalt, fühlte sich an die Vereinbarungen vom Sommer 1945 nicht gebunden. In der französischen Besatzungszone versuchte sich Frankreich für die ungeheuren Schäden, die es während des Krieges erlitten hatte, schadlos zu halten durch rücksichtslose Ausbeutung der Ressourcen, durch Demontagen und, weil es im deutschen Südwesten weniger industrielle Anlagen als in den anderen Zonen gab, durch Kahlschlag der Wälder, durch Konfiszierungen aus der Produktion. Überdies verweigerten die Franzosen bis 1949 die Aufnahme von Flüchtlingen und Heimatvertriebenen in ihrer Zone. Die französische Forderung nach Abtrennung des Ruhrgebiets blieb zwar erfolglos, aber das industriell bedeutsame Saargebiet kam im Juli 1945 unter französisches Protektorat; es wurde im Dezember 1946 aus dem Kompetenzbereich des Alliierten Kontrollrates ausgegliedert und 1947 dem französischen Wirtschaftsgebiet einverleibt, de facto also von Deutschland abgetrennt.

Die Sowjetunion hielt sich genauso wenig wie Frankreich an das Potsdamer Protokoll. Beide trachteten lediglich nach höchstmöglicher Ausbeutung ihrer Einflussgebiete, zu Lasten der amerikanischen und der britischen Zone, denn die gedachte und in Potsdam protokollierte wirtschaftliche Einheit Deutschlands (als Grundlage der Reparationsleistungen) hätte nur funktioniert, wenn die unterschiedlich strukturierten Wirtschaftsräume durch den Austausch von Gütern, Rohstoffen und Lebensmitteln zu einem Ganzen ausbalanciert worden wären. Stattdessen führten die übermäßigen Entnahmen in einer Zone zum Mangel auch in den anderen. Nach Mahnungen und Warnungen an die Adresse der Vertreter Frankreichs und der Sowjetunion verfügte General Clay (damals noch als Stellvertreter des US-Militärgouverneurs) Anfang Mai 1946 einen als sensationell empfundenen Demontagestopp in der amerikanischen Zone. Das war kein Gnadenakt gegenüber den Deutschen, sondern ein Wink mit dem Zaunpfahl an die Verbündeten: Solange in der sowjetischen und in der französischen Zone das Potsdamer Protokoll missachtet wurde, so lange sollten keine Güter aus der amerikanischen Zone dorthin fließen. Clays Anordnung vom Mai 1946 machte auch den Industrieplan des Alliierten Kontrollrates vom März 1946 endgültig zu Makulatur. Auf jeden Fall demonstrierte Clay, dass der entscheidende Punkt der Potsdamer Vereinbarungen hinsichtlich der wirtschaftlichen Einheit Deutschlands im Frühjahr 1946 nicht mehr der Realität entsprach, ja schlimmer noch, niemals Realität gewesen war[21].

Der Ost-West-Konflikt, der auf deutschem Boden seinen Höhepunkt in der Blockade Berlins finden sollte, warf seine Schatten voraus: Die wirtschaftlichen Probleme verschärften den wachsenden Antagonismus der beiden Großmächte USA und UdSSR und führten über das amerikanische European Recovery Program 1947/1948 zur Konfrontation im Kalten Krieg. Die einzelnen Stadien des Zerfalls der alliierten Kriegskoalition, die Etappen der Konfrontation der beiden Weltmächte im Kalten Krieg sind die Wegzeichen im vierjährigen Prozess der Teilung Deutschlands. Die Teilung Deutschlands hatte nicht zum Programm der Sieger gehört, die in Potsdam am Konferenztisch saßen. Die Sowjets griffen jedoch durch Reformen umwälzenden Charakters frühzeitig in Wirtschafts- und Sozialstrukturen ein, durch die die Ostzone von den Westzonen abdriftete. In der britischen und der amerikanischen Zone hielten sich die Besatzungsmächte am stärksten an die Potsdamer Vereinbarungen, sahen sich aber angesichts zerstörter Infrastrukturen, der Flüchtlingsströme, der kritischen Ernährungslage, aber auch infolge französischer Obstruktion und sowjetischer Intransigenz im Kontrollrat ziemlich bald mit den Grenzen des provisorischen Wirtschaftens konfrontiert.

Die Gründung zweier deutscher Staaten im Herbst 1949 stellt sich im Rückblick als Ergebnis außenpolitischer Konstellationen dar, an denen die Deutschen auf den ersten Blick nur passiv beteiligt waren. Allerdings trugen sie durch ihre Anpassungsfähigkeit an das jeweilige System der Besatzungsmacht zur Stabilisierung der Verhältnisse nicht wenig bei. Die sowjetischen Forderungen nach einer Sicherheitszone in Osteuropa,

die die Bedrohung durch die traditionell antisowjetischen Nachbarnationen Ostmitteleuropas beenden sollte, waren von den Amerikanern
zunächst mit hinhaltender Skepsis und dann mit einer Politik der »Eindämmung« beantwortet worden, als sich in Washington die Überzeugung
durchsetzte, das Sowjetsystem sei expansiv und in seinen imperialen Ansprüchen dem Nationalsozialismus vergleichbar.

Die militärische und ökonomische Überlegenheit der USA, die sich
namentlich im Besitz der Atombombe dokumentierte, verstärkte die
Furcht und das Misstrauen der sowjetischen Führung. Über allem stand
der Systemkonflikt: Die Vereinigten Staaten mit ihrem liberalistisch-
kapitalistischen Wertesystem konnten an einem planwirtschaftlich organisierten Europa nicht interessiert sein; die USA hatten vielmehr an
offenen Märkten ein vitales Interesse. Vor dem Hintergrund dieser Gegensätze spielte sich der Kalte Krieg, die Spaltung in Ost und West, die
Teilung der Welt in Einflusssphären innerhalb weniger Jahre nach dem
Zweiten Weltkrieg ab. Im Kreislauf von Misstrauen und Furcht, bei dem
jeder Schachzug der einen Seite eine entsprechende Reaktion der Ge-
genseite bedingte, war das deutsche Problem nur eines unter vielen, und
keineswegs das wichtigste[22].

Der Teilung Deutschlands lag kein Konzept zugrunde, das die eine
oder die andere Seite planmäßig entwickelt und durchgeführt hätte. Die
sowjetische Politik, der im Westen die Hauptschuld an der Spaltung in
Ost und West zugemessen wurde, operierte mit zwei Konzeptionen, die
sich zunächst nicht gegenseitig ausschlossen. Die erste bestand im
Wunsch nach einer langfristigen Zusammenarbeit mit den Westmächten, sie datierte von den alliierten Kriegskonferenzen her; die andere
zielte auf die Festigung und Sicherung des Besitzstandes der sowjetischen Einflusssphäre in Ostmitteleuropa. Die zweite Konzeption, die
sich ab Frühjahr 1947 durchsetzte, war gewissermaßen die kleinere
Alternative, die zweitbeste Lösung. Obwohl als Rückzugslinie gedacht,
musste sie doch parallel zum Kooperationskonzept, zur Sicherung von
Faustpfändern, sofort angewendet werden, und zwar für den Fall des
Nicht-Zustandekommens einer Kooperation mit dem Westen[23]. Dies
wurde in Amerika aber wiederum als offensives Maximalprogramm, als
imperiale Expansion interpretiert und mit entsprechenden Maßnahmen
beantwortet. Als Indizien für die Kooperationsbereitschaft der Sowjet-

union in den ersten beiden Nachkriegsjahren konnten ihre antifaschistisch-demokratische Blockpolitik, die Zusammenarbeit mit sozialdemokratischen und bürgerlich-demokratischen Parteien in ganz Westeuropa, die Regierungsbeteiligung von Kommunisten in Frankreich, Italien, Belgien, Luxemburg, Dänemark, Norwegen, Island und in fast allen Ländern der drei westlichen Besatzungszonen Deutschlands gelten. Die vernichtenden Wahlniederlagen der Kommunisten in Österreich und Ungarn im Oktober und November 1945 wurden als Rückschläge empfunden und mit der Einheitskampagne in der sowjetischen Besatzungszone Deutschlands, der Vereinigung von KPD und SPD zur SED im April 1946, beantwortet. Dieser zwangsweise Zusammenschluss hatte aber für die Stimmung der Sozialdemokraten in den Westzonen geradezu traumatische Folgen, die jahrelang die Politik der SPD nachhaltig beeinflussten und zwar im Sinne eines kompromisslosen Antikommunismus, wie man ihn vom national denkenden Bürgertum schon lange kannte.

Die Rede Churchills im März 1946 in Fulton, in der der konservative britische Politiker das Schlagwort vom »Eisernen Vorhang« erstmals öffentlich verwendet hatte, um die Machtsicherungstechniken der Sowjetunion zu charakterisieren, wurde im Kreml als offensiver Akt gewertet, im Westen aber wiederum als Hoffnungsschimmer für ein geeintes Westeuropa verstanden. Enttäuschungen verschiedener Art, die schwindende Hoffnung auf Erfüllung ihrer Reparationsansprüche und auf Beteiligung an der Ruhrkontrolle und wirtschaftliche Katastrophen wie die russische Missernte von 1946 führten zu einer zweiten Demontagewelle in der SBZ mit entsprechenden Reaktionen der Amerikaner.

1947 waren die ökonomischen und politischen Gegensätze zwischen den Führungsmächten des Ostens und des Westens in aller Deutlichkeit sichtbar. Die Truman-Doktrin vom März 1947, deren äußerer Anlass die Bitte des US-Präsidenten an den widerstrebenden amerikanischen Kongress um Hilfsgelder für Griechenland und die Türkei bildete, beschwor die Gefährlichkeit des Sowjet-Kommunismus und leitete die Containment-Politik der USA ein: Gegenüber kommunistischen Umsturzversuchen sollte die *Freiheit* weltweit mit wirtschaftlichen und militärischen Mitteln verteidigt werden. Der Marshall-Plan, im Juni 1947 kurz nach der Truman-Doktrin kreiert, wurde im Osten als Instrument der Eindämmungspolitik Washingtons empfunden. Die Sowjetunion wertete das

Angebot der Vereinigten Staaten, vor dem Hintergrund der Truman-Rede im März 1947 ganz zwangsläufig als Versuch, die osteuropäischen Länder aus dem sowjetischen Einflussbereich herauszulösen, und verbot den Staaten in ihrem Vorfeld die Beteiligung an diesem ökonomischen Wiederaufbauprogramm.

Die endgültige Ablehnung der sowjetischen Reparationsforderungen auf der Londoner Außenministerkonferenz im Dezember 1947, der gleichzeitig wachsende Widerstand gegen die Dominanz der kommunistischen Parteien in Polen, der Tschechoslowakei und Ungarn, die Popularität Titos in den Nachbarländern und die Gefährdung der sowjetischen Führungsrolle in den Staaten Ost- und Südosteuropas durch multilaterale Bündnis- und Föderationspläne, der gleichzeitige Verlust des Einflusses in Westeuropa durch die Ausbootung der Kommunisten aus den Regierungen in Paris und Rom im Mai 1947, wenig später in Österreich und im gleichen Jahr auch in Luxemburg und Belgien, dies alles führte im Kreml zu einem Gefühl der verstärkten Bedrohung. Die Reaktion bestand in der Konsolidierung der eigenen Einflusssphäre. Im September 1947 wurden die Führer der wichtigsten kommunistischen Parteien nach Szklarska Poreba (dem früheren Schreiberhau in Schlesien) gerufen und auf den Kurswechsel der sowjetischen Außenpolitik eingeschworen. Es war die Gründungskonferenz des Kominform (des Informationsbüros kommunistischer und Arbeiterparteien), das unter Führung der KPdSU als Instrument der Gleichschaltung der kommunistischen Parteien diente. Der sowjetische Delegationsleiter Shdanow, der das Grundsatzreferat hielt und der Konferenz präsidierte, entwickelte im Gegenzug zur Truman-Doktrin die These vom globalen Kampf zwischen »imperialistischem und antidemokratischem Lager« unter Führung der USA einerseits, mit den »antiimperialistischen und antifaschistischen Kräften« unter der Fahne der Sowjetunion andererseits. Hand in Hand mit der außenpolitischen Festlegung gingen die »Säuberungen« in der UdSSR. Die Wirkungen des neuen Kurses zeigten sich ab Sommer 1947 aber auch außerhalb der Sowjetunion:

– im kommunistischen Staatsstreich in der Tschechoslowakei im Februar 1948,

– in der Sprengung des Alliierten Kontrollrats für Deutschland durch die Sowjetunion im März 1948,

– in der Berlin-Blockade ab April bzw. Juni 1948, deren vordergründige Ursachen die Währungsreform in den Westzonen sowie die Vorbereitungen zur Weststaatsgründung waren,
– im Ausschluss Jugoslawiens aus dem im Formierungsprozess begriffenen Ostblock im Juni 1948: Der von Tito gesuchte eigene Weg zum Sozialismus wurde von der Sowjetunion mit größter Schärfe bekämpft.

Alle diese Aktionen und Ereignisse konnten im Westen mühelos als Maßnahmen des stalinistischen Unterwerfungs- und Gleichschaltungskurses im Vorfeld der Sowjetunion verstanden werden, was sie in ihrer *Wirkung* ja auch waren. Dass freilich die *Ursachen* zum Teil auch in der Eindämmungspolitik der Westmächte lagen, wurde weniger zur Kenntnis genommen. Die sowjetische Politik richtete sich in der Folgezeit, ab 1948, ganz auf den Ausbau und die Festigung des Besitzstandes.

Eingeleitet wurde dieser Konsolidierungsprozess durch eine Verschärfung des innenpolitischen Kurses in der Sowjetunion, die stark an die Säuberungswelle der Dreißigerjahre erinnerte. In Osteuropa wurden – zwei Jahre nach der Aktion in der sowjetischen Besatzungszone Deutschlands – die sozialdemokratischen und kommunistischen Parteien zusammengeschlossen (Rumänien: April; Tschechoslowakei: Juni; Ungarn: Juli; Bulgarien: August; Polen: Dezember 1948), die nichtsozialistischen »Blockparteien« wurden unterworfen, die kommunistischen Staatsparteien in Osteuropa wurden mit der KPdSU gleichgeschaltet und von Rechts- und Linksabweichlern rigoros gesäubert. Alle kommunistischen Parteien in West- wie in Osteuropa wurden im Falle eines Krieges zur Hilfe für die UdSSR verpflichtet; im gesamten Machtbereich der Sowjetunion wurden Planwirtschaft und Kollektivierung eingeleitet, sowjetische »Berater« durchdrangen alle Bereiche.

Die Ursachen für die Teilung Deutschlands nach dem Zweiten Weltkrieg lagen zum beträchtlichen Teil in den äußeren Bedingungen der alliierten Besatzung, in den unterschiedlichen Demokratisierungsmechanismen, die von den Okkupationsmächten angewendet wurden, in den divergierenden Ordnungs- und Wertvorstellungen der Alliierten, in der Geschwindigkeit, mit der sich Westzonen und Ostzone auseinanderentwickelten, und in der weltpolitischen Konstellation. Bald nach Kriegsende, als diese Bedingungen sichtbar wurden und die Alternativen sich einschränkten auf die Option für den Westen unter Inkaufnahme des Verlusts der Einheit der Nation einerseits oder auf die Fortdauer der bedrückenden Zustände der Besatzungsherrschaft, staatlicher Ohnmacht, Fortdauer von Hunger und Mangel, Wohnungsnot und Existenzangst andererseits, erstrebten die deutschen Politiker in den Westzonen zwar nicht gerade mit Ungeduld und oftmals auch mehr unbewusst als zielstrebig die Lösung der Probleme in Gestalt des geringeren Übels, nämlich der Neu- oder Wiedergründung deutscher Staatlichkeit wenigstens auf einem Teil des ehemaligen Staatsgebiets. Die maßgebenden Politiker in den Westzonen haben dies früh artikuliert. Konrad Adenauer plädierte schon im August 1946 vor CDU-Politikern der britischen Zone für den Zusammenschluss der drei Westzonen und deren Abgrenzung gegenüber der SBZ.[24] Adenauer verstand dies ausdrücklich als zweitbeste Lösung. Ökonomische Motive gab es genug für solche Plädoyers und ideologisch zu unterfüttern waren sie unschwer.

Kurt Schumacher, der Führer der SPD in den Westzonen, propagierte Ende Mai 1947 vor dem Parteivorstand die »Magnettheorie«, als er seiner Überzeugung Ausdruck verlieh, dass die Westzonen zum ökonomischen Magneten würden: Es sei »real-politisch vom deutschen Gesichtspunkt aus kein anderer Weg zur Erringung der deutschen Einheit möglich, als diese ökonomische Magnetisierung des Westens, die ihre Anziehungskraft auf den Osten so stark ausüben muß, daß auf die Dauer die bloße Innehabung des Machtapparats dagegen kein sicheres Mittel ist«[25].

Der Hoffnung (die freilich eher eine Illusion schien), die vereinigten Westzonen bzw. die Bundesrepublik würden die Ostzone bzw. die DDR irgendwann mit Urgewalt, magnetisch, an sich ziehen, hingen viele an, die dazu neigten, zweitbeste Lösungen der Fortdauer ungewisser und beängstigender Zustände vorzuziehen. Zum emotionalen Hintergrund gehörten folgende Momente: Der Wunsch nach materiellem Wiederaufbau hatte nach Kriegsende Priorität. Die sowjetische Besatzungszone und das dortige Besatzungsregime wurden dabei im Westen bald als Hemmnisse empfunden. Das politisch-geistige Klima war geprägt durch das Gefühl kultureller Überlegenheit gegenüber den Russen (freilich auch gegenüber den Amerikanern, die aber gleichzeitig als großzügige Spender materieller Reize bewundert wurden). Den Anspruch der Besatzungsmächte, die Deutschen zur Demokratie zu erziehen, empfanden viele als anmaßend. Die Zukunftsängste summierten sich in einer antikommunistischen Tendenz, die aus vielen Gründen konsensfähiger war als die antifaschistische Haltung, die als Brücke zum östlichen Demokratieverständnis hätte dienen können. Die antikommunistischen Überzeugungen, die im deutschen Nachkriegsalltag durch Erfahrungen mit den Sowjets äußerlich immer wieder bestätigt wurden – die Methoden der sowjetischen Besatzungsmacht glichen vielfach ja tatsächlich denen der Nationalsozialisten –, kulminierte bei vielen in einer Grundstimmung, bei der sich traditioneller Antibolschewismus und bürgerlich-konservative Abneigung gegen das verflossene NS-Regime verbanden. Diese Grundstimmung erleichterte die Option für den Westen und die parlamentarisch-demokratische Staatsform im westlichen Teil des deutschen Territoriums. Die Option für den Weststaat wurde durch den Wunsch nach Westintegration, das hieß vor allem Anschluss an das Wohlstand und Sicherheit verheißende Amerika, rationalisiert. Die Idee der europäischen Einigung hatte dabei Ersatzfunktionen für das frühzeitige Opfer der nationalen Einheit.

3. DIE ERRICHTUNG DER BIZONE

Der spektakuläre Demontagestopp, den General Clay in der US-Zone angeordnet hatte, fiel in die Konferenzpause der Pariser Tagung des Rats der Außenminister. Es war die zweite Sitzung des Viermächte-Gremiums, das auf der Potsdamer Konferenz zur Lösung der Nachkriegsprobleme, der Vorbereitung von Friedensverträgen und der Regelung der Territorialfragen institutionalisiert worden war. Auf der Pariser Außenministerkonferenz (25. April bis 15. Mai und 15. Juni bis 12. Juli 1946) kam die Situation Deutschlands erstmals zur Sprache. Der amerikanische Außenminister Byrnes drängte Ende April mit Entschiedenheit auf die Realisierung der Potsdamer Beschlüsse, also auf die Herstellung der wirtschaftlichen Einheit Deutschlands, und er schlug sogar einen Termin für den Beginn der Friedensverhandlungen mit Deutschland vor, den 12. November 1946. Byrnes hatte im Mai 1946 erklärt, Deutschland müsse in der Lage sein, ohne fremde Hilfe zu leben, und General Draper, einer der ranghöchsten Funktionäre der amerikanischen Militärregierung (im Zivilberuf Bankier, war Draper Berater Clays in wirtschaftlichen Angelegenheiten) nannte im Juni 1946 drei Voraussetzungen, um Deutschland ökonomisch zu sanieren: Die Zonengrenzen müssten als Barrieren für die Wirtschaft verschwinden, dann müsse eine zentrale Finanzverwaltung für Deutschland errichtet werden, und schließlich müssten Möglichkeiten geschaffen werden, dass Deutschland wieder am Außenhandel teilnehmen könne[26].

In diesem Sinn argumentierte auch General Clay, der in regelmäßigen Berichten und durch gezielte Memoranden seine Regierung in Washington beschwor, Schritte zur wirtschaftlichen Einheit und zugunsten einer provisorischen Regierung Deutschlands zu tun. Clay hatte nicht nur seine unmittelbaren Vorgesetzten im amerikanischen Kriegsministerium zu überzeugen versucht, er hatte am Rand der Pariser Konferenz auch mit Außenminister Byrnes intensive Kontakte gepflegt. Die offizielle Linie Washingtons war etwas zurückhaltender, als Clay wünschte; in politischer Hinsicht (Zentralregierung für Deutschland) wollte sich die US-Regierung (noch) nicht engagieren, aber die Wirtschaftseinheit sollte forciert werden[27]. Am 11. Juli 1946, dem vorletzten Tag der Außenministerkonferenz, nach ebenso ermüdenden wie fruchtlosen Debatten mit Molotow über das Reparationsproblem, lud Byrnes die drei anderen Besatzungsmächte zum ökonomischen Zusammenschluss ihrer Zonen mit der amerikanischen ein. In Berlin wiederholte General McNarney, der US-Militärgouverneur und amerikanische Vertreter im Kontrollrat, am 20. Juli 1946 das Angebot zur Verschmelzung der US-Zone mit einem oder mehreren der übrigen Besatzungsgebiete, um künftig die Behandlung Deutschlands im Sinne der Potsdamer Beschlüsse zu gewährleisten. Zehn Tage später nahm erwartungsgemäß der britische Vertreter, Sir Sholto Douglas, die amerikanische Offerte an. Sein französischer Kollege, General Koenig, erklärte lediglich, er habe keine Weisungen aus Paris, während Sowjetmarschall Sokolowskij das angloamerikanische Zusammenrücken kritisierte. Paris und Moskau hatten in den Tagen zuvor indirekt, aber öffentlich, das amerikanische Angebot abgelehnt. Damit blieb als Minimallösung die Verschmelzung des amerikanischen und des britischen Besatzungsgebiets zur »Bizone«.

Das Projekt wurde unverzüglich in Angriff genommen, aus wirtschaftlichen Gründen, weil die beiden angelsächsischen Okkupationsmächte ihre Zonen nicht länger auspowern lassen wollten, und aus politischen Gründen, weil sie den sowjetischen Verhandlungsstil bzw. die französische Obstruktionspolitik im Kontrollrat wie im Rat der Außenminister leid waren. Machten die sowjetischen Vertreter jede Institution der Viermächte-Kontrolle Deutschlands zum Karussell, das sich in ewigen Verhandlungsrunden drehte und immer wieder am Ausgangspunkt (den sowjetischen Reparationsforderungen) zum Stehen kam, so pochten die Franzosen auf ihre Sonderwünsche, die mit dem Potsdamer Konzept einer gemeinsamen Deutschlandpolitik genauso wenig vereinbar waren.

Trotzdem bemühten sich die verantwortlichen Briten und Amerikaner sehr, den Zusammenschluss ihrer Zonen als ausschließlich administrativen Akt, den ökonomische Vernunft gebot, zu deklarieren. Immerhin lagen die Ordnungsvorstellungen der Briten und Amerikaner nicht allzu weit auseinander, und – was schwerer wog – sie stimmten vielfach mit den Erwartungen und Hoffnungen der deutschen Eliten überein. So hatte der Zusammenschluss der beiden Zonen zur Bizone Ende 1946 bald mehr als ökonomische Bedeutung. Politische Qualität sollte die Bizone aber, als sie im Sommer 1946 geplant wurde, auf keinen Fall haben, Intentionen in Richtung Weststaat gab es noch nicht, obwohl die Konsequenzen der Fusion zu ahnen waren, zumal man Frankreich ziemlich weit entgegenkommen wollte, um Paris als Dritten im Bunde zu gewinnen.

Während die deutschen Politiker im Länderrat der US-Zone und im Zonenbeirat der britischen Zone im August 1946 instruiert wurden und bald darauf den Auftrag erhielten, die notwendigen Vereinbarungen verwaltungsmäßig vorzubereiten, wurde auf höherer Ebene die politische Philosophie des Zusammenschlusses artikuliert. Am eindrucksvollsten geschah dies am 6. September 1946 in Stuttgart, als US-Außenminister Byrnes die Grundzüge der amerikanischen Deutschlandpolitik darlegte. In der Rede, die bei den deutschen Zuhörern Hoffnungen weckte, weil sie als Abkehr von der bisherigen Besatzungspolitik verstanden wurde, beschwor Byrnes die Prinzipien von Potsdam, denen jetzt wenigstens in zwei Zonen zur Geltung verholfen werden sollte. Die Byrnes-Rede hatte den Zweck, mit der sowjetischen und der französischen Deutschlandpolitik abzurechnen, Paris gegenüber enthielt sie außer dem Tadel aber auch Lockung[28].

Zunächst wurde der rein administrative Charakter der Fusion auf allen Ebenen akzentuiert. Das britisch-amerikanische Abkommen, das die Außenminister Bevin und Byrnes am 2. Dezember 1946 in New York unterzeichneten, betonte vor allem das Provisorische, nämlich die Zusammenfassung der wirtschaftlichen Möglichkeiten und Ressourcen beider Zonen mit dem Ziel, bis Ende 1949 die ökonomische Selbstständigkeit des Gebiets zu erreichen. Die Vereinbarung sollte jährlich überprüft werden und so lange gelten, bis eine alliierte Einigung über die Behandlung ganz Deutschlands als wirtschaftlicher Einheit zustande käme. Das Abkommen trat am 1. Januar 1947 in Kraft. Es bildete den rechtlichen Rahmen des Gebildes Bizone, das gleichzeitig offiziell ins Leben trat[29]. Die administrativen Details waren in fünf Verwaltungsabkommen geregelt, die deutsche Vertreter der beiden Zonen zwischen August und Oktober 1946 ausgehandelt hatten. Die Delegierten der US-Zone waren vom Länderrat in Stuttgart bestimmt worden, sie vertraten die Ressortminister bzw. die Ministerpräsidenten der Länder der amerikanischen Besatzungszone. Die Vertreter der britischen Zone waren, ohne jede Mitwirkung deutscher Instanzen, von der Militärregierung ernannt worden.

Die fünf Behörden, die nach dem weitgehend gleichen Wortlaut der Verwaltungsabkommen errichtet wurden – jeweils »mit Zustimmung der Militärregierungen der amerikanischen und britischen Zone« auf unbestimmte Dauer, nämlich »bis zur Herstellung der deutschen Wirtschaftseinheit« und mit der Maßgabe, dass es den anderen Zonen freistünde beizutreten[30] –, waren, um jeden Anschein des politischen Zusammenschlusses zu vermeiden, über die ganze Bizone verstreut. In Minden wurde die »Verwaltung für Wirtschaft« errichtet, nach Stuttgart kam das Ressort Ernährung und Landwirtschaft, in Bielefeld wurde die Verkehrs-Verwaltung etabliert, in Frankfurt war das Post- und Fernmeldewesen beheimatet, und nahebei, in Bad Homburg, wurde der »Deutsche Finanzrat« eingerichtet. Damit existierten fünf »Ministerien«, deren Leistungsfähigkeit freilich vielfach beschränkt war: durch ihre Dezentralisierung, durch die fehlende Koordinierungsinstanz, durch konkurrierende Verwaltungen auf Länderebene (Länderministerien in der US-Zone) bzw. auf zonaler Ebene (in Gestalt der Zentralämter in der britischen Zone) und natürlich durch die Abhängigkeit von den Militärregierungen. Ein weiteres Handikap war die komplizierte Struktur dieser Verwaltungsorgane, in denen sich zugleich die Unterschiede zwischen den beiden Zonen spiegelten. Die Spitze bildete jeweils ein »Verwaltungsrat«, der sich (mit Ausnahme des Post- und Fernmeldewesens) aus den drei Fachministern der Länder der US-Zone sowie aus drei von der britischen Militärregierung ernannten Vertretern der britischen Zone (später ebenfalls aus den Chefs der Länderressorts) zusammensetzte. Im Frühjahr 1947 kamen zu den sechs Räten zwei weitere hinzu, nämlich je ein Vertreter Bremens und Hamburgs. Der Verwaltungsrat wählte einen Vorsitzenden, der zugleich Chef des jeweiligen Verwaltungsamtes war.

Bedeutung hatten vor allem das Ressort Ernährung in Stuttgart und das Wirtschaftsamt in Minden. Hermann Dietrich, der in den letzten

Jahren der Weimarer Republik mehrmals Reichsminister (für Landwirtschaft, Wirtschaft, zuletzt für Finanzen) gewesen war, stand an der Spitze des bizonalen Verwaltungsamtes für Ernährung und Landwirtschaft und war damit verantwortlich für die Produktionsplanung, für die Erfassung und Verteilung der Produktion und der Einfuhren. Zusammengefaßt hieß das: Lenkung der Zwangs- und Mangelwirtschaft auf dem Ernährungssektor, vom Saatgut- und Düngemittelbedarf bis zur Bestimmung der Kartoffelmenge, die dem »Normalverbraucher« zur Verfügung gestellt werden konnte; im Einzelnen bedeutete es auch Auseinandersetzungen mit den Landwirtschaftsministern der Länder beider Zonen, mit Besatzungsbehörden und, nicht zuletzt, mit dem Zentralamt für Ernährung und Landwirtschaft der britischen Zone. Beim Wirtschaftsamt in Minden sah es im Grunde ähnlich aus, aber mit dem Unterschied, dass in Minden die bizonale Behörde Wirtschaftsamt mit dem Zentralamt für Wirtschaft der britischen Zone verschmolzen wurde; dies ging nicht ohne personelle Turbulenzen ab. Bei der ersten Sitzung des Verwaltungsrats für Wirtschaft war im September 1946 der hessische Wirtschaftsminister Rudolf Mueller, ein Liberaler, zum Vorsitzenden (und damit zum Chef des Wirtschaftsamts) gewählt worden[31]. Das war ein Sieg der Vertreter der US-Zone, denn der Favorit der Delegierten der britischen Zone, des SPD-Parteivorstands und der britischen Militärregierung war Viktor Agartz, der Leiter des Zentralamts für Wirtschaft der britischen Zone, gewesen.

Schon im Januar 1947 wurde die Entscheidung aber korrigiert. Nachdem aufgrund der Wahlen in der US-Zone im November und Dezember 1946 die Wirtschaftsministerien der dortigen Länder neu besetzt worden waren (in München, Stuttgart und Wiesbaden waren jetzt jeweils Sozialdemokraten Wirtschaftsminister), wurde Rudolf Mueller abgewählt[32]. An seine Stelle kam Viktor Agartz, dessen Name für Planwirtschaft, Zentralisierung und Sozialisierung stand. Ihm oblagen an der Spitze der größten Bizonenbehörde Aufgaben wie Planung und Produktionslenkung der Gütererzeugung, Preisbildung und Preislenkung, Erzeugung und Verteilung von Energie, Außen- und Interzonenhandel. Manches von diesem Aufgabenkatalog blieb zwangsläufig Theorie, denn die wichtigsten Bereiche – Eisen, Stahl und Kohle – blieben deutschem Einfluss entzogen. Das Mindener Wirtschaftsamt war also, ebenso wie

das Stuttgarter Ernährungsamt, in erster Linie eine Instanz zur Mangel-
verwaltung.

Nach der Wirtschaftsstruktur passten die amerikanische und die
britische Besatzungszone gut zueinander: Die Rohstoffe und die Grund-
industrie im britischen Herrschaftsgebiet ergänzten sich mit der ver-
arbeitenden Industrie der amerikanischen Zone, die auch über das größere Potenzial an Arbeitskräften verfügte. Die wirtschaftliche Stagnation
nach dem militärischen Zusammenbruch war bereits überwunden;
im Herbst 1946 produzierte die Industrie in der Bizone schon wieder
40 Prozent des Vorkriegsstandes (der Winter 1946/47 brachte dann
einen empfindlichen Rückschlag)[33]. Die Landwirtschaft (insgesamt
58,7 Prozent der Nutzfläche Restdeutschlands) war in beiden Teilen
der Bizone etwa gleich stark vertreten. Rund 39 Millionen Menschen
(60,4 Prozent der deutschen Gesamtbevölkerung, darunter etwa 6 Millionen Heimatvertriebene) lebten Ende 1946 in der Bizone.

Sosehr sich die britisch besetzte mit der von den Amerikanern beherrschten Hälfte der Bizone ökonomisch zu einem lebensfähigen Gebilde ergänzte, so sehr divergierten nach eineinhalb Jahren der Besatzung
bereits die administrativen und politischen Strukturen der beiden
Zonen. In der US-Zone hatten die drei Länder Bayern, Hessen und
Württemberg-Baden schon im Herbst 1945 legislative, exekutive und
jurisdiktive Befugnisse erhalten (Bremen erhielt denselben Status etwas
später), die von den Landesregierungen unter Aufsicht der Militärregierung voll ausgeübt werden konnten. Teilweise hatten die Länder
der US-Zone sogar Hoheitsrechte übertragen bekommen, die vor dem
Zusammenbruch Sache des Reiches gewesen waren.

Die Anlaufschwierigkeiten innerhalb der Bizone ergaben sich nur
zum Teil aus dem unterschiedlichen Entwicklungsstand der politischen
Geographie. Problematisch für die Zusammenarbeit war die Tatsache,
dass die Amerikaner grundsätzlich von unten nach oben aufbauten,
Befugnisse frühzeitig in deutsche Hände gaben und das Aufgehen der
demokratischen Saat in Gemeinden, Kreisen, Ländern zwar sehr aufmerksam beobachteten, aber eher ungern selbst das Zepter schwangen.
Die Briten hingegen regierten in ihrer Zone direkt, von oben nach unten
und zögerten lange, ehe sie Befugnisse in deutsche Hände gaben. Waren
die Länder in der britischen Zone eher Verwaltungseinheiten als selbst-

ständige staatliche Organismen (wie in der US-Zone und im französischen Besatzungsgebiet), so war auch die quasiparlamentarische deutsche Instanz der britischen Zone, der Zonenbeirat in Hamburg, lediglich
ein Organ, das die Militärregierung beraten durfte. Die Vertreter von
Parteien, Ländern und Gewerkschaften, die seit März 1946 im Zonenbeirat saßen, hatten keinen weiteren Auftrag und keine weitere Befugnis.
Mit dem föderalistischen Sendungseifer der Amerikaner (der in ihrer
Zone schon aus Tradition auf keinerlei Widerstand stieß) kontrastierte
der Zentralismus der Briten, die ihre Zone möglichst ohne Umwege und
unnötige Instanzenzüge zu verwalten trachteten. So entsprachen den
Fachabteilungen der Control Commission for Germany/British Element,
wie die Spitze der britischen Besatzungsverwaltung offiziell hieß, auf
deutscher Seite Zentralämter (für Wirtschaft, für Ernährung, für Arbeit
usw.), mit beratender und (weisungsgebunden) ausführender Funktion.

Solange mit der Fusion des britischen und des amerikanischen Besatzungsgebiets kein politischer Zusammenschluss verfolgt wurde, waren
die Strukturunterschiede allenfalls lästig und störend. Die eigentlichen
Hindernisse für das Funktionieren des bizonalen Wirtschaftsraums
bildeten aber die Konstruktionsfehler der Organisation, nämlich die Dezentralisierung, die angesichts der Verkehrsverhältnisse einer Isolierung
der einzelnen Ämter gleichkam, und das Fehlen koordinierender Organe auf deutscher Seite. Anglo-amerikanische Stäbe, die die Tätigkeit
der deutschen Verwaltungsräte überwachten, gab es dagegen genug.
Jedem Verwaltungsrat stand eine paritätisch besetzte britisch-amerikanische Bipartite Group gegenüber, denen auf höherer Ebene in Berlin
Bipartite Panels vorgesetzt waren, die aus den Abteilungsleitern der zentralen britischen und amerikanischen Militärregierungen bestanden.
Die Spitze der Pyramide bildeten die beiden Militärgouverneure, der
amerikanische General Clay, der am 15. März 1947 in dieses Amt, vom
Stellvertreter General McNarneys zu dessen Nachfolger aufgerückt war,
und der britische General Sir Sholto Douglas, dem im November 1947
sein Stellvertreter Sir Brian Robertson als britischer Oberbefehlshaber
und Chef der Militärregierung der britischen Zone folgte. Alles, was die
deutschen Verwaltungsräte beschlossen, ging an die zuständigen ameri-
kanisch-britischen Instanzen zur Entscheidung.

Zu den Konstruktionsfehlern und fehlenden Kompetenzen kamen

Naturkatastrophen in Gestalt eines Jahrhundertwinters, der bis zum
März 1947 dauerte und die industrielle Produktion der Bizone nahezu
zum Erliegen brachte. Die drei Kältewellen verursachten in erster Linie
eine Transportkrise (die Binnenwasserstraßen waren vereist, die Eisenbahn, ohnehin in kläglichem Zustand, war überfordert), die wiederum
die Energiekrise verschärfte, weil die lebenswichtige Kohle auf Halde lag,
während Fabriken aus Kohlenmangel schließen mussten und Kranken-
häuser und Schulen ungeheizt blieben. Transport- und Energiekrise beschleunigten die Katastrophe auf dem Ernährungssektor. Das Jahr 1947
wurde zum Hungerjahr und, ökonomisch gesehen, zum schlimmsten
Nachkriegsjahr überhaupt.

In einem Brief, geschrieben im Februar 1947 in Hamburg an einen
sozialistischen deutschen Emigranten in New York, der als Organisator
eines Solidaritätsfonds für Deutsche mit Paketaktionen die Not zu lin-
dern suchte, findet sich eine symptomatische Situationsbeschreibung:
»5° Minus ist die normale Temperatur in den Wohnungen … Und keine
Kohlen! Und zwei Stunden am Tag elektrischer Strom! Und die Menschen halb verhungert und ausgemergelt! Niemand darf vergessen, daß
wir hier die Entfettungskur nicht erst seit 1945 machen. Das entspräche
nicht den Tatsachen, wäre außerdem ungerecht den Besatzungsmächten
gegenüber. Auch unter Hitler war die Fettration die geringste im Ernäh-
rungsprogramm. … So ist es denn also kein Wunder, daß das ›Kohlen-
klauen‹ zu einer Massenbewegung geworden ist, von der man sich in anderen Ländern kein Bild machen kann. Ein Kohlenzug, der gezwungen
ist, im Stadtgebiet oder am Rande der Stadt zu halten, wird in wenigen
Minuten um einen riesigen Teil seiner kostbaren Ladung leichter gemacht, ohne daß das irgend eine Macht verhindern könnte. Plötzlich
sind Kinder und Erwachsene in der Masse eines Heuschreckenschwar-
mes aus der Erde gewachsen und holen sich, worauf sie in der unerbitt-
lichen Kälte stundenlang gewartet haben. Viele von ihnen arbeiten am
Tage und gehen in der Nacht oder schon am Abend los, um sich an bereits bekannten Stellen auf die Lauer zu legen: Es ist für sie die einzige
Möglichkeit, ihrer Familie eine warme Stube, eine warme Suppe oder
das Waschen der Wäsche zu ermöglichen. Der An- und Abmarsch ist
eine ständige Demonstration des Elends. Der ohnehin eingeschränkte
Straßenbahnbetrieb wird davon streckenweise derartig mit Beschlag

belegt, daß von anderen Fahrgästen als ›Kohlenklauern‹ nicht mehr die Rede ist.«[34]

Um die Produktion von Kohle zu steigern, bemühten sich die britische Militärregierung und der Verwaltungsrat für Wirtschaft, den Bergleuten durch ein Punktsystem Anreize für (noch) größere Leistungen zu schaffen. Die Zuweisung von Extrarationen an Lebensmitteln und Verbrauchsgütern an die Bergarbeiter im Ruhrgebiet funktionierte aber mehr schlecht als recht, und sie schuf an anderer Stelle neue Engpässe, wurde zur neuen Quelle der Unzufriedenheit. Das Punktsystem war eine der für das Wirtschaften im Nachkriegsdeutschland typischen Maßnahmen, die aus der Not geboren, mit unzulänglichen Mitteln durchgeführt, schließlich wenig halfen, aber auf allen Seiten Verdruss und Resignation zur Folge hatten. Namens des Zonensekretariats der Gewerkschaften der britischen Zone fasste Ludwig Rosenberg im Februar 1947 in einem Brief an einen ranghohen Mitarbeiter der britischen Militärregierung die Hoffnungen und Enttäuschungen zusammen. Die Einführung des Punktsystems, schrieb Rosenberg an Sir Cecil Weir, sei die letzte Hoffnung gewesen, den verhängnisvollen Kreislauf zu durchbrechen, der die Erholung der deutschen Industrie unmöglich mache. Wenige Wochen nach seiner Einführung sei das Punktsystem aber schon am Zusammenbrechen, es bestünde die Gefahr, dass die Bergleute sich getäuscht fühlten und ihre Mitarbeit verweigerten.

Neben diesem politischen Motiv der Beschwerde gab es aber auch handfeste Probleme, die der deutsche Gewerkschaftsführer Rosenberg, der nicht lange zuvor aus dem Exil in England zurückgekehrt war, dem Vertreter der britischen Militärregierung vorhielt: »Es war ferner zugesagt worden, daß *fetter* Speck als ein sehr wesentlicher Teil des Punktsystems geliefert werden sollte. Jetzt ist bekannt geworden, daß statt dessen durchwachsener Speck ausgegeben wird. Wer die Bergleute kennt, weiß, daß dieser Unterschied in der Qualität (der tatsächliche Fettgehalt ist ja von ausschlaggebender Bedeutung) wiederum Veranlassung zu unliebsamen Bemerkungen über nicht gehaltene Versprechungen geben wird. … Niemand kann sich dem Eindruck entziehen, daß alles improvisiert, nichts richtig vorbereitet ist, alles dem Zufall im letzten Augenblick überlassen bleibt; und unter solchen Umständen ergibt es sich, daß auch in den Fällen, wo tatkräftig Hilfe gewährt wird, dies in einer Weise geschieht, die den guten Eindruck, den sie haben könnte, durch die vorangehenden Wochen von Gerüchten, Unsicherheit und Besorgnis zerstört …«[35]

Die erste Reform der Bizone

Das gleiche Schicksal wie dem Punktsystem für die Ruhrbergleute, nämlich das Scheitern schon im Anfangsstadium, schien dem ganzen Experiment Bizone im Frühjahr 1947 beschieden. Über die Mängel der Organisation waren sich auch die Verantwortlichen auf der alliierten Seite frühzeitig im Klaren. Schon im Februar hatte General Clay die Ministerpräsidenten von Bayern, Württemberg-Baden, Hessen und den Senatspräsidenten von Bremen in die Zentrale des Office of Military Government U. S. (OMGUS) nach Berlin bestellt, um sie wissen zu lassen, dass die Bizone kein Misserfolg werden dürfe. Clay teilte den Herren mit, dass er 40 Millionen Dollar für den Aufbau der Industrie geborgt und weitere 300 Millionen Dollar zur Beschaffung von Lebensmitteln für die Bizone beim Congress in Washington beantragt habe. Vor der Außenministerkonferenz in Moskau (10. März bis 24. April 1947) sollte aber nichts geschehen. Angesichts der Schwierigkeiten der Zusammenarbeit zwischen den bizonalen Ämtern und den Ländern und der Unmöglichkeit, Entscheidungen auf Bizonenebene auch gesetzlich gültig werden zu lassen, waren sich Clay und sein Stab mit den deutschen Besuchern einig, dass ein Koordinierungsausschuss, eine Art »Zweizonenregierung« auf deutscher Seite dringend wünschbar sei. Clay versicherte den Deutschen wörtlich, »daß sowohl General Robertson wie auch ich selbst die Zweckmäßigkeit eines Koordinierungsausschusses oder eines politischen Organs, das die Verantwortung für alle diese Behörden übernimmt, voll anerkennen. Wir wollen jedoch niemandem gestatten, der britischen und der amerikanischen Zone den Vorwurf zu machen, daß sie mit der Errichtung einer politischen Organisation in den zwei Zonen eine vollendete Tatsache geschaffen haben.«[36]

Auf dem Rückflug von der Moskauer Außenministerkonferenz war US-Außenminister George C. Marshall (er hatte im Januar 1947 James

Byrnes abgelöst) in Berlin mit General Clay zusammengetroffen und hatte ihn gebeten, zusammen mit dem britischen Militärgouverneur den Ausbau der Bizone zu einem funktionierenden Körper, der lebensfähig sein würde und – vor allem – sich selbst versorgen könne, zu betreiben. Vier Wochen später, Ende Mai 1947, war das anglo-amerikanische »Abkommen über Neugestaltung der zweizonalen Wirtschaftsstellen« unterschriftsreif. Deutsche Stellen hatten an der Reform nicht mitgewirkt; die Bevölkerung erfuhr aus der Zeitung, dass die Militärregierungen beschlossen hatten, eine Art Parlament, den »Wirtschaftsrat«, einen »Exekutivausschuß« und ministerähnliche »Direktoren« einzusetzen, »um die Lösung dringender wirtschaftlicher Probleme und den Aufbau des Wirtschaftslebens durch dem Volke verantwortliche deutsche Stellen zu fördern«.[37]

Das Abkommen erhielt am 10. Juni Gesetzeskraft, wenige Tage nach der legendären Münchner Ministerpräsidentenkonferenz, die wegen der abrupten Abreise der Länderchefs aus der Ostzone zum Symbol der Spaltung Deutschlands wurde.

Auf die Bizone, zumal in ihrer reformierten Gestalt, setzten die Politiker der Westzonen, gerade unter dem Eindruck des Scheiterns der vierzonalen Einheit, besondere Hoffnungen. Der hessische Ministerpräsident Stock brachte das am Ende des ersten Konferenztags deutlich zum Ausdruck: »Inmitten des Dramas unserer Ernährungs- und Wirtschaftslage und auf der Suche nach Wegen, um aus diesem Engpaß herauszukommen, möchte ich auf ein Gesetz hinweisen, das dieser Tage durch Proklamation der amerikanischen und englischen Regierung erlassen wurde und das eine Verbesserung der Organisation der wirtschaftlichen Verhältnisse in beiden Zonen herbeiführen soll. (…) Die Worte, daß Deutschland wirtschaftlich und politisch zusammengehört und zusammenbleiben soll, sind Worte geblieben, denen die Taten fehlten. Gegenüber diesem Zustand ist es ein Vorteil gewesen, daß die amerikanische und die britische Regierung sich, um den wirtschaftlichen Notstand in ihren Zonen zu beheben, bereitfanden, bizonale Ämter bestimmter Verwaltungen der Wirtschaft zu schaffen. (…) Wir beschäftigen uns zur Zeit mit Fragen der täglichen Not, bei denen jetzt ein Gesetz akut wird, das uns die Möglichkeit gibt, von Grund auf die Wirtschaft der beiden Zonen und damit auch Deutschlands aufzubauen. Ich nehme daher von hier

aus Veranlassung, den Regierungen der Vereinigten Staaten und Großbritanniens für diese Tat, die erkennen läßt, daß sie mit den Maßnahmen
des Kontrollrats auf diesem Gebiet nicht einverstanden sind, unseren
Dank auszusprechen.«[38]

Der augenfälligste Fortschritt bestand in der Zentralisierung der Bizonen-Administration in Frankfurt am Main. Dort versammelten sich
am 25. Juni 1947 im Großen Börsensaal die 52 Mitglieder des Wirtschaftsrates zur konstituierenden Sitzung des ersten deutschen Nachkriegs-
parlaments, dessen Beschlüsse für mehr als nur ein Land Geltung haben
sollten. Die Abgeordneten zum Wirtschaftsrat waren entsprechend der
Bevölkerungszahl (jeweils ein Vertreter für 750 000 Einwohner) von den
Landtagen der acht Länder der Bizone gewählt worden. Bei dieser indirekten Wahl wurde auch der Parteienproporz in den Länderparlamenten beachtet: Es saßen zwanzig Abgeordnete der CDU und der
CSU – die Fraktionsgemeinschaft der Unionsparteien, die sich später
im Bundestag fortsetzte, wurde in Frankfurt begründet – ebenso vielen
Sozialdemokraten gegenüber. Die CDU/CSU-Fraktion hatte aber durch
den Anschluss der beiden Vertreter der »Deutschen Partei« (aus Niedersachsen) ein Übergewicht. Die vier liberalen Abgeordneten firmierten
zwar noch nicht unter der gemeinsamen Bezeichnung FDP, agierten
aber als geschlossene Gruppe. Daneben saßen drei Kommunisten, zwei
Abgeordnete der katholischen Zentrumspartei und ein Vertreter der
»Wirtschaftlichen Aufbau-Vereinigung« aus Bayern.

Das Wirken des Parlaments war in vielfacher Hinsicht beschränkt,
geographisch auf zwei Zonen, materiell auf Probleme der Wirtschaft und
der Finanzen, der Ernährung und Landwirtschaft, des Verkehrs und der
Post, und alle Beschlüsse und Gesetze bedurften der Genehmigung der
»Kleinen Generale«, des Amerikaners Clarence Adcock und des Briten
Gordon Mcready, die als stellvertretende Militärgouverneure an der
Spitze des Bipartite Control Office (»Zweizonenkontrollamt«, abgekürzt
BICO) in Frankfurt residierten, um mit Hilfe eines Stabes von etwa
900 britischen und amerikanischen Experten die legislativen und administrativen Aktivitäten der Bizonenorganisation zu überwachen. Die
zweite Phase der Bizone war nur eine Episode, die schon Anfang 1948
mit einer abermaligen Strukturreform wieder beendet wurde. In den
zehn Vollversammlungen, die der Wirtschaftsrat zwischen Juni 1947

und Januar 1948 abhielt, wurden 18 Gesetze beschlossen, die entweder organisatorische Details regelten – wie der erste legislative Akt überhaupt, das »Gesetz über den vorläufigen Aufbau der Wirtschaftsverwaltung des Vereinigten Wirtschaftsgebietes« vom 9. August 1947 –, oder mit denen Versorgungsprobleme bewältigt werden sollten. Typische Beispiele waren die Gesetze »zur Sicherung der Kartoffelversorgung im Wirtschaftsjahr 1947/48« (3. Oktober 1947) oder »zur Sicherung der Erfassung von Milch und Milcherzeugnissen für das Jahr 1948« (18. Dezember 1947)[39]. Die Bedeutung der Periode des ersten Wirtschaftsrats liegt nicht bei den kurzlebigen Gesetzgebungs- und Verwaltungsakten, sondern darin, dass auf dem neuen parlamentarischen Forum politische Strukturen ausgebildet wurden, dass politisches Verhalten geübt werden konnte.

Im Frankfurter Wirtschaftsparlament wurden, anlässlich der ersten Direktorenwahl im Juli 1947, Konstellationen festgeschrieben, die auch für die ersten beiden Jahrzehnte der Bundesrepublik bestimmend blieben. Die »Direktoren« – die Umschreibung stand für Minister oder mindestens für Staatssekretär –, die künftig an der Spitze der fünf Ressorts stehen sollten, mussten auf Vorschlag des Exekutivrats vom Wirtschaftsrat gewählt werden. Der Exekutivrat war ein staatsrechtlich schwer zu fassendes Monstrum mit einer Fülle von Kompetenzen, die sich in der Praxis zum Teil im Wege standen. Das Gremium bestand aus je einem Vertreter der acht Länder der Bizone, war also eine Art Bundesrat, das die Länderinteressen in Frankfurt zu vertreten hatte, es war aber auch als Kontrollorgan für die fünf Verwaltungen gedacht und sollte die Direktoren koordinieren, quasi als kollektiver Regierungschef. Sechs der acht Ländervertreter im Exekutivrat waren Sozialdemokraten; das wurde von der christdemokratischen Mehrheit im Wirtschaftsrat mit großem Argwohn beobachtet. Der Exekutivrat hatte einstimmig vorgeschlagen, drei der fünf Verwaltungen mit einem christdemokratischen und zwei mit einem sozialdemokratischen Direktor zu besetzen. Der Proporz war aber nicht ausschlaggebend, gekämpft wurde vielmehr in erster Linie um das Wirtschaftsressort. Die SPD beanspruchte es grundsätzlich, die CDU bestritt diesen Anspruch energisch, nicht zuletzt unter Hinweis darauf, dass die SPD die Wirtschaftsministerien in allen Ländern der Bizone in Händen hatte. Auch wenn die Diskussion über Marktwirtschaft oder Planwirtschaft (an die erste Möglichkeit glaubten Mitte 1947 die wenigsten) noch nicht begonnen hatte, so war doch klar, dass die Verwaltung für Wirtschaft eine politische Schlüsselposition haben würde.

Die Sozialdemokraten gehen in die Opposition

Die nächtliche Debatte im Wirtschaftsrat am 23. Juli 1947 wurde zur historischen Konfrontation zwischen den beiden großen Fraktionen. Nach Mitternacht wurde die Debatte vertagt. Am Abend des folgenden Tages lagen neue Vorschläge des Exekutivrates vor, die aber der Sache (und der Person des Kandidaten für das Wirtschaftsressort) nach die alten waren. Als die Mehrheit erwartungsgemäß die Vorschläge verworfen hatte, gab der Vorsitzende der SPD-Fraktion, Erwin Schoettle, eine feierliche Erklärung ab, der zu entnehmen war, dass die Sozialdemokraten, weil die Voraussetzungen für eine Zusammenarbeit mit der bürgerlichen Mehrheit des Hauses entfallen seien, sich in die Opposition begeben würden.[40]

Der Beifall in der SPD-Fraktion war stark, er wäre wohl dünner gewesen, wenn man die Tragweite dieser Ankündigung vom 24. Juli 1947 erkannt hätte. Nach einer Unterbrechung, in der eine neue Kandidatenliste erstellt wurde, wählte der Wirtschaftsrat ohne weitere Debatte Johannes Semler, einen bekannten Wirtschaftsprüfer, der der CSU angehörte, zum Direktor für Wirtschaft, den früheren Deutschnationalen Hans Schlange-Schöningen (der ehemalige Reichsminister und Reichskommissar für die Osthilfe unter Brüning gehörte nach 1945 in der CDU eher zum linken Flügel) zum Direktor für Ernährung und Landwirtschaft sowie Hans Schuberth (CSU), einen engagierten Katholiken und Gegner des Nationalsozialismus, zum Chef der Postverwaltung. Die endgültige Besetzung des Finanzdirektorats mit Alfred Hartmann und der Verkehrsverwaltung mit Edmund Frohne erfolgte erst am 9. August, da die beiden am 24. Juli nominierten Verlegenheitskandidaten die Wahl nicht angenommen hatten. Die SPD hatte weiße Stimmzettel abgegeben und auch später das Angebot der CDU/CSU, die beiden wieder frei gewordenen Ressorts Finanzen und Verkehr zu übernehmen, ausgeschlagen. Sie demonstrierte in der Folgezeit die Überzeugung, die CDU habe in Frankfurt den Versuch unternommen, »die totale Macht für die ge-

samte Wirtschaft in Westdeutschland an sich zu reißen« (Kurt Schumacher)[41], wogegen CDU-offiziös konstatiert wurde, der Anspruch der
SPD, außer den acht Wirtschaftsministern der Länder auch den bizonalen Wirtschaftsdirektor zu stellen, rühre »an die Grundfesten unserer
jungen Demokratie« und komme »dem Versuch eines Staatsstreiches«
gleich: »Durch die entschlossene Haltung der CDU und der anderen
nichtmarxistischen Parteien wurde die Demokratie in Frankfurt gerettet.«[42] Diese Ansicht wurde von den beiden zuständigen Besatzungsmächten überhaupt nicht geteilt, die Amerikaner sprachen gar von
einem »Fiasko der ersten Runde«[43]. Aber das Unbehagen über die Direktorenwahl und die dadurch heraufbeschworene Konfrontation der
beiden großen Parteien war auch in den Reihen der CDU/CSU und bei
vielen Sozialdemokraten groß.

Die Ereignisse in Frankfurt wurden von manchem auch schon als Stell-
vertreterkrieg der Parteiführer Adenauer und Schumacher, die beide dem
Wirtschaftsrat nicht angehörten, interpretiert oder als Wiederholung
Weimarer Zustände, als Neuauflage der unseligen Parteizwistigkeiten vor
1933 empfunden. Der Finanzminister von Württemberg-Baden, Heinrich
Köhler (CDU), verzichtete aus Protest auf seinen Sitz im Exekutivrat, und
der bayerische Ministerpräsident Hans Ehard kreuzte mit seinem Partei-
freund Adenauer die Klingen, weil dieser die Bayern dafür gerügt hatte,
dass der bayerische Vertreter Seelos (CSU) die einstimmigen Vorschläge
zur Direktorenwahl im Sinne einer großen Koalition unterstützt hatte.[44]

Kartoffelkrieg, Speisekammergesetz, Hühnerfutterrede: Scheitern der Bizone?

In ihrer zweiten Phase hatte die Bizone zwar ein Parlament und eine
Hauptstadt erhalten; das war wieder ein Schritt in die Richtung zum
Staatswesen, wenn auch weiterhin ängstlich alles vermieden wurde, was
den Anschein der Staatlichkeit erwecken konnte. Das Instrumentarium
funktionierte aber wegen seiner Konstruktionsmängel, fehlender Kompetenzen auf deutscher Seite und der Vielfalt der Instanzen (auf bizona-
ler, auf zonaler und achtfach auf Länderebene, von der amerikanischen,

britischen und der BICO-Bürokratie zu schweigen) mehr schlecht als recht. Institutionell bestand eine der Hauptschwierigkeiten im Kampf der Bizonenämter gegen die Länderegoismen; der Höhepunkt wurde im »Kartoffelkrieg« des Herbstes 1947 erreicht.

Dem Katastrophenwinter 1946/47 waren Hitze- und Dürrerekorde im Sommer und eine Missernte im Herbst 1947 gefolgt. Der Direktor für Ernährung und Landwirtschaft hatte, von den Militärregierungen autorisiert und auf das Bewirtschaftungssystem gestützt, das die Nationalsozialisten im August 1939 in Vorbereitung des Krieges in Kraft gesetzt hatten, Ablieferungsmengen und Ausgleichsquoten zwischen den einzelnen Ländern festgesetzt. Dadurch sollte das geringfügig Vorhandene wenigstens halbwegs gerecht zwischen agrarischen Überschussländern und Industriegebieten verteilt werden. Die Gerechtigkeit blieb, aus vielen Gründen, Theorie. Dass Bayern und Niedersachsen zugunsten der eigenen Bevölkerung zu wenig Kartoffeln in Mangelgebiete wie Nordrhein-Westfalen lieferten, war schlimm, die allgemeine Korruption – von selbstsüchtigen Erzeugern und Schiebern bis hin zu Ämtern und Organisationen, die sich am schwarzen Markt im großen Stil beteiligten – war ebenfalls schlimm, und die starre Haltung der Besatzungsbürokratie, die an ihren eigenen Ernteschätzungen festhielt und die deutschen Verwaltungsstellen des Unvermögens und der Böswilligkeit zieh, war nicht weniger schlimm.

Für die Misere auf dem Gebiet der Wirtschaft und der Ernährung, aber auch für den Stand der Beziehungen zwischen Deutschen und Alliierten und insgesamt für den bisherigen Erfolg des Experiments Bizone gab es um die Jahreswende 1947/48 zwei Symptome, in denen sich die Gesamtsituation deutlich spiegelte: das »Speisekammergesetz« und die »Hühnerfutterrede«. Das Gesetz – offiziell hieß es: »Nothilfegesetz zur Ermittlung, Erfassung und Verteilung von Lebensmitteln« – ging auf die Initiative General Clays zurück, der wegen der Querelen, die über dubiose Ernteschätzungen, überhöhte Ablieferungsquoten, grassierende Hamsterei, geschönte Statistiken und allgemeines Wehklagen aller Betroffenen entstanden waren, kurzerhand verlangte, sämtliche Lebensmittelvorräte bei Erzeugern, Händlern und Verbrauchern zählen und registrieren zu lassen. Der Wirtschaftsrat beschloss das entsprechende Gesetz, die notwendigen Fragebogen wurden gedruckt und ausgege ben – darüber wurde es Februar 1948 –, und manche füllten die Formulare, einige sogar im Einklang mit der Wahrheit, auch aus. An der schlechten Versorgung änderte die Aktion natürlich nichts, und zum Renommee des Frankfurter Wirtschaftsparlaments trug sie auch nicht bei.

Der Direktor für Wirtschaft, Johannes Semler, hatte bei einer internen Veranstaltung der CSU am 4. Januar 1948 in Erlangen ein Referat gehalten, in dem er, in der irrigen Annahme, man sei unter sich, den Besatzungsmächten kräftig die Leviten las: Die Amerikaner, behauptete Semler, verlangten extra hohe Ablieferungsquoten von der deutschen Landwirtschaft, um eigene Steuergelder zu sparen, Clay wolle sich zu Lasten der Deutschen einen guten Abgang verschaffen; die Briten, sagte Semler, plünderten die deutsche Wirtschaft aus, und – so schimpfte er in Anspielung auf die amerikanischen Hilfslieferungen –, man habe »den Mais geschickt und das Hühnerfutter, und wir zahlen es teuer«; er empfahl, »daß deutsche Politiker darauf verzichten, sich für diese Ernährungszuschüsse zu bedanken«[45]. Semler wurde von den beiden Militärgouverneuren einbestellt, um sich zu rechtfertigen, was ihm aber nicht gelang. Am 24. Januar 1948 wurde er seines Amtes enthoben, wodurch aus dem Helden der ersten Januartage ein Märtyrer wurde. Die Militärgouverneure betonten, er sei wegen der Wahrheitswidrigkeit seiner Behauptungen gefeuert worden, nicht wegen der Kritik selbst, die freilich vom Geist einer böswilligen Opposition gegen die Besatzungsmächte zeuge.[46]

Gegen Ende des Jahres 1947 waren sich die Verantwortlichen, Deutsche wie Briten und Amerikaner, ziemlich einig, dass auch der zweite Anlauf beim Experiment Bizone wenig erfolgreich verlaufen war. Der Apparat hatte immer noch zu viele Konstruktionsmängel: Kompetenzstreitigkeiten zwischen Exekutivrat und Wirtschaftsrat führten zu Reibungen und zur Doppelarbeit in der Gesetzgebung; die Direktoren und ihre Verwaltungen – deren Bürokratie mit etwa 4500 Beamten und Angestellten von manchen Landesregierungen nur als lästiger Wasserkopf empfunden wurde – arbeiteten mehr oder minder unkoordiniert. Namentlich die Ernährungsverwaltung unter Direktor Schlange-Schöningen sah sich vielfältig behindert durch egozentrische Landespolitiker und gegängelt von der anglo-amerikanischen BICO-Administration.

Eine abermalige Reform tat not, wenn die Organisation des Vereinigten Wirtschaftsgebietes auch nur den minimalen Erwartungen entsprechen sollte, die man auf sie gesetzt hatte, nämlich die ökonomische
Selbstversorgung der beiden Zonen in absehbarer Zeit, von weitergehen-
den politischen Sehnsüchten zu schweigen. Washington und London
warteten wieder, wie im Frühjahr 1947, die Außenministerkonferenz ab.
Es war die fünfte der in Potsdam beschlossenen Veranstaltungen, die am
15. Dezember 1947 in London ergebnislos zu Ende ging: Die deutschen
Probleme waren der Lösung nicht näher gekommen, die politische und
wirtschaftliche Einheit der vier Zonen war weiter entfernt denn je, die
Hoffnungen, die in Deutschland viele im November 1947 noch gehegt
hatten, waren gründlich zerstört, und die Anti-Hitler-Koalition der Alliierten hatte sich in die Konfrontation der Westmächte mit der Sowjetunion verwandelt. Unmittelbar nach dem Ende der Konferenz informierte das »Bipartite Control Office« in Frankfurt den Präsidenten
des Wirtschaftsrats, dass Änderungen der Bizonen-Organisation bevor-
stünden.[47] Das hatte Hoffnungen und Wünsche auf die staatsrechtliche
Weiterentwicklung der Doppelzone geweckt, die mit der Beteuerung
verbrämt wurden, ein westdeutscher Staat (ohne die Ostzone) werde
nicht erstrebt.[48] Aber man richtete sich auf ihn ein.

Das Modell des Weststaates: Die Bizone in ihrer dritten Phase

Am 7. Januar 1948 verkündeten die beiden Militärgouverneure Clay und
Robertson, flankiert von den BICO-Generalen Adcock und Mcready
und den Länder-Militärgouverneuren, den acht deutschen Länderchefs
und einer Delegation des Wirtschaftsrates, was die Westmächte beschlossen hatten, um das bizonale Provisorium zu verbessern und handlungs-
fähig zu machen: Der Wirtschaftsrat sollte auf 104 Abgeordnete verdop-
pelt und, anstelle des Exekutivrats, um eine zweite Kammer (einen Länderrat aus zwei Vertretern je Land) ergänzt werden. Die Direktoren der
Verwaltungen sollten künftig in einem »Verwaltungsrat« genannten Kabinett unter dem Vorsitz eines »Oberdirektors« zusammensitzen, und die
deutschen Stellen sollten auch einige neue Kompetenzen (auf dem Ge

biet der Steuern und Zölle) erhalten. Außerdem kündigte General Clay die Errichtung eines Obersten Gerichtshofs und einer Zentralbank (diese unter alliierter Hoheit) für die Bizone an. Den Wunsch nach einem sechsten Fachressort, einer Verwaltung für Arbeit und Soziales, schlugen die Alliierten am folgenden Tag (an dem in einer eigenen Veranstaltung die Deutschen zu den anglo-amerikanischen Plänen Stellung nehmen durften) ab: Die Bizone sollte nicht mehr zentrale Verwaltungseinrichtungen haben, als auf der Potsdamer Konferenz »Staatssekretariate« einer deutschen Administration auf Vierzonen-Ebene vorgesehen waren.[49]

Nach den Konferenzen am 7. und 8. Januar 1948 hatten die deutschen Gremien drei Wochen lang Zeit, Änderungsvorschläge zu den alliierten Plänen zu entwerfen. Die Zeit bis Ende Januar nutzten die Deutschen, um eine Vielfalt divergierender Meinungen zu artikulieren: Die Föderalisten waren gegen die Erweiterung der Frankfurter Kompetenzen und fürchteten wie Bayerns Ministerpräsident Ehard und dessen Düsseldorfer Kollege Arnold die Aushöhlung der Länderhoheit; die Sozialdemokraten betrachteten, so hatte es der Parteivorstand beschlossen, die ganze Neuorganisation der Bizone als alliierte Angelegenheit und hielten sich fern; im Norden hatte man andere Vorstellungen als im Süden, die Föderalisten kämpften gegen die Unitarier, kurzum, es gab keine Gegenkonzepte zu den alliierten Plänen, die deshalb, lediglich geringfügig modifiziert, in Gestalt der »Frankfurt Charta« am 5. Februar 1948 von den beiden Militärgouverneuren unterzeichnet wurden und am 9. Februar in Kraft traten.[50] Mitte Februar wählten die Landtage pflichtgemäß die 52 zusätzlichen Abgeordneten des Wirtschaftsrates. Durch die Verdoppelung änderten sich die Mehrheitsverhältnisse nicht. Den 40 Sozialdemokraten standen 40 CDU/CSU-Parlamentarier (plus vier Vertreter der DP) gegenüber. Das Verhältnis zwischen der Unionsfraktion und den acht Liberalen hatte sich so entwickelt, dass man jetzt von einer Koalition sprechen konnte. Außerdem gab es sechs Kommunisten (vier aus Nordrhein-Westfalen, zwei aus Bayern), zwei Abgeordnete der Wirtschaftlichen Aufbau-Vereinigung (WAV) und vier des Zentrums. Die Sozialdemokraten hatten, nach grundsätzlicher und gründlicher Diskussion in ihren Gremien und der neuen Fraktion, gegen eine Minderheit beschlossen, in Frankfurt in der Opposition zu bleiben.

Am 24. Februar 1948, in seiner konstituierenden Sitzung, wählte der neue Wirtschaftsrat wiederum den CDU-Politiker Erich Köhler zum Präsidenten. Eine Woche später, am 2. März, stand die Wahl des Vorsitzenden des Verwaltungsrats auf der Tagesordnung des Bizonenparlaments. Nach langem Suchen, das fast bis zum Vorabend der Wahl dauerte, hatten die Christdemokraten den Kölner Oberbürgermeister Hermann Pünder als Kandidaten für das neue Amt des Oberdirektors erkoren. Er war von seinem Vorgänger im Kölner Amt (und Nachfolger als Bundeskanzler in Bonn) Konrad Adenauer zur Kandidatur überredet worden[51], weil die Unionsparteien lieber einen schwachen Politiker als einen Mann der ersten Garnitur für den Posten des »Regierungschefs« haben wollten: Er sollte repräsentieren und den Platz im bizonalen Provisorium halten, bis sich die dazu Berufenen, von alliierter Gängelei frei und vom Odium der Politik im Auftrag der Militärregierung unbelastet, würden entfalten können. Pünder, der nach der Meinung der CDU/ CSU-Fraktion nicht mehr sein sollte als der Koordinator der Verwaltungen und das Sprachrohr der Administration gegenüber den Besatzungsmächten, war in vieler Beziehung der richtige Mann für das Amt, in das er mit der denkbar knappen Zahl von 40 Stimmen (seiner Fraktion, die Liberalen hatten einen eigenen Kandidaten aufgestellt, die SPD gab ungültige Stimmzettel ab) gewählt worden war: Mehr Verwaltungsmann als Politiker blickte der im Frühjahr 1948 Sechzigjährige auf eine Beamtenkarriere zurück, deren Höhepunkt das Staatssekretariat der Reichskanzlei (1926 bis 1932) gewesen war. Nach Brünings Sturz war er preußischer Regierungspräsident in Münster, bis die Nationalsozialisten den konservativen Katholiken 1933 in den Ruhestand schickten. 1944 stand Pünder wegen seiner Verbindungen zu Goerdelers Widerstandskreis vor dem Volksgerichtshof, die Alliierten befreiten ihn im Mai 1945 aus dem Konzentrationslager; im Oktober 1945 machten ihn die Briten, die gerade Adenauer den Stuhl vor die Tür gesetzt hatten, zum Oberbürgermeister von Köln.

Pünder hatte eine hohe Auffassung von seinem Amt, war sehr auf Würde und Reputation bedacht – das war im Verkehr mit den alliierten Stellen gewiss verdienstlich –, wobei er allerdings mit dem Präsidenten des Wirtschaftsrats Köhler in Konkurrenz geriet – beide hielten viel von Repräsentation. Pünder trug dem Wirtschaftsrat am 16. März 1948 eine Art »Regierungserklärung« vor, in der er, ohne irgendwelche anschließende Resonanz, die Probleme der Zeit beschrieb und im Übrigen seine Neigung dokumentierte, die politischen Möglichkeiten seines Amtes zu überschätzen.[52]

Im Anschluss an die Wahl des Oberdirektors hatte der Wirtschaftsrat die fünf Direktoren der Verwaltungen neu gewählt. Jeweils nur mit den Stimmen der CDU/CSU und der FDP wurden Edmund Frohne (Verkehr), Hans Schuberth (Post), Hans Schlange-Schöningen (Ernährung) und Alfred Hartmann (Finanzen) wiedergewählt. Die Verwaltung für Wirtschaft erhielt mit Ludwig Erhard, der sich mit wenig Glück 1945/46 als bayerischer Wirtschaftsminister versucht hatte und seit Herbst 1947 als Leiter der bizonalen »Sonderstelle Geld und Kredit« Pläne für eine Währungsreform schmiedete, einen neuen Chef. Die zweite Frankfurter Direktorenwahl, bei der Sozialdemokraten, Kommunisten, die Zentrums- und die WAV-Abgeordneten zusammen 49 weiße Stimmzettel zum Zeichen des Misstrauens abgegeben hatten, erregte den Unmut der amerikanischen und britischen Mentoren. Die BICO-Generale Adcock und McReady redeten einer Delegation des Wirtschaftsrates und des neuen Länderrates ins Gewissen und ermahnten sie, statt parteipolitischen Haders und der ewigen Querelen endlich sachliche Arbeit zu leisten, um das Interesse der Besatzungsmächte am Wiederaufbau, den sie mit Geld und Rohstoffen schließlich kräftig unterstützten, nicht erlahmen zu lassen.[53]

Tatsächlich kam die Gesetzgebungs- und Verwaltungsmaschinerie der Bizone ab Frühjahr 1948 allmählich in Schwung, und äußerlich erhielt das »Vereinigte Wirtschaftsgebiet« ständig neue Attribute der Staatlichkeit. Gleichzeitig mit dem neuen Bizonenstatut bekamen die Verfügungen der Militärgouverneure Rechtskraft, durch die ein Obergericht für die Bizone als zentrale Instanz der Rechtspflege errichtet wurde. Das »Deutsche Obergericht« mit Sitz in Köln hatte eine einzigartige Fülle von Aufgaben; als Staatsgerichtshof, als Nachfolger des Reichsgerichts und als Verwaltungsgerichtshof war es letzte Revisionsinstanz in der Bizone und lediglich in der Normenkontrolle beschränkt, weil Gesetze des Wirtschaftsrates, die vom Bipartite Board genehmigt waren, von keinem deutschen Gericht für ungültig erklärt werden konnten.

Ebenfalls durch alliierten Hoheitsakt (und nicht durch deutsches Gesetz) wurde mit Wirkung vom 2. März 1948 die »Bank deutscher Länder« ins Leben gerufen. Sie hatte ihren Sitz in Frankfurt und war, völlig unabhängig von der Bizonen-Verwaltung, die erste Institution, deren Geltungsbereich alle drei Westzonen umfasste. Gegründet wurde die trizonale deutsche Zentralbank im Hinblick auf den Marshall-Plan und die geplante Währungsreform. Im Herbst 1948 wurde ein Rechnungshof für die Bizone errichtet, der am 1. Januar 1949 in Hamburg die Arbeit aufnahm. Ab März 1948 arbeitete in Wiesbaden das Statistische Amt der Bizone, und ein Vorläufer des Deutschen Patentamts nahm in München seine Tätigkeit auf, und zwar unter der Zuständigkeit des Rechtsamtes, das ab Sommer 1948 teilweise Aufgaben eines Justizministeriums der Bizone erfüllte. Es war ebenso wie das Personalamt nicht ganz rang-gleich mit den von den Direktoren geleiteten Fachressorts, die Be-hördenchefs unterstanden aber direkt dem Oberdirektor und hatten Kabinettsrang, das heißt, sie nahmen an den Sitzungen des Verwaltungs-rates teil.

Das Personalamt war auf deutscher Seite höchst unbeliebt; die Alliier-ten hatten es im Zuge ihrer Bestrebungen zur Reform des öffentlichen Dienstes als unabhängige Behörde verlangt, und eigentlich sollte es den Rang einer Verwaltung haben. Es war eine der wenigen Konzessionen, die den deutschen Politikern gemacht wurden, dass das Personalamt unter Ministerialdirektor Kurt Oppler, einem Sozialdemokraten, wenigs-tens nicht den Rang eines Ministeriums hatte. Den hätte man umgekehrt gern für das Rechtsamt unter Staatssekretär Walter Strauß (CDU) ge-habt. Eine ähnliche Position hatte ab Februar 1949 das dem Oberdirek-tor unterstellte Amt für Fragen der Heimatvertriebenen, ein Vorläufer des Bundesministeriums für Vertriebene. Im August 1948 war als sechs-tes Fachressort die Verwaltung für Arbeit (die von den beiden West-mächten zunächst nicht erlaubt worden war) errichtet worden, das be-deutete auch sachlich eine beträchtliche Kompetenzerweiterung für das Vereinigte Wirtschaftsgebiet. In den Aufgabenbereich fielen Angelegen-heiten der Arbeits- und Stellenvermittlung, der Arbeitslosenversicherung und Arbeitszuweisung, Arbeitsschutz und Arbeitsrecht und die Einheit-lichkeit der Sozialversicherung in der Bizone.

Zum Direktor der Arbeitsverwaltung wählte der Wirtschaftsrat am 20. August 1948 Anton Storch (CDU), der eine lange Karriere in der christlichen Gewerkschaftsbewegung hinter sich hatte (1946 war er Leiter der Abteilung Sozialpolitik im DGB der britischen Zone geworden). Storch hatte nur 32 Stimmen erhalten (die FDP hatte einen eigenen Kandidaten nominiert, die SPD hatte wieder Abstinenz geübt) gegen 41 ungültige Stimmzettel, aber das hatte nicht viel zu bedeuten. Storchs Karriere blieb ohne Knick bis weit in die Zeit der Bundesrepublik hinein, er wurde im September 1949 Bundesminister für Arbeit und Sozialordnung und blieb es bis zum Herbst 1957. Übertroffen wurde diese Kontinuität im Amt beim Übergang von der Bizone zur Bundesrepublik nur noch von Ludwig Erhard, der das Wirtschaftsressort nach der Frankfurter Zeit (ab März 1948) bis zum Herbst 1963, als er in Adenauers Nachfolge Bundeskanzler wurde, innehatte. Erich Köhler konnte das Amt des Präsidenten des Frankfurter Wirtschaftsrates an der Spitze des Bonner Bundestages nur wenig mehr als ein Jahr fortsetzen. Viele Spitzenfunktionäre der Bizone mussten in der Bundesrepublik mit rangtieferen Positionen vorliebnehmen, aber immerhin blieb etwa der Leiter des Rechtsamtes in Frankfurt, Walter Strauß, bis zum Herbst 1962 Staatssekretär im Bonner Justizministerium[54], der Chef des Postressorts in Frankfurt, Hans Schuberth, war auch im ersten Kabinett Adenauers Postminister, während sein Kollege Edmund Frohne vom Frankfurter Direktor zum Bonner Staatssekretär im Verkehrsministerium abstieg, und der Direktor der Verwaltung für Finanzen, Alfred Hartmann, war in Bonn von 1949 bis 1959 Staatssekretär im Finanzministerium. Ein Teil der Bizonenprominenz, darunter auch Hermann Pünder, fand sich in Bonn auf der schlichten Abgeordnetenbank wieder, der Auswärtige Dienst öffnete dann der früheren Position adäquate Versorgungsmöglichkeiten, z. B. für den ehemaligen Ernährungsdirektor Hans Schlange-Schöningen, der 1950 Generalkonsul und 1953 Botschafter in London wurde, oder für Kurt Oppler, den Chef des Personalamtes (ab 1953 Botschafter der Bundesrepublik in Island), oder für den Fraktionschef der CDU im Wirtschaftsrat, Friedrich Holzapfel, der die Bundesrepublik in der Schweiz vertrat.

In den knapp eineinhalb Jahren bis zum Sommer 1949 entwickelte sich die Frankfurter Administration beinahe zum definitiven Staatswesen, auch wenn wesentliche Insignien der Staatlichkeit noch fehlten. Die Schwerpunkte der bizonalen Politik, die allmähliche Erweiterung ihrer Kompetenzen ab Frühjahr 1948, ließen sich auch an den Haushalts-

plänen ablesen (und waren auch den immer professionelleren Etatde-
batten zu entnehmen). So waren für 1947 ursprünglich 30,6 Millionen
Reichsmark angesetzt, die sich schließlich auf 307,8 Millionen erhöhten.
Das Haushaltsvolumen für 1948 betrug (einschließlich des Nachtrags)
680,5 Millionen DM, und der Haushalt 1949 schloss mit der Summe von
über 1,34 Milliarden DM. Eingenommen wurde das Geld ursprünglich
von den Ländern der beiden Zonen, später auch durch Steuern (ab Juli
1949 kamen Zölle hinzu) und hauptsächlich von der Post und der Bahn,
die die Hauptaktiva des Vereinigten Wirtschaftsgebiets waren.[55] Ausgegeben wurde das Geld zum beträchtlichen Teil für Lasten, die einen
normalen Staat nicht beschweren: Besatzungskosten, Zahlungen für
BICO (1948 30 Millionen DM, 1949 18,5 Millionen), auf die Konten
der unter anglo-amerikanischer Regie stehenden Joint Export-Import
Agency (JEIA), die den gesamten Außenhandel abwickelte, der britisch-
amerikanischen Coal Control Group und der Steel Control Group. Ab
Herbst 1948 verschlang die Hilfe für die Luftbrücke nach Westberlin
riesige Summen. 1949 wurden in Frankfurt 480 Millionen DM (das war
mehr als die Hälfte des ursprünglich auf 950 Millionen veranschlagten
Gesamtetats) für die Berlinhilfe ausgegeben.

Die deutlichsten Indizien für die Standortbestimmung des halb staatlichen Gebildes Bizone – als Vorläufer und Modell der Bundesrepublik,
als Instanz zur Verwaltung des Mangels in alliiertem Auftrag in der Zeit
des Übergangs von der direkten zur indirekten Besatzungsherrschaft
oder auch einfach als deutsches Forum zur Einübung demokratischer
und parteipolitischer Verkehrsformen – liefert die Gesetzgebung des
Wirtschaftsrates. Von den 171 Gesetzen, die das Frankfurter Parlament
in den zwei Jahren seiner Existenz beschloss, blieb ein beträchtlicher Teil
in der Bundesrepublik gültig; auf dem Gebiet der Wirtschafts- und Sozialpolitik waren viele legislative Akte der Bizone für den im September
1949 proklamierten deutschen Weststaat konstitutiv. Die Tendenz, soziale Errungenschaften der Weimarer Republik wiederherzustellen, war
unübersehbar, in mancher Hinsicht auch unumgänglich, wie bei der
Aufhebung des Lohnstopps von 1935 oder der Wiederherstellung der
Tariffreiheit. Dass sich die Politiker der Bizone auch als Beschäftigte
eines sozialpolitischen Reparaturbetriebes verstanden, fand seinen Ausdruck in der Einstimmigkeit, mit der diese beiden Gesetze in Frankfurt

verabschiedet wurden – überhaupt wurde die grundsätzliche Opposition seitens der Sozialdemokraten zwar immer lautstark betont, im Detail aber meist nicht praktiziert. Gegen Ende der Bizonen-Ära waren die Frankfurter Parlamentarier so in Schwung gekommen, dass BICO einige Mühe hatte, sie zu bremsen. Die Alliierten, die in der ersten und zweiten Phase der Bizone so ärgerlich über den schleppenden Gang der Geschäfte gewesen waren, fürchteten im Frühjahr und Sommer 1949, dass alle noch anstehenden Gesetzesvorlagen zugunsten der bizonalen Erfolgsbilanz – und möglicherweise zu Lasten der kommenden Bundesrepublik, die die Verpflichtungen tragen müsste – durchgepeitscht werden sollten. Tatsächlich wurden von Juni bis August 1949 noch 49 Gesetze verabschiedet.[56]

Das legislative Verfahren zwischen Wirtschaftsrat und Länderrat funktionierte reibungslos (das war an sich auch ein Erfolg, angesichts der Querelen und Zwistigkeiten der Anlaufzeit), und die entscheidende Hürde, die Genehmigung durch BICO, wodurch die deutschen Gesetze erst Rechtskraft erhielten, erwies sich nur in ganz wenigen Fällen als endgültiges Hindernis. Von den insgesamt acht Gesetzen, die die Alliierten zurückwiesen, war lediglich das Gewerbezulassungsgesetz von grundsätzlicher Bedeutung; BICO hatte die Zustimmung verweigert, weil es gegen die amerikanische Grundsatzforderung nach Gewerbefreiheit verstieß. Umgekehrt oktroyierten die Militärregierungen zum großen Ärger der deutschen Politiker im Februar 1949 ein Beamtengesetz, das verpflichtenden Charakter auch für die Bundesrepublik haben sollte und im Wesentlichen Rechtsgleichheit im öffentlichen Dienst – durch Aufhebung des Unterschieds von Beamten und Angestellten – zum Gegenstand hatte. Die Reform des öffentlichen Dienstes war den Amerikanern und Briten eine Herzensangelegenheit und sie hatten, nach etlichen Mahnungen und Warnungen, im Frühjahr 1949 einfach die Geduld verloren. Sachlich enthielt das Militärregierungsgesetz Nr. 15 nichts anderes als der deutsche Gesetzentwurf, der sich im schleppenden Geschäftsgang des Wirtschaftsrats befand (die 2. und 3. Lesung war für den 18. Februar 1949 angesetzt, der Oktroi der Militärgouverneure fand am 15. Februar statt). Das Reformgesetz wurde in der Restzeit der Bizone widerwillig angewendet und bei erster Gelegenheit durch eine Neuauflage des Deutschen Beamtengesetzes von 1937 ersetzt.[57]

Als größter Erfolg der Bizone blieb die Etablierung der sozialen Marktwirtschaft ab Juni 1948 im Gedächtnis. Sie erfolgte im Zuge der Währungsreform, an der freilich der deutsche Anteil äußerst bescheiden war. Aber die Grundlegung des »Wirtschaftswunders« der Bundesrepublik fand in Frankfurt am Main statt.

4. MARSHALL-PLAN UND WÄHRUNGSREFORM

Die Ankündigung des US-Außenministers George Marshall in einer Rede vor Studenten der Harvard University am 5. Juni 1947, dass die Vereinigten Staaten ein Programm zum Wiederaufbau der europäischen Wirtschaft in Gang setzen würden, das als Hilfe zur Selbsthilfe durch die Lieferung von Lebensmitteln, Rohstoffen, durch Kredite und technisches Know-how zu verstehen sei und an dem Deutschland ausdrücklich beteiligt werden solle, löste freudige Erwartungen aus.

Industrieniveau und Demontagepolitik

Einen weiteren Hoffnungsschimmer sah man im »Revidierten Industrieplan« für die Bizone, der am 29. August 1947 veröffentlicht wurde. Dieser Plan war als Ersatz für den Vierzonen-Industrieplan des Alliierten Kontrollrates vom März 1946 zwar nur für das britisch-amerikanische Besatzungsgebiet konzipiert, aber die Franzosen hatten sich an den Vorbesprechungen und Verhandlungen in London immerhin beteiligt, und so war der neue Industrieplan auch politisch, im Sinne der Einheitlichkeit wenigstens der drei Westzonen, ein Fortschritt. Gemessen am alten Plan des Kontrollrats, der in der Präambel des neuen Dokuments ausdrücklich als undurchführbar und obsolet bezeichnet wurde, war seine ökonomische Bedeutung groß: Statt 5,8 Millionen Tonnen (in allen vier Zonen) sollten künftig 10,7 Millionen Tonnen Stahl (in der Bizone) jährlich erzeugt werden dürfen, und das generelle Industrieniveau sollte nicht 70 bis 75 Prozent des Standes von 1936, sondern annähernd die Gesamtkapazität dieses Jahres betragen dürfen. Der wirtschaftspolitische

Sinn dieser Lockerung der Restriktionen wurde klar bei der Betrachtung der erheblichen Exportverpflichtungen (vor allem von Kohle und Produkten der Schwerindustrie), die der Bizone auferlegt waren, um wenigstens einen Teil der notwendigen Nahrungsmittelimporte bezahlen zu können. Den größeren Teil bezahlten ohnehin die Amerikaner aus GARIOA-Mitteln. Dieses Hilfsprogramm, »Government Aid and Relief in Occupied Areas«, wurde mit Millionen Dollar der amerikanischen Steuerzahler finanziert. Die Hilfe aus dem GARIOA-Fonds war 1946/47 für die US-Zone bzw. die Bizone lebenswichtig, und auch 1948/49 waren die Leistungen aus dieser Quelle noch größer als die aus Mitteln des Marshall-Plans. Die Reaktion General Clays auf Semlers Hühnerfutter-Rede im Januar 1948 war also keineswegs von gekränkter Eitelkeit diktiert.

In der Euphorie über den Revidierten Industrieplan war im August 1947 bei vielen in Vergessenheit geraten, dass er ein Teil der alliierten Entmilitarisierungs- und Reparationspolitik war, dass also ein Katalog der Industriebetriebe, die abgebaut werden sollten – Rüstungsfabriken wie Anlagen der Friedensindustrie, die zur Abgabe für Reparationszwecke bestimmt waren –, die erfreulichen Teile des Industrieplans ergänzen würde. Aus technischen Gründen, weil sich die Verhandlungen mit Frankreich hinzogen und weil die »Inter Allied Reparation Agency« (IARA) in Brüssel, die die Ansprüche von 18 Staaten gegenüber den drei Westzonen vertrat, beteiligt werden musste, hatte sich die Fertigstellung der Demontageliste verzögert. Ihre Veröffentlichung am 16. Oktober 1947 war, obwohl sämtliche Interessengruppen und Politiker aller Richtungen schon vorsorglich protestiert hatten, ein schwerer Schock. Die Demontageliste machte den Deutschen auch wieder ihre politische Ohnmacht klar, und der Trost, den General Clay zu spenden suchte, als er darauf hinwies, dass es sich lediglich um den Abbau von Überkapazitäten handle, die zur Erreichung des erlaubten und gegenüber 1946 weitaus verbesserten Industrieniveaus gar nicht gebraucht wurden, hatte wenig Wirkung.

Auf der Demontageliste der Bizone standen noch 682 Industriebetriebe (496 in der britischen und 186 in der amerikanischen Zone); für die französische Zone wurde im November eine eigene Liste mit 236 Fabriken veröffentlicht. Der Zorn der Deutschen entlud sich in Protesten und schlug in Ratlosigkeit um, wie bei der Konferenz der Ministerpräsidenten, Arbeits- und Wirtschaftsminister der Bizone am 22. Oktober 1947 in Wiesbaden, bei der eine Resolution verabschiedet wurde, die auf den Widersinn hinwies zwischen den Demontagen in Deutschland und den Anstrengungen zur Erholung der europäischen Wirtschaft, zu der deutsche Kohle und deutscher Stahl gebraucht wurden.[58] Tatsächlich war mindestens den Amerikanern, die zur gleichen Zeit den Marshall-Plan vorbereiteten und wenig Lust zur Fortsetzung der Demontagen verspürten, der Widerspruch von Wiederaufbauhilfe und Demontage bewusst. Der Abbau industrieller Anlagen wurde jedoch, da sie als Reparationsgüter für die kleineren von Deutschland im Krieg geschädigten Länder gebraucht wurden, bis 1951 fortgesetzt. Der materielle Schaden hielt sich in Grenzen, ja es kam vor, dass ältere Anlagen abtransportiert wurden, um im Ausland als Schadenersatz wieder aufgestellt zu werden, und wenig später wurden mit Marshall-Plan-Mitteln in Deutschland moderne Aggregate installiert, die erheblich konkurrenzfähiger waren als die alten. Auch war es ab Herbst 1947 nicht mehr möglich, einer Fabrik einzelne Maschinen zu entnehmen, wie es in den ersten Besatzungsjahren in der britischen Zone vorgekommen war, wo sich gelegentlich britische Unternehmen mit guten Beziehungen zur Besatzungstruppe gezielt bedient hatten. Im Umgang zwischen deutschen Politikern und Vertretern der Alliierten blieben die Demontagen freilich bis in die ersten Jahre der Bundesrepublik ein brisantes Thema.

Das deutsche Währungsproblem

Ein großes Hindernis für die wirtschaftliche Gesundung war die zerrüttete Währung. Das nationalsozialistische Regime hatte seit 1936 zur Kriegsfinanzierung die Notenpresse benutzt; die Folge der inflationären Geldvermehrung, das empfindlich gestörte Verhältnis von Geldumlauf, Produktion und Warenangebot, wurde aber erst nach 1945 sichtbar: Zur Bilanz des NS-Staats gehörte auch die ruinierte deutsche Währung. 300 Milliarden Reichsmark waren nach Kriegsende im Umlauf, aber sie waren von geringem Wert; staatliche Gehälter und Steuern wurden in

RM gezahlt, ebenso die Dinge des täglichen Bedarfs, soweit sie im Rahmen des Bewirtschaftungssystems erhältlich waren. Seit August 1946 gab es im Zahlungsverkehr zwischen deutschen und alliierten Stellen eine Spezialwährung, das Besatzungsgeld, das nicht in Reichsmark gewechselt werden konnte. Wichtigstes Zahlungsmittel waren aber Zigaretten und ähnliche, auf dem schwarzen Markt verwertbare Dinge. Ein beträchtlicher Teil des Handels im Nachkriegsdeutschland spielte sich in der Form der Naturalwirtschaft – Ware gegen Ware – ab.

Eine Währungsreform wurde von allen – mit Ausnahme der hauptberuflichen Schieber und der Schwarzmarkthändler – herbeigesehnt. Die Durchführung der notwendigen Operation war, da sie ein eminent politisches Problem darstellte, Sache der Alliierten, die darüber lange verhandelten: Für die wirtschaftliche und politische Einheit würde eine Währungsreform, die nicht gleichzeitig und in gleicher Form in allen vier Zonen durchgeführt würde, unübersehbare Konsequenzen haben. Auf deutscher Seite war nicht viel mehr zu tun, als immer wieder an die Notwendigkeit der Währungssanierung zu erinnern, und das geschah auch. Im Juli 1947, auf seiner zweiten Plenarsitzung, hatte der Wirtschaftsrat beschlossen, eine Planungsstelle einzurichten, die sich mit den Vorarbeiten beschäftigen sollte. Unter dem Vorsitz von Ludwig Erhard arbeitete seit Oktober 1947 in Bad Homburg eine Sachverständigenkommission unter der Bezeichnung »Sonderstelle Geld und Kredit«. BICO hatte die Errichtung dieser Stelle, die zur Verwaltung für Finanzen gehörte, unter dem Vorbehalt genehmigt, dass ihre Planungen ausschließlich unter vierzonalem Aspekt erfolgen und die Ergebnisse nur dem Bipartite Control Office zur Verfügung stehen dürften. Im März 1948, nach der Wahl Erhards zum Direktor für Wirtschaft, übernahm der Münchner Stadtkämmerer Erwin Hielscher den Vorsitz. Anfang 1948 verlangten die Alliierten die Ergebnisse zu sehen, die im Februar in Gestalt eines Gesetzentwurfs »zur Neuordnung des Geldwesens« vorgelegt wurden. Dass die Alliierten die Methode, den Inhalt und den Zeitpunkt der Währungsreform selbst bestimmen würden, war den Deutschen klargemacht worden, aber im Frühjahr 1948, als in den drei Westzonen die letzten Vorbereitungen für die Umstellung liefen, während das neue Geld (seit Oktober 1947) in den Vereinigten Staaten gedruckt wurde, als zum 1. März die »Bank deutscher Länder« errichtet wurde, erging trotzdem an den deutschen Sachverständigenstab in Bad Homburg noch eine Einladung zur Mitwirkung.

Das Konklave von Rothwesten

Die Rolle, die die deutschen Währungsexperten spielen sollten, war allerdings sehr bescheiden – es ging um technische Details –, und die Umstände, unter denen sie mitwirkten, waren höchst kurios. Die vom Währungsausschuss des Wirtschaftsrates nominierten acht Experten sowie zwei Herren aus der französischen Zone und ihr Tross von Dolmetschern und Sekretärinnen – insgesamt etwa 25 Personen – wurden am 20. April 1948 in einen Omnibus verladen, dessen Fenster undurchsichtig waren, und an einen ihnen unbekannten Ort gebracht, wo sie bis zum 8. Juni in völliger Abgeschiedenheit von der Außenwelt, zwar glänzend verpflegt, aber in trübseliger Umgebung schlecht untergebracht, mit den alliierten Sachverständigen konferierten. Auf deutscher Seite fungierte Erwin Hielscher als Delegationsleiter gegenüber den Alliierten, er verließ aber am 21. Mai die Veranstaltung, weil seine »Vorstellungen über die Härte des Eingriffs und über die Stärke der Durchführungsinstanzen nicht durchgedrungen« waren.[59] Hielscher plädierte nämlich für die »stärkste Anspannung der Staatsautorität« bei der Durchführung der Währungsreform, auf monetäre Maßnahmen allein wollte er sich nicht verlassen.

Die Alliierten waren durch drei hochkarätige Fachleute und Funktionäre der Militärregierungen vertreten: Jack Bennet (USA), Sir Eric Coats (Großbritannien) und Leroy Beaulieu (Frankreich). Den Gang der Dinge bestimmte aber ein junger Amerikaner, Leutnant Edward Tenenbaum, der mit knapp 25 Jahren Assistent des Finanzberaters von General Clay war und der die amerikanischen Währungspläne zielstrebig und erfolgreich gegen deutsche und alliierte Widerstände durchsetzte. Von den deutschen Sachverständigen war im »Konklave von Rothwesten« – wie die Arbeitstagung nachträglich genannt wurde, als die Teilnehmer erfahren hatten, dass ihre Kasernierung in der Nähe Kassels auf einem Flugplatz der US-Air Force stattgefunden hatte – lediglich verlangt worden, dass sie zur Durchführung der weitgehend festgelegten alliierten Pläne gesetzestechnische Formulierungshilfen leisten sollten.[60] Die deutschen Experten hatten zuerst geglaubt, sie könnten die Grundzüge der Währungsreform mitberaten sowie mitbestimmen, und sie hatten vom Wirtschaftsrat den Auftrag ins Konklave mitgenommen, den »Homburger Plan«[61] möglichst weitgehend durchzusetzen. Stattdessen mussten sie die Texte der von den Alliierten geplanten Gesetze und Verordnungen übersetzen, Formulare ausarbeiten und dergleichen Hilfsdienste tun. Von einer Mitgestaltung der Dinge konnte keine Rede sein. Die deutschen Experten protestierten erfolglos gegen die marginale Rolle, die ihnen zugedacht war. Sie wollten schließlich wenigstens folgende Sätze in die alliierte Proklamation zur Währungsreform aufgenommen wissen, um klarzustellen, dass sie an einem Misserfolg der Währungsreform keine Mitschuld hatten: »Die drei Besatzungsmächte tragen für die Grundsätze und Methoden der Geldreform in ihren Zonen die alleinige Verantwortung. Deutsche Sachverständige wurden auf Wunsch der Militärregierungen und der deutschen politischen Stellen hinzugezogen, doch konnte ihre Arbeit im Ergebnis fast nur in technischer Hinsicht zur Geltung kommen. Alle sachlich wesentlichen Gegenvorschläge der deutschen Sachverständigen mussten nach sorgfältiger Prüfung durch die zuständigen Stellen der drei Besatzungsmächte schließlich abgelehnt werden, da die Militärregierungen die Verantwortung für deren Verwirklichung nicht glaubten übernehmen zu können.«[62]

Der Tag X: 20. Juni 1948

Am Abend des 18. Juni 1948 erfuhr dann die deutsche Öffentlichkeit die Einzelheiten der zwei Tage später beginnenden Reform: Mit dem Verfall der »Reichsmark« am 20. Juni 1948 galten auch alle Schulden des Reiches als erloschen. Private Verbindlichkeiten und alle Bank- und Sparguthaben wurden im Verhältnis 10:1 abgewertet; als »Kopfquote« erhielt jeder Bürger fürs Erste 40 »Deutsche Mark« in bar. Nach Abschluss aller Maßnahmen – die zweite Rate der Kopfquote von 20 DM wurde im August/September ausgezahlt – betrug die Umtauschrelation insgesamt

100 Reichsmark zu 6,50 DM.[63] Die größte Leistung bei der technischen Durchführung der Währungsreform war – neben der Geheimhaltung des genauen Termins, den auch die Spitzen der deutschen Verwaltung erst im letzten Moment erfuhren – der Transport und die Verteilung des neuen Geldes, das seit Frühjahr 1948 in Kisten aus New York über Bremerhaven nach Frankfurt geliefert worden war, wo es im Keller des Gebäudes der ehemaligen Reichsbank lagerte. Zwei Tage vor ihrer Ausgabe wurden die neuen Banknoten von Militäreinheiten per Lkw, zum Teil auch per Bahn, zu den Ausgabestellen gebracht. Man hatte die Ernährungsämter in die Verteilung einbezogen, da mit Hilfe der Unterlagen für die Lebensmittelkarten am ehesten zu gewährleisten war, dass jeder in den Besitz seines »Kopfgeldes« kam.[64]

Das Datum des »Tages X« war zwar so lange wie möglich geheim gehalten worden, trotzdem wurde in den Tagen vor dem 20. Juni in den Läden nichts mehr angeboten. Obgleich die Geschäftsleute ihre Waren horteten, versuchte jeder, für seine wertlosen Reichsmark noch irgendetwas zu erhandeln. Der schwarze Markt erlebte seinen letzten Höhepunkt. Nach dem 20. Juni 1948 änderte sich die Situation schlagartig, die Lager wurden geöffnet, die Schaufenster waren gefüllt.

In der sowjetischen Zone gab es drei Tage später eine eigene Währungsreform. Sie wirkte improvisiert: Weil die sowjetische Besatzungsmacht schon 1945 Banken und Sparguthaben stillgelegt und damit etwa 70 Milliarden RM aus dem Umlauf genommen hatte, war eine Währungsreform in der SBZ nicht dringlich gewesen. Sie erfolgte jetzt als Reaktion auf das westliche Vorgehen, denn das im Westen abgewertete Geld hätte, im Osten weiter gültig, die Inflation in die SBZ importiert. Da neue Geldzeichen nicht so rasch zur Verfügung standen, musste improvisiert werden. Reichsmarkscheine wurden mit Wert-Coupons überklebt, die sie nach der Währungsreform wieder gültig machten. Das Verfahren brachte der Ostzonenwährung die Bezeichnung »Tapetenmark« ein. Das Personal, das die Coupons auf die Geldscheine klebte, wurde auf besondere Weise rekrutiert. In den Speziallagern, die dem sowjetischen Geheimdienst NKWD unterstanden, waren Männer und Frauen in großer Zahl interniert, die normalerweise nicht zu Arbeitsleistungen herangezogen wurden, sie waren gegen die Außenwelt abgeschirmt und streng bewacht, Diebstahl war nicht zu befürchten. So waren etwa im Speziallager Nr. 1 in Mühlberg an der Elbe Arbeitskommandos am Werk, um die Geldscheine mit Coupons zu bekleben. Das Kopfgeld betrug in der Ostzone 70 Mark, Sparguthaben bis 100 Mark wurden im Verhältnis eins zu eins, weitere 900 Mark im Verhältnis fünf zu eins, höhere Beträge im Verhältnis zehn zu eins umgestellt.

Aufbruch zur Marktwirtschaft im Westen

Die beiden Währungsreformen machten die Spaltung Deutschlands definitiv. Die Folgen wurden unmittelbar deutlich. Denn gleichzeitig mit der Währungsreform waren in der Bizone auch die Weichen für eine andere Wirtschaftsordnung gestellt worden (und dass sich die französische Zone dem System der Bizone anpassen würde, war im Sommer 1948 nur noch eine Frage der Zeit). Während in der sowjetischen Zone die Zentralverwaltungswirtschaft mit staatlich gelenkten Produktionsplänen, Preisen und Löhnen beibehalten wurde, kehrte die Bizone zur wettbewerborientierten Marktwirtschaft zurück. Das erschien 1948 als atemberaubendes Experiment, von vielen mit Argwohn und Skepsis beobachtet. Die Kritiker der kapitalistischen Wirtschaft befanden sich damals auch im Westen keineswegs hoffnungslos in der Minderheit. Die CDU hatte ja mehrmals programmatisch gegen das kapitalistische System Stellung genommen. Während sie aber ihre Forderungen wieder begrub, vertraten die SPD und die Gewerkschaften den Gedanken einer staatlich gelenkten Wirtschaft noch lange Zeit. Sie hatten gute Gründe dafür, denn alles deutete darauf hin, dass Preissteigerungen und Arbeitslosigkeit zwangsläufig Folgen der Währungsreform und der gleichzeitigen Liberalisierung der Wirtschaft sein würden.

Die Währungsreform in den Westzonen begünstigte einseitig die Besitzer von Sachwerten und kam einer weitgehenden Enteignung der Geldwertbesitzer gleich, weil das Eigentum an Grund und Boden, an Produktionsmitteln und Waren von der Neuordnung unberührt blieb. Trotz der Beteuerungen aller Parteien, ein gerechter Lastenausgleich gehöre zu den dringlichsten Aufgaben des Augenblicks[65], dauerte es noch Jahre, bis die größten Härten durch entsprechende Gesetze gemildert

wurden[66]. Wegen der Unsicherheit, wie der Lasten- und Vermögensaus-
gleich schließlich aussehen würde, drohten Erscheinungen wie das Hor-
ten von Waren sich zu wiederholen. Zunächst wurden Lohnabhängige
ohne Sachbesitz von der Währungsreform benachteiligt und das gleich
doppelt: einmal durch die Abwertung und Verknappung des Geldes und
zum zweiten durch die Lockerung der Bewirtschaftung und des Preis-
stopps.

Schneller als die Regelung des Lastenausgleichs kam die Reform der
Steuergesetzgebung zustande, die im Zusammenhang mit der Währungsreform ebenfalls zu den Problemen höchster Dringlichkeit gehörte. Der
Direktor der bizonalen Finanzverwaltung, Alfred Hartmann, hatte
schon im April gegenüber den Militärgouverneuren für die Gleichzeitig-
keit von Steuer- und Währungsreform plädiert, weil die Steuerbelastun-
gen, die aufgrund der Gesetzgebung des Kontrollrates vom Februar 1946
galten, nach Einführung des neuen Geldes für Privathaushalte untragbar
und für Industrie und Gewerbe investitionshemmend sein würden. Angesichts der Wertlosigkeit der Reichsmark war die Steuerlast bis zum
Sommer 1948 als weniger drückend empfunden worden. Die Militärgouverneure bestanden darauf, dass die neuen Steuergesetze, die in
Frankfurt vorbereitet wurden, gleichzeitig in allen Westzonen in Kraft
traten. Das machte wiederum Verhandlungen der Briten und Amerikaner mit den Franzosen erforderlich, außerdem mussten die legislativen
Akte, zunächst das »Gesetz zur vorläufigen Neuordnung von Steuern«
vom 22. Juni 1948, als Gesetze der Militärregierungen erlassen werden;
das war ein Wermutstropfen, aber es gelang doch, die Steuerreform mit
der französischen Zone zu synchronisieren, und im Gegensatz zur Währungsreform war die Substanz der Steuerneuordnungsgesetze das Ergebnis deutscher Initiative und deutscher Beratungen.

Die bedeutendste Veränderung im Zuge der Währungsreform, der
Abbau der Bewirtschaftung, wurde später Ludwig Erhard, dem Chef der
bizonalen Verwaltung für Wirtschaft, nahezu ausschließlich persönlich
gutgeschrieben. Das machte ihn zur legendären Gestalt, zur Inkarnation
des »Wirtschaftswunders« und zur Wahllokomotive der CDU/CSU bis
in die 1960er-Jahre. Ein Parteipolitiker war er freilich nie so recht; seine
politische Karriere hatte er als Parteiloser begonnen, im Wirtschaftsrat
war er auf Betreiben der FDP, die ihn zu den Ihren rechnete, zum Direk-

tor des Wirtschaftsressorts gewählt worden, und der CDU trat er förmlich erst bei, als er 1963 Vorsitzender der CDU und Bundeskanzler wurde. Auf diskrete Weise erwarb er das Parteibuch und war jetzt endlich Mitglied der Partei, in der ihn die Wähler schon immer vermutet hatten.[67]

Erhard vertrat engagiert das Konzept der neoliberalen Schule der Nationalökonomie, das im Wesentlichen von Alfred Müller-Armack ausgeformt wurde und, als »soziale Marktwirtschaft« propagiert, den Wettbewerbsgedanken an die Stelle des staatlichen Dirigismus setzte. Die nötigen Vollmachten zum Abbau der Zwangswirtschaft hatte Erhard in Gestalt der »Leitsätze für die Bewirtschaftung und Preispolitik nach der Geldreform«[68] vom Wirtschaftsrat erhalten. In rascher Folge wurden nach dem 20. Juni 1948 die Preis- und Rationierungsvorschriften aufgehoben. Lediglich besonders wichtige Güter wie Kohle, Stahl, Düngemittel und Treibstoffe blieben durch festgesetzte Höchstpreise bewirtschaftet, und für Grundnahrungsmittel und Mieten gab es weiterhin Festpreise. Die Rationierung von Kartoffeln wurde schon im Oktober 1948 aufgegeben, die Rationierung des Zuckers dagegen erst im April 1950; Treibstoff blieb bis 1951, Kohle bis 1952 bewirtschaftet.

Die Befürchtungen der Sozialdemokraten und Gewerkschafter erwiesen sich bald als zutreffend. Die Schere zwischen Löhnen und Preisen öffnete sich nach der Währungsreform erst einmal weit, die Leidtragenden waren die Lohnabhängigen. Der Zustand der Marktwirtschaft, bei dem sich Angebot und Nachfrage durch freie Preise gegenseitig regulieren, war mit dem Kaufkraftstoß zu plötzlich über die Bevölkerung hereingebrochen. Weder Käufer noch Verkäufer zeigten sich der Situation gewachsen. In den ersten Tagen waren die Läden leer gekauft worden, dann reagierten die ratlosen Konsumenten erbost gegen die Hektik, mit der die Preise in die Höhe kletterten. Mancherorts gab es Käuferstreiks oder gar handgreifliche Auseinandersetzungen wegen überhöhter Lebensmittelpreise. Ein großer Teil der Presse verlangte den Abbruch des marktwirtschaftlichen Experiments und die Entfernung des allem Anschein nach unfähigen Politikers Erhard. Im Wirtschaftsrat stellte die Opposition im Sommer und Herbst 1948 zweimal Misstrauensanträge gegen ihn.[69]

Erhard, dessen Wirtschaftspolitik damals auch in den eigenen Reihen und namentlich bei der CSU umstritten war, rechtfertigte sein Vorgehen am 28. August 1948 auf dem 2. Parteikongress der CDU der britischen Zone in Recklinghausen: »Die Alternative ist klar gestellt: Entweder Sie behalten die Zwangswirtschaft mit all ihren Scheußlichkeiten bei, oder aber Sie nehmen die Pressionen der Marktwirtschaft bewußt in Kauf in der Erwartung, daß die lebendigen Kräfte des Marktes den Ausgleich schaffen.« Bei allem Optimismus war sich Erhard freilich der Übergangsschwierigkeiten bewusst: »Ich bleibe dabei – und die Entwicklung wird mir rechtgeben –, daß, wenn jetzt das Pendel der Preise unter dem psychologischen Druck kostenerhöhender Faktoren und unter dem psychologischen Druck dieses Kopfgeldrausches die Grenzen des Zulässigen und Moralischen allenthalben überschritten hat, wir doch bald in eine Phase eintreten, in der über den Wettbewerb die Preise wieder auf das richtige Maß zurückgeführt werden – und zwar auf das Maß, das ein optimales Verhältnis zwischen Löhnen und Preisen, zwischen nominalem Einkommen und Preisniveau sicherstellt.«[70]

Wenig später setzten sich die Sozialdemokraten auf ihrem Parteitag in Düsseldorf mit der Wirtschaftspolitik Erhards auseinander. Ihr Konzept sah als Alternative zur »Sozialen Marktwirtschaft« freilich nicht die unbedingte Aufrechterhaltung der Zwangswirtschaft vor. Die Hauptangriffe gegen Erhard galten dem Zeitpunkt und den unmittelbaren Folgen der Aufhebung der Bewirtschaftung. Neben dem Vorwurf, allzu akademisch und theoriegläubig zu handeln, wurde Erhard vor allem angekreidet, dass der neue Wirtschaftskurs einseitig Industrie und Handel zugutekomme, die keine Sachwerte besitzenden Bevölkerungsschichten hingegen schwer benachteilige. Ziel des sozialdemokratischen Wirtschaftsprogramms war die Hebung des allgemeinen Lebensstandards; das schien der SPD damals aber nur möglich unter Verzicht auf das marktwirtschaftliche Modell. Sie forderte daher Planung in großen Zügen bei gleichzeitiger Demokratisierung der Lenkungsmechanismen: »Die Wirtschaft kann sich nicht selbst überlassen bleiben. Der Traum vom ausgleichenden, segensreichen Spiel der freien Kräfte ist ausgeträumt. Der Staat muß zusammen mit paritätisch aus Arbeitgebern und Arbeitnehmern aller Wirtschaftskreise zusammengesetzten Körperschaften der Wirtschaft die Richtung ihrer Tätigkeit durch eine Planung in großen Umrissen weisen.«[71]

Generalstreik gegen die Marktwirtschaft

Die Gewerkschaften der britischen und der amerikanischen Zone – die 4,5 Millionen organisierte Arbeiter repräsentierten – riefen schließlich im November 1948 zum Generalstreik »gegen die Anarchie auf den Warenmärkten und gegen das weitere Auseinanderklaffen von Löhnen und Preisen« auf. In einem Zehn-Punkte-Programm forderten sie unter anderem: die amtliche Verkündung des wirtschaftlichen Notstandes, die Einsetzung eines Preisbeauftragten und den Erlass eines Preiskontroll- und Preiswuchergesetzes, drakonische Strafen für Steuerbetrüger, die Erfassung von Sachwertbesitz und Sachwertgewinn aus Warenhortung und Preiswucher zur Verwendung im Lastenausgleich, die Wiederherstellung der vollen Bewirtschaftung im Ernährungsbereich, die Planung und Lenkung auf dem Gebiet der gewerblichen Wirtschaft, insbesondere bei Rohstoffen, Energie und Krediten, Außenhandel und Großverkehr, die Überführung der Grundstoffindustrie und der Kreditwirtschaft in Gemeinwirtschaft und die gleichberechtigte Mitwirkung der Gewerkschaften in allen Organen der wirtschaftlichen Selbstverwaltung zur Demokratisierung der Wirtschaft.[72]

Etwa neun Millionen Arbeiter folgten dem Streikaufruf am 12. November 1948 und demonstrierten mit einer 24-stündigen Arbeitsruhe gegen die Marktwirtschaft. Damit war der Höhepunkt der Proteste gegen die Marktwirtschaft erreicht, die Auseinandersetzungen um die Wirtschaftsordnung dauerten aber an; sie standen ein halbes Jahr später im Mittelpunkt des Wahlkampfes für den ersten Deutschen Bundestag.

Neben den erwünschten ökonomischen und den in Kauf genommenen sozialen und politischen Folgen der Währungsreform – der endgültigen Abkopplung der Sowjetzone vom Wirtschaftsraum des westlichen Teils Deutschlands und der im Sommer 1948 nicht überschaubaren Entwicklung der Berlin-Blockade – hatte der Geldschnitt im Juni 1948 auch Konsequenzen für das kulturelle Leben. Die Theater und Kinos, die zur Zeit des alten Geldes floriert hatten, blieben erst einmal leer. Die Filmbranche erholte sich bald wieder, aber für das Theaterleben war der Einschnitt von Dauer: Bei den öffentlich subventionierten Bühnen wurden die Gagen gesenkt, um durch billigere Eintrittspreise die Zuschauer wie-

der anzulocken, die Privattheater kümmerten aber dahin, und vielen
ging der Atem schließlich ganz aus. Von den 115 Privattheatern, die 1947
in den Westzonen gespielt hatten, waren 1950 noch ganze 31 übrig
geblieben. Die Zahl der im Theaterbetrieb insgesamt Beschäftigten ging
von rund 28 000 im Jahr 1947 auf etwa 17 000 im Jahr 1950 zurück.[73]

Eher noch drastischer waren die Folgen der Währungsreform auf
einem anderen Feld der Kultur: Die schöngeistigen, philosophischen,
politisch-kulturellen, christlichen, esoterischen und sonstigen Kulturzeitschriften welkten im zweiten Halbjahr 1948 dahin, bis sie schließlich
zu Dutzenden eingingen. Das Sterben vollzog sich auf ähnliche Weise
wie bei der Zeitschrift ›Ende und Anfang‹, die vor der Währungsreform
eine Auflage von 15 000 bis 20 000 Exemplaren gehabt hatte, und damals, wie andere auch, ein Vielfaches davon hätte absetzen können; im
September 1948 wurden noch 10 000, im Oktober 7000, im Dezember
4000 Exemplare verkauft, und im Februar 1949 teilte die Redaktion mit,
dass das nächste Heft erst erscheine, wenn Klarheit über das finanzielle
Schicksal der Halbmonatsschrift herrsche. Es erschien nie.[74]

Der Marshall-Plan. Treibsatz der Wirtschaft und der Spaltung Deutschlands

Die Sanierung der Währung war die wichtigste Voraussetzung für die
Beteiligung Westdeutschlands am Marshall-Plan. Weil dessen Vorbereitungen seit Herbst 1947 liefen, hatten die Amerikaner zur Eile gedrängt,
hatten sie schon die Banknoten in Washington und New York drucken
lassen, während sie noch mit der Sowjetunion über eine vierzonale Währungsreform verhandelten. Das European Recovery Program (ERP) war
zunächst eine Offerte der Vereinigten Staaten an die europäischen Volks-
wirtschaften, mit der auch ein multilateraler Ersatz für die 1947 aus-
laufenden zweiseitigen Hilfsverträge zwischen den USA und Großbritannien sowie Frankreich geschaffen werden sollte. Ganz unabhängig von der
Truman-Doktrin, mit der der amerikanische Präsident am 12. März 1947
allen Staaten (und speziell Griechenland und der Türkei), deren Freiheit
durch den Kommunismus bedroht sei, materielle Hilfe versprochen

hatte, beruhte der Marshall-Plan auf ökonomischen Überlegungen, die freilich durch die zeitgleichen Ereignisse der Ost-West-Konfrontation solche politische Qualität erhielten, dass schließlich Ursachen und Wirkungen nur noch schwer auseinanderzuhalten waren.

Zwischen der Ankündigung des Programms im Juni 1947, der Bewilligung der notwendigen Gelder durch den Kongress und schließlich der Unterzeichnung des »Foreign Assistance Act of 1948« am 3. April 1948 hatte sich eine Menge ereignet: Moskau hatte Polen und der Tschechoslowakei die Teilnahme am Marshall-Plan untersagt (die östliche Besatzungszone Deutschlands war durch das sowjetische Nein automatisch vom ERP ausgeschlossen), die fünfte Konferenz des Rates der Außenminister war im Dezember 1947 in London nach endlosem Streit abgebrochen worden. Im Februar 1948 hatten die tschechoslowakischen Kommunisten mit Hilfe der Sowjetunion durch einen Putsch die Macht in Prag ergriffen. Aus Protest gegen den Brüsseler Fünfmächtepakt, der als Militärbündnis Großbritanniens, Frankreichs und der Benelux-Staaten als Keimzelle der NATO am 17. März 1948 unter dem Namen »Westunion« abgeschlossen wurde, sprengte Marschall Sokolowskij am 20. März 1948 durch seinen demonstrativen Auszug den Alliierten Kontrollrat. Das war natürlich auch ein Protest gegen den Marshall-Plan und die Deutschlandpolitik der westlichen Verbündeten, jedenfalls hatte der sowjetische Militärgouverneur damit die Viermächte-Kontrolle Deutschlands aufgekündigt und wenig später demonstrationshalber und probeweise die erste Blockade Berlins verhängt.

In der Situation des Kalten Krieges war es schon gleichgültig, was im Einzelnen jeweils Ursache und was Wirkung war, darüber wurde auch später, als man den Marshall-Plan allzu schnell als ökonomisches Instrument der antikommunistischen Truman-Doktrin abtat, vergessen, welche Innovation er bedeutete, dass er die Initialzündung für die europäische Integration gewesen war, dass Westdeutschland im Rahmen der Marshall-Plan-Organisation zum ersten Mal nicht nur als ehemaliger Feind und Besiegter, sondern als künftiger Partner gesehen wurde. Die 16 Staaten, die der amerikanischen Einladung folgend im Juli 1947 zur Konferenz für wirtschaftliche Zusammenarbeit Europas zusammengetreten waren, hatten im September dem US-Außenminister einen ausführlichen Bericht vorgelegt, der einen Anhang »Deutschland betreffende

Probleme« hatte, in dem die ehemaligen Kriegsgegner eingangs erklärten, bei der Aufstellung einer Bilanz der Hilfsquellen und des europäischen Bedarfs sei es unerlässlich, Deutschland zu berücksichtigen, es dürfe freilich der deutschen Wirtschaft nicht erlaubt sein, sich zum Nachteil der übrigen europäischen Länder zu entwickeln, wie dies in der Vergangenheit geschehen sei: »Wenn aber die europäische Zusammenarbeit Wirklichkeit werden soll, muß sich die deutsche Wirtschaft einfügen, um so zur allgemeinen Verbesserung des Lebensstandards beizutragen« (damit war vor allem die internationale Kontrolle der Ruhrkohlengruben gemeint), und weiter war zu lesen: »Die übrigen westeuropäischen Länder werden so lange nicht gedeihen können, als die Wirtschaft der Westzonen gelähmt sein wird, und es wird eine wesentliche Steigerung des Ertrags dieser Zonen nötig sein, wenn gewünscht wird, daß Europa aufhöre, von äußerer Hilfe abhängig zu sein.«[75]

Im Vordergrund des amerikanischen Interesses zur Stabilisierung der ökonomischen Situation in Europa standen Frankreich, Großbritannien und Italien; Westdeutschland kam, auch im Volumen der Finanzhilfe, an vierter Stelle. Die »Konvention für europäische wirtschaftliche Zusammenarbeit«, die als Gründungsakt der OEEC (Organization for European Economic Cooperation) am 16. April 1948 in Paris unterzeichnet wurde, war der erste Schritt Westdeutschlands in die internationale Staatengemeinschaft, auch wenn die drei Militärgouverneure noch stellvertretend für die Bizone und das französische Besatzungsgebiet im Juli 1948 den Vertrag mit Washington unterzeichnet hatten und in der OEEC auch weiterhin als Vormünder Westdeutschlands fungierten. Am 11. September 1948 wurde der Umfang des Kredits bekannt gegeben: Die Bizone erhielt für das Marshall-Plan-Jahr 1948/49 414 Millionen Dollar, die französische Zone 100 Millionen. Bis zum Ende der Marshall-Plan-Ära 1951/52 flossen rund 1,5 Milliarden Dollar nach Westdeutschland.[76]

Als Institut des öffentlichen Rechts (im Rahmen der Bizone) wurde im November 1948 die »Kreditanstalt für Wiederaufbau« gegründet; sie nahm im Januar 1949 in Frankfurt ihre Tätigkeit auf. Diese Bank hatte die Aufgabe, die Wirtschaft mit mittel- und langfristigen Krediten zu versorgen, die zunächst aus Gegenwertfonds von GARIOA-Importen und dann aus Einfuhren des European Recovery Program (ERP) stammten. Die Gegenwertfonds wurden aus den Erlösen der amerikanischen Warenliefe-

rungen gespeist; sie wuchsen allmählich zu einem beträchtlichen Vermögen an und bildeten eine wichtige Finanzierungsquelle für den Wiederaufbau. Aus dem vom Bundesministerium für Angelegenheiten des Marshall-Plans (später: für wirtschaftlichen Besitz des Bundes) verwalteten
ERP-Sondervermögen wurden in den ersten zehn Jahren des Bestehens
der Bundesrepublik rund 12 Milliarden DM Kredite und Zuschüsse zur
Investitionslenkung an die Wirtschaft der Bundesrepublik und Westberlins verteilt. Schwerpunkte bildeten die Grundstoff-, die Energie- und die
Verkehrswirtschaft. Die Wirkungen des Marshall-Plans reichten also weit
über den Zeitraum der direkt von Amerika gewährten Hilfe hinaus. Auch
die Tatsache, dass das entscheidende Rekonstruktionspotenzial der westdeutschen Wirtschaft aus der Vorkriegs- und Kriegszeit stammte und
dass der Anteil von Währungsreform und Marshall-Plan am Wirtschafts-
wachstum der Nachkriegszeit – dem »Wirtschaftswunder« der jungen
Bundesrepublik – eher überschätzt wurde[77], schmälert die Leistungen des
European Recovery Program nicht. Zunächst war die psychologische
Wirkung beträchtlich, und diese wurde unmittelbar verstärkt, z. B. durch
ein vorweggenommenes 400-Millionen-Dollar-Importprogramm der
Bizone für 1948. Dann stabilisierte das Europäische Wiederaufbauprogramm die westdeutsche Wirtschaft auch durch die Folgeinvestitionen
privaten US-Kapitals; dem reichlichen Angebot an Arbeitskräften stand ja
ein erheblicher Mangel an Kapital gegenüber, und der lebenswichtige An-
stieg der westdeutschen Exporte wäre ohne das ERP-Instrumentarium
kaum so schnell möglich gewesen.[78] Die nachhaltigste Folge des Marshall-
Plans bestand aber in der Einbindung der westlichen deutschen Volkswirtschaft in ein (west)europäisches Wirtschaftssystem, und das war eine
wesentliche Vorgabe für die politische Staatsgründung, die sich zeitgleich
mit den ökonomischen Weichenstellungen 1948/49 vollzog.

Exkurs: Eine letzte Beschwörung der kulturellen Einheit –
Die Konferenz der deutschen Studenten im Januar 1948

Ende des Jahres 1947 war die Erwartung der Deutschen hinsichtlich
einer gesamtdeutschen Nachkriegsordnung, gar die Hoffnung auf einen

Friedensvertrag, auf dem Tiefpunkt angekommen. Die Erfahrungen mit den vier Besatzungsregimes hatten in weniger als drei Jahren zu ganz unterschiedlichen Strukturen, Mentalitäten und Verhaltensweisen geführt, und die vier Zonen hatten sich weit auseinanderentwickelt. Die Konfrontation der beiden Gesellschaftssysteme im Kalten Krieg war im Alltag eines jeden Deutschen spürbar und die äußeren Zeichen der fortschreitenden Teilung waren unübersehbar. Der Abbruch der fünften Konferenz der Außenminister in London, also die offenbarte Unfähigkeit des Gremiums, das nach den Potsdamer Vereinbarungen der Siegermächte die deutsche Frage im Rahmen einer stabilen Nachkriegsordnung lösen sollte, signalisierte im Dezember 1947, dass auch der minimalste Konsens der Siegermächte über Deutschland nicht mehr möglich war.

In dieser Phase der deutschen Nachkriegsgeschichte trafen sich im Januar 1948 Delegierte der Studentenschaften der deutschen Universitäten und Hochschulen aus allen vier Zonen zu einer Konferenz in Berlin. Im Aufruf dazu, unterzeichnet von Vertretern der beiden Berliner Universitäten, war von der Aufgabe der akademischen Jugend die Rede, »die innere Separation in Deutschland zu verhindern und das geistige Deutschland wieder in den gesamten europäischen Kulturkreis einzubeziehen«. Und Ziel der Veranstaltung sollte es sein, »ein Treffen der gesamten deutschen Jugend vor(zu)bereiten, damit sich diese in ihrer Gesamtheit zur kommenden Friedensregelung mitteilen kann«.[79]

Zur Organisation der Konferenz hatte ein für Erziehung und Bildung zuständiger Offizier in der amerikanischen Militärregierung (im Zivilberuf war er Professor an einer amerikanischen Universität) auf seine Weise beigetragen. Außer dem ideellen Interesse an der studentischen Initiative, das er mit seinem britischen Kollegen teilte, förderte er das Unternehmen durch 20 Stangen Chesterfield und fünf Flaschen Whisky – nach damaligem Schwarzmarktkurs war das eine beträchtliche Unterstützung. Der Magistrat von Groß-Berlin beteiligte sich durch die Abteilung Ernährung mit einer Sonderlebensmittelzuweisung am Studententreffen, und die Abteilung für Volksbildung bewilligte einen Betrag von viertausend Reichsmark, außerdem hatte unter den Studenten der TU eine Sammlung stattgefunden.[80]

Das Studententreffen hatte natürlich eine Vorgeschichte, und zwar die fünf Tagungen der Zonenräte der Studenten, bei denen sich die Vertreter der Universitäten aller vier Besatzungszonen Gedanken über die Hochschulreform und andere Probleme gemacht hatten. Organisationserfahrung hatten sie und an Selbstbewusstsein mangelte es den Studierenden auch nicht. Die Überzeugung, wenn man sich nicht selbst kümmere, geschehe nichts, war verbreitet, und die Idee, die Universitäten als Bausteine der deutschen Einheit zu betrachten, entsprach dem Idealismus der Initiatoren einer Konferenz, die von studentischer Seite Impulse gegen die Erstarrung der Situation in Ost und West geben sollte. Die Indizien gegen die Einheit im politischen Nachkriegsalltag waren unübersehbar, aber deshalb vielleicht auch stimulierend. Im November und Dezember 1947 betrieb der AStA-Vorsitzende der Technischen Universität Berlin, der Ingenieur-Student Hans-Ulrich Bach bei einer Reise nach Göttingen, Hannover und München den Plan einer Zusammenkunft in Berlin. Wichtiger Mitstreiter war der ehemalige AStA-Vorsitzende der Ostberliner (Humboldt-)Universität[81] Dr. Plechl, der sein Studium bereits mit der Promotion beendet hatte.

Die Studierenden jener Zeit waren älter als ihre Kommilitonen in normaler Zeit. Sie waren in der Regel sechs Jahre im Krieg gewesen und im Durchschnitt zwischen Mitte zwanzig und Mitte dreißig. Hans-Ulrich Bach war mit 27 Jahren noch einer der Jüngsten. An der feierlichen Eröffnung der Konferenz in der Mensa der Technischen Universität in Westberlin nahmen Vertreter der Alliierten teil; die britische, die amerikanische und die sowjetische Militärregierung luden die Studentenvertreter in den folgenden Tagen auch in ihre Dienstsitze im Grunewald, in Zehlendorf und in Karlshorst ein und bewirteten sie reichlich. Die französische Militärregierung bat die Studenten ins Hebbel-Theater zu einer Aufführung von Jean-Paul Sartres ›Die Fliegen‹. Im »Haus der Kulturen der Sowjetunion« hatten die Studenten Gelegenheit, den sowjetischen Film ›Die Dorflehrerin‹ zu sehen. Dann sprachen SMAD-Offiziere und »in völliger Unbefangenheit verbrachten die Delegierten der deutschen Studentenschaft einige frohe Stunden im Kreise ihrer sowjetischen Gastgeber« wie die sowjetisch-offiziöse ›Tägliche Rundschau‹ am 22. Januar 1948 berichtete.

Fast alle deutschen Hochschulen waren in Berlin vertreten, die französische Zone allerdings mit nur einem Delegierten aus Mainz war deutlich unterrepräsentiert. Unter den etwa hundert Teilnehmern, darunter

26 stimmberechtigte Delegierte, fanden sich nur fünf Frauen und keine einzige davon hat während der Konferenz das Wort ergriffen, wenn man dem stenographischen Protokoll und der Konferenzberichterstattung glauben darf.[82]

Die Programmrede der Eröffnungssitzung hielt Hans-Ulrich Bach. Seine »Erörterung über die Beziehung der Jugend zur gegenwärtigen Politik in Deutschland« enthielt die deutliche Absage an die restaurative Grundstimmung im westlichen Nachkriegsdeutschland. Die ersten Proklamationen der Parteien seien ermutigend gewesen und hätten »eine Belebung der durch die Psychose des Hitlerregimes einseitig gewordenen Mentalität unseres Volkes versprochen«. Die Hoffnungen der Jugend seien jedoch rasch enttäuscht worden: »Die allenthalben verbreitete Ansicht, die Parteien würden es als ihre Hauptaufgabe ansehen, den politischen und geistigen Aufbau zu bewerkstelligen, schlug fehl. Statt sich zu einigen, sah man es als vordringlich an, den gleichen Weg weiter zu marschieren, der am 30. Januar 1933 unterbrochen wurde.«

Bach erhielt immer wieder lebhaften Beifall und Zustimmung, als er ausführte, die studierende Jugend lehne es ab, sich »von denen kritisieren zu lassen, die den Nationalsozialismus nicht verhindern konnten« und selbst heute nicht in der Lage seien, »irgendwelche Erkenntnisse aus dem Zusammenbruch zu schürfen«. Beim Aufbau des politischen Lebens sei man über die Jugend einfach hinweggegangen. Die Entnazifizierung, von der Jugend als notwendig und selbstverständlich erachtet, sei mit der mittelalterlichen Praxis des Ablasshandels verwandt, das Problem der Wiedergutmachung verschleppt worden, und politisch sei Deutschland das Land der verpassten Revolutionen. Einen Atemzug später apostrophierte der Redner aber – wiederum unter lebhafter Zustimmung des Auditoriums – die Entwicklung in der Ostzone mit dem Verdikt, dass deutsche Politiker die »Umwälzung, die von außen herbeigeführt wurde«, ausnutzten, »um revolutionäre Ideen zu verwirklichen, ohne den revolutionären Geist des Volkes hinter sich zu haben«.

Im Pathos, das die Stimmung der Veranstaltung traf, und mit moralischen Postulaten, die so konsensfähig waren, dass das Protokoll immer wieder lebhafte Zustimmung vermeldete, die sich zum stürmischen Beifall am Ende der Rede steigerte, behandelte der Redner die bewegenden Probleme des deutschen Alltags: Demontagen und Reparationen, Geldwert und Schwarzmarkt, Gesetzestreue und Verwaltungseffizienz, um schließlich an alle zu appellieren, die innere Separation zu überwinden, die geistige Einheit zu gewinnen, und zwar im größeren Zusammenhang, in der Heimat Europa nämlich, frei von Nationalismus und Chauvinismus. Mit solchen Forderungen und der allgemeinen Akklamation war, in der Eröffnungsrede, der Höhepunkt der Konferenz wohl auch schon erreicht. Die Arbeitssitzungen[83] des Plenums fanden anschließend unter dem Vorsitz eines Jurastudenten der (Humboldt-)Universität im Festsaal der Zentralverwaltung für Volksbildung im Ostsektor Berlins statt. Auf die Wahl eines förmlichen Konferenz-Präsidiums war verzichtet worden. Es ging, nach dem Referat des Studenten Friedland aus Kiel zum Thema »Die kulturelle Einheit«, in der Diskussion um den Begriff der Nation und um die Kultur des Abendlandes, um Definitionen von »Kultur und Zivilisation«, und der Komplex »Christentum und Humanität« wurde selbstverständlich ebenfalls erörtert.

Die Forderung eines Leipziger Kommilitonen, die Notwendigkeit politischer und wirtschaftlicher Einheit als Voraussetzung der kulturellen Einheit zu diskutieren, stieß auf regen Widerspruch und machte zonale politische Präferenzen im Diskussionsbedarf deutlich. Dem Redner wurde entgegengehalten, das Thema der politischen Einheit sei bereits auf den früheren Studentenkonferenzen behandelt worden. Tatsächlich gehe es, wie ein Münchener Student in einem Kompromissvorschlag erklärte, um humanistische und christliche Bildungsideale auf der einen und um marxistisch-sozialistische Bildungsvorstellungen auf der anderen Seite, wobei die Gegensätze nicht so unüberbrückbar seien, dass die Einheit der deutschen Kultur darüber zerstört werden müsse.

Die Tendenz zur grundsätzlichen Erörterung bei gleichzeitiger Erweiterung des Fragenkatalogs war unübersehbar. Der zweite Verhandlungstag begann konkreter, ohne jedoch von Illusionen weiter entfernt zu sein. So forderte der Kommilitone Bernhard Reichenbach aus Jena in seinem Referat über langfristige Maßnahmen zur Koordinierung des deutschen Kulturlebens, dass es keinen Einfluss der Besatzungsmächte auf deutsche Bildungsziele geben dürfe. Deutsche Kultur sei eine rein deutsche Angelegenheit. Das war angesichts der besatzungspolitischen Realitäten und Aktivitäten zu Beginn des Jahres 1948 ein bisschen weltfern. Auch der Vertreter der Technischen Hochschule München, Her-

mann Jordan, beschäftigte sich mit den Besatzungsmächten. Er konstatierte einerseits Enttäuschung: »Als im Jahre 1945 die Alliierten in
Deutschland einmarschierten, fanden sie ein Volk vor, das wohl wie
kaum je ein zweites Volk in der Geschichte auf den Einmarsch der alliierten Armeen wartete, weil es von ihnen Befreiung von Terror, Angst
und Not erwartete. Diese Erwartungen sind in drei langen Jahren bitter
enttäuscht worden, so bitter, daß gerade die aufbauwilligsten Kräfte unseres Volkes sich stets des Vergangenen erinnern müssen, sich die vergangenen Jahre immer wieder vor Augen führen müssen, wollen sie
nicht auch in Versuchung geraten, in die Apathie und die Hoffnungs-
losigkeit, die sich heute Monat für Monat im deutschen Volk immer wieder breit machen, zu verfallen.« Auch hier entsprach die Wirklichkeit
nur zum Teil dem studentischen Idealismus: Die Apathie und Bitterkeit
nach drei Jahren Besatzung wurde von den Deutschen zwar durchaus
artikuliert, die Sehnsucht nach dem Einmarsch der Alliierten und dem
Zusammenbruch des Hitlerregimes hatte die Mehrheit bis zum Mai 1945
freilich standhaft unterdrückt.

Die Frage des Münchner Studenten, ob es nicht Aufgabe der Universität sei, »sich über das Problem Nationalsozialismus und Faschismus
einmal in wissenschaftlicher Form klar zu werden« und die daran an-
knüpfende Bemerkung des Diskussionsleiters, dass die Studenten bei der
Kultusministertagung in Hannover im Oktober 1947 die Errichtung eines
Instituts zur Erforschung des Nationalsozialismus gefordert hätten,
wurde zu einem Kristallisationspunkt der Debatte. Hans-Ulrich Bach
fügte dem Antrag hinzu, dass es nicht genüge, ein solches Institut aufzubauen. Von den Universitäten müssten Impulse der Aufklärung über
den Nationalsozialismus ausgehen, die gewonnene Erkenntnis müsse
der breiten Öffentlichkeit bekannt werden und vor allen Dingen sei es
notwendig, mit den PGs ins Gespräch zu kommen. Bis jetzt habe man
diese Leute nur vor den Kopf gestoßen und sie isoliert.

Die bereits in Erscheinung getretenen Verständigungsschwierigkeiten
zwischen Vertretern der Westzonen und der Ostzone, die bislang noch
nicht so artikuliert worden waren, spitzte jetzt ein Leipziger Kommilitone zu, als er ein solches Institut mit den Argumenten ablehnte, er sei
der Meinung, dass »wir zur Erforschung des Nationalsozialismus in
Deutschland zwölf Jahre Zeit hatten und später von 1945 bis 1947 aus-

reichend Gelegenheit hatten, das Aktenmaterial und die Offenbarungen aus dem Nürnberger Kriegsverbrecherprozeß eingehend zu studieren, wenigstens das, was veröffentlicht worden ist, und ich glaube, daß dieses Material für jeden gesund denkenden Menschen ausreichend ist, um sich darüber klar zu werden, daß man den Nationalsozialismus nicht wissenschaftlich zu erforschen braucht, um festzustellen, daß es sich hier um die größte Schande handelt, die dem deutschen Volk zugefügt werden konnte. Ich jedenfalls würde es ablehnen, als Student einer Universität der Ostzone mich auf diese Diskussion einzulassen.«

Die Erwähnung der Zonenzugehörigkeit erregte, als dem Comment der Tagung widersprechend – man war übereingekommen, sich ausschließlich als deutsche Studenten zu fühlen –, Unwillen. Ein Kommilitone aus Halle hielt dem die auf offizielle SED-Formeln gestützte Überzeugung entgegen: »Ich glaube, wenn wir erforschen wollen, was Faschismus ist, brauchen wir kein Institut dafür einzurichten, das den Faschismus zu erforschen hat, sondern wir sollten ein Institut einrichten, das den Kapitalismus und den Sozialismus erforscht. Wenn wir nämlich den Kapitalismus richtig erforscht haben, wird sich zeigen, daß er, in seinen Endkonsequenzen durchgeführt, praktisch beim Faschismus landet. Denn die Beherrschung einer bestimmten Klasse wird sich letzten Endes im Faschismus auswirken. Meines Erachtens wäre es wesentlich richtiger, sich um den Kapitalismus und Sozialismus zu kümmern. Dann kommt man von ganz allein auf den Faschismus.« Die Unruhe im Saal bezeichnete die Grenzen der Verständigungsfähigkeit. Symptomatisch für die Erörterung war es aber wohl auch, dass das umstrittene Institut schon existierte, und zwar in München, wo verschiedene Anregungen zusammengeflossen waren zu einem »Institut zur Erforschung der nationalsozialistischen Politik«, das die Ministerpräsidenten der Länder der US-Zone am 7. Oktober 1947 gegründet hatten.[84]

Die politische Bedeutung der interzonalen Studentenkonferenz ist schwer auszumachen. Die Appelle an Militärregierungen und deutsche Politiker zu Reformen des Bildungs- und Erziehungswesens blieben ebenso papierene Resolution wie die Absicht zur Einberufung einer Jugend-Konferenz[85] als überparteiliches und überzonales Forum für den politischen Gestaltungswillen der jungen Generation, vertreten durch Jugendverbände und Studentenschaften mit dem Ziel, Gehör zu finden und an der Lösung politischer und sozialer Probleme unmittelbar mitzuwirken.[86] Aber der Wille zur Überwindung weltanschaulicher, religiöser und parteipolitischer Gegensätze wurde auf der Berliner Konferenz unmissverständlich dokumentiert, und sie ist deshalb ein Beweis gegen die These von der »verlorenen Generation«, gegen die gern vermutete politische Apathie der Jugend. Und – dies vor allem anderen – die Tagung war eine Willensäußerung für die deutsche Einheit.

Der Gründungsaufruf für eine »Freie Universität« in Westberlin im März 1948 und der Exodus von Hochschullehrern und Studenten aus der Ostberliner (Humboldt-)Universität machte bald deutlich, dass auch von einer kulturellen Einheit keine Rede mehr sein konnte. So stellt sich die Absicht der Studenten-Konferenz als letzter Appell, und mehr noch als Selbstbestätigung dar, dass man noch einmal die Stimme erhoben hatte für die kulturelle Einheit Deutschlands, im Bewusstsein, dass sie auf wirtschaftlichem und politischem Gebiet längst verloren war.

5. DER AUFTRAG ZUR GRÜNDUNG DES WESTSTAATES

Das Scheitern der Londoner Außenministerkonferenz im Dezember 1947 beschleunigte die Bereitschaft und die Vorbereitungen zur Gründung eines westdeutschen Staates auf Seiten der USA und Großbritanniens. Das zeigte sich in Deutschland in der Neuorganisation der Bizonen-Administration im Januar 1948, und auf diplomatischem Parkett bemühten sich die beiden Westmächte im unmittelbaren Anschluss an die Londoner Konferenz um die Zustimmung Frankreichs zu ihren Deutschlandplänen. Die Gespräche auf der Dreimächteebene, bei denen Paris Zusicherungen in der Saarfrage und im Hinblick auf die internationale Kontrolle des Ruhrgebiets erhielt, mündeten in die Verhandlungsrunden einer Sechsmächtekonferenz, die in London vom 23. Februar bis 5. März und vom 20. April bis 2. Juni 1948 stattfanden. Zur Erörterung des Deutschlandproblems hatten die drei Besatzungsmächte auch die westlichen Anrainerstaaten Deutschlands, Belgien, die Niederlande und Luxemburg, eingeladen. Das Hauptproblem der Londoner Sechsmächtekonferenz bestand darin, Frankreich und den Benelux-Ländern das anglo-amerikanische Konzept schmackhaft zu machen, das, als Vorbedingung der Einbindung Westdeutschlands in ein europäisch-atlantisches System, einen staatsrechtlichen Rahmen für die drei Besatzungszonen vorsah. Nach langwierigen Verhandlungen, bei denen auch die französischen Wünsche nach einem möglichst lockeren deutschen Staatenbund eine Rolle spielten, ergab sich ein Minimalkonsens, der in den Londoner Empfehlungen vom Juni 1948 seinen Ausdruck fand. Im Schlusskommuniqué der Sechsmächtekonferenz waren das Programm und die organisatorischen Umrisse einer neuen Konstitution Westdeutschlands wie folgt beschrieben: Diese Verfassung solle so beschaffen sein, dass sie es den Deutschen ermögliche, ihren Teil dazu beizutragen, die augenblickliche Teilung Deutschlands wieder aufzuheben, allerdings nicht durch die Wiedererrichtung eines zentralistischen Reiches, sondern in bundesstaatlicher Form unter Wahrung individueller Freiheitsrechte.[87]

Die Frankfurter Dokumente

Am 1. Juli 1948 empfingen die westdeutschen Länderchefs aus der Hand der drei Militärgouverneure die Quintessenz der Londoner Empfehlungen in Gestalt der drei »Frankfurter Dokumente«. Bei der Zeremonie im IG-Farben-Haus, dem Hauptquartier der US-Militärregierung, verlas General Clay das erste Schriftstück, das die verfassungsrechtlichen Bestimmungen enthielt und dessen wichtigster Satz lautete: »Die verfassunggebende Versammlung wird eine demokratische Verfassung ausarbeiten, die für die beteiligten Länder eine Regierungsform des föderalistischen Typs schafft, die am besten geeignet ist, die gegenwärtig zerrissene deutsche Einheit schließlich wieder herzustellen, und die Rechte der beteiligten Länder schützt, eine angemessene Zentralinstanz schafft und die Garantien der individuellen Rechte und Freiheiten enthält«.[88] General Robertson, Clays britischer Kollege, trug das zweite Dokument vor, in dem eine Neugliederung der Länder als wünschenswert bezeichnet und der entsprechende Auftrag dazu erteilt wurde. General Koenig, der französische Militärgouverneur, machte, als er das dritte Dokument – Grundzüge eines Besatzungsstatuts – verlas, klar, wie eng der deutsche Spielraum auch im Rahmen der neuen Verfassung, die sich die Deutschen geben sollten, bleiben würde: Die Militärgouverneure stellten zwar einige Befugnisse in der Gesetzgebung, Verwaltung und Rechtsprechung in Aussicht, behielten sich aber u. a. die Wahrnehmung der Außenbeziehungen des zu gründenden Weststaats vor, ebenso die Kontrolle des Außenhandels, der Reparationsleistungen und die Aufsicht über den Stand der Industrie, über Dekartellisierung, Abrüstung, Entmilitarisierung und bestimmte Bereiche der wissenschaftlichen Forschung. Der alliierte Auftrag, wie er in den drei Dokumenten fixiert war, sah eine beschränkte und kontrollierte Selbstverwaltung der Deutschen im Rahmen eines Weststaats vor und zwar auf Probe und unter Kuratel, denn es hieß im dritten Dokument auch unmissverständlich: »Die Militärgouverneure werden die Ausübung ihrer vollen Machtbefugnisse wieder aufnehmen, falls ein Notstand die Sicherheit bedroht und um nötigenfalls die Beachtung der Verfassungen und des Besatzungsstatuts zu sichern.«[89]

Deutsche Skrupel und das Odium der Spaltung

Zur Diskussion der drei Dokumente, und um die von den Alliierten erwartete Antwort auf ihre Vorschläge zu formulieren, konferierten die Ministerpräsidenten der drei Westzonen vom 8. bis 10. Juli 1948 auf dem Rittersturz bei Koblenz.[90] Zuvor und auch am Rande der Besprechungen der elf Länderchefs wurden die Frankfurter Dokumente auch von den Parteipolitikern diskutiert. Die von Konrad Adenauer, dem Vorsitzenden der CDU der britischen Zone, geleitete Besprechung der CDU-Landesvorsitzenden und der den Unionsparteien angehörenden Teilnehmer der Ministerpräsidentenkonferenz lehnte das Junktim von Besatzungsstatut und Verfassung ab, die Christdemokraten wollten auch, dass den Alliierten Gegenvorschläge zum Inhalt des Besatzungsstatuts gemacht würden. In der einstimmig gefassten CDU/CSU-Resolution wurde die »Ermächtigung, eine politische und wirtschaftliche Neuordnung des Besatzungsgebiets der Westmächte auf föderativer Grundlage in die Wege zu leiten«[91], begrüßt. Überhaupt bemühte sich die Konferenz der Unionspolitiker, die Offerte der Militärgouverneure so pragmatisch-positiv wie irgend möglich zu bewerten.

Die Reaktion der Sozialdemokraten, deren Länderchefs sich mit dem Parteivorstand am 7. Juli im Jagdschloss Niederwald bei Rüdesheim berieten, war zurückhaltender. In der SPD standen sich zwei Richtungen gegenüber. Die Bürgermeister von Hamburg, Max Brauer, und Bremen, Wilhelm Kaisen, und der hessische Ministerpräsident Christian Stock betrachteten die Frankfurter Dokumente als eine Grundlage, auf der man arbeiten könne. Die anderen verhielten sich abwartend bis ablehnend. Der hessische Justizminister Georg August Zinn und Erich

Ollenhauer, der den kranken Parteichef Kurt Schumacher vertrat, vermittelten zwischen den Fronten mit dem Ergebnis, dass die SPD-Vertreter sich insgesamt, wenn auch zögernd, zur Mitarbeit bereit erklärten. Bei den Alliierten entstand aufgrund dieser Vorbesprechung der SPD-»Fraktion« der Ministerpräsidenten und der vorausgegangenen Beschlüsse des Parteivorstands vom 28./29. Juni 1948 der Eindruck, dass die Verhandlungsbereitschaft der Sozialdemokraten gering sei und dass von deren ultimativ klingenden Forderungen und Bedingungen die Hauptschwierigkeiten auf deutscher Seite zu erwarten seien.[92] Tatsächlich unterschied sich die Stimmung aber in beiden Parteien nicht wesentlich, die CDU/CSU argumentierte lediglich elastischer, während die Haltung der SPD wegen der Betonung der prinzipiellen Vorbehalte intransigenter wirkte, als sie in Wirklichkeit war.

Hinter dem Provisoriumskonzept, dessen Terminologie (»Zweckverband administrativer Qualität anstelle von Staat«) wesentlich von Carlo Schmid geprägt wurde – die SPD hatte auch immer wieder die These verfochten, die eigentliche Verfassung werde das Besatzungsstatut sein[93] –, standen aber auch die anderen Parteien, die KPD natürlich nicht. Walter Strauß etwa, einer der wichtigsten Verfassungsväter der CDU, vertrat ebenfalls schon vor der Koblenzer Konferenz die Ansicht, dass einzig ein »Verwaltungsstatut des westdeutschen Besatzungsgebietes« in Frage komme, dass es aber unmöglich auszuarbeiten sei, »wenn nicht vorher durch ein endgültiges Besatzungsstatut, zu dem die deutschen Stellen gehört werden müssen, die Kompetenzen zwischen der Besatzungsmacht und den deutschen Regierungsstellen klar und umfassend abgegrenzt worden sind«.[94]

Reinhold Maier, neben fünf sozialdemokratischen und fünf christdemokratischen Kollegen der einzige Ministerpräsident, den die Freien Demokraten stellten, erinnerte sich an die Stimmung der Koblenzer Konferenz, als die deutschen Politiker zwar ein Staatswesen errichten, es aber nicht so nennen wollten. »Wie vom Himmel gefallen« sei da das Wort »Grundgesetz«, das sich »unserer Köpfe und Sinne, gewiss nicht der Herzen« bemächtigt habe. Die bescheidene Nomenklatur schien der Strohhalm, an den man sich klammern konnte, wenn man das Odium der definitiven Staatsgründung scheute.[95] Das Ergebnis der dreitägigen Konferenz bestand in den Koblenzer Beschlüssen, die als deutsche Antwort den Militärgouverneuren in Form einer »Mantelnote« sowie in detaillierten Stellungnahmen zu den drei Frankfurter Dokumenten zugestellt wurden. Das Schwergewicht der Argumentation gegenüber den Alliierten lag in der Betonung des Wunsches zur Einheit der Nation: »In Anbetracht der bisherigen Unmöglichkeit einer Einigung der vier Besatzungsmächte über Deutschland müssen die Ministerpräsidenten besonderen Wert darauf legen, daß bei der bevorstehenden Neuregelung alles vermieden wird, was geeignet sein könnte, die Spaltung zwischen West und Ost weiter zu vertiefen.« Eine deutsche Verfassung könne erst geschaffen werden – hieß es in der Mantelnote vom 10. Juli 1948 weiter –, »wenn das gesamte deutsche Volk die Möglichkeit besitzt, sich in freier Selbstbestimmung zu konstituieren; bis zum Eintritt dieses Zeitpunkts können nur vorläufige organisatorische Maßnahmen getroffen werden«. Die Verantwortung für das zu schaffende Provisorium wollten die Ministerpräsidenten ebenfalls klargestellt haben, sie wünschten, »daß in dem Besatzungsstatut deutlich zum Ausdruck kommen sollte, daß auch die nunmehr geplanten organisatorischen Änderungen letztlich auf den Willen der Besatzungsmächte zurückgehen, woraus sich andere Konsequenzen ergeben müssen, als wenn sie ein Akt freier Selbstbestimmung des deutschen Volkes wären«.[96]

Dieses Präludium hatten die alliierten Generalgouverneure von den deutschen Länderchefs nicht erwartet. Grund der deutlichen Sprache der Ministerpräsidenten war zweifellos auch die Tatsache gewesen, dass der Gegensatz von Landespolitikern und Parteigremien, wie er sich im Streit um die nationale Repräsentation, darum, wer als Sachwalter deutscher Politik auftreten durfte, mindestens zwei Jahre lang manifestiert hatte, kaum mehr existierte. Die Ministerpräsidenten waren ja selbst keineswegs parteilose Länderrepräsentanten, und sie wussten, dass ihre Ära zu Ende ging, während die Parteiführer die parlamentarische Bühne ihres künftigen Wirkens am Horizont erblickten. In Koblenz hatten die Parteispitzen und die Länderchefs jedenfalls zusammengearbeitet. Die Ergebnisse der Tagung auf dem Rittersturz bei Koblenz beruhten sowohl auf Kompromissen der Ministerpräsidenten untereinander als auch mit den Parteispitzen der CDU/CSU und der SPD. In der Diktion der Koblenzer Beschlüsse war die Handschrift der Sozialdemokraten allerdings etwas deutlicher erkennbar.

Das Konzept des Provisoriums

Die deutsche Antwort auf den alliierten Vorschlag oder Auftrag, die Verfassung für einen Weststaat zu schaffen, war widersprüchlich und verzweigt. Die Vollmachten zur Herstellung einer »kraftvollen Organisation« der deutschen Gebietsteile unter westalliierter Jurisdiktion wurden angenommen. Eine deutsche Nationalversammlung und die Ausarbeitung einer Verfassung sollten aber bis zu einer gesamtdeutschen Regelung und bis zur Herstellung ausreichender deutscher Souveränität zurückgestellt werden. Die Landtage sollten eine Vertretung – einen »Parlamentarischen Rat« – nominieren, diese ein provisorisches »Grundgesetz« ausarbeiten; es dürfe aber keinem Volksentscheid unterworfen werden, um den Charakter des Provisoriums zu wahren, und schließlich verlangten die Ministerpräsidenten von den Alliierten, sie müssten vor dem Beginn der Beratungen über dieses Grundgesetz ihr Besatzungsstatut erlassen. In ihrer Stellungnahme zum zweiten Dokument (Neugliederung der Länder) betonten die Ministerpräsidenten, dass eine Überprüfung der Ländergrenzen zwar geboten, in kurzer Frist aber nicht durchführbar sei, und gegenüber dem dritten Dokument (Besatzungsstatut) hatten die Deutschen detaillierte Gegenvorschläge ausgearbeitet und kühn mit der Überschrift »Leitsätze für ein Besatzungsstatut« versehen.

Die Statthalter der Alliierten reagierten unterschiedlich auf die Koblenzer Beschlüsse. General Clay war erzürnt, fühlte sich auch persönlich gekränkt und ließ am 14. Juli 1948 in Frankfurt gegenüber den Länderchefs seiner Zone, den Ministerpräsidenten Ehard, Stock und Maier sowie Bürgermeister Kaisen seinen Gefühlen auch freien Lauf. In London habe er »wochenlang mit den Franzosen und Engländern um die Anerkennung der deutschen Souveränität im Rahmen eines Weststaats gekämpft«, und dort habe er argumentiert, die Deutschen würden die Verantwortung gerne übernehmen. Jetzt habe Frankreich die erhoffte Chance, »die mühsam erkämpfte Position im Westen wieder zu verschleppen«[97], und tatsächlich hatte General Koenig die für den 15. Juli vorgesehene Konferenz der Ministerpräsidenten aller drei Zonen mit den Militärgouverneuren auf unbestimmte Zeit verschoben. Die Länderchefs seiner Zone hatte er außerdem wissen lassen, dass ihre Teilnahme an Konferenzen mit den Kollegen aus der Bizone als unfreundlicher Akt interpretiert würde. Koenig hielt eine neue Verhandlungsrunde auf Regierungsebene für notwendig, weil die deutsche Antwort zu weit von den Empfehlungen der Londoner Konferenz entfernt war. Clay erklärte den Ministerpräsidenten der US-Zone, die Londoner Empfehlungen müssten als Ganzes akzeptiert werden, Verhandlungen darüber seien abwegig. Dem hielt der Bremer Bürgermeister entgegen, dass Hintergründe und Absichten der Londoner Konferenz den Deutschen nicht bekannt gemacht und deren Ergebnisse, die Frankfurter Dokumente, durch die Militärgouverneure auch nicht interpretiert worden seien. Man könne die Deutschen nun nicht dafür verantwortlich machen, dass sie »ein großes weltpolitisches Ereignis nicht berücksichtigt hätten«. Kaisen fuhr fort: »Nehmen wir an, die Ministerpräsidenten wären in Koblenz anders verfahren, sie hätten einen Weststaat aufgerichtet mit einer Verfassung wie vorgesehen und einer Regierung, und sie hätten dazu das Besatzungsstatut nach der Richtung hin geprüft, was dieser Regierung fehlt, um sie mit allen nötigen Vollmachten auszurüsten, dann wäre die politische Linie dahin verlaufen, diesen Weststaat in einen Westblock einzugliedern und eine politische Linie zu beziehen, die alle, aber auch alle Konsequenzen in sich birgt. Das hieße, die deutsche Position aus dem jetzigen völkerrechtlichen Zustand herauszubringen und in ein politisches Kräftespiel der Weltpolitik einzuschalten. Es ist erklärlich, daß eine solche Konzeption nach Lage der Dinge von den elf Ministerpräsidenten in Koblenz nicht erwogen wurde.«[98]

General Robertson war gelassener als sein amerikanischer Kollege. Er wollte nach einem Kompromiss zwischen den deutschen Gegenvorschlägen und der alliierten Offerte suchen. Die terminologischen Probleme hielt er für diskussionsfähig, nicht aber die inhaltlichen Änderungswünsche, nämlich die Ablehnung eines Plebiszits über die Verfassung und die Leitsätze für ein Besatzungsstatut; diese waren von den Deutschen lediglich zur Kenntnis zu nehmen.[99] General Clays Zorn war aber auch nicht identisch mit der offiziellen amerikanischen Haltung. Robert Murphy, der als politischer Berater der amerikanischen Militärregierung für Deutschland (OMGUS) neben General Clay eine einflussreiche Position hatte – im Gegensatz zu Clay und dem ganzen OMGUS-Apparat verstand er nicht dem Heeresministerium in Washington, sondern fungierte als ranghoher Vertreter des Außenministeriums –, hielt die deutschen Positionen, mit Ausnahme der Ablehnung des Verfassungsplebiszits, für diskussionswürdig. Willy Brandt, damals Vertreter des SPD-Parteivorstands in Berlin, berichtete über Besprechungen mit verschiedenen OMGUS-Mitarbeitern, aus denen hervorging, dass die Reaktion Clays nicht unbedingt mit der amerikanischen Reaktion insgesamt gleichzusetzen war. Clay hatte auch gegenüber seinen Mitarbeitern weidlich geschimpft, die Deutschen der Feigheit geziehen, erklärt, wenn sie die Regierungsverantwortung scheuten, seien sie entweder Kommunisten oder Kommunistenfreunde, er habe das Gefühl, alles, wofür er sich drei Jahre lang eingesetzt habe, sei nun zusammengebrochen. Brandt berichtete auch von diversen Andeutungen über den »serious effect on Berlin« und von möglichen negativen Auswirkungen auf die amerikanische Bereitschaft, das blockierte Berlin zu halten. Trotzdem hatte er nach den Gesprächen den Eindruck, ein Kompromiss über die Koblenzer Beschlüsse mit den Amerikanern sei möglich.[100]

Das war auch das Fazit der Besprechung, die die Ministerpräsidenten in der Nacht vom 15. zum 16. Juli im Jagdschloss Niederwald bei Rüdesheim abhielten.[101] Die Stimmung war im Ganzen schon so optimistisch, dass ein Verfassungsausschuss aus elf Mitgliedern – ein Vertreter für jedes Land – ins Auge gefasst wurde, und Ministerpräsident Ehard lud die Kommission nach einem ruhigen Ort in Bayern ein. Das war die Geburtsstunde des Verfassungskonvents, der vom 10. bis 23. August 1948 auf der Insel Herrenchiemsee tagte.

Die Militärgouverneure trafen am 20. Juli wieder mit den Länderchefs zusammen. Robertson, als Vorsitzender der Konferenz, teilte den deutschen Vertretern mit, dass die Militärgouverneure sich nicht in der Lage sahen, von den Instruktionen ihrer Regierungen abzuweichen; den Ministerpräsidenten wurde dann angedeutet, worin die Generale die wesentlichen Unterschiede zwischen ihrer Position und den deutschen Vorstellungen sahen. Das Besatzungsstatut – so viel wurde klargestellt – könne schon aus technischen Gründen, aber auch, weil das ein Abweichen von den Londoner Vereinbarungen wäre, nicht vor den Beratungen über die deutsche Verfassung verkündet werden. Die Konferenz endete mit der Verabredung, am 26. Juli wieder zusammenzukommen. Bis dahin hatten die Deutschen Zeit, zwischen dem Frankfurter Auftrag der Alliierten und ihren Koblenzer Beschlüssen einen Kompromiss zu suchen, der sich im Rahmen der Londoner Empfehlungen halten musste.[102]

Der Wunsch nach Staatlichkeit akzeptiert die Teilung Deutschlands

Am 21. und 22. Juli 1948 versammelten sich die Länderchefs wieder im Jagdschloss Niederwald. In der Sache sollten die Ministerpräsidenten nun den Londoner Empfehlungen folgen, in der Terminologie aber so weit als irgend möglich auf der Koblenzer Linie bleiben, das »Grundgesetz« sollte von einem »Parlamentarischen Rat«, nicht von einer »verfassunggebenden Versammlung« ausgearbeitet werden. Der einzige substanzielle Änderungswunsch gegenüber dem Frankfurter Dokument I bestand am Ende der Debatte im Verlangen, das Grundgesetz nicht durch das Volk, sondern durch die Landtage ratifizieren zu lassen. Als Entscheidungshilfe gegen ein Plebiszit stellten die Ministerpräsidenten für die Militärgouverneure eine Liste von Gesichtspunkten auf, die sich von der Koblenzer Argumentation (Aufwertung des Provisoriums) wesentlich unterschieden: Ein Referendum könne nicht ohne Abstimmungskampf durchgeführt werden, dabei bestehe die Gefahr, dass oppositionelle (d. h. kommunistische) und destruktive (d. h. nationalistische) Elemente sich zur Ablehnung zusammenfänden. Ferner würde die Abstimmung durch das Volk einen unerträglichen Zeitverlust bedeuten, schließlich bringe es das Risiko einer politischen und wirtschaftlichen Katastrophe mit sich. Demgegenüber sei bei der Ratifizierung durch die Landtage mit einer überwältigenden Mehrheit zu rechnen.

Gegen die Rüdesheimer Kompromisse hatte Carlo Schmid als Einziger Bedenken. Er vertrat die Meinung, man verschütte endgültig die kleine Chance, die es für eine Viermächte-Einigung über ein einheitliches Deutschland noch gebe. Zur Option für den Weststaat hatte dagegen ein anderer Sozialdemokrat, der als Gast anwesende Vertreter Berlins, wesentlich beigetragen. Anstelle der amtierenden Oberbürgermeisterin

Louise Schroeder, die in Koblenz gegen den Weststaat plädiert hatte, war Ernst Reuter an den Rhein gefahren, um den Berliner Standpunkt zu vertreten. Reuters Eintreten für eine westdeutsche Lösung im Sinne der Idee eines »Kernstaats« war durch eine Mehrheit von Politikern aller demokratischen Parteien Berlins gedeckt. Die sowjetische Blockade der Stadt und die Luftbrücke der Westmächte – die zum Zeitpunkt der Konferenz in Schloss Niederwald schon vier Wochen dauerte – hatten zum Stimmungswandel wohl erheblich beigetragen; und der Mehrheit der westdeutschen Länderchefs kam das Plädoyer aus Berlin für die Gründung des Weststaats sehr gelegen.[103]

In ihrem Aide-Mémoire für die Militärgouverneure, das die Besprechungsergebnisse zusammenfasste, hatten die Ministerpräsidenten viel Mühe auf die positive Formulierung ihres Standpunkts verwandt. So betonten sie die Übereinstimmung mit den alliierten Generalen darin, dass die erstrebte Neuregelung so schnell wie möglich zu schaffen sei, sie zeigten sich auch entschlossen, die »im Rahmen der Londoner Empfehlungen« zu erreichende vorläufige Regelung »so kraftvoll und wirksam wie möglich zu gestalten«, und sie stellten ausdrücklich fest, dass die terminologischen Unterschiede zwischen den Frankfurter Dokumenten und den deutschen Vorschlägen keine inhaltlich verschiedenen Ziele bedeuteten.[104]

Die abschließende Konferenz der Militärgouverneure mit den Ministerpräsidenten der Westzonen am 26. Juli 1948 in Frankfurt verlief trotzdem hochdramatisch. Der nordrhein-westfälische Ministerpräsident Karl Arnold referierte die deutsche Stellungnahme zum Dokument I, dann trug der Regierungschef von Schleswig-Holstein, Hermann Lüdemann, die Auffassung zum zweiten Frankfurter Dokument vor (das Besatzungsstatut stand nicht zur Debatte). Um den befürchteten negativen Eindruck der Berichte seiner Kollegen auf die alliierten Generale zu relativieren, erklärte dann der Hamburger Bürgermeister Max Brauer spontan, die deutsche Seite wolle sich nicht an Worte klammern, sondern sich durch die Verwendung des Begriffs »Grundgesetz« statt Verfassung den politischen Kampf mit der SED nicht schwermachen, ebenso sei die Abneigung gegen das Referendum eine Frage der psychologischen Taktik; man wolle möglichst schnell zum Schluss kommen und nichts mehr in der Schwebe lassen.

Nach einer Pause von 45 Minuten, in der sich die Militärgouverneure untereinander berieten, antwortete General Koenig als Vorsitzender der Konferenz, dass die ganze Angelegenheit den alliierten Regierungen zur Beratung überwiesen werden müsse, da die deutschen Vorschläge von den Londoner Beschlüssen abwichen. Dem folgten Ratlosigkeit und eine Beratung der drei Gewaltigen im Flüsterton. Schließlich teilte Koenig immerhin mit, welche Punkte erneute Beratungen auf Regierungsebene erforderlich machten, nämlich das Referendum, die Bezeichnung der Verfassung, der Zeitpunkt der Reform der Ländergrenzen. Die Konferenz schien damit ergebnislos beendet. Jetzt riskierte der bayerische Ministerpräsident Ehard einen Rettungsversuch. Er bat um eine Unterbrechung der Sitzung für eine interne Beratung der deutschen Seite, zuvor hielt er den Generalen noch einmal vor Augen, wie gering die Differenzen doch seien, und er deutete vor allem an, dass in der Frage des Referendums eine Änderung des deutschen Standpunkts zu erwarten sei. Die Sitzung wurde für zehn Minuten unterbrochen.

Nach der Pause erklärte General Koenig, der Name der deutschen Verfassung sei so wichtig nicht, über die Ratifizierungsfrage und das Problem der Ländergrenzen müssten allerdings die alliierten Regierungen benachrichtigt werden, das sei aber keine Ablehnung. Der Bremer Bürgermeister Kaisen erklärte daraufhin, die unterschiedlichen Auffassungen brauchten das Ingangkommen des ganzen Verfahrens doch nicht zu verzögern, man habe lediglich den Wunsch, dass die deutschen Argumente den alliierten Regierungen mitgeteilt würden, auch seien die Vorbereitungen für den Parlamentarischen Rat bereits getroffen. Kaisen signalisierte damit, dass die Deutschen unter allen Umständen zu Verfassungsberatungen und zur Staatsgründung bereit waren. Der Vorsitzende Koenig meinte daraufhin, vorbereitende Schritte könnten auch schon vor der bald zu erwartenden Antwort der Regierungen in Washington, London und Paris unternommen werden. Es folgten abermals eine zehnminütige Flüsterkonferenz der drei Militärgouverneure und eine kurze Unterbrechung der Sitzung. Dann kam endlich die Erlösung durch die feierliche Feststellung General Koenigs: Wegen der Benennung des Grundgesetzes gebe es keine Schwierigkeiten, in der Frage des Referendums hätten die Deutschen die Londoner Entscheidung angenommen, die Gegenvorschläge würden (trotzdem) den Regierun-

gen überreicht, und in der Frage der Ländergrenzen wollten die Militärgouverneure die deutschen Wünsche sogar befürworten. »Wenn Sie akzeptieren, die volle Verantwortung zu übernehmen, können wir Ihnen
sagen: En avant!«[105]

6. DIE ENTSTEHUNG DES GRUNDGESETZES IN HERRENCHIEMSEE UND BONN

Die organisatorischen Vorbereitungen für das Zusammentreten der verfassunggebenden Versammlung, die endgültig »Parlamentarischer Rat« heißen sollte, wurden vom »Büro der Ministerpräsidenten des amerikanischen, britischen und französischen Besatzungsgebiets« getroffen. Diese Institution, die in Wiesbaden in der hessischen Staatskanzlei ihren Sitz hatte, war Briefkasten und ausführendes Organ der formell höchsten Instanz deutscher Politik, dem Kollektiv der Ministerpräsidenten, das auftragsgemäß als Wegbereiter der Konstituante und Verhandlungspartner der Alliierten fungierte und in der Übergangszeit von Sommer 1948 bis Sommer 1949 Westdeutschland als Ganzes repräsentierte, ohne freilich auf die Entscheidungen über die Verfassung im Parlamentarischen Rat selbst Einfluss nehmen zu können.

Ein Modellgesetz, das im Laufe des August 1948 von allen elf Länderparlamenten der Westzonen beschlossen wurde, regelte die indirekte Wahl zum Parlamentarischen Rat im Verhältnis zur Bevölkerungszahl der Länder. Für jeweils 750 000 Einwohner (mindestens jedoch einer pro Land) wurde ein Abgeordneter zum Parlamentarischen Rat von den einzelnen Landtagen gewählt. Das ergab insgesamt 65 Mandate, fünf Vertreter Berlins ohne Stimmrecht (drei Sozialdemokraten und je einer von der CDU und der FDP) kamen dazu.

Am 10. August 1948 versammelte sich im Alten Schloss auf der Herreninsel im Chiemsee der Sachverständigenausschuss für Verfassungsfragen, der am 25. Juli von den Ministerpräsidenten eingesetzt worden war. Dem Verfassungskonvent gehörten unter dem Vorsitz des bayerischen Staatssekretärs Anton Pfeiffer elf Länderdelegierte an, die von etwa 20 Mitarbeitern und Sachverständigen unterstützt wurden. Zusammen verkörperte die Versammlung einen beachtlichen politischen, administrativen und staatsrechtlichen Sachverstand. Zur politischen Prominenz auf Herrenchiemsee zählten Anton Pfeiffer, Adolf Süsterhenn, Carlo Schmid, Hermann Brill und Theodor Spitta sowie der Berliner Gast Otto Suhr, zur akademischen Theodor Maunz, Gustav von Schmoller, Hans Nawiasky, Fritz Baade, Theo Kordt. Weitere Sachverständige waren Paul Zürcher, Justus Danckwerts, Claus Leusser, Otto Küster, Ottmar Kollmann, Wilhelm Drexelius. Die Experten überwogen zahlenmäßig die Politiker bei Weitem, die Unionsparteien und die SPD waren zwar annähernd gleich stark vertreten – soweit die Landespolitiker ohne Weiteres als Exponenten ihrer Parteien angesehen werden konnten –, in jedem Fall waren aber die süddeutschen Föderalisten in Herrenchiemsee in der Mehrzahl. Auch wenn die Sachverständigentagung es abgelehnt hatte, den von bayerischer Seite vorgelegten »Entwurf eines Grundgesetzes« und die »Bayerischen Leitgedanken für die Schaffung des Grundgesetzes«[106] zu diskutieren, heißt das nicht, dass Bayern bei den Beratungen ohne Einfluss geblieben wäre.

Der Verfassungskonvent empfand sich als politisch neutral, die Wirkungen seines Sachverstands waren aber weder rein akademisch noch unverbindlich für die weitere Entwicklung. Dem Verfassungskonvent war die Aufgabe gestellt, »Richtlinien für ein Grundgesetz« zu erarbeiten, also Lösungen für die einzelnen Verfassungsprobleme zu suchen und darzustellen, nicht aber, die Probleme selbst durch Mehrheitsentscheid oder Kompromiss zu lösen. Die Sachverständigen hatten eine in der deutschen Verfassungsgeschichte einmalige Stellung: Der Parlamentarische Rat als verfassunggebendes Organ war ja keineswegs Ausdruck des Volkswillens, wie die Weimarer Nationalversammlung es gewesen war, und eine Regierung, die eine Verfassungsvorlage, wie 1919 den Entwurf von Hugo Preuß, hätte zur Diskussion stellen können, gab es noch nicht. Formal hatte also die Arbeit des Verfassungskonvents lediglich die Bedeutung eines unverbindlichen Planspiels, dessen Ergebnis niemanden verpflichtete, und die Parteien erinnerten immer wieder daran. Der »erste Menzel-Entwurf«, mit dem die SPD der Situation nach der Konferenz der Ministerpräsidenten mit den Militärgouverneuren Rechnung zu tragen suchte, kümmerte sich z. B. um die Beratungen auf Herrenchiemsee überhaupt nicht. Tatsächlich aber gingen die stillen Wünsche und Hoffnungen der Ministerpräsidenten, durch ihren Sachverständigen-

ausschuss doch eine Art Regierungsvorlage für den Parlamentarischen
Rat zu schaffen und dessen Beratungen dadurch zu beeinflussen, weitgehend in Erfüllung. Das war nicht zuletzt dem Fleiß, der Sorgfalt und
der Gründlichkeit zu danken, mit denen auf der Insel im Chiemsee ge-
arbeitet wurde.

Der gedruckte »Bericht über den Verfassungskonvent«, den das
Büro der Ministerpräsidenten am 31. August dem Parlamentarischen
Rat überreichte[107], gliederte sich in eine ausführliche Darstellung der zu
lösenden Verfassungsprobleme, den »Entwurf eines Grundgesetzes« mit
149 Artikeln (von denen viele in alternativen Versionen formuliert waren)
und einen Kommentar mit Einzelerläuterungen zu bestimmten Artikeln.
Die bescheiden als Tätigkeitsbericht deklarierten Ergebnisse des Verfassungskonvents waren für die Debatten der kommenden Monate im
Parlamentarischen Rat von struktureller Bedeutung, die strittigen Probleme von Herrenchiemsee wurden wenig später auch die Streitfragen
von Bonn. Alle späteren Vorlagen an die Adresse des Parlamentarischen
Rats waren neben dem Herrenchiemseer Bericht nur noch bedingt
diskussionswürdig. Der Hauptunterschied zwischen Herrenchiemsee
und Bonn lag darin, dass hier die Probleme akademisch dargelegt werden konnten, dort aber politische Kompromisse gefunden werden
mussten.

Die Konstituante in Bonn

Am 13. August 1948 hatten die Ministerpräsidenten in telefonischer Abstimmung Bonn als Sitz des Parlamentarischen Rates bestimmt. Bewor-
ben hatten sich u. a. auch Celle, Düsseldorf, Frankfurt, Karlsruhe und
Köln. Zugunsten Bonns war entschieden worden, um auch in der britischen Zone einen wichtigen Konferenzort der Gründerzeit des neuen
Staates zu haben. Die Entscheidung über die künftige Bundeshauptstadt
sollte damit aber nicht präjudiziert werden, hierfür galt Frankfurt noch
für einige Zeit als Favorit. In Bonn wurden in aller Eile Quartiere für die
Abgeordneten bereitgestellt, Büros hergerichtet und die dortige Pädagogische Akademie als Tagungsstätte für den Parlamentarischen Rat um-

gerüstet. Dass daraus das Bundeshaus werden sollte, ahnte im August 1948 aber noch kaum jemand.

Der Parlamentarische Rat, der am 1. September in Bonn mit einem Festakt eröffnet wurde, begann seine Tätigkeit mit der Rechtfertigung seiner Existenz. Der hessische Ministerpräsident Stock verteidigte in seiner Begrüßungsrede im Namen der Ministerpräsidentenkonferenz die Übernahme des Verfassungsauftrags von den Alliierten: »Wenn gesagt wird, in Bonn würde heute die Spaltung des deutschen Volkes vollendet, so erkläre ich hiermit vor dem ganzen deutschen Volke: Wir spalten nicht, wir führen zusammen und einigen. Unsere bisherige Tätigkeit hat nur dem Ziele gegolten, das deutsche Volk zu jeder Zeit auf der größtmöglichen Ebene zusammenzuführen.«[108]

In der Konstituante waren die Unionsparteien und die SPD mit je 27 Abgeordneten vertreten, die Liberalen hatten fünf Sitze, über je zwei Mandate verfügten die Deutsche Partei, das Zentrum und die KPD. Fraktionsvorsitzender der CDU/CSU wurde Anton Pfeiffer (CSU), Carlo Schmid stand an der Spitze der SPD-Fraktion, und Theodor Heuss führte die FDP im Parlamentarischen Rat. Am Nachmittag des 1. September, in der ersten Sitzung, wurden Konrad Adenauer zum Präsidenten des Parlamentarischen Rats und Adolph Schönfelder (SPD) und Hermann Schäfer (FDP) zu seinen Stellvertretern gewählt. Der Antrag der beiden Kommunisten, der Parlamentarische Rat möge seine Beratungen über eine separate westdeutsche Verfassung einstellen, sorgte dann für die erste Erregung im Hause. Bis zur Verabschiedung des Grundgesetzes bewegten sich die Diskussionsbeiträge der beiden KPD-Abgeordneten stets auf dieser Ebene.[109]

Die eigentliche Verfassungsarbeit begann, nach einer allgemeinen Aussprache am 8. und 9. September, Mitte des Monats in den sechs Fachausschüssen für Grundsatzfragen und Grundrechte, Zuständigkeitsabgrenzung, Finanzfragen, Organisation des Bundes, Verfassungsgerichtshof und Rechtspflege, Wahlrecht. Dort wurden in nichtöffentlichen Sitzungen die einzelnen Materien beraten. Eine zentrale Stellung hatte der Hauptausschuss, dessen 21 Mitglieder unter dem Vorsitz Carlo Schmids (SPD) – Stellvertreter war Heinrich von Brentano (CDU) – in 59 öffentlichen Sitzungen die verschiedenen Stadien des Entwurfs des Grundgesetzes erörterten. Zunächst mussten die Einzelteile, die die

Fachausschüsse, der Systematik der Herrenchiemseer Denkschrift folgend, erarbeiteten, zu einem Gesetzentwurf zusammengefügt werden. Dieses Geschäft oblag dem Redaktionsausschuss, in dem Heinrich von Brentano (CDU), Georg August Zinn (SPD) und Thomas Dehler (FDP) saßen. Der Redaktionsausschuss war bis zur Auflösung des Parlamentarischen Rates auch für hieb- und stichfeste juristische Formulierungen der Verfassungsartikel zuständig. Vom 11. November bis 10. Dezember 1948 fand die erste Lesung des Grundgesetz-Entwurfs im Hauptausschuss statt.[110] Eine förmliche erste Lesung im Plenum hatte es, da zu der Zeit noch kein formulierter Entwurf vorlag, nicht gegeben, stattdessen waren am 20. und 21. Oktober die zentralen politischen Fragen, die juristische Tragweite des Grundgesetzes, die Rechtskontinuität des deutschen Staates sowie das Problem der Vertretung der Länder beim Bund (zweite Kammer), Finanzfragen und das Wahlrecht in der Vollversammlung diskutiert worden.[111]

Am meisten gingen bei der ersten Lesung im Hauptausschuss die Meinungen, auch innerhalb der Fraktionen, bei folgenden Problemkreisen auseinander: Staatsoberhaupt, zweite Kammer, Verteilung der Steuern zwischen Bund und Ländern und Organisation der Finanzverwaltung, Elternrecht, Verhältnis Kirche und Staat. Die SPD hatte zwar in ihrer ersten Verfassungskonzeption[112] noch einen Präsidenten der »Deutschen Republik« vorgesehen, war aber von dieser Vorstellung dann abgerückt. In beiden Verfassungsentwürfen, die im Namen der SPD von deren Verfassungsexperten, dem nordrhein-westfälischen Innenminister Walter Menzel, 1948 präsentiert wurden[113], war entsprechend der Provisoriumstheorie von einem Staatsoberhaupt keine Rede gewesen.[114] In der Frage der Gestaltung der zweiten Kammer blieb die CDU/CSU-Fraktion gespalten, die Anhänger der Bundesratslösung standen den Verfechtern der Senatsidee innerhalb der Unionsparteien gegenüber. Die Extreme waren in etwa markiert durch Robert Lehrs »Richtlinien für die künftige Verfassung« vom August 1947 einerseits, in denen sich der Zentralismus der CDU der britischen Zone spiegelte, und durch die »Grundsätze für eine Deutsche Bundesverfassung« des »Ellwanger Kreises« vom April 1948 andererseits, in denen die süddeutsch-föderalistischen Wünsche zum Ausdruck kamen.[115] Ähnlich sah es bei der Verteilung der Steuern und der Finanzverfassung aus; ein Teil der CDU-Vertreter ging mit der

Auffassung der SPD und der FDP konform, nach der die Finanzhoheit weitgehend Bundessache sein sollte.

Die Entscheidung für das Bundesratsprinzip wurde am Rande des Parlamentarischen Rates vorbereitet. Bei einem Abendessen hatte sich der bayerische Ministerpräsident Ehard, der auf die CSU-Mitglieder der Fraktion erheblichen Einfluss hatte, mit dem stellvertretenden Fraktionsvorsitzenden der SPD, Walter Menzel, über die Bundesratslösung verständigt, sehr zum Ärger eines großen Teils der Unionsfraktion und vor allem Adenauers. Er reagierte mit dem in erster Linie taktisch gemeinten Vorschlag eines Dreikammersystems (Unterhaus, Senat, Bundesrat), der aber nicht weiter diskutiert wurde. In der zweiten Lesung des Hauptausschusses[116] (15. Dezember 1948 bis 20. Januar 1949) änderte sich an den Standpunkten in diesen Streitfragen wenig oder nichts. Bei der Diskussion über die zweite Kammer stand jetzt die Gleichberechtigung von Bundesrat und Bundestag im Vordergrund. Nach der zweiten Lesung im Hauptausschuss mussten Kompromisse für den endgültigen Entwurf gesucht werden, der nach dem Wunsch der Fraktionen eine breite Mehrheit im Parlamentarischen Rat finden sollte. Die Verhandlungen über die strittigen politischen Grundentscheidungen wurden in einer interfraktionellen Kommission, dem Ende Januar gebildeten Fünfer-Ausschuss (je zwei Abgeordnete der CDU/CSU und der SPD, einer der FDP) geführt. Unter Adenauers Vorsitz fand dieser Ausschuss bis zum 3. Februar 1949 Kompromisse in der Frage der Mitwirkung des Bundesrates bei der Gesetzgebung und, den Vorstellungen der SPD und FDP folgend, zum Problem der Finanzverfassung. Das »Elternrecht« wurde anerkannt, und beim Verhältnis Kirche und Staat einigte man sich auf die Lösung, die schon in der Weimarer Verfassung verankert gewesen war. Diese Regelungen stellten aber nur wenige zufrieden. Den Sozialdemokraten und Liberalen widerstrebte das weitgehende Eingehen auf die Forderungen der kirchlichen pressure groups; der Deutschen Partei und dem Zentrum und einem Teil der CDU und CSU ging es in der Frage des Elternrechts und der Geltung der Konkordate nicht weit genug, und vor allem die katholischen Bischöfe[117] äußerten im Frühjahr 1949 lautstark ihre Unzufriedenheit mit dem Grundgesetz.

In fünf Sitzungen wurde vom 8. bis 10. Februar 1949 die dritte Lesung des Grundgesetz-Entwurfs im Hauptausschuss abgeschlossen.[118] Ehe der Entwurf dem Plenum des Parlamentarischen Rats unterbreitet wurde, sollte aber die Zustimmung der Alliierten vorliegen. Der Grundgesetz-Entwurf wurde daher den Militärgouverneuren zur Stellungnahme übermittelt, die ihn zwei Wochen lang prüften. Am 2. März meldeten sie ihre Bedenken an. Die Arbeit an der Verfassung, die kurz vor dem Abschluss zu stehen schien, geriet damit in eine ernste Krise. Seit Beginn der Beratungen des Parlamentarischen Rates hatte es Kontakte zwischen deutschen Politikern und alliierten Verbindungsoffizieren gegeben, wenngleich die Alliierten sich vorgenommen hatten, sich größter Zurückhaltung zu befleißigen, um die Verfassung nicht mit dem Odium eines Diktats zu belasten, aber auch wegen der von der SPD erfolgreich propagierten deutschen Haltung, nach der mit den Alliierten nicht über Einzelbestimmungen des Grundgesetzes in statu nascendi, sondern erst über einen Gesamtentwurf verhandelt werden sollte. Das beruhte auf der Annahme, dass den Militärgouverneuren eine Ablehnung des ganzen Verfassungswerks sehr viel schwerer fallen würde als die Zurückweisung einzelner Verfassungsartikel.

Affären und Krisen

Die Militärgouverneure hatten sich bisher darauf beschränkt, dem Parlamentarischen Rat am 22. November 1948 ein Aide-Mémoire zu überreichen[119], das sechs wesentliche Punkte enthielt. Der wichtigste war die Forderung nach einer zweiten Kammer, die mit genügend Befugnissen zur Wahrung der Länderinteressen ausgestattet sein müsse. Die Erläuterungen zum Frankfurter Dokument I in diesem Aide-Mémoire waren insgesamt recht allgemein gehalten, und der deutschen Seite war damals nicht bewusst, dass es sich dabei um nichts anderes als den Wortlaut der Londoner Empfehlungen vom Juni 1948, also um conditiones sine qua non, handelte. Als Konrad Adenauer an der Spitze einer Delegation des Parlamentarischen Rates am 16. Dezember 1948 die Militärgouverneure in Frankfurt zu einer Besprechung aufsuchte, erläuterte er die Differenzen auf deutscher Seite. Er zog sich danach den Vorwurf der SPD-Frak-

tion zu, Interna ausgeplaudert zu haben, um einen alliierten Schieds-
spruch im Sinne der Vorstellungen der Unionsparteien bzw. des von ihm
repräsentierten Flügels der CDU zu erreichen. Die als »Frankfurter
Affäre« bekannt gewordene Krise hatte aber wegen der deutschen Unkenntnis über die Hintergründe und die Bedeutung des Aide-Mémoires
in der Sache keine besondere Auswirkung, wenn man davon absieht,
dass die Sozialdemokraten dem Ratspräsidenten Adenauer feierlich ihr
Misstrauen aussprachen.[120] Die Krise im März 1949, die der alliierten
Stellungnahme zum Grundgesetz-Entwurf folgte, war dagegen bedroh-
lich.

In der Sitzung am 2. März teilte der britische Militärgouverneur
Robertson als Sprecher der Alliierten der Delegation des Parlamentarischen Rates mit, dass der Grundgesetz-Entwurf in acht Punkten von den
Forderungen des Memorandums vom 22. November abweiche.[121] Die
beiden wichtigsten, um die in der Folge der Streit auf deutscher Seite entbrannte, waren – wie gehabt – die Finanzverfassung und die Aufteilung
der Gesetzgebungskompetenzen zwischen Bund und Ländern. Die Suche
nach Lösungen, die sowohl die deutschen Interessen befriedigen, als auch
den Alliierten konvenieren würden, fand im Siebener-Ausschuss, dem
durch Vertreter der Deutschen Partei und des Zentrums erweiterten interfraktionellen Gremium, das sich schon als Fünfer-Ausschuss bewährt
hatte, statt. Am 18. März 1949 wurden den Militärgouverneuren die Ergebnisse übermittelt. In der Frage der Finanzhoheit waren die deutschen
Vorschläge aber im Wesentlichen unverändert geblieben. Ohne auf die
Einzelheiten einzugehen, ließen die Alliierten daher mitteilen, dass die
deutschen Vorstellungen ihren am 2. März vorgetragenen Grundsätzen
nicht entsprächen. Das bedeutete, dass die Kompromisse zwischen den
Fraktionen, denen auch die Vorschläge des Siebener-Ausschusses Rechnung getragen hatten, nicht mehr zu halten waren.

Die SPD, die fürchtete, um die Früchte des Kompromisses in der
Bundesratsfrage (Ehard-Menzel-Gespräch) zu kommen, verhielt sich
gegenüber den Änderungswünschen zur Finanzverfassung intransigent, während die CDU/CSU am 30. März selbstständig neue Formulierungen vorlegte, um den Amerikanern entgegenzukommen. Adenauer,
der auch in Verfassungsfragen wenig dogmatisch dachte, wollte lieber
ein weniger ideales Grundgesetz als gar keines.[122] Die CDU trachtete

also den Militärgouverneur Clay, der sich am hartnäckigsten zeigte, durch Nachgeben zu besänftigen, während die SPD es auf eine Kraftprobe mit den Alliierten ankommen lassen wollte. Die Sozialdemokraten setzten dabei auf die flexiblere Haltung der Engländer, und ihre Position wurde außerdem – ohne ihr Wissen – dadurch unterstützt, dass man in Washington, wo die Zuständigkeiten für die Deutschlandpolitik in Kürze vom Heeresministerium auf das Außenministerium übergehen sollten, kompromissbereiter war als in Frankfurt und Berlin bei der US-Militärregierung in Deutschland. Tatsächlich war Clay am 2. April vom State Department empfohlen worden, den Grundgesetz-Entwurf in der Fassung vom 17./18. März zu akzeptieren. Clay lehnte dies ab, wobei seine Argumentation auf die Sicherung des föderalistischen Prinzips im Wortlaut der künftigen Verfassung abgestellt war. Zu seinen Motiven gehörte aber auch das Misstrauen gegen die Sozialdemokraten, von denen er glaubte, dass sie eine starke Bundesfinanzverwaltung zur späteren Durchführung ihrer gesellschaftspolitischen Konzepte erstrebten.[123]

In Washington tagten im Anschluss an die Gründung der NATO am 4. April 1949 die Außenminister der drei Westmächte, um sich über das Besatzungsstatut zu verständigen. Die Mitteilung der drei Außenminister an den Parlamentarischen Rat, dass das Memorandum der Alliierten vom 2. März dem Londoner Abkommen entspreche – das hieß, dass die deutschen Vorschläge nicht verhandlungsfähig waren –, machte das Konzept der SPD, den vorliegenden Grundgesetz-Entwurf im Hauptausschuss durch Kampfabstimmung durchzusetzen, zunichte, weil damit das ganze Verfassungswerk von der Ablehnung bedroht gewesen wäre. In den folgenden Tagen stand aber erst einmal das Besatzungsstatut im Vordergrund. Die Begleitmusik zu den Beratungen mit den Militärgouverneuren in dieser Frage bestand aus öffentlichen Erklärungen der Parteien zum Stand des Grundgesetzes in schrillen Tonarten: Warf die SPD, die »kein Grundgesetz mit alliiertem Inhalt« hinnehmen wollte, der CDU und CSU »Erfüllungspolitik« vor, so warnte Adenauer vor »Patentnationalen«, die leichtfertig die alliierte Politik angriffen.

Vom 22. bis 24. April fanden wieder interfraktionelle Verhandlungen statt, bei denen die SPD allerdings einen verkürzten Grundgesetz-Entwurf vorlegte, der wieder mehr ihrem Provisoriumskonzept Rechnung trug, z. B. durch die Eliminierung des Grundrechtskataloges. Zur gleichen Zeit war dem Präsidenten des Parlamentarischen Rates ein Memorandum der Außenminister übergeben worden, das vom 8. April datiert war. (Die Militärgouverneure waren ermächtigt, es erst zu einem geeigneten Zeitpunkt zu benutzen.) Dieses Memorandum enthielt die Konzessionen der Alliierten in den beiden noch strittigen Komplexen Finanzverfassung und Gesetzgebungskompetenzen[124]. Adenauer und die Unionsfraktion fühlten sich düpiert, umso mehr, als sie glaubten, dass die Sozialdemokraten rechtzeitig einen Wink über den Inhalt des Memorandums von britischer Seite erhalten hatten, der sie zu ihrer starrsinnigen Haltung ermutigte. Noch am 20. April hatte sich der erweiterte SPD-Vorstand entschlossen gezeigt, die Verfassungsarbeit scheitern zu lassen und auf dem vereinfachten Grundgesetz-Entwurf (der in gar keinem Zusammenhang mit den deutsch-alliierten Streitfragen stand) zu beharren. Das Vabanquespiel der SPD war aber erfolgreich gewesen.[125] Bei den interfraktionellen Verhandlungen vom 22. bis 24. April gab die SPD ihren verkürzten Entwurf wieder auf, weil auf der Grundlage des Memorandums der Außenminister die notwendigen Kompromisse auf deutscher Seite wie gegenüber den Alliierten jetzt gefunden wurden. Am 25. April einigte sich die Delegation des Parlamentarischen Rates mit den Militärgouverneuren in Frankfurt. Nach der Schlussredaktion der Ergebnisse, die bis zum 3. Mai dauerte, wurde der Grundgesetz-Entwurf am 5. und 6. Mai in vierter Lesung im Hauptausschuss behandelt[126] und am 6. und 8. Mai in zweiter und dritter Lesung von der Vollversammlung des Parlamentarischen Rates verabschiedet.[127]

Bei der zweiten Lesung hatten 47 der 65 Abgeordneten mit Ja gestimmt, die 15 Stimmenthaltungen drückten föderalistische Vorbehalte (der CSU und der DP) und Unmut über die unbefriedigende Regelung des Elternrechts (beim Zentrum) aus. Die zwei Nein-Stimmen der KPD waren obligat. Am 8. Mai 1949, dem vierten Jahrestag der deutschen Kapitulation, stimmten 53 Abgeordnete für das Grundgesetz. Sechs von den acht Abgeordneten der CSU, die beiden Vertreter des Zentrums und die beiden Abgeordneten der Deutschen Partei stimmten dagegen und natürlich auch die beiden Kommunisten.

Am 12. Mai 1949 genehmigten die drei Militärgouverneure das Grundgesetz. Am späten Abend des Tages, an dem die Zufahrtswege zum geteilten Berlin nach über dreihundert Tagen der Blockade von den Sowjets wieder freigegeben worden waren, empfingen die Militärgouverneure Vertreter des Parlamentarischen Rats und der Ministerpräsidenten. Die Veranstaltung schloss in beinahe herzlicher Atmosphäre die Serie von Konferenzen ab, die mit der Übergabe der Frankfurter Dokumente am 1. Juli 1948 begonnen hatte. Es war auch eine der letzten Amtshandlungen General Clays, der nach einer triumphalen Abschiedstournee durch die US-Zone wenige Tage später in die USA zurückkehrte.

Staatsgründung unter alliiertem Vorbehalt

Die Genehmigung des Grundgesetzes erfolgte unter den Vorbehalten des Besatzungsstatuts, das mit der Konstituierung der ersten Bundesregierung in Kraft treten sollte. Verkündet wurde es schon an diesem 12. Mai, und es erwies sich als viel weniger restriktiv, als in Frankfurt im Juli des Vorjahres angekündigt. In seiner Dankrede an die alliierten Generale ließ Adenauer auch erkennen, dass die deutschen Politiker in diesen Wochen ein bisschen Angst gehabt hatten, die Westmächte würden sich durch ein sowjetisches Entgegenkommen bei den Verhandlungen über die Beendigung der Berlin-Blockade und vor allem im Hinblick auf die bevorstehende Außenministerkonferenz in Paris dazu bewegen lassen, den Zug der Weststaatsgründung noch einmal anzuhalten.[128] Am 18., 20. und 21. Mai ratifizierten die Landtage von zehn Ländern das Grundgesetz für die Bundesrepublik Deutschland. Bayern, dessen Vertreter einen erheblich größeren als nur den proportionalen Einfluss auf die föderalistische Gestalt der Verfassung ausgeübt hatten, lehnte das Grundgesetz als zu zentralistisch ab. Im Münchner Landtag hatte man siebzehn Stunden lang debattiert, ehe sich 101 bayerische Volksvertreter gegen und 63 für das Grundgesetz aussprachen. Das hatte weder für die Verfassung noch für den Freistaat negative Konsequenzen, und eine Resolution hielt zu allem Überfluss noch fest, dass das Grundgesetz in Bayern als rechtsverbindlich anerkannt werde.[129]

Die Schlusssitzung des Parlamentarischen Rates am 23. Mai 1949 diente der feierlichen Feststellung der Annahme des Grundgesetzes für die Bundesrepublik Deutschland, der Ausfertigung und Verkündung in

Anwesenheit der Ministerpräsidenten der deutschen Länder, von Vertretern der Militärregierungen, der elf Landtagspräsidenten, von Abordnungen des Wirtschaftsrats und der Bizonen-Administration. Am gleichen 23. Mai setzten sich in Paris die Außenminister der vier Mächte wieder an den Konferenztisch, um bis zum 20. Juni abermals über das Problem der deutschen Einheit zu beraten. Zur Erleichterung der westdeutschen Politiker, die für den ersten Bundestagswahlkampf rüsteten und fürchteten, Vereinbarungen der vier Mächte würden die Fortschritte im Westen hemmen, fand sich auch bei der Pariser Konferenz nicht der Schlüssel zur deutschen Einheit. Gesucht wurde er dort aber auch nur mit wenig Erfolg versprechenden Mitteln: Die Westmächte schlugen dem Kreml den Anschluss der sowjetischen Besatzungszone an den Weststaat vor (unter der Voraussetzung, dass in der Ostzone die Freiheitsrechte und die Unabhängigkeit des Richteramtes beachtet und politische Polizeiformationen verboten würden), und die Sowjetunion bot im Frühjahr 1949 die wirtschaftliche Einheit Deutschlands nach den Potsdamer Grundsätzen von 1945 einschließlich der Wiederherstellung des Alliierten Kontrollrates an. Das waren Angebote, die wechselweise als unseriös empfunden wurden.

7. ZEIT DES ÜBERGANGS: SOMMER 1949

Mit der Verabschiedung des Grundgesetzes, das am 24. Mai 1949 in Kraft trat, existierte der formelle Rahmen des neuen Staates Bundesrepublik Deutschland. Damit er auch tatsächlich ins Leben treten konnte, mussten aber noch allerlei Vorbereitungen getroffen werden. Dies geschah ab Mai 1949 an vielen Orten gleichzeitig. In Washington hatten Anfang April die Außenminister der drei westlichen Besatzungsmächte das Feld abgesteckt, auf dem die Bundesregierung künftig Bewegungsfreiheit haben würde. Die Besatzungsherrschaft sollte ja noch nicht beendet, sondern vorerst nur durch eine mildere und quasi vertraglich gesicherte Form ersetzt werden. An die Stelle der Militärgouverneure würden mit der Konstituierung der Bundesregierung drei Hohe Kommissare treten, denen es als Inhaber wesentlicher (und im Zweifelsfalle sogar aller) Souveränitätsrechte der Bundesrepublik oblag, vor allem die Abrüstung und Entmilitarisierung sowie die Restitutionen und Reparationen zu kontrollieren, die Dekartellisierung der Wirtschaft zu überwachen und die auswärtigen Angelegenheiten der Bundesrepublik wahrzunehmen. Allerdings sollte die Alliierte Hohe Kommission im Gegensatz zu den Militärregierungen mit einer bescheidenen Bürokratie auskommen.

General Clay war am 15. Mai 1949 in die USA zurückgekehrt, zum amerikanischen Hohen Kommissar wurde John McCloy, ehemals Präsident der Weltbank, ernannt; er traf Anfang Juli in Deutschland ein. General Koenig verabschiedete sich zu dieser Zeit mit Truppenparaden in der französischen Zone. Zum Vertreter Frankreichs in der Alliierten Hohen Kommission wurde ein exzellenter Fachmann bestellt, André François-Ponçet, der von 1931 bis 1938 Botschafter in Berlin gewesen war (und von 1953 bis 1955, im Anschluss an seine Mission als Hoher

Kommissar, als Botschafter Frankreichs in Bonn blieb). Auf britischer Seite gab es keinen personellen Wechsel, denn der Militärgouverneur Sir Brian Roberston ließ sich von der Armee beurlauben und wurde als Zivilist Hoher Kommissar. François-Ponçet kam im August 1949 nach Deutschland. McCloy, der unmittelbar nach General Clays triumphalem Abschied im Mai zum Hohen Kommissar ernannt worden war, übte bis zur förmlichen Konstituierung der Bundesrepublik die Funktion des US-Militärgouverneurs aus.

Während die Besatzungsbehörden um- und abgebaut wurden, waren auf deutscher Seite verschiedene Instanzen damit beschäftigt, die Wege von Frankfurt nach Bonn zu ebnen. Eine der letzten Taten des Parlamentarischen Rates hatte darin bestanden, Bonn zum vorläufigen Regierungssitz der Bundesrepublik zu wählen. Die Vorgeschichte dieser Entscheidung vom 10. Mai 1949 reichte in den Sommer 1948 zurück, als ein Beamter in der Düsseldorfer Staatskanzlei, Ministerialdirektor Hermann Wandersleb, die wenig Erfolg versprechende Idee hatte, den Parlamentarischen Rat nach Bonn zu holen. Vor allem wegen des Zonenproporzes – die wichtigen Gründungsveranstaltungen des neuen Staates sollten gleichmäßig über die drei Westzonen verteilt werden und das britische Besatzungsgebiet war noch nicht berücksichtigt worden – hatten die Ministerpräsidenten im August 1948 in aller Eile Bonn zum Sitz der Konstituante gemacht. Von da an förderte Konrad Adenauer, von Wandersleb unermüdlich unterstützt, mit allen Mitteln, auch mit Ränken und Listen, sein Projekt, Bonn auch zur Hauptstadt der Bundesrepublik zu machen. Die Annahme, er habe das nur getan, weil Bonn seinem Rhöndorfer Domizil so praktisch nahe lag, wäre zu einfach. Es gab auch politische Überlegungen wie die, dass der Regierungssitz des Weststaates am Rhein und gar an dessen linkem Ufer liegen solle, um – freilich inzwischen schon wieder historische – französische Ansprüche abzuwehren. Ein gewichtiges Argument gegen Frankfurt war auch, dass dort die amerikanische Besatzungsmacht so übermächtig präsent war.[130] Für Frankfurt sprach andererseits, von der geographischen Lage ganz abgesehen, sehr vieles, nicht zuletzt die Existenz der bizonalen Behörden, für die bedeutende Investitionen erbracht worden waren. So glaubte noch im Herbst 1948 kaum jemand an die Chancen Bonns. Als möglich galten zwar auch Stuttgart und Kassel, aber am sichersten schienen die Aussichten für Frankfurt. Die Sozialdemokraten waren mehrheitlich für Frankfurt, allerdings nicht deren Berliner Vertreter, die Bonn als Ausdruck des Provisoriums favorisierten, weil sie fürchteten, die Wahl der Börsen- und Bankenmetropole Frankfurt zur Hauptstadt würde endgültigeren Charakter haben. Dieses Argument war für alle, die auf eine Wiedervereinigung Deutschlands (mit Berlin als Hauptstadt) hofften, von Gewicht.

In der christdemokratischen Fraktion waren allerdings die CSU-Abgeordneten bis zum Vortag der Entscheidung Gegner des Bonn-Projekts, und zwei prominente Parlamentarier der CDU, Heinrich von Brentano und Walter Strauß, hatten auch hessische Interessen zu vertreten und waren daher für Frankfurt. Umgekehrt war der Sozialdemokrat Walter Menzel als nordrhein-westfälischer Innenminister im Gegensatz zu seiner Fraktion ein Anhänger Bonns. Auch Hans Böckler, der Vorsitzende des Deutschen Gewerkschaftsbundes in der britischen Zone, plädierte wegen der Nähe zum Ruhrgebiet, der industriellen Kernlandschaft Westdeutschlands, für Bonn.

Am Vormittag des 10. Mai 1949 sprach alles dafür, dass die SPD zusammen mit einigen anderen Abgeordneten den Sieg davontragen und Frankfurt die Hauptstadt der Bundesrepublik werden würde. Den Bayern hatte Adenauer zwar, als Gegenleistung dafür, dass die CDU die Ablehnung des Grundgesetzes durch die meisten CSU-Abgeordneten schluckte, das Votum für Bonn abgehandelt, aber das reichte nicht, es musste ein Wunder geschehen. In Gestalt eines Gerüchtes, das zur Intrige verdichtet wurde, ereignete sich das Mirakel[131]: In einer Vorstandssitzung der SPD waren am 10. Mai die sichere Niederlage der CDU/CSU in der Hauptstadtfrage und deren politische Folgen erörtert worden. Darüber drangen Nachrichten ins Pressezentrum des Parlamentarischen Rates. Sie wurden, etwas vergröbert, zu einer Agenturmeldung verarbeitet, die vom »Deutschen Pressedienst« scheinbar verbreitet wurde. Tatsächlich existierte die Meldung aber nur in einem Exemplar, mit dem bewaffnet Adenauer die Gegner Bonns in der CDU/CSU-Fraktion umstimmte. Weil die SPD angeblich ihren Sieg zu früh und zu lautstark gefeiert hatte – die verzweifelten Dementis bewirkten nichts mehr –, verwandelte er sich in eine Niederlage, da Abgeordnete wie Strauß und Brentano unter diesem Eindruck die Loyalität zur Partei über den hessi-

schen Regionalpatriotismus stellten; andere Fraktionsmitglieder wurden
mit der unverbindlich klingenden Formel:»Die Bundesorgane nehmen
ihre erste Tätigkeit in ... auf«[132] gewonnen. Am Abend des 10. Mai wurde
Bonn mit 33 gegen 29 Stimmen zur vorläufigen Hauptstadt der Bundesrepublik gewählt.

Zur Vorgeschichte dieser Entscheidung, die am 11. November 1949,
nachdem der Bundestag noch einmal die Vorzüge und Nachteile von
Frankfurt und Bonn geprüft hatte, endgültig wurde (im Bundestag
stimmten 200 Abgeordnete für Bonn, 176 für Frankfurt), gehörte auch
die von Adenauer vorübergehend propagierte Idee einer Zweiteilung:
In Bonn sollten die Bundesministerien als (kleine) politische Entschei-
dungsinstanzen sitzen, die Verwaltungsarbeit sollte weiterhin in Frankfurt erledigt werden. Die Idee war unsinnig, hielt aber im Frühjahr 1949
die Gegner Bonns in Atem, während der Hausherr des Parlamentarischen
Rates, ohne Rücksicht auf die fehlende Baugenehmigung und die Finanzierung des Projekts, den Ausbau der Pädagogischen Akademie in Bonn
zum künftigen Bundeshaus vorantrieb.[133]

Ein Ausschuss des Parlamentarischen Rates hatte im September 1948
damit begonnen, das Wahlgesetz für den ersten Bundestag auszuarbeiten, obwohl die Kompetenz dazu nicht bei der Konstituante, sondern
bei den Ministerpräsidenten lag. Wie beim Grundgesetz stand den Parlamentariern auch bei den Überlegungen zum Wahlmodus allezeit die
Weimarer Republik vor Augen. Trachteten sie beim Grundgesetz die
Konstruktionsfehler der Weimarer Verfassung, die natürlich das Vorbild
für das Bonner Grundgesetz abgegeben hatte, zu vermeiden, also insbesondere das Staatsoberhaupt nicht mit Macht auszustatten und Er-
mächtigungsklauseln wie den Weimarer Artikel 48 beiseite zu lassen, so
war das reine Verhältniswahlsystem als eine der Ursachen der Parteien-
zersplitterung im Reichstag und des Untergangs der Weimarer Republik
den Bonner Verfassungsvätern suspekt. Ein reines Mehrheitswahlrecht
kam aber auch nicht in Frage. Angestrebt wurde vielmehr eine Kombination beider Systeme, bei der die extremen Auswirkungen des einen
wie des anderen vermieden würden. Gegen die CDU/CSU und die KPD
fand sich im Februar 1949 im Hauptausschuss und im Plenum des
Parlamentarischen Rates eine Mehrheit für den Kompromiss, den die
Sozialdemokraten mit den kleineren Parteien ausgehandelt hatten: Die

Hälfte der Abgeordneten sollte direkt nach dem einfachen Mehrheits-
prinzip gewählt, die andere Hälfte der Mandate über Bundeslisten (unter
Anrechnung der Direktmandate) vergeben werden.[134]

Der Gesetzentwurf verfiel am 2. März 1949 dem Verdikt der Alliierten, weniger wegen seines Inhalts als wegen der mangelnden Kompetenz
der Konstituante. Damit sollten sich, wie ihnen im ersten der Frankfurter Dokumente aufgetragen war, die Ministerpräsidenten beschäftigen. Die Länderchefs überwiesen den Gesetzentwurf dann wieder nach
Bonn, wo er nach etlichem Hin und Her ohne wesentliche Veränderung
am 23. Mai zusammen mit dem Grundgesetz verkündet, von den Alliierten aber wieder zurückgewiesen wurde. Auf einer Konferenz in Schlangenbad legten die Ministerpräsidenten am 31. Mai und 1. Juni 1949 dann
noch einmal Hand an das Wahlgesetz. Briten und Amerikaner hatten sie
genau instruiert, was geändert werden musste und woran nicht mehr ge-
rührt werden durfte. Die Länderchefs entsprachen den Forderungen der
Alliierten, zumal es sich um Formalia des Wahlgesetzes handelte. Die
parteipolitischen Positionen wurden bei der Schlangenbader Konferenz
aber noch einmal mit Vehemenz vertreten, als die CDU-Politiker Gebhard
Müller (Württemberg-Hohenzollern) und Karl Arnold (Nordrhein-Westfalen) weiter gehende Änderungsvorschläge verfochten, nämlich die
Änderung des Verhältnisses der Direkt- und Listenkandidaten von 50 zu
50 auf 60 zu 40. Außerdem sollte eine Sperrklausel eingeführt werden,
die Wählervereinigungen, die im Bundesgebiet weniger als 5 Prozent der
Stimmen oder kein Direktmandat erringen würden, von der Sitzvertei-
lung ausschließen sollte. Diese Bestimmungen, die der Einstimmigkeit
der Beschlüsse halber von den sozialdemokratischen Länderchefs und
dem Liberalen Reinhold Maier nach langer Debatte schließlich akzeptiert wurden, waren den Alliierten gegenüber als Wünsche deklariert
worden. Den Länderchefs war nämlich bewusst, dass substanzielle Änderungen des Wahlgesetzes Verhandlungen auf Außenministerebene
erforderlich machen würden. Um diesen Zeitverlust zu vermeiden – darin waren sich die deutschen Politiker mit den Amerikanern und Engländern gegen die Franzosen einig –, hatten die Ministerpräsidenten
dem Wahlgesetz entsprechend den Instruktionen zugestimmt und die
Änderungen als Wünsche angehängt. Diese gingen dann am gleichen
Tag in Erfüllung, lediglich die Fünfprozentklausel durfte jeweils nur für

ein Land (und nicht im ganzen Bundesgebiet) gelten. Das Wahlgesetz
für den ersten Bundestag (und zur ersten Bundesversammlung) blieb bei
den Parteien und in der Öffentlichkeit umstritten, aber mit dem Segen
der Alliierten wurde es von den Ministerpräsidenten am 15. Juni 1949
verkündet; gleichzeitig setzten sie den 14. August als ersten Wahltag
fest.[135]

Von den Aufträgen, die die westdeutschen Regierungschefs von den
Militärgouverneuren im Juli 1948 erhielten, blieb einer unerledigt: Die
Ministerpräsidenten hatten von Anfang an wenig Neigung gezeigt, der
Aufforderung des zweiten Frankfurter Dokuments nach einer Überprüfung der Ländergrenzen nachzukommen. Pflichtschuldigst war aber ein
»Ländergrenzenausschuß« installiert worden, der mehrmals tagte und
vor allem so viel Zeitgewinn brachte, dass das Problem schließlich aus
dem Gründungsprozess der Bundesrepublik ausgeklammert wurde[136].
Für eine grundsätzliche Territorialreform in Westdeutschland hatte nur
der schleswig-holsteinische Ministerpräsident Lüdemann (und zwar
zugunsten einer Vergrößerung seines armen Landes) plädiert. In den
anderen Ländern, so willkürlich manche auch zusammengesetzt waren,
war die Neigung zu Veränderungen gering, mit einer großen Ausnahme
allerdings. Die Bewohner der drei Kunstgebilde im Südwesten, die unter
Verletzung württembergischer und badischer Strukturen und Traditionen gebildet worden waren, wollten in einem Land zusammenkommen.
Es gab da zwar regionale Probleme – vor allem focht Leo Wohleb als
Staatspräsident des Ländchens (Süd)Baden für dessen Eigenständig-
keit –, doch der Einheitswille in Tübingen (Gebhard Müller), in Stuttgart
(Reinhold Maier) und auch in der ehemaligen badischen Hauptstadt
Karlsruhe war stärker als der Unabhängigkeitsdrang in Freiburg. Aber es
dauerte bis zum Frühjahr 1952, bis sich Württemberg-Baden, Baden und
Württemberg-Hohenzollern zum Südweststaat Baden-Württemberg zu-
sammenfanden.[137]

In Frankfurt arbeiteten Parlament und Bürokratie des Vereinigten
Wirtschaftsgebiets im letzten Vierteljahr ihres Bestehens auf Hoch-
touren. Der Wirtschaftsrat war bestrebt, die in Arbeit befindlichen Gesetze noch fertigzustellen; auch bei der 40. und letzten Plenarsitzung am
8. August wurden noch Gesetze verabschiedet, u. a. über »vorüberge-
hende Gewährung von Zollbegünstigungen«. 18 legislative Beschlüsse

des Wirtschaftsrats von grundsätzlicher Bedeutung (etwa über die Wiederherstellung der Selbstverwaltung in der Sozialversicherung) waren aber von den Militärregierungen zurückgestellt worden, weil der Bizonengesetzgeber nach Meinung der Alliierten dem Bundestag nicht vorgreifen sollte. Zum Katalog der vorbereiteten Maßnahmen, die deshalb nach Bonn überwiesen wurden, gehörte ein »Gesetz über die Regelung der Beziehungen zwischen Ärzten, Zahnärzten, Dentisten und Krankenkassen« ebenso wie ein Heimarbeits- und ein Kündigungsschutzgesetz.

Am 16. August 1949 trafen zum letzten Mal die bizonalen Verwaltungsspitzen mit den Militärgouverneuren zu einer Routinebesprechung zusammen. Auf der Tagesordnung standen u. a. Probleme der Finanzhilfe für Berlin und ein Gesetz über den Güterfernverkehr. Am 15. September löste sich BICO, die alliierte Kontrollinstanz der Bizone, auf, eine Woche später, mit dem Zusammentritt der ersten Bundesregierung, kam auch das Ende des Verwaltungsrats. Die Direktoren hatten unter dem Vorsitz des Oberdirektors Pünder am 6. September zum letzten Mal getagt; auf dieser 68. Direktorialsitzung waren u. a. die Arbeitslosigkeit und die Einführung der Sommerzeit 1950 behandelt worden. Förmlich aufgelöst wurden Wirtschaftsrat und Länderrat, wie sie ins Leben getreten waren, durch Gesetz und Verordnung der Amerikaner und Briten vom 1. September 1949. Die Kraft zur Rechtsetzung verloren die bizonalen Organe durch das Grundgesetz, das bestimmte, von seinem Zusammentreten an würde der Bundestag die ausschließliche Legislative sein. Abgewickelt, in Bundesorgane überführt oder aufgelöst wurde noch einige Zeit. Oberdirektor Pünder, der am 16. September eine Art Amtsübergabe an den Bundeskanzler in Gestalt eines Briefes, dem Listen über den Stand der Geschäfte beigefügt waren, vollzogen hatte, wurde erst am 4. Mai 1950 von der Bundesregierung verabschiedet.[138]

Das Ende der Bizone vollzog sich in der Aufbruchstimmung des Sommers 1949 ziemlich sang- und klanglos. Diesen Eindruck hatten namentlich diejenigen beim Frankfurter Personal, für die es in Bonn keine Verwendung gab, allen voran der tief enttäuschte Pünder, der sehr gern Außenminister in Bonn geworden wäre. Die personelle und administrative Kontinuität zwischen Frankfurt und Bonn war trotzdem beachtlich, und die Errungenschaften, die von der Bizone in die Bundesrepublik eingebracht wurden, waren bedeutend. Darunter sind nicht nur die zahl-

reichen sozialpolitischen Gesetze und die wirtschaftspolitischen Weichenstellungen zu verstehen, auch konkrete Einzelheiten wie der erste
Bundeshaushalt gehörten dazu. Das Etatjahr der Bundesrepublik begann am 1. April 1950, bis dahin bildete im Wesentlichen der Rumpf-
haushalt des Vereinigten Wirtschaftsgebiets den Finanzrahmen des neuen
Staates.

So groß die organisatorischen Vorleistungen der Bizone für die Bundesrepublik waren, so gering blieb der Anteil des französischen Besatzungsgebiets. Das viel beschworene »Trizonesien« war kaum mehr als
eine Legende, denn eine Verschmelzung der drei Westzonen oder auch
nur ein einheitlicher Verwaltungsapparat hat vor der Etablierung der
Bundesrepublik auf deren Territorium nie existiert; zwar bildeten die
Bank deutscher Länder, Währungsreform und Marshall-Plan, Parlamentarischer Rat und das Büro der Ministerpräsidenten einen minimalen
Rahmen, aber weder die Wirtschafts- noch die Rechtsordnung war in
der Bizone die gleiche wie in der französischen Zone, wo auch noch
nach anderen Kriterien verwaltet wurde, und Post und Eisenbahn nach
eigenen Gesetzen funktionierten.

Für die Übergangszeit nach der Verabschiedung des Grundgesetzes, als
der Parlamentarische Rat keine Kompetenzen mehr hatte, war die Konferenz der Ministerpräsidenten das oberste verfassungsmäßige Organ der
drei Westzonen, das im Auftrag der Alliierten die Vorbereitungen für den
Weststaat zu treffen hatte. Der Parlamentarische Rat und vor allem dessen
Präsident Adenauer gedachten aber nicht, in Untätigkeit zu verharren und
die Ministerpräsidenten allein schalten und walten zu lassen. Adenauer
wollte auch gern die dienstbaren Geister des verfassunggebenden Parlaments bis zum Zusammentreten des Bundestages bei der Stange halten.
(Es gelang mit Hilfe von Vorschüssen des Landes Nordrhein-Westfalen.[139]) Nach einigem Widerstand von Seiten der Länderchefs, die ebenso
wenig wie die Alliierten einen Überleitungsausschuss des Parlamentarischen Rates als Zwischensouverän hinnehmen wollten, fand sich der
Kompromiss auf den Konferenzen der Ministerpräsidenten in Königstein
(23./24. Mai) und Schlangenbad (14./15. Juni 1949). Es wurde ein gemeinsamer »Ausschuß zur Prüfung der vorbereitenden Maßnahmen für die
Errichtung der Bundesorgane« etabliert, in dem die elf Regierungschefs
mit 18 Vertretern des Parlamentarischen Rates, sechs Mitgliedern des

Frankfurter Wirtschaftsrates und vier Delegierten der französischen Zone zusammenarbeiteten.[140]

Die Arbeit selbst wurde in vier selbstständig operierenden Unterausschüssen von Experten und Beamten geleistet, und die Ergebnisse wurden der Ministerpräsidentenkonferenz vorgelegt[141], die am 25. und 26. August 1949 in Koblenz, wieder auf dem Rittersturz, zum letzten Mal in dieser Form zusammentrat. (In gleicher Besetzung trafen sich die Regierungschefs dann wieder im Bundesrat.) Die Empfehlungen der Unterausschüsse wurden in Koblenz aus Zeitmangel gar nicht mehr diskutiert, sondern gleich der Bundesregierung zugeleitet. Sie enthielten detaillierte Pläne für die Organisation, die Gesetzgebung und das Rechtssystem und die Finanzgebarung des Bundes. Der Organisationsausschuss hatte Geschäftsverteilungspläne und Kompetenzabgrenzungen für die Bundesressorts erarbeitet, der Juristische Ausschuss hatte zusammengestellt, welche Gesetze und Bestimmungen des Besatzungs-, Zonen- und Bizonenrechts weiter gelten sollten, und er hatte Überlegungen zur Rechtsangleichung der französischen Zone an das übrige Bundesgebiet angestellt. Außerdem hatte der Juristische Ausschuss eine Liste von Gesetzentwürfen ausgearbeitet, untergliedert in die Rubriken »Sofort-Gesetze« und »Dringliche Gesetze«, die vom Bundesgesetzgeber möglichst rasch behandelt werden sollten. Das Problem des »Bevölkerungsausgleichs« (die Verteilung der Flüchtlinge) gehörte ebenso dazu wie der Schutz von Patenten aus Ländern der französischen Zone, eine Bundesamnestie oder eine Gesetzesmaßnahme über »vordringliche Fragen des Beamtenrechts«. Hinter dem letztgenannten Projekt verbargen sich Reaktion und Restauration. Die Absicht war nämlich, möglichst bald die ungeliebten Reformen der Besatzungsmächte zur Demokratisierung des öffentlichen Dienstes rückgängig zu machen. Der Organisationsausschuss hatte gleichzeitig empfohlen, das Personalamt der Bizone, den institutionellen Ausdruck der Reform des Beamtenrechts, zu liquidieren, eine Empfehlung, der gern entsprochen wurde, es musste lediglich abgewartet werden, bis der Chef des Personalamts adäquat versorgt war. Das dauerte bis 1952 – und so lange bestand das Personalamt als leere Hülse im Geschäftsbereich des Bundesinnenministeriums fort –, als Kurt Oppler zum Gesandten der Bundesrepublik in Island ernannt wurde.

Zu den dringlichen Maßnahmen auf dem Gebiet des Beamtenrechts gehörte die Versorgung des Personenkreises, der im Artikel 131 des Grundgesetzes angesprochen war: Beamte, die ihre Versorgungsansprüche nicht mehr bei der bis zum Zusammenbruch 1945 zahlenden Stelle geltend machen konnten (Heimatvertriebene), und schließlich Personen, die im Zuge der Entnazifizierung aus dem öffentlichen Dienst ausgeschieden waren.[142] (Der erste Bundestag verhalf sowohl der Tradition zu ihrem Recht, indem er schon 1950 das von nationalsozialistischen Zutaten purgierte Beamtengesetz von 1937 wieder in Kraft setzte, als auch im Mai 1951 dem Personenkreis der »131er« durch das »Gesetz zur Regelung der Rechtsverhältnisse der unter Artikel 131 des Grundgesetzes fallenden Personen« Existenzmöglichkeiten schuf.) Der Finanzausschuss strukturierte u. a. den ersten Haushaltsplan der Bundesregierung, die zunächst weder Einnahmen noch Rücklagen hatte, auf den Vorlauf der Frankfurter Administration also angewiesen war. Am schwierigsten war die Arbeit im »Technischen Ausschuß«, der sich bis zur letzten Stunde mit den Problemen Bonns, das sich zur Hauptstadt als reichlich ungeeignet erwies, herumschlagen musste. Die Probleme bestanden in unzulänglicher Unterbringung der Bundesbehörden, in überhöhten Kosten, in mangelnden Fortschritten auf den Baustellen. Ärger hatte in diesem Zusammenhang auch Oberdirektor Pünder bekommen. Er musste im Juni 1949 vor einem Untersuchungsausschuss des Wirtschaftsrates erscheinen, um sich zu rechtfertigen, dass er aus parteipolitischen Gründen und Adenauer zuliebe zugunsten Bonns und zum Schaden Frankfurts gewirtschaftet habe.[143]

In der Öffentlichkeit wurden die vielfältigen Aktivitäten zur Gründung der Bundesrepublik, die sich zumeist ja auch hinter den Kulissen entfalteten, kaum wahrgenommen. Die Aufmerksamkeit war durch den ersten Wahlkampf voll in Anspruch genommen. Um die 402 Mandate des Bundestages bewarben sich 16 Parteien und 70 parteilose Kandidaten. Die Vielfalt der Bewerber, unter ihnen auch ausgesprochen obskure Gruppierungen, nährte die Befürchtung, dass trotz der Vorkehrungen im Wahlgesetz Weimarer Zustände ohne regierungsfähige Mehrheiten wiederkehren könnten. Tatsächlich teilte sich die Wählergunst ziemlich genau in Drittel. Je eines erhielten CDU/CSU, SPD und die kleineren Parteien. Unter diesen gab es mehrere, die erfolgreich Regionalinteressen vertraten, und Programmparteien, bei denen Gruppeninteressen mit Weltanschauung verbunden waren. Zur ersten Kategorie gehörte die Bayern-partei, die gegen das Grundgesetz und für bayerische Eigenart – definiert als Mischung aus Folklore und Partikularismus mit monarchistischen und separatistischen Einsprengseln – kämpfte und 17 Abgeordnete in den Bundestag schicken konnte. Mit ihr und der CSU konkurrierte in Bayern die Wirtschaftliche Aufbau-Vereinigung, die im Verein mit dem »Neubürgerbund« immerhin 700 000 Wähler mobilisierte und zwölf Mandate errang.

Die Deutsche Partei, deren Schwerpunkt in Niedersachsen lag, stritt erfolgreich (17 Mandate) für nationale Werte und gegen jede Form von Sozialisierung, ihr Hauptgegner war die SPD. Der FDP warf die erzkon-servative DP vor, dass sie in Kultur- und Kirchenfragen genauso materi-alistisch eingestellt sei wie die Sozialdemokratie. Andererseits zeichnete sich die Fortsetzung des Bündnisses zwischen CDU/CSU, DP und FDP ab, das in Frankfurt im Zeichen der Marktwirtschaft begonnen hatte. Vor allem im Rheinland, aber auch in Niedersachsen und Schleswig-Hol-stein konkurrierte die katholisch und christlich-sozialistisch orientierte Deutsche Zentrumspartei mit der CDU und der SPD; sie zog mit zehn Abgeordneten nach Bonn. Am äußersten rechten Ende des Parteien-spektrums agitierte mit Schwerpunkt in Niedersachsen die Deutsche Konservative Partei/Deutsche Rechtspartei, in der verschiedene rechts-radikale Gruppierungen vereinigt waren. Ihre Wählerschaft, die ihr zu fünf Mandaten verhalf, bestand aus Unzufriedenen und Deklassier-ten, ehemaligen Berufssoldaten, entlassenen Beamten. Am linken Ende kämpften die Kommunisten um Stimmen. Sie hatten, nicht zuletzt we-gen der Behinderungen durch die Militärregierungen, einen schweren Stand. Ereignisse wie die Berlin-Blockade hatten die traditionellen anti-kommunistischen Ressentiments bei den meisten noch verstärkt, trotz-dem errang die KPD mit 1,3 Millionen Stimmen 15 Mandate. Es waren freilich zum größeren Teil Protestwähler, vor allem auch Arbeitslose, und weniger Anhänger der kommunistischen Ideologie, die im Sommer 1949 die KPD wählten.

Die Hauptschlacht in diesem Wahlkampf wurde zwischen Christ-demokraten und Sozialdemokraten geschlagen, und das wichtigste Thema war die Wirtschaftsordnung. Daneben überboten sich die Parteien da-rin, dem Gegner Servilität gegenüber den Besatzungsmächten nachzureden und den jeweils eigenen Standort als besonders national darzutun. Gute Beziehungen zu einer Besatzungsmacht galten jetzt als schmählich. Wenn Adenauer in Heidelberg[144] auf abgefeimte Weise die SPD als Helfershelfer der Briten abqualifizierte (als Anlass nahm er die Geschichte des Memorandums der Alliierten an den Parlamentarischen Rat vom April 1949, dessen Inhalt angeblich der SPD bekannt war und deshalb deren intransigente Haltung bei der Verfassungskrise gefahrlos machte), so schmähte Kurt Schumacher die CDU/CSU ebenso grundlos als Hörige der Franzosen und zieh sie des »klerikalen Partikularismus im Interesse Frankreichs«[145].

Allgemein hielt man die Chancen der SPD für etwas größer als die der Unionsparteien. Aber Kurt Schumachers Heftigkeit, seine maßlosen Angriffe, seine rhetorischen Rundumschläge minderten ihren Vorsprung. Für die Sozialdemokraten ging der Wahlkampf im Rheinland und Ruhrgebiet verloren, wo Schumachers Ausfälle gegen die katholische Kirche – in Gelsenkirchen hatte er in diesem Zusammenhang von einer fünften Besatzungsmacht gesprochen – vom christlich-demokratischen Gegner mit Genuss kolportiert wurden.[146] Dass sich die CDU kräftiger Unterstützung durch die katholische Kirche erfreute, steigerte Schumachers Wut zu neuen Attacken, die aber ohne Werbewirkung für die SPD blieben. Umgekehrt wurde Adenauer nicht müde, die nationale Unzuverlässigkeit der Sozialdemokratie darzulegen, und dabei hatte der 74-jährige Politiker auch vor schäbigen Tricks keinerlei Scheu.

In der zentralen Auseinandersetzung um die Wirtschaftspolitik kämpften CDU/CSU und FDP Schulter an Schulter. Ludwig Erhard trat als Exponent der Frankfurter Wirtschaftspolitik mit großer Überzeugungskraft und grenzenlosem Optimismus in zahlreichen Versammlungen auf. Er kandidierte bei der CDU, wofür er bei den maßgeblichen Politikern der FDP, die ihn eigentlich als den Ihren betrachteten, um Verständnis gebeten hatte.[147] Die CDU hatte sich in den Düsseldorfer Leitsätzen, die am 15. Juli 1949 der Öffentlichkeit vorgestellt wurden, zur »sozialen Marktwirtschaft« bekannt und den christlichen Sozialismus ihres Ahlener Programms von 1947 zu den Akten gelegt[148]. Ludwig Erhard propagierte die Idee der sozialen Marktwirtschaft unbeirrt von den Argumenten der Sozialdemokraten, die auf die wachsende Arbeitslosigkeit und die steigenden Preise verwiesen und die Notwendigkeit einer geplanten Wirtschaft

betonten. Die sozialdemokratischen Vorstellungen, die Erhards Gegenspieler, der nordrhein-westfälische Wirtschaftsminister Erik Nölting,
unermüdlich vortrug, wurden als Propaganda für die Fortsetzung der
Zwangswirtschaft des Dritten Reiches simplifiziert und verworfen. Ludwig Erhard erklärte die wirtschaftlichen Schwierigkeiten als Übergangs-
erscheinungen, als Symptome einer Reinigungskrise und verhieß baldi-
gen Aufschwung durch die soziale Marktwirtschaft.

Die Unionsparteien gingen am 14. August 1949 mit einem deutlichen
Vorsprung (424 109 Stimmen bzw. 31,0 Prozent) vor den Sozialdemokraten (29,12 Prozent) durchs Ziel. Den 139 Abgeordneten der CDU/CSU
standen 131 Mandate der SPD gegenüber, mit den 52 Abgeordneten der
FDP und den 17 Parlamentariern der Deutschen Partei war eine regierungsfähige bürgerliche Koalition möglich.

In den Reihen der Union gab es prominente Anhänger einer großen
Koalition. Eine Woche nach der Wahl, am 20. August 1949, verständigte
sich aber Adenauer mit dem bayerischen Ministerpräsidenten Hans
Ehard in Frankfurt darüber, dass nur eine kleine Koalition (ohne die
Sozialdemokraten) erstrebenswert sei. Der bayerische Staatssekretär
Anton Pfeiffer, Ludwig Erhard und Wilhelm Niklas, der Stellvertreter
Hans Schlange-Schöningens als Direktor für Ernährung und nachmali-
ger Bundesminister dieses Ressorts, waren bei dem Frankfurter Treffen
dabei. Teil der Verabredung zwischen Adenauer und der CSU-Spitze war
die Zusage, dass Ehard zum Präsidenten des Bundesrates gewählt würde.
Am nächsten Tag, dem 21. August 1949, wurde die Entscheidung im größeren Kreis in Adenauers Haus in Rhöndorf nachvollzogen. Bei diesem
berühmten Sonntagskaffee tat Adenauer seine Neigung und Befähigung
kund, das Amt des ersten Bundeskanzlers auszuüben; und es wurde beschlossen, den FDP-Kandidaten für die Position des Bundespräsidenten,
Theodor Heuss, zu unterstützen und die 17 Abgeordneten der DP – ungeachtet des Rechtsdralls der Partei – in die Koalition aufzunehmen[149].

Trotz dieser Absprachen, die dadurch erleichtert wurden, dass sich
unter den etwa 25 Unionspolitikern in Rhöndorf die Anhänger einer
großen Koalition sehr in der Minderheit befanden, war die erste Regierungsbildung der Bundesrepublik eine mühsame Prozedur. Das lag
zum Teil an der Koalitionsarithmetik, derzufolge Franz Blücher (FDP)
Vizekanzler und Minister für den Marshall-Plan wurde und der FDP

außerdem die Ressorts Justiz (Thomas Dehler) und Wohnungsbau (Eberhard Wildermuth) überlassen wurden. Die DP erhielt das Verkehrsministerium (Hans-Christoph Seebohm), angeboten war ihr außerdem (für Heinrich Hellwege) ein Ministerium ohne Geschäftsbereich, das auf dringenden Wunsch der DP aber mit der Bezeichnung »für Angelegenheiten des Bundesrates« zu einem »Fachressort« heraufgestuft wurde[150]. Die übrigen Ministerien waren von der CDU/CSU nach innerparteilichen Proporzgründen zu besetzen, wobei Konfession, landsmannschaftliche Herkunft und ähnliche Gesichtspunkte berücksichtigt werden mussten. Unumstritten war die Besetzung des Wirtschaftsministeriums mit Ludwig Erhard; aus der Frankfurter Bizonenadministration wurden ferner Anton Storch (Arbeit) und Hans Schuberth (Post) als Bundesminister übernommen. Hans Schlange-Schöningen hatte das ihm ohne Begeisterung angebotene Ernährungsressort in Bonn abgelehnt, nicht zuletzt wegen der Schwierigkeiten mit der CSU, die er in Frankfurt gehabt hatte; dafür wurde sein Stellvertreter Wilhelm Niklas Bundesminister. Gustav Heinemann, Oberbürgermeister von Essen und Präses der Synode der Evangelischen Kirche Deutschlands, wurde, damit ein prominenter Protestant aus den Reihen der CDU ins Kabinett kam, Innenminister. Aus vergleichbaren Proporzgründen bekam Hans Lukaschek das Amt des Vertriebenenministers, und Jakob Kaiser, Adenauers Berliner Gegenspieler, wurde Minister für Gesamtdeutsche Fragen. Um die Interessen und Ansprüche zu balancieren, mussten statt der acht vorgesehenen Ministerien schließlich dreizehn errichtet werden, und die CSU beanspruchte zu guter Letzt, mit Minister- und Staatssekretärsposten extra bedient zu werden, und zwar zum Ausgleich dafür, dass am 7. September gegen die Verabredung statt Hans Ehard der nordrhein-westfälische Ministerpräsident Karl Arnold, auch er ein innerparteilicher Opponent Adenauers, zum ersten Präsidenten des Bundesrates gekürt worden war. Außer dem Finanzministerium (Fritz Schäffer) und dem Ernährungsressort (Wilhelm Niklas) wurde deshalb auch das Postministerium, das zuerst gar nicht vorgesehen war, etabliert und mit Hans Schuberth besetzt.

Am 7. September 1949 konstituierte sich der Bundestag, am 12. September wählte die Bundesversammlung (bestehend aus den 402 Bundestagsabgeordneten und ebenso vielen Vertretern der Landtage) Theodor

Heuss im zweiten Wahlgang zum Bundespräsidenten. Drei Tage später, am 15. September, erkoren die 402 Bundestagsabgeordneten Konrad Adenauer mit 202 Ja-Stimmen gegen 142 Nein-Stimmen, bei 44 Enthaltungen und einer ungültigen Stimme, d. h. mit der denkbar knappen Mehrheit von einer Stimme, zum Bundeskanzler. Am 20. September stellte er dem Parlament sein Kabinett vor, und am folgenden Tag machte der Kanzler, begleitet von einigen Bundesministern, seinen Antrittsbesuch bei der Hohen Kommission auf dem Petersberg bei Bonn. Damit waren Bundesregierung und Bundesrepublik konstituiert, und damit trat an diesem Tag das Besatzungsstatut in Kraft.

Dieser Staat, der im Herbst 1949 ins Leben trat, stand weiterhin unter alliierter Kuratel. Seine Souveränität lag bei den drei Hohen Kommissaren, und das Besatzungsstatut war in den Jahren 1949 bis 1955 gegenüber dem Grundgesetz das wichtigere Verfassungsdokument. Im Zuge der Westintegration, die den Gründungsprozess der Bundesrepublik abschloss, gewann Bonn die Souveränitätsrechte jedoch schneller, als zu erwarten war. Den Anfang bildete das Petersberger Abkommen (1949), dann folgten der Beitritt zum Europarat (1950) und die Ablösung des Ruhrstatuts durch die Montanunion (1951). Das EVG-Vertragswerk von 1952, das die Wiederbewaffnung im Rahmen einer europäischen Armee und die Ablösung des Besatzungsstatuts vorsah, war dann, wenngleich nicht vollzogen, die letzte Etappe vor den Pariser Verträgen, mit denen die Alliierten die Bundesrepublik im Mai 1955 aus der Vormundschaft entließen.

8. SONDERWEGE DER SOWJETISCHEN BESATZUNGS-ZONE. DIE DEUTSCHE WIRTSCHAFTSKOMMISSION ALS PENDANT ZUR BIZONE

Die sowjetische Besatzungszone nahm frühzeitig eine ökonomische Entwicklung, die sich von den Westzonen unterschied. Das begann mit der Reparationspolitik der sowjetischen Besatzungsmacht, die unmittelbar nach Kriegsende mit Beutezügen und Demontagen einsetzte. Allein in Sachsen wurden bis Mitte 1948 etwa 1000 Betriebe demontiert und dabei 250 000 Maschinen abtransportiert. Bis März 1947 waren in der Ostzone 11 800 km Schienen abgebaut worden.[151] Das Eisenbahnsystem verlor fast überall das zweite Gleis. Auch die Entnahmen aus der laufenden Produktion waren ungleich höher als in den Westzonen. Lieferungen aus der Ostzone im Wert von 7 Mrd. US-Dollar während der ganzen Besatzungszeit standen lediglich 0,13 Mrd. aus den drei Westzonen gegenüber. Der Wert der Demontagen belief sich im Osten auf 2,6 Mrd. Dollar, im Westen auf 0,6 Milliarden.

Auch auf anderen Gebieten wurden in der SBZ die Weichen frühzeitig anders gestellt als im Westen. Die sowjetische Besatzungsmacht entwickelte auf ihrem Territorium neue soziale und politische Strukturen, um eine »neue Gesellschaft« zu formieren. Das hieß zunächst »antifaschistisch-demokratische Umwälzung« und zielte auf eine »Revolution der gesellschaftlichen und politischen Zustände«, ein Prozess, der schließlich als »Transformation« am Ende der Besatzungszeit in die Stalinisierung mündete.

Die Sowjetische Militäradministration war die treibende Kraft dieser Entwicklung, sie forcierte die Veränderungen und schrieb deren Ergebnisse fest. So wurde im öffentlichen Dienst schon 1945 das Berufsbeamtentum abgeschafft. In der Justizreform von 1946 wurden mehr als 85 % der Richter und Staatsanwälte im Zuge der Entnazifizierung entlassen und durch im Schnellverfahren ausgebildete »Volksrichter« unter ideologischer Dominanz der KPD ersetzt.[152] Gleichzeitig wurde der gesamte Justizapparat zentralisiert. Der KPD (ab Frühjahr 1946 der SED) wurde auch beherrschender Einfluss in den im Juli 1945 von der sowjetischen Militärregierung gebildeten deutschen Zentralverwaltungen (für Volksbildung, Finanzen, Arbeit und Sozialfürsorge sowie für Landwirtschaft) zugestanden. Damit waren frühzeitig Bastionen besetzt, die beim Umbau von Wirtschaft und Gesellschaft entscheidend waren.[153]

Zu den wenigen Punkten, in denen die Alliierten nach zwei Jahren Besatzungsherrschaft noch einig waren, gehörte die Notwendigkeit einer Bodenreform in allen vier Zonen. Die Überzeugung, dass das Junkertum, gestützt auf agrarischen Großgrundbesitz, eine verhängnisvolle politische Rolle in Deutschland gespielt hatte, war auch 1947 noch gültiger Bestandteil eines Erklärungsmodells für den deutschen Faschismus. In der Ostzone bildete Großgrundbesitz ein erheblich größeres Problem als im Westen. Entsprechende Priorität hatten dort daher Reformen. Strittig war, ob die Latifundien mit der Enteignung auch zerschlagen werden sollten. Die SMAD war im Herbst 1945 gegen KPD und SPD, die für die kollektive Bewirtschaftung plädierten, für die Aufgliederung unter der Parole »Junkerland in Bauernhand«. Die im September 1945 in der Ostzone beginnende Bodenreform war, als entschädigungslose Enteignung, wahrhaft revolutionär. Privater Besitz über 100 Hektar wurde enteignet, das traf die traditionellen politischen und gesellschaftlichen Eliten nachhaltig. 35 % der landwirtschaftlichen Nutzfläche der Ostzone wurden in den im Herbst 1945 gebildeten Bodenfonds eingebracht. Das waren 3,3 Millionen Hektar, von denen 2,2 Millionen an rund 560 000 Bewerber, Landarbeiter und Kleinbauern sowie an Umsiedler, d. h. Heimatvertriebene und Flüchtlinge aus den ehemaligen Ostgebieten, verteilt wurden.[154]

Auch in den Westzonen wurde um die Bodenreform gestritten, und einige Umverteilungen erfolgten, sie hatten jedoch im Vergleich zur SBZ wenig Bedeutung. Die Bodenreform fand in der Ostzone grundsätzlich den Beifall aller Parteien, allerdings wollte die Ost-CDU keine Enteignung ohne Entschädigung. Darüber kam es zur Parteikrise, in der die Vorsitzenden Andreas Hermes und Walther Schreiber von der SMAD im Dezember 1945 abgesetzt wurden. Ohne die Reformen als kommunistisch oder sozialistisch zu bezeichnen – offen deklarierter »sozialistischer Aufbau« erschien auch der KPD und der SMAD noch nicht möglich und deshalb nicht wünschenswert –, wurde die grundsätzliche Notwendigkeit einer Planwirtschaft festgestellt, um damit die künftige Staatswirtschaft vorzubereiten.

Die Enteignung der Großindustrie in der Sowjetzone wurde am 30. Oktober 1945 von der SMAD mit Befehl Nr. 124 verfügt.[155] Formal war auch das Eigentum des Deutschen Reiches, der NSDAP, ihrer Gliederungen usw. beschlagnahmt, auf den Listen stand außerdem aber ausdrücklich auch Eigentum, das nicht unter diese Definition fiel. Diese Vermögenswerte wurden am 21. Mai 1946 durch SMAD-Befehl den Landesverwaltungen übergeben, tatsächlich wurde damit in vielen Fällen nur noch von oben legitimiert, was auf Landesebene schon betrieben wurde. So war in Sachsen bereits am 4. April 1946 eine Verordnung über ein Volksbegehren verabschiedet worden, mit dem Ziel, durch Volksentscheid die »Enteignung der Nazi-Aktivisten und Kriegsverbrecher« durchzuführen. Am 30. Juni 1946 stimmten 77,6 % der Teilnehmer des Referendums der Enteignung zu. Dem sächsischen Vorbild folgten alle anderen Landes- bzw. Provinzverwaltungen der Ostzone und erließen bis Mitte August gleichlautende Gesetze.[156]

Eine Sonderform der Enteignung bildeten ab Juni 1946 die Sowjetischen Aktiengesellschaften (SAG). Großbetriebe wurden von der Demontage ausgenommen und in sowjetisches Eigentum überführt. Sie produzierten am alten Standort Reparationsleistungen. Im Laufe des Jahres 1947 entstanden 35 SAG, die in 200 Betrieben mit 200 000 Beschäftigten 20 % der Industrieproduktion der SBZ erzeugten. Mit Ausnahme einiger Betriebe der Schwerchemie (Leuna und Buna), die bis 1953 in sowjetischem Eigentum blieben, und der Wismut AG, die bis zum Ende der DDR im gemeinsamen deutsch-sowjetischen Eigentum stand, waren die SAG ab 1947 in Etappen bis 1952 von deutscher Seite zurückgekauft worden.[157]

Die Neuordnung der Eigentumsverhältnisse durch den Befehl der SMAD erfolgte durch Sequester-Kommissionen, die von den Landesverwaltungen im Einvernehmen mit der SMAD im Dezember 1945 und Januar 1946 gebildet wurden. Am 17. April 1948 erklärte die SMAD, um Revisionen und Einsprüchen zu begegnen, die Sequestrierung für abge-

schlossen und die transferierten Vermögenswerte zu »Volkseigentum«.
Mit der zeitgleich erfolgten Verstaatlichung der Bank- und Kreditinsti-
tute, des Versicherungswesens und der wichtigsten Verkehrsbetriebe
waren die Unternehmen Volkseigene Betriebe (VEB) geworden.
9281 gewerbliche Unternehmen, darunter 3843 Industriebetriebe[158],
waren 1948 in »Volkseigentum« überführt worden. Auch die zurückge-
kauften Sowjetischen Aktiengesellschaften wurden Volkseigentum. 1949
erwirtschafteten die Volkseigenen Betriebe 46,6 % des Bruttosozialpro-
duktes der SBZ, die Sowjetischen Aktiengesellschaften 21,9 %, Privat-
betriebe 31,5 %. Die neuen Eigentumsverhältnisse bildeten die Voraussetzung einer gelenkten Planwirtschaft.

Die Industriereform, in der Sowjetzone eingeleitet im Oktober 1945,
war ein weiterer Schritt in diese Richtung, bei der das Eigentum von
Staat, Wehrmacht, NSDAP und »Kriegsverbrechern« beschlagnahmt
wurde. In Sachsen wurde am 30. Juni 1946 ein Volksbegehren »zur Enteignung der Kriegsverbrecher und Nazis« angesetzt, bei dem sich 77,6 %
der befragten Bevölkerung für die Enteignung aussprachen und damit
den Weg zur Verstaatlichung der Schwer- und Schlüsselindustrie frei
machten.[159] Das sächsische Modell machte Schule in der ganzen übrigen
Sowjetzone – ohne Plebiszit. Schon zu Beginn der Besatzung wurden
mit diesen Maßnahmen in der sowjetischen Zone entscheidende Veränderungen eingeleitet, durch die sich die Ostzone zunehmend von den
Westzonen unterschied.

Die in Potsdam beschlossenen deutschen Zentralverwaltungen, geleitet
von Staatssekretären, überwacht vom Alliierten Kontrollrat, die als Vorstufe deutscher Staatlichkeit nach dem erfolgreichen Abschluss des De-
mokratisierungsprogramms errichtet werden sollten, hatten unter den
Bedingungen des Kalten Krieges nie eine Chance, realisiert zu werden.
Stalin und Molotow hatten am 30. Juli 1945 in Potsdam zwar vorgeschlagen, deutsche Staatssekretariate unter der Hoheit des Kontrollrates zu
errichten, wegen des Prinzips der Autonomie der einzelnen Zonen, des
Vetorechts im Kontrollrat und der Alleingänge der SMAD in der Ostzone war der Vorschlag aber nicht praktikabel. Die strikte Weigerung
der Franzosen, an Beratungen über die im Potsdamer Protokoll vage
angedeuteten deutschen Instanzen auf den Gebieten des Finanz-, Trans-

port- und Verkehrswesens, des Außenhandels und der Industrie mitzuwirken, legte das Projekt vierzonaler deutscher Verwaltungsgremien
auf Eis.

Schon am 27. Juli 1945 hatte die Sowjetische Militäradministration
»zwecks Entwicklung der Wirtschaft und Wiederherstellung des Ver-
kehrs- und Nachrichtenwesens, der Gesundheitsfürsorge und Volks-
erziehung in der sowjetischen Besatzungszone« die Bildung von Zentralverwaltungen im sowjetischen Herrschaftsgebiet befohlen. Noch vor
der Potsdamer Konferenz begannen die Vorbereitungen zur Errichtung
von zunächst elf Zentralverwaltungen. Die Westmächte und die deutsche Öffentlichkeit erfuhren erst am 12. September durch die ›Tägliche
Rundschau‹, das Organ der SMAD, dass nunmehr Fachressorts für die
Gebiete Transport, Post und Telegraphie, Brenn-, Heizmaterial und
Energie, Handel und Versorgung, Industrie, Landwirtschaft, Finanzen,
Arbeit und Sozialfürsorge, Volksbildung, Justiz und Gesundheitswesen
existierten. Die Verwaltungen standen unter Weisung und Kontrolle der
SMAD. In rascher Folge kamen fünf weitere Behörden mit zentraler
Funktion für die SBZ hinzu: Umsiedler (wie die Sprachregelung für Hei-
matvertriebene lautete) am 14. September 1945, ein statistisches Zentralamt (19.10.1945), die Zentrale Kommission für Sequestrierung und
Beschlagnahme (28.3.1946), die »Deutsche Verwaltung des Innern«
(30.7.1946) und die Zentralverwaltung für Interzonen- und Außenhandel (4.6.1947). Acht der 16 Verwaltungen hatten ihren Dienstsitz in
dem für das Reichsluftfahrtministerium Hermann Görings erbauten
Gebäude Ecke Leipziger/Wilhelmstraße in Berlin. Die wichtigen Funktionen waren mit KPD bzw. SED-Funktionären besetzt, nach außen
erschien die Parität der Blockparteien gewahrt. Von den 4500 Mitarbeitern, die Mitte 1947 gezählt wurden, gehörten 32,5 % der SED an,
Ende 1947 war die Belegschaft auf 6200 Beschäftigte gewachsen, von
denen schon 44,4 % das Parteibuch der SED hatten.

Die Verwaltungen hatten über die fachliche Notwendigkeit hinaus
eine wichtige Funktion in der Begrenzung der Kompetenzen der Länder.
Im Herbst 1946, nach den Landtagswahlen, verstärkten SMAD und SED
ihre Anstrengungen in der Richtung, die unter dem Namen »demokratischer Zentralismus« Prinzip des späteren Staatsaufbaues wurde. Seit 1946
wurde im sowjetischen Besatzungsgebiet über die Notwendigkeit einer

zentralen deutschen Instanz diskutiert, die Lenkungs- und Koordinierungsaufgaben auf Zonenebene wahrnehmen sollte. Die Sowjetische Militäradministration zögerte zunächst, förderte dann aber als politische Reaktion auf die Errichtung der Bizone und unter dem Eindruck des Katastrophenwinters 1946/47 das Streben der SED nach Zusammenfassung administrativer Funktionen in einer Zentralbehörde. Die SED erhoffte sich davon, den Einfluss der bürgerlichen Parteien weiter zu schwächen, die Landesregierungen zu marginalisieren und den eigenen Einfluss zu stärken.[160]

Am 10. Februar 1947 schlossen die Länder Sachsen-Anhalt, Brandenburg und Mecklenburg mit den drei Zentralverwaltungen für Brennstoff und Energie, Industrie sowie Handel und Versorgung ein Abkommen, das den Zentralverwaltungen die Koordinierung und Kontrolle auf Länderebene zugestand und sie zu Planabstimmungen mit der SMAD ermächtigte. Im April 1947 folgten Sachsen und Thüringen. Damit war der Grundstein einer zentralisierten deutschen Verwaltung in der sowjetischen Besatzungszone gelegt. Sie entstand mit der Errichtung der Deutschen Wirtschaftskommission (DWK) durch SMAD-Befehl Nr. 138 am 11. Juni 1947. Wie ein halbes Jahr zuvor bei der administrativen Fusion der britischen und amerikanischen Zone wurde auch in der SBZ verschleiert, dass es sich bei der Instanz DWK um politische Strukturen handelte, um den Nukleus einer Staatsregierung. Wie die Bizonenverwaltung war auch die DWK in ihrer ersten Phase wenig erfolgreich. Das ungeklärte Verhältnis zur SMAD, die ökonomische Krise und Kommunikationsprobleme sorgten dafür, dass die DWK keine effektive Lenkungsfunktion wahrnehmen konnte.[161]

Als Reaktion auf die zweite Reform der Bizone durch die Amerikaner und Briten nach der gescheiterten Londoner Außenministerkonferenz im Dezember 1947 organisierte die SMAD die Deutsche Wirtschaftskommission neu. Durch Befehl vom 12. Februar 1948 erhielt die DWK das Weisungsrecht gegenüber allen deutschen Instanzen, hatte nun ein ständiges Büro und mit der Konstituierung am 9. März 1948 einen Vorsitzenden, den brandenburgischen Wirtschaftsminister Heinrich Rau (SED). Die bisher unabhängigen Zentralverwaltungen wurden mit Ausnahme der Ressorts Inneres, Justiz und Volksbildung, die selbstständig blieben, als 17 Hauptabteilungen der DWK unterstellt. Mit der DWK gab es in der Ostzone nun einen zentralen Apparat, der fest unter Kontrolle der SED stand und zügig ausgebaut wurde. Mit 10 000 Mitarbeitern Anfang 1949 existierte eine in der politischen Qualität der Bizonen-Administration in Frankfurt am Main vergleichbare zentrale Instanz, mit der der Weg zur Staatlichkeit auch in der sowjetischen Besatzungszone beschritten war.

Durch Befehl Nr. 32 der SMAD wurde am 12. Februar 1948 die Deutsche Wirtschaftskommission zum »wirtschaftsleitenden Organ« in der sowjetischen Besatzungszone deklariert. Die Quasi-Regierungsinstanz erhielt damit eine wichtige Funktion in der Wirtschaftsplanung. Der »Zweijahresplan zur Wiederherstellung und Entwicklung der Friedenswirtschaft in der Ostzone«, den der Parteivorstand der SED im Sommer 1948 beschloss, sah die Deutsche Wirtschaftskommission als Instrument der künftigen Planwirtschaft. Das war die reziproke Weichenstellung zur »Sozialen Marktwirtschaft« in der amerikanischen und britischen Zone, die dort nach der Währungsreform eingeleitet wurde. Die DWK wurde in der DDR-Historiographie außerdem als »entscheidender Schritt auf dem Wege zur Bildung eines zentralen Staatsorgans« verstanden.

9. DIE VOLKSKONGRESSBEWEGUNG DER SED

Ab Ende September 1946 beschäftigte sich ein Ausschuss der SED mit der Ausarbeitung eines Verfassungsentwurfs für eine »Deutsche Demokratische Republik«. Damit war aber nicht die Entwicklung der sowjetischen Besatzungszone zu einem östlichen Separatstaat gemeint, der Entwurf war als Konstitution eines gesamtdeutschen Staatswesens auf dem Territorium aller vier Zonen gedacht. Die Diskussion über die verfassungsrechtliche Gestalt eines demokratischen deutschen Staates nach Hitler hatte lange vor dem Zusammenbruch des NS-Regimes in Widerstandskreisen und im Exil begonnen. Alle politischen Gruppierungen und viele Einzelpersonen, die Gegner des Nationalsozialismus waren, beteiligten sich daran. Das kommunistische Nationalkomitee »Freies Deutschland« hatte in seinem Manifest an die Wehrmacht und an das deutsche Volk im Juli 1943 eine starke demokratische Staatsmacht als Nukleus eines politischen Programms gefordert. Das Manifest, von Soldaten und Offizieren der Wehrmacht im Lager Krasnogorsk und politischen Emigranten wie Walter Ulbricht und Wilhelm Pieck unterschrieben, gehört zu der riesigen Zahl von Demokratiekonzepten und Verfassungsentwürfen, die in jenen Jahren entstanden.[162] Das Dokument der SED vom Herbst 1946 war ein weiteres; der Parteivorstand hatte es am 14. November verabschiedet und zwei Tage später veröffentlicht. Die Präambel machte deutlich, dass es (wie in allen Verfassungsentwürfen der Zeit) um ganz Deutschland ging: »In der Gewissheit, dass nur durch eine demokratische Volksrepublik die Einheit der Nation, der soziale Fortschritt, die Sicherung des Friedens und die Freundschaft mit den anderen Völkern gewährleistet ist, hat sich das deutsche Volk diese Verfassung gegeben.«[163]

Bemerkenswert am Verfassungsentwurf der SED war der konsequente Parlamentarismus. Das Parlament war als das höchste Staatsorgan der Republik definiert, und der Parlamentspräsident sollte auch die Funktionen des Staatsoberhauptes ausüben. Der Entwurf garantierte die Grundrechte wie Meinungsfreiheit, Freizügigkeit, das Recht auf Arbeit sowie nicht nur die Gleichberechtigung von Mann und Frau, sondern auch ausdrücklich gleiche Entlohnung. Festgeschrieben wurde, dass außereheliche Geburt nicht dem Kinde zum Nachteil gereichen dürfe. Im Artikel 31 hieß es: »Die Jugend hat das Recht auf Freude und Frohsinn. Ihr werden die Kulturstätten und Kulturgüter zugänglich gemacht.« Modern war die Absage an das Berufsbeamtentum in Artikel 4: »Alle Bürger, ohne Unterschied, werden entsprechend ihrer Befähigung zum öffentlichen Dienst zugelassen.« Das entsprach den Postulaten der Bizone, gegen die deutsche Politiker so energisch Widerstand leisteten. Dass Monopolansprüche von Kartellen, Syndikaten, Trusts unstatthaft sein sollten, war nicht nur in der Ostzone populär, und über die Notwendigkeit der Wirtschaftslenkung durch den Staat sowie die Sozialisierung von Bodenschätzen wurde auch in den Westzonen diskutiert. Der SED-Verfassungsentwurf von 1946 war keineswegs ein Baustein zur Spaltung Deutschlands, umso weniger, als das deutsche Parlament durch allgemeine, gleiche, unmittelbare und geheime Wahl aller Bürger ab dem 18. Lebensjahr zustande kommen sollte.

Die Beschwörung der Einheit der Nation gehörte zum Anspruch und zur Strategie der SED. Die gesamtdeutschen Appelle waren aber mehr als nur Begleitmusik und Ablenkungsmanöver einer Oststaats-Gründung. Allerdings befand sich die Besatzungsmacht Sowjetunion nach der Ablehnung des Marshall-Plans in der Defensive. Die amerikanische Politik des Containment, die von einer imperialen Aggression Moskaus ausging und die Sicherheitsinteressen und die Bedürfnisse des Wiederaufbaus den Bedrohungsszenarien des Kalten Kriegs nachordnete, entsprach den Wünschen und Hoffnungen der Europäer und insbesondere der Deutschen in den drei Westzonen in hohem Maße. Der Reichtum und die Generosität der Amerikaner verführten zur Identifikation, während das Erscheinungsbild der östlichen Besatzungsmacht alle Aversionen bestätigte: Eroberer auf Panjewagen nahm man weniger ernst, fürchtete sie aber mehr als die technisch Staunen erregend ausgerüsteten

Amerikaner. Auch das Verwaltungshandeln »der Russen« erschien den davon Betroffenen oft nur Willkür, Rohheit und brutaler Übergriff – das entsprach den schlimmen Erwartungen der bürgerlichen Welt, die zudem noch unter dem Eindruck nationalsozialistischer Propaganda stand, die den »Bolschewismus« als größtes Übel der Menschheit verdammt hatte. Dass Stalin nur mit Hilfe nachdrücklicher Agitation die Figur des väterlichen Befreiers abgab, war nicht verwunderlich, und die Gleichsetzung der Diktatoren Hitler und Stalin ergab sich für viele aus den Methoden der Politik der Sowjetunion gegenüber Deutschland.

Die Demokratiekonzepte der Westmächte, d. h. vor allem ihrer Vormacht USA, versprachen auch raschen materiellen Gewinn, während die revolutionären Veränderungen im Gesellschafts- und Wirtschaftsgefüge der SBZ und die politische Praxis in der Ostzone viele düstere Ahnungen zu bestätigen schienen. Was in den Westzonen schon weitgehend akzeptiert war, stillschweigend und ohne öffentlichen Diskurs, die Teilung Deutschlands entlang der Demarkationslinie zwischen dem Besatzungsgebiet der Sowjetunion und dem der drei Westmächte, galt Ende 1947 in der Ostzone so nicht. Gemeinsam waren allerdings die Hoffnungen, die Deutsche in Ost und West noch auf die Londoner Konferenz der Außenminister im November und Dezember 1947 setzten. Angesichts der Ausgangslage und der Ergebnisse der vier vorangegangenen Konferenzen waren die Erwartungen auf eine Einigung in der deutschen Frage, d. h. auf einen Friedensvertrag und die Bildung einer deutschen (in ihren Möglichkeiten gewiss beschränkten) zentralen Regierung, jedoch eher illusionär. Aber auch eine negative Entscheidung, die dem bisherigen Zustand ein Ende machen und klare Optionen durch Bestätigung des Feindbildes Kommunismus zur Westorientierung ermöglichen würde, wurde von vielen als Fortschritt gegenüber der Stagnation der alliierten Deutschlandpolitik gesehen.

Nach der Truman-Doktrin und der Ankündigung des Marshall-Plans stand der Kalte Krieg Ende 1947 im Zenit. Die Alliierten waren weiter auseinander als zweieinhalb Jahre zuvor in Potsdam. Hauptziel Washingtons war jetzt die Eindämmung des sowjetischen Einflusses in Europa, London folgte diesem Konzept und Paris hatte in bilateralen Gesprächen den USA signalisiert, nicht auf der Erörterung des Problems einer Internationalen Ruhrkontrolle zu bestehen und sich an der Entwicklung der drei Westzonen zu einem Weststaat zu beteiligen. Die Londoner Konferenz verlief entsprechend, bekannte Postulate wurden wortwörtlich wiederholt wie das sowjetische Verlangen nach der Zehnmilliarden-Dollar-Reparationszahlung, womit der Tagesordnungspunkt Wirtschaftseinheit blockiert war. Die Konferenz war ein Schlagabtausch, bei dem Molotow den Amerikanern und Engländern vorwarf, sie wollten Deutschland mit Hilfe des Marshall-Plans wirtschaftlich versklaven und politisch spalten; die Außenminister Amerikas und Großbritanniens machten dagegen auf die Vorläufigkeit der Grenzen im Osten Deutschlands, insbesondere auf die in Potsdam als »vorläufig« deklarierte polnische Verwaltung der deutschen Ostgebiete, aufmerksam. Die Sitzungen erschöpften sich in Schuldzuweisungen. Molotow erklärte, da die Westmächte bereits einig seien, einen deutschen Weststaat zu errichten, hätten sie auch gar keine Neigung mehr zu Verhandlungen. Die Westmächte suchten tatsächlich nach Gründen für den Abbruch der Konferenz und fanden sie in der intransigenten Haltung Moskaus. Am Ende der ergebnislos abgebrochenen Konferenz war man gründlich zerstritten und nur darüber einer Meinung, dass die Fortsetzung des Außenminister-Treffens vorläufig zwecklos sei. Die Demonstration, dass die Alliierten die »deutsche Frage« nicht lösen konnten, war gelungen.[164]

Die Parole »Einheit der Nation« sollte die politische Trumpfkarte der SED gegen die 1947 deutlich erkennbaren Tendenzen zur Weststaatsgründung sein. Dazu rief die SED im Vorfeld der Londoner Konferenz, die am 25. November 1947 begann, in einem »Manifest an das deutsche Volk« alle »deutschen demokratischen Parteien, Gewerkschaften und anderen Massenorganisationen« auf, sich als Stimme des Volkes zu artikulieren, um die deutschlandpolitischen Forderungen des zweiten Parteitages der SED zur Geltung zu bringen. Die von der SMAD unterstützte Absicht war es, in London durch eine einmütige deutsche Volksbewegung die Position Molotows gegenüber den Westmächten zu stärken. Die Forderung nach der Einheit der Nation als Anliegen aller Deutschen, lautstark vorgetragen von einer Massenbewegung, sollte die SED als wichtigste politische Kraft in Deutschland legitimieren und die deutschlandpolitische Stagnation überwinden.[165] Zur Strategie gehörte die Einbeziehung der bürgerlichen Parteien. Die Liberaldemokratische Partei Deutschlands schloss sich trotz großer Bedenken insbesondere in den Landesverbänden Berlin und Brandenburg der SED-Initiative an. In der CDU der sowjetischen Besatzungszone war die Beteiligung umstritten. Jakob Kaiser und Ernst Lemmer im Hauptvorstand der Partei waren entschieden dagegen. Einige Orts-, Kreis- und Bezirksverbände erlagen dagegen dem Druck der Besatzungsmacht und schlossen sich der Bewegung an. Die beiden CDU-Vorsitzenden gerieten in eine schwierige Situation: Jakob Kaiser beharrte in einer Unterredung mit Oberst Tulpanow, dem Chef der Politischen Abteilung der SMAD, am 19. November 1947 auf seiner Ablehnung der Methode der »volksdemokratischen Initiativen«, d. h. der Mobilisierung der Massen ohne Legitimation durch Abstimmung. Die Reaktion der sowjetischen Militärregierung bestand in der Ablösung Jakob Kaisers und Ernst Lemmers. Im Dezember wurden die beiden Vorsitzenden der Ost-CDU entmachtet.[166] Ein Koordinierungsausschuss unter dem willfährigen Otto Nuschke übernahm ihre Funktionen. Gegen Kaiser erfolgten im Januar 1948 auch ein Redeverbot und der Entzug der Erlaubnis, durch die SBZ zu reisen. Der wichtigste Gegner war damit mundtot und bewegungsunfähig geworden.

In den Westzonen hatte der Appell der SED wenig Wirkung. Die SPD hatte sich schon im Mai 1947 gegen jede Form der Zusammenarbeit und gemeinsame Gremien mit der SED ausgesprochen und untersagte ihren Mitgliedern die Teilnahme an der Kampagne. Am 26. November 1947, unmittelbar nach Beginn der Londoner Konferenz, beschloss der SED-Parteivorstand, der Entschließung des zweiten Parteitags im September folgend, einen »Deutschen Volkskongress für Einheit und gerechten Frieden« in Berlin abzuhalten. Eingeladen waren, im Sinne des Manifests vom 14. November, Parteien und Massenorganisationen, Betriebsräte und Belegschaftsdelegationen, Bauernverbände, Künstler, Gelehrte aus allen vier Zonen. Ziel des »volksdemokratisch« inszenierten Parlaments, das den unmittelbaren Willen des deutschen Volkes suggerieren sollte, war eine Delegation zur Londoner Konferenz, die den Alliierten den Wunsch der Deutschen nach Einheit und Frieden eindringlich vor Augen führen und der sowjetischen Politik Zustimmung demonstrieren sollte.[167]

Der Erste Deutsche Volkskongress, hastig vorbereitet und in zehn Tagen eilig improvisiert, trat am 6. Dezember 1947 in der Berliner Staatsoper zusammen. Die Versammlung verstand sich, wie hundert

Jahre zuvor die Zusammenkunft in der Frankfurter Paulskirche, als
Vorparlament einer gesamtdeutschen Staatsgründung. Über 2000 Delegierte, davon die meisten (79 %) aus der SBZ, waren gekommen. Die SED
stellte mit 605 Personen die meisten Teilnehmer, die LDPD war mit 248,
die CDU mit 215, die SPD mit 27 Delegierten vertreten, dazu kamen
225 Parteilose. Das Auswahlverfahren war unklar. Wer hatte die 27 Sozialdemokraten aus der SBZ legitimiert, die, obwohl es die SPD in der Ostzone (außer im Ostsektor Berlins) doch nicht mehr gab, in den Listen
erschienen? Aus den Westzonen waren 244 Vertreter der KPD angereist,
gezählt wurden außerdem 64 Sozialdemokraten, vier Christdemokraten,
vier Liberale und 148 Parteilose. Der Kongress bestimmte eine Delegation, die in London die Wünsche des deutschen Volkes zu Gehör bringen
sollte. Molotow hatte einen entsprechenden Antrag am 15. Dezember
gestellt, aber die Delegation, geführt von Wilhelm Pieck, Otto Grotewohl (SED) und Wilhelm Külz (LDPD), erhielt keine Visa, und der Abbruch der Londoner Konferenz am gleichen Tag machte das Vorhaben
obsolet.[168]

Die propagandistische Wirkung der Volkskongressbewegung hielt
aber an. Die SED wollte sich als treibende Kraft zugunsten der deutschen
Einheit profilieren und der westlichen Seite die Schuld an der sich längst
abzeichnenden Spaltung zuweisen. Dem Volkskongress war die Rolle
eines gesamtdeutschen Parlaments zugedacht. Aber die deutlich erkennbare Steuerung durch die SED diskreditierte das Unterfangen im Westen
gründlich und beschränkte seine Wirksamkeit auf die sowjetische Besatzungszone. Dort wurde die Volkskongressbewegung über den de-
klamatorischen Charakter ihres Beginns hinaus zum Instrument der
Staatsgründung, in Reaktion auf die Entwicklung in den Westzonen.[169]

Der Zweite Deutsche Volkskongress, der am 17. und 18. März 1948
tagte, dessen Eröffnung im Zeichen des 100. Jahrestags der Märzrevo-
lution von 1848 stand, protestierte gegen die Diskussion einer Staatsgründung in den Westzonen und beschloss, im Mai/Juni 1948 ein Volksbegehren für die deutsche Einheit in allen vier Zonen durchzuführen.
Die Unterschriftensammlung war in der amerikanischen und der französischen Zone aber nicht erlaubt, nur in der britischen Zone duldete
man das Unterfangen, das den Bürgern die Frage vorgab, »ob das deutsche Volk die Durchführung einer Volksabstimmung über die Einheit

Deutschlands verlangt«.[170] Nach offiziellen Angaben votierten 12 Millionen in der SBZ und rund eine Million Bürger im Westen für die Volksabstimmung.

Der Volkskongress bestellte einen 400 Mitglieder starken »Deutschen Volksrat«. Dieser vertrat den Anspruch, ganz Deutschland zu repräsentieren (300 Delegierte kamen aus der SBZ, 100 Delegierte aus den Westzonen). Sein wichtigster Ausschuss unter der Leitung Otto Grotewohls erarbeitete in den folgenden Monaten einen Verfassungsentwurf. Der im November 1946 von der SED vorgelegte Entwurf einer (gesamtdeutschen) »Verfassung für die Deutsche Demokratische Republik« diente als Ausgangspunkt. Dieser Verfassungstext gewährleistete außer den Grundrechten das Privateigentum, sah jedoch die Enteignung von Großgrundbesitz vor, ferner die Sozialisierung von Bodenschätzen und bestimmten Betrieben. Der neue Verfassungsentwurf der SED von 1948 orientierte sich formal am Modell der Weimarer Reichsverfassung, trug aber den von der SED propagierten gesellschaftspolitischen Zielen Rechnung. Der Verfassungsentwurf des Volksrates wurde Ende Oktober 1948 veröffentlicht.[171]

Die Agitation der SED blieb auch nach der Londoner Außenministerkonferenz auf die Einheit der Deutschen Nation fokussiert. Es gibt allerdings auch Quellen östlicher Provenienz, in denen bereits 1946 die *De-facto*-Teilung Deutschlands in eine kapitalistische und eine sowjetische Interessensphäre konstatiert und ein »Arbeiter- und Bauernstaat« auf dem Territorium der SBZ nicht nur als Reaktion auf ein westliches *Fait accompli* prognostiziert wird. In seinen Erinnerungen berichtet der sowjetische Propagandaoffizier Boris A. Kagan über ein Gespräch mit Wilhelm Pieck Anfang September 1946, ein halbes Jahr nach der Fusion von SPD und KPD zur SED. Pieck sagte, er halte die Teilung Deutschlands für unvermeidbar, praktisch sei das Land schon jetzt in zwei Teile gespalten, die Westmächte fühlten, dass der östliche Teil Deutschlands für die Welt des Kapitalismus verloren sei.[172]

Stalin hatte indes größeres Interesse an einem ungeteilten Deutschland, auf dessen Ressourcen – nicht zuletzt das Ruhrgebiet – die Sowjetunion Einfluss haben und dessen Politik sie mit kontrollieren würde, als an der Errichtung eines Moskauer Satellitenstaates auf nur einem Teil des deutschen Territoriums. Deshalb pochte Stalin auf den Wortlaut der

Potsdamer Beschlüsse, deshalb hatte die Sowjetunion so brutal gegen die Weststaatsgründung mit der Blockade Berlins demonstriert und deshalb intervenierte Moskau 1952 noch einmal mit dem Angebot eines vereinigten neutralen Deutschlands.[173] Dieser Sicht steht die These entgegen, nach der Stalin im Gegensatz zur Führung der SED die deutsche Frage möglichst lange offen halten wollte und deshalb zögerte, der Bildung eines sozialistischen Staates auf deutschem Boden zuzustimmen, während ihn die SED dazu drängte.[174]

Der unermüdlich vorgetragene Anspruch der SED, die Einheit der Nation bewahren zu wollen, auch und gerade nach der als Reaktion auf den Westen eher improvisierten Gründung der Deutschen Demokratischen Republik, spricht ebenso wie die sowjetische Politik gegen eine lange verfolgte Strategie zur Errichtung eines sozialistischen Oststaates.

10. DIE PROKLAMATION DER DEUTSCHEN DEMOKRATISCHEN REPUBLIK

In zwangsläufiger, vom Gegensatz der beiden Großmächte diktierter Parallelität war auch in der sowjetischen Besatzungszone seit Frühjahr 1948 der Gründungsprozess des Oststaates im Gange. Im März 1949, als der »Deutsche Volksrat«, das vom 2. Volkskongress eingesetzte Vorparlament der DDR, wegen der bevorstehenden Verabschiedung des Bonner Grundgesetzes den »nationalen Notstand« verkündete, sollte ein dritter Volkskongress einberufen werden, um die Verfassung der Deutschen Demokratischen Republik zu bestätigen. Dieser Dritte Deutsche Volkskongress sollte durch Wahlen autorisiert sein. Dazu wurden am 15. und 16. Mai 1949 in der Sowjetzone und in Ostberlin Wahlen angesetzt, allerdings nach dem Prinzip der Einheitsliste des »Demokratischen Blocks«, in dem Parteien und Massenorganisationen zusammengeschlossen waren. 25 % der Listenplätze bekam die SED, jeweils 15 % erhielten CDU und LDPD und entsprechend weniger die anderen Parteien und Massenorganisationen. Die Wahl war mit einer Volksabstimmung über die deutsche Einheit verbunden. Wenn die Auszählung der Stimmen korrekt war (woran viele zweifelten), dann stimmten 66,1 % der 13,5 Millionen Wahlberechtigten für die Einheitsliste.

Die Details der Staatsgründung wurden in Moskau vorbereitet. Am 16. September 1949 folgte die SED-Spitze der Einladung der KPdSU-Führung zur Lagebesprechung nach der Bildung der Bundesrepublik. Wilhelm Pieck, Otto Grotewohl und Walter Ulbricht (begleitet von Fred Oelßner als Dolmetscher) berichteten den nach Stalin sechs wichtigsten Repräsentanten der Sowjetunion, den Mitgliedern des Polit-Büros Malenkow, Berija, Bulganin, Molotow, Mikojan und Kaganowitsch den Stand der Dinge. Pieck bat um den Rat des Genossen Stalin, wie bei der Bildung von Staat und Regierung vorzugehen sei. Die Regierung in Bonn sei nur ein Werkzeug der Westmächte, zur Legitimierung der nunmehr unumgänglichen Staatsgründung auf dem Territorium der sowjetischen Zone müsse man sich darauf berufen, dass sie auf dem Potsdamer Abkommen beruhe, die Einheit Deutschlands und einen Friedensvertrag zum Ziel habe. Man müsse die Karte der nationalen Selbstständigkeit gegen die Unterdrückung und Kolonisierung durch die Westmächte ausspielen. Aus der Kampagne zur Entlarvung der Bonner Regierung als Werkzeug der westlichen Besatzungsmächte müsse aus dem Volk der Ruf nach einer deutschen Regierung hervorgehen.[175]

So lautete das Konzept der SED, das in Moskau gleichzeitig mit der Bitte um Unterstützung durch Rohstoffe, Entlassung der Kriegsgefangenen und Auflösung der Speziallager auf dem Boden der Sowjetzone vorgetragen wurde. Eine Entscheidung Stalins war notwendig. Zu diesem Zweck fasste die SED-Delegation ihre Vorstellungen schriftlich zusammen. Das geschah am 19. September 1949 in einem Brief an Stalin.[176]

Die Eingabe wurde im Kreml offenbar intensiv beraten, am 27. September wurde den in Moskau wartenden DDR-Gründern die Antwort überreicht. Sie war ohne Formalia gehalten (Adressen fehlten ebenso wie Hinweise auf die Urheber). Das Schriftstück bildete aber die Blaupause der Staatsgründung. Die »Vorschläge des Politbüros« der KPdSU an den Parteivorstand der SED »zur Bildung einer provisorischen Regierung der Deutschen Demokratischen Republik« sind das zentrale Gründungsdokument des Oststaates. In 19 Punkten war die Wunschliste der SED abgearbeitet, wurde die Reihenfolge der Gründungsakte festgelegt, waren die Strukturen des Verhältnisses zur Sowjetunion skizziert, eine komplette Ministerliste aufgestellt und Sprachregelungen für politische Probleme ausgearbeitet. Außerdem war die Lösung des Kriegsgefangenenproblems bis 1. Januar 1950 zugesichert, den wirtschaftlichen Wünschen der Deutschen wurde im Wesentlichen zugestimmt, ebenso der Auflösung der sowjetischen Lager auf deutschem Territorium. Die Regierungserklärung solle eine Formulierung enthalten, die das Besatzungsstatut für die Bundesrepublik und das Vorgehen der Westalliierten als Widerspruch zu den Potsdamer Beschlüssen brandmarke. Der Vorschlag, den Termin des SED-Parteitags auf Herbst 1950 zu verlegen (das diente u. a. der Verschiebung der angekündigten Wahlen), wurde im Moskauer Dokument gebilligt, ebenso die Vorbereitung eines Fünfjahresplans. Der Kreml erteilte überdies die Erlaubnis, die Werke Stalins in deutscher Sprache zu veröffentlichen. Bemerkenswert war schließlich, dass von allerhöchster Stelle (fixiert unter »18. Finanzfragen«) festgelegt war, dass die westdeutsche KPD eine monatliche Subvention von 320 000 DM (außerdem eine Einmalzahlung von 500 000 DM) erhalten sollte. Weitere Gelder waren für Rundfunkpropaganda in der Bundesrepublik vorgesehen.[177]

Der Fahrplan der DDR-Gründung wurde nun in Kraft gesetzt.[178] Er sah folgende Stationen vor: Beschluss zur Bildung einer provisorischen Regierung im Parteivorstand der SED und Bevollmächtigung des Politbüros, mit den anderen Parteien die Zusammensetzung der Regierung zu erörtern, dann Einberufung der Blocksitzung und des Präsidiums des Volksrats. Bei der gemeinsamen Sitzung war eine »Erklärung zur Lage« entgegenzunehmen, dann eine Sitzung des Volksrats anzuberaumen, bei der sich der Volksrat zur »Provisorischen Volkskammer« erklären und die Verfassung in Kraft setzen werde usw. So geschah es unverzüglich am 7. Oktober 1949.

Die 330 Abgeordneten der Provisorischen Volkskammer der DDR waren nach politischem Proporz zusammengerufen worden, nicht aus freier Wahl hervorgegangen. Die SED hatte 96 Sitze, Liberaldemokraten und CDU verfügten je über 46, Nationaldemokraten und Demokratischer Bauernbund über 17 bzw. 15, die restlichen Mandate hatten der Freie Deutsche Gewerkschaftsbund und Massenorganisationen wie die Freie Deutsche Jugend (FDJ) inne. Einstimmig, wie für Abstimmungsergebnisse im System des »demokratischen Zentralismus« üblich, wurde ein »Gesetz über die Provisorische Regierung der DDR« beschlossen und eine Länderkammer (34 Abgeordnete der fünf Landtage) gebildet. Otto Grotewohl, einer der beiden SED-Vorsitzenden, wurde als Ministerpräsident mit der Bildung einer Regierung beauftragt.

Die Regierungsbildung erfolgte ebenso zügig. Sechs Schlüsselressorts waren in Händen der SED: Inneres (Karl Steinhoff), Wirtschaftsplanung (Heinrich Rau), Industrie (Fritz Selbmann), Außenhandel und Materialversorgung (Georg Handke), Volksbildung (Paul Wandel), Justiz (Max Fechner). Der CDU waren die Ministerien für Arbeit und Gesundheitswesen (Luitpold Steidle) und Post (Friedrich Burmeister) überlassen, außerdem das Außenministerium, das mit Georg Dertinger besetzt war,

der aber von einem Kommunisten der ersten Stunde, Anton Ackermann, als Staatssekretär kontrolliert wurde. Drei weiteren Ministern, die
nicht der SED angehörten, waren ebenfalls Staatssekretäre aus den Rei-
hen der SED zugeordnet. Die LDPD durfte zwei Ressorts besetzen, Han-
del und Versorgung (Karl Hamann) und Finanzen (Hans Loch). Karl
Hamann war Mitvorsitzender der LDPD. Seine Amtszeit als Minister für
Handel und Versorgung endete im Dezember 1952 mit der Verhaftung.
Verurteilt wurde er wegen Sabotage zu zehn Jahren Zuchthaus, nach der
Begnadigung floh er 1957 in die Bundesrepublik. Finanzminister Hans
Loch, liberaler Herkunft und Mitgründer der LDPD, war nach Hamanns
Sturz alleiniger Parteivorsitzender der liberalen Blockpartei geworden.
Die Nationaldemokratische Partei (NDPD) stellte mit Lothar Bolz den
Aufbauminister, und die Demokratische Bauernpartei Deutschlands
(DBPD) war mit dem Landwirtschaftsminister Ernst Goldenbaum in
der Regierung vertreten. Verkehrsminister Hans Reingruber war partei-
los, er stand jedoch der SED nahe.

Die Zusammensetzung der Regierung erweckte den Eindruck des
praktizierten Pluralismus wie in einer Koalition des parlamentarischen
Systems; freilich waren die Mehrheitsverhältnisse eindeutig. Von den
14 Fachministern gehörten sechs der SED an (der Ministerpräsident und
sein wichtigster Stellvertreter Walter Ulbricht waren ebenfalls exponierte Vertreter der SED, die beiden weiteren stellvertretenden Ministerpräsidenten der DDR waren Hermann Kastner von der LDPD und Otto
Nuschke von der CDU).

Das Ressort, das in den vier Jahrzehnten der Existenz des Staates und
darüber hinaus die DDR als System charakterisierte, entstand erst im
Februar 1950, als die »Hauptverwaltung zum Schutze des Volkseigen-
tums« aus dem Innenministerium herausgelöst und unter neuem Namen selbstständig wurde: das Ministerium für Staatssicherheit. Geführt
wurde es bis zu seinem Sturz 1953 von Wilhelm Zaisser, KPD-Funktionär seit 1919, Veteran des Spanischen Bürgerkrieges, bis Februar 1947 in
verschiedenen Funktionen in Moskau, ab September 1948 Innenminister in Sachsen.

Die Vertreter der Blockparteien, die Ministerämter innehatten,
schwammen willfährig im Kielwasser der SED. Otto Nuschke, dessen
ursprüngliche politische Heimat der Linksliberalismus der Weimarer

Republik gewesen war, gehörte 1945 zu den Mitgründern der CDU, 1948 war er dem bei der SMAD missliebig gewordenen Jakob Kaiser als Vorsitzender gefolgt. Als stellvertretender Ministerpräsident der DDR hatte er bis 1957 die Funktion eines »bürgerlichen« Aushängeschildes. Auch Hermann Kastners Ursprünge lagen in der linksliberalen DDP der Weimarer Zeit. Er war 1945 Mitgründer der Liberaldemokratischen Partei Deutschlands und 1946 bis 1948 sächsischer Justizminister gewesen. Das Amt eines stellvertretenden Ministerpräsidenten der DDR bekleidete er nur kurz, 1950 geriet er in Konflikt mit seiner Partei, im September 1956 beging er Republikflucht, nachdem er sich bereits geheimdienstlich für die Bundesrepublik betätigt hatte.

Georg Dertinger war bis 1933 im Umkreis des reaktionären »Stahlhelm« und Franz von Papens tätig gewesen, 1945 wurde er Pressereferent und 1946 Generalsekretär der CDU der Ostzone. Seine Karriere als Außenminister der DDR endete jäh mit der Verhaftung im Januar 1953 und der Verurteilung wegen »Verschwörung« und »Spionage« zu 15 Jahren Haft. Die stalinistische Praxis der Säuberungen beschränkte sich nicht auf die Elite der Blockparteien. Die Amtszeit und die politische Karriere des ehemaligen Sozialdemokraten Karl Steinhoff, der ab 1946 Ministerpräsident Brandenburgs gewesen war und 1950 bis 1954 Mitglied des ZK der SED, endete 1952 durch die von Ulbricht veranlasste Entlassung als Innenminister der DDR.

Den Spielraum der Blockparteien charakterisiert auch ihre innere Nähe zur SED. Lothar Bolz etwa, der Vorsitzende der NDPD, war trotz dieser Position Kommunist, er war Ende der Zwanzigerjahre der KPD beigetreten, lebte bis Ende 1947 in Moskau und war 1949 einer der Vorsitzenden des Volksrates. Nach dem Sturz Dertingers leitete er das Außenministerium von 1953 bis 1965. Auch Ernst Goldenbaum, der Vorsitzende des Demokratischen Bauernbunds, gehörte seit 1921 der KPD an, er war seit 1946 Mitglied der SED und wurde 1948 Vorsitzender der Demokratischen Bauernpartei Deutschlands, die er als Landwirtschaftsminister in der ersten DDR-Regierung kurze Zeit vertrat.

Abgesehen davon, dass auch die Blockparteien zum Gleichschritt mit der SED gezwungen waren, erfolgten die politischen Entscheidungen nicht in der Regierung, diese exekutierte vielmehr, was in den Gremien der SED beschlossen wurde.[179] Die Ministerliste und der Parteienschlüs sel waren im September 1949 in Moskau abgesegnet worden (ein paar Veränderungen ergaben sich noch, sie hatten aber keine politische Bedeutung). Die Regierungsbildung erfolgte nach einem Ablaufplan, der sich im Ulbricht-Nachlass fand und auf die Minute das Prozedere programmierte. So waren Gespräche der beiden SED-Vorsitzenden Grotewohl und Pieck mit den Ministerkandidaten der Blockparteien auf den 30. September und 1. Oktober terminiert. Mit Nuschke und Dertinger (CDU) waren am 30. September 1949 um 11 Uhr Gespräche vorgesehen, mit Kastner (LDPD) um 14 Uhr. Am folgenden Tag informierten die SED-Vorsitzenden den FDGB-Chef Herbert Warnke um 10 Uhr, für 11 Uhr war das Gespräch mit Bolz (NDPD) und Goldenbaum (DBPD) angesetzt, um 17 Uhr trafen sich Pieck und Grotewohl mit Karl Hamann (LDPD), dem designierten Aufbauminister.

Die Staatsgründung erfolgte wie geplant mit den vorgesehenen Ritualen. Am 4. Oktober 1949 verkündete der SED-Parteivorstand die »Nationale Front des demokratischen Deutschland«. Am 7. Oktober trat der Volksrat im Haus der Deutschen Wirtschaftskommission, dem einstigen Reichsluftfahrtministerium, zusammen und konstituierte sich als Provisorische Volkskammer. Am Vormittag des 11. Oktober setzte sie die Verfassung in Kraft. Unmittelbar danach konstituierte sich die Provisorische Länderkammer. Am 11. Oktober nachmittags wurde Wilhelm Pieck einstimmig zum Präsidenten der DDR gewählt.

Am folgenden Tag, dem 12. Oktober, stellte Ministerpräsident Grotewohl dem Parlament die Regierung vor und verlas eine Regierungserklärung. Darin bezeichnete er die Freundschaft zur Sowjetunion als Grundlage der Außenpolitik der DDR, beschwor die Traditionen des Antifaschismus als innere Verpflichtung des neuen Staates und kündigte als Ziel der Wirtschaftsplanung an, in Industrie und Landwirtschaft das Vorkriegsniveau wieder zu erreichen. Die Regierungserklärung wurde einstimmig gebilligt, die Regierung ebenso einmütig bestätigt und dann vom Staatspräsidenten Pieck vereidigt.

Schon am 10. Oktober 1949 hatte in Berlin-Karlshorst der Chef der Sowjetischen Militäradministration, General Tschuikow, die von der Militärregierung ausgeübten Funktionen an die Regierung der DDR übergeben. Die SMAD wurde aufgelöst und (parallel zur Entwicklung im Westen, wo die Militärgouverneure durch Hohe Kommissare ersetzt

worden waren) durch eine Sowjetische Kontrollkommission (SKK) abgelöst.[180] Am 15. Oktober wurden die diplomatischen Beziehungen zwischen der Sowjetunion und der DDR aufgenommen; zwischen dem
17. Oktober und dem 2. Dezember folgten die anderen kommunistischen
Staaten. Das hatte die DDR der Bundesrepublik voraus, die bei der Gründung noch keine auswärtigen Beziehungen unterhalten durfte.

Anstelle der Legitimation durch Wahlen wurden die improvisierten
Gründungsakte der DDR am Wochenende des 8. und 9. Oktober von
Betriebsbelegschaften und Mitgliedern der Massenorganisationen begleitet, die in Kundgebungen und Versammlungen, mit Resolutionen und
Adressen die Entstehung der DDR begrüßten. Die offensive Sprachregelung lautete, noch in den Lehr- und Schulbüchern der Achtzigerjahre,
die DDR sei im Unterschied zur BRD auf demokratischem Wege zustande gekommen, »durch Entscheid aller Parteien und Organisationen
und strikte Erfüllung der Beschlüsse der Anti-Hitler-Koalition hinsichtlich Deutschlands«.[181]

Zur Sinnstiftung und Rückbindung mit den Werktätigen besuchten
am Tag nach der Proklamation der DDR die Mitglieder der neuen Regierung volkseigene Großbetriebe, um den Arbeitern die Staatsziele zu
erläutern und sie zur Gefolgschaft zu verpflichten. Es war der 13. Oktober 1949, der zum ersten Mal als »Tag der Aktivisten« begangen wurde,
als Jahrestag der Rekordleistung des Bergmanns Adolf Hennecke, der
nach dem Vorbild des sowjetischen Arbeiters Stachanow von 1935 in
einer gut vorbereiteten Hochleistungsschicht mit einer Normüberbietung
von 387 % im Kohlebergbau am 13. Oktober 1948 ein sozialpolitisches
Signal für den Arbeiter- und Bauernstaat gesetzt hatte.[182] Er wurde dafür
lebenslang mit Ämtern und Auszeichnungen belohnt, ab 1949 war er
Abgeordneter in der Volkskammer, ab 1954 saß er im ZK der SED.

11. ALLEINVERTRETUNGSANSPRUCH DES WEST-STAATES VERSUS EINHEITSPOSTULAT DES OSTSTAATES: SYSTEMKONKURRENZ UND KONFRONTATION BIS ZUR SOUVERÄNITÄT 1955

Im Gegensatz zur BRD hatte die DDR zwar von Anfang an ein Außenministerium, aber der Bewegungsraum der Außenpolitik war auf die Staaten des Ostblocks im Rahmen sowjetischer Vorgaben und Weisungen und durch den Alleinvertretungsanspruch der Bundesrepublik, den diese mit Hilfe ihrer westlichen Schutzmächte durchsetzen konnte, erheblich eingeschränkt. Beide deutsche Staaten standen weiterhin unter Besatzungsherrschaft, freilich unter anderen Bedingungen als 1945 bis 1949. Das direkte Besatzungsregime war durch ein Kontrollsystem ersetzt worden, das beiden deutschen Nachkriegsstaaten Spielraum gewährte, aber noch wesentliche Souveränitätsrechte vorenthielt. Mit der Eingliederung der BRD in die politischen, ökonomischen und militärischen Systeme des von den USA geführten Westens (OEEC 1949, Europarat 1950, Montanunion 1952, NATO 1955) und der DDR in die von der Sowjetunion dominierte Staaten- und Wirtschaftsordnung (RGW/Comecon 1950, Warschauer Pakt 1955) war schrittweise ein Zustand beschränkter Souveränität erreicht, wie er 1954 für die DDR und 1955 für die BRD von den jeweiligen Schutzmächten proklamiert wurde. Für die DDR hatte die Sowjetunion freilich noch größere Bedeutung als die USA für die BRD. Denn die UdSSR war mehr als ein dominanter Verbündeter, sie war die Garantiemacht, ohne die die DDR überhaupt nicht existieren konnte. Das wurde 1953 (Arbeiterstreik am 17. Juni) und 1961 (Mauerbau in Berlin um die Abwanderung der Bevölkerung nach Westen zu unterbinden) durch das sowjetische Eingreifen zur Stabilisierung des Klientelstaats und 1989 durch den Rückzug Moskaus als Destabilisierung der DDR demonstriert. Was als »Provisorium für längstens ein Jahr«[183] 1949 ins Leben getreten war, sollte so lange Bestand haben, wie die Sowjetunion ihn garantieren konnte und wollte.

Mit der Proklamation der Deutschen Demokratischen Republik am 7. Oktober 1949 – ein Akt, der in Bonn noch am gleichen Tag als rechtswidrig bezeichnet wurde – war die Teilung der Reste des Deutschen Reiches abgeschlossen. Innerhalb der in Potsdam gezogenen Grenzen Deutschlands existierten nun zwei Staaten (und außerdem das in wirtschaftlicher Union mit Frankreich stehende Saargebiet). Die Alliierte Hohe Kommission, die auf dem Petersberg über Bonn residierte und damit auch augenfällig machte, dass die Bundesregierung noch unter Kuratel stand, erklärte am 20. Oktober 1949, die Regierung der DDR sei nicht berechtigt, im Namen Ostdeutschlands, geschweige denn im Namen Gesamtdeutschlands zu sprechen. Die Begründung war die gleiche, mit der bereits die Bundesregierung das »SED-Regime« verdammt hatte: Die Bevölkerung der Ostzone habe keine Gelegenheit zur freien Willensäußerung gehabt.

Am 21. Oktober erhob der Bundeskanzler unter allgemeiner Billigung des Bundestages in einer Regierungserklärung den Anspruch, allein die Bundesrepublik Deutschland sei befugt, im Namen des deutschen Volkes zu sprechen. Der Alleinvertretungsanspruch wurde im Herbst 1950 von den Außenministern der drei Westmächte feierlich bestätigt. Fünf Jahre später, im Dezember 1955, nachdem die Bundesrepublik die Souveränität erhalten hatte, wurde dieser Anspruch mit Hilfe der Hallstein-Doktrin auf lange Jahre festgeschrieben. Der nach dem damaligen Staatssekretär im Auswärtigen Amt Walter Hallstein benannte Grundsatz bedrohte alle Staaten, die die DDR anerkennen und diplomatische Beziehungen zu ihr aufnehmen würden, mit Sanktionen. So wurde bis Ende der Sechzigerjahre verfahren. Meist genügte die Drohung (namentlich gegenüber armen Ländern), im Herbst 1957 jedoch brach Bonn zu Jugoslawien und 1963 zu Kuba die diplomatischen Beziehungen aus diesem Grunde ab. In der Abgrenzung gegen die DDR als Staat, bei gleichzeitigem Anspruch, die Vormundschaft über dessen Bevölkerung auszuüben, stimmten Bundesregierung und sozialdemokratische Opposition weitgehend überein.

Die deutsche Einheit, das Verlangen nach Wiedervereinigung, gehörte noch lange über die Gründerjahre der Bundesrepublik und sogar noch über die Adenauerzeit hinaus zu den Grundforderungen der westdeutschen Politik. Der Streit über die richtigen Wege zum allmählich schwindenden Ziel ritualisierte und institutionalisierte sich im Laufe der Jahre. Die meisten Politiker, die in Bonn von Wiedervereinigung redeten, widmeten ihre Kraft vor allem der Trassierung der Umwege, auf denen die Einheit der Nation irgendwie erreicht werden sollte.[184] In den Reihen der Sozialdemokratie wurde mit Leidenschaft und mit Argwohn, der mit gewissen Abstufungen gegen alle vier Besatzungsmächte gerichtet war, die Wiedervereinigung als selbstverständlich zu erstrebendes politisches Hauptziel verstanden und als erreichbar herbeigesehnt. Die Oppositionsrolle bot der SPD die Möglichkeit – und Kurt Schumacher nahm sie jederzeit und nur zu gerne wahr –, als Gralshüterin der Einheit der Nation aufzutreten und sich bei prekären Entscheidungen zu verweigern. Politische Tugenden wie Elastizität und Pragmatismus standen in der Sozialdemokratie der Schumacher-Ära nicht sehr hoch im Kurs.

Auf der Regierungsbank galt die möglichst rasche Gewinnung der Souveränität für die Bonner Republik als das wichtigste Ziel. Adenauers Konzept bestand darin, durch die Westintegration der Bundesrepublik Handlungsfreiheit zu gewinnen. Das hieß vor allem Herstellung dauerhafter harmonischer Beziehungen zu Frankreich; die Stichworte in diesem Zusammenhang hießen »Aussöhnung« und Rücksichtnahme auf Frankreichs Sicherheitsinteressen. Paris musste von der Friedfertigkeit Bonns ein für alle Mal überzeugt werden, die Idee eines die Nationalstaaten überwindenden Europa spielte dabei eine bedeutende Rolle. Die neuralgischen Punkte waren jedoch das Saarproblem und das Ruhrstatut. Namentlich die internationale Kontrolle der Bodenschätze und Montanerzeugnisse des Ruhrgebiets, deren Modus im Dezember 1948 im Ruhrstatut festgelegt worden war, wurde als arger Eingriff in die deutschen Interessen aufgefasst. Die Sozialdemokraten empfanden das Statut als einseitige Knebelung, weil dem deutschen Volk die Möglichkeit genommen werde, seine Wirtschaft in eigener Verantwortung zu führen. Die Internationalisierung sei »nichts anderes als kollektive Ausbeutung zugunsten einiger Bevorrechtigter, die dann keine Veranlassung mehr sehen werden, ihre eigene Wirtschaft in eine internationale Organisation einzubringen«[185]. Die Christdemokraten waren entschlossen, aus der Not eine Tugend zu machen, sie betrachteten das Ruhrstatut als »eine schmerzliche Übergangslösung« und hielten sich an die Schlusssätze des begleitenden Kommuniqués: »Wenn die Ruhrbehörde vernünftig gehandhabt wird, kann sie einen weiteren Beitrag für eine engere wirtschaftliche Zusammenarbeit zwischen den Völkern Europas herstellen.«[186]

Ein überraschend früher Erfolg der Bundesregierung und eine erste Station auf dem Weg zur Souveränität war das »Petersberger Abkommen« vom 22. November 1949[187], in dem die Alliierte Hohe Kommission der Bundesrepublik die Aufnahme konsularischer Beziehungen gestattete. Außerdem wurden wirtschaftliche Erleichterungen gewährt: Die Beschränkungen beim Bau von Hochseeschiffen wurden gelockert und das Demontageprogramm wurde abermals vermindert (und 1951 beendet). Der Preis bestand im Beitritt der Bundesregierung zum Abkommen über die internationale Ruhrkontrolle; das war ohnehin vorgesehen, und seit April 1949 waren die Westdeutschen am Ruhrstatut durch ihre drei alliierten Vormünder beteiligt. Innenpolitisch war dieser Schritt höchst umstritten, und Kurt Schumacher titulierte deswegen im Bundestag seinen Widersacher Adenauer unter allgemeiner furchtbarer Erregung als den »Bundeskanzler der Alliierten«[188]. Aber dessen Willfährigkeit trug schnell und reichlich Früchte. Weniger als drei Jahre später existierte das Ruhrstatut als Kontroll- und Disziplinierungsinstrument, »daß die Bodenschätze der Ruhr in Zukunft nicht für Aggressionszwecke, sondern nur im Interesse des Friedens benutzt«[189] würden, schon nicht mehr; es war auf französischen Vorschlag durch die Montanunion, die Europäische Gemeinschaft für Kohle und Stahl, ersetzt worden. Mit dem Inkrafttreten dieses Vertrags (25. Juli 1952) wurden die Kontrollen und Beschränkungen der deutschen Schwerindustrie aufgehoben, Frankreich und die Bundesrepublik wurden Partner in der ersten supranationalen Organisation eines beginnenden »Europas der Sechs«.

Der französische Vorschlag zur Montanunion war unter dramatischen Umständen dem Bundeskanzler unterbreitet worden. Durch die Saarkonventionen, die Frankreich am 3. März 1950 mit der Saarregierung abgeschlossen hatte – die Abmachungen betrafen u. a. die Währungs- und Wirtschaftsunion mit Frankreich und gewährten dem Land im Rahmen der Saarverfassung von 1947 Autonomie –, hatte sich in der Bundesrepublik die Stimmung für einen Beitritt zum Europarat, der von den Westmächten gewünscht wurde, um den Bonn aber *bitten* sollte, deutlich verschlechtert. Die Bundesregierung hatte im März gegen die

Saarkonventionen protestiert und von einer verhüllten Annexion gesprochen. Für die Gegner des Beitritts zum Europarat bildete das Saarproblem das entscheidende Argument, denn die Saar sollte neben der
Bundesrepublik und ebenso wie diese nur mit dem minderen Status
eines assoziierten Mitglieds in Straßburg vertreten sein. Daran drohte
die Europaratsfrage zu scheitern, denn Gegner des Projekts fanden sich
auch in der Regierungskoalition, vor allem in der FDP, aber auch in der
Union selbst. Die Opposition war ohnehin entschlossen, die Zustimmung zu verweigern. Adenauer, der den französischen Hohen Kommissar gebeten hatte, Frankreich möge ein Zeichen geben, das die Neigung Bonns zur Zustimmung fördern würde, erhielt am 9. Mai 1950 in
die Kabinettsitzung, in der der Beitritt zum Europarat dann beschlossen wurde, eine Botschaft des französischen Außenministers Robert
Schuman hineingereicht. Die Botschaft enthielt den von Jean Monnet
erdachten Schuman-Plan, die Idee der gemeinsamen Lenkung der deutschen und der französischen Kohle- und Stahlproduktion, die als Kern
einer wirtschaftlichen und politischen Organisation auch anderen europäischen Staaten offenstehen sollte.[190] Die Vorgeschichte der Montanunion war bereits ein Stück erfolgreicher Außenpolitik der Bundesrepublik, obwohl sie noch keinen Außenminister und kein Auswärtiges
Amt besaß.

Der Krieg, der im Juni 1950 in Korea ausbrach, lieferte, abgesehen von
dem Schock, den die Auseinandersetzung zwischen den beiden Groß-
mächten USA und UdSSR auf dem Boden der ostasiatischen geteilten
Nation gerade auch in der Bundesrepublik auslöste, Argumente und
Motive für die Beschleunigung der Westintegration. Die Schutzsuche bei
den Vereinigten Staaten, von allem Anfang an eines der entscheidenden
Elemente der Staatsräson der Bundesrepublik, erhielt im Sommer 1950
verstärktes Gewicht. Die sowjetische Blockade Berlins war den Bürgern
Westdeutschlands in frischer Erinnerung, und sehr viele hielten den
Übergang vom kalten zum heißen Krieg zwischen den beiden Welt-
mächten für denkbar oder gar unmittelbar bevorstehend. Angesichts der
kommunistischen Aggression im Fernen Osten rückte die Frage nach
der eigenen Sicherheit, nicht nur in der Bundesrepublik, in den Vordergrund. Der Gedanke an eine westdeutsche Armee, die Seite an Seite mit
den Truppen der Westmächte den Status quo verteidigen sollte, war

denkbar geworden. Im Frühjahr 1950 hatte Churchill bereits für einen deutschen Verteidigungsbeitrag plädiert, und im Bonner Bundeskanzleramt wurden unter strenger Geheimhaltung zwei Denkschriften verfasst, die am 29. August 1950 dem amerikanischen Hohen Kommissar McCloy beim Abflug zur New Yorker Außenministerkonferenz überreicht wurden. In der ersten, dem »Sicherheitsmemorandum«, bot Adenauer (ohne vorherige Konsultation des Bundeskabinetts) ein deutsches Kontingent im Rahmen einer »westeuropäischen Armee« an. Das gleichzeitig überreichte zweite Memorandum hatte den Zweck, die Früchte des ersten einzubringen: In der Denkschrift über die Neuordnung der Beziehungen der Bundesrepublik zu den Besatzungsmächten wurde die Beendigung des Kriegszustands verlangt, und der Besatzungszweck sollte neu definiert werden, nämlich als Sicherung der Bundesrepublik gegen äußere Bedrohung.[191] Das Besatzungsstatut sollte durch Verträge ersetzt werden. Diese Gedankengänge bildeten die logische Konsequenz der politischen Konzeption der Adenauerregierung.

In der Öffentlichkeit war die Diskussion um die Remilitarisierung bereits voll im Gange, als Adenauer im August 1950 um Verstärkung der alliierten Truppen in der Bundesrepublik bat und einen deutschen Wehrbeitrag anbot. Schon im Juli hatte man in der ›Frankfurter Allgemeinen‹ lesen können, der Gedanke an eine deutsche Wiederbewaffnung breite »sich bei den Siegermächten aus wie ein Ölfleck«.[192] Auch in Washington war eine westdeutsche Beteiligung im Rahmen konventioneller Verteidigungsstreitkräfte schon aus pragmatischen Gründen – warum sollten deutsche personelle und materielle Ressourcen nicht genutzt werden? – lange vor Korea erwogen worden.

In der Bundesrepublik Deutschland war für die meisten Bürger der Gedanke an eine neue deutsche Armee noch schwer vorstellbar. Zu sehr litt jeder Einzelne in unterschiedlicher Weise an den Kriegsfolgen. Aber das Gefühl der Bedrohung und der verbreitete Antikommunismus bildeten ebenso starke Motive zugunsten einer bewaffneten Verteidigung der Freiheit. Über das Problem der Wiederbewaffnung wurde mit Leidenschaft und Erbitterung diskutiert. Das gewichtigste politische Argument gegen die Remilitarisierung wurde vor allem von den Sozialdemokraten unermüdlich vorgetragen: Ein westdeutscher Beitrag zu einer westeuropäischen Streitmacht musste das stärkste Hindernis für jede Wiederver

einigungspolitik werden. Die Bundesregierung verlor wegen der über-
raschenden Offerte des Kanzlers im Herbst 1950 ihren Innenminister:
Gustav Heinemann trat aus Protest gegen den Alleingang des autoritären
Regierungschefs zurück; später verließ er auch die CDU, um zwischen
1952 und 1957 in der von ihm gegründeten neutralistischen Gesamtdeutschen Volkspartei gegen Wiederbewaffnung und einseitige Westbin-
dung zu kämpfen. Ebenso wie Helene Wessel, die 1952 der Zentrumspartei den Rücken kehrte und mit Heinemann zusammen zunächst die
»Notgemeinschaft für den Frieden Europas« gründete, ging der erste
Innenminister der Adenauer-Regierung nach dem Scheitern der Gesamtdeutschen Volkspartei 1957 zur SPD.

Die Bildung von Streitkräften stand auch in der DDR frühzeitig, aber
ohne öffentliche Diskussion, auf der Tagesordnung. Als paramilitärische
Verbände unter dem Befehl des Innenministers existierten sie seit 1951
unter der Bezeichnung »Kasernierte Volkspolizei«. 1953 waren etwa
80 000 Mann mit sowjetischen Waffen ausgerüstet. Seit 1952 forderte die
SED »nationale Streitkräfte«. Mit dem Beschluss der Volkskammer vom
1. März 1956 zur Bildung der »Nationalen Volksarmee« ging die »Kasernierte Volkspolizei« in die neue Truppe über.

Einige Früchte der Politik der Westintegration, mit der auch Souveräni-
tätsgewinn erstrebt wurde, waren schon im Frühjahr 1951 herangereift; im
März erfolgte eine Revision des Besatzungsstatuts. Die Alliierten Hohen
Kommissare verzichteten auf die Überwachung der deutschen Bundes-
und Landesgesetze, sie legten ein Stück Verfügung über den Außenhandel
und einen Teil der Devisenhoheit in deutsche Hände, und sie erlaubten
der Bundesrepublik den Ausbau der konsularischen zu diplomatischen
Beziehungen im Ausland, freilich noch in begrenztem Umfang. Nach der
Errichtung des Auswärtigen Amts Mitte März 1951 übernahm der Regierungschef auch den Posten des Außenministers (bis Juni 1955); verstanden hatte er sich aber schon vom Beginn seiner Regierung an auch als
Ressortchef für auswärtige Angelegenheiten.

Als Gegenleistung für die Linderung des Besatzungsstatuts hatte Bonn
die Auslandsschulden des Deutschen Reiches und Preußens übernommen. Mit der grundsätzlichen Anerkennung dieser Verbindlichkeiten
der Weimarer Republik (darunter waren noch Verpflichtungen aus dem
Dawes- und dem Young-Plan) und des NS-Staates bekannte sich die

Bundesrepublik als Erbe (aber nicht unbedingt als Rechtsnachfolger) des Deutschen Reiches. Das Verlangen nach Übernahme der alten Auslandsschulden, das ebenso wie die Revision des Besatzungsstatuts ein Ergebnis der New Yorker Außenministerkonferenz vom September 1950 war, wurde durch die feierliche Bekräftigung des Alleinvertretungsanspruchs durch die Westmächte im Voraus honoriert. Nach langwierigen Verhandlungen, bei denen der Bankier Hermann Josef Abs die deutsche Delegation führte, wurden Quoten und Schuldendienst (567 Millionen DM pro Jahr) im Londoner Schuldenabkommen vom 27. Februar 1953 festgelegt. Im Endergebnis einigte man sich auf rund 13 Milliarden DM Vorkriegsschulden aus Auslandsanleihen des Reiches und Preußens, privaten Krediten und Handelsschulden von 1933 bis 1945. Dazu kamen Zahlungsverpflichtungen für die Wirtschaftshilfe der ersten Nachkriegsjahre in Höhe von 16 Milliarden DM.

Dem Londoner Schuldenabkommen traten neben den drei Westmächten früher oder später insgesamt 30 Staaten bei (zuletzt 1966 Italien).[193] Die Schuldenlast wurde durch Nachlässe bei den Zinsen und der Nachkriegshilfe auf 15,28 Milliarden vermindert und bis 1979 abbezahlt. In mehrfacher Hinsicht war die ganze Schuldenregelung ein gutes Geschäft: Durch die Übernahme der Verpflichtungen erwarb die junge Bundesrepublik nicht nur Ansehen, Legitimation und Kredit, die Bundesregierung hatte bei der Gelegenheit der Unterzeichnung des Londoner Abkommens auch erklärt, dass neben der Schuldentilgung eigene Reparationszahlungen nicht mehr geleistet werden könnten. Mit dieser Erklärung hatte es dann tatsächlich sein Bewenden. Die DDR geriet international ein weiteres Stück ins Abseits.

Auch zu einer anderen Schuld bekannte sich Bonn: Das Versprechen, Entschädigungs- und Wiedergutmachungsleistungen an die Verfolgten und Opfer des NS-Regimes in aller Welt zu zahlen, wurde ab Herbst 1952 eingelöst. Die streckenweise sehr mühsamen Verhandlungen hatten unter größter Geheimhaltung seit März 1952 in Wassenaar unweit Den Haags stattgefunden. Die deutsche Delegation leitete der Frankfurter Jurist Prof. Franz Böhm, auf der jüdischen Seite war Nahum Goldmann, Vorsitzender des World Jewish Congress und seit Herbst 1951 auch Vorsitzender der eigens gegründeten »Conference of Jewish Material Claims against Germany«, der maßgebende Mann. Aufgabe der Jewish Claims

Conference war und ist es, als Dachvereinigung jüdischer Organisationen die Ansprüche der Juden, die nicht Bürger Israels sind, zu vertreten. Darüber hinaus nimmt sie auch Ansprüche anderer Verfolgter des NS-Regimes wahr.[194] Am 10. September 1952 begegneten sich in Luxemburg der deutsche Bundeskanzler (der sich aus Anlass der ersten Ministerratssitzung der Montanunion dort aufhielt) und der israelische Außenminister Moshe Sharett. Sie unterzeichneten das »Luxemburger Abkommen«, in dem sich die Bundesrepublik zu Leistungen im Wert von 3 Milliarden DM an den Staat Israel verpflichtete. In einem Parallelabkommen sicherte die Bundesregierung die Zahlung von 450 Millionen DM an die Jewish Claims Conference zu. Der Bundestag verabschiedete am 18. März 1953 das Zustimmungsgesetz einstimmig. Hinweise auf die Folgen dieser »Bevorzugung Israels«, die von den Staaten der Arabischen Liga protestierend und drohend in Bonn monatelang vorgebracht wurden, blieben wirkungslos; man blieb sich des Vorrangs der moralischen Verpflichtung bewusst.[195] Die DDR blieb, da ihr Entschädigungs- und Wiedergutmachungsleistungen nicht möglich waren und weil sie sich im Gefolge Moskaus gegen den Staat Israel positionierte, bis zum Ende ihrer Existenz diskreditiert.

Die Luxemburger Vereinbarungen waren ein Anfang, dem bis in die Sechzigerjahre Wiedergutmachungsabkommen mit zahlreichen Nationen zugunsten derjenigen ihrer Staatsbürger, die Verfolgung erlitten hatten, folgten. Die Übernahme der Wiedergutmachungs- und Entschädigungspflicht setzte die Gesetzgebungsmaschinerie in beträchtlichem Umfang in Bewegung, und die Ausführung der einschlägigen Gesetze und Verordnungen wurde einer eigenen Bürokratie übertragen. Wichtiger als die juristische Innovation und die materielle Anstrengung war aber die moralische Legitimation, die sich die Bundesrepublik dadurch erwarb. Und ihren politischen Zielsetzungen, der Betonung des Anspruchs, allein und legitim deutsche Interessen in der Welt zu vertreten, kam die Übernahme des üblen Erbes in hohem Maße zugute, vor allem natürlich auch deshalb, weil die DDR entsprechende, aus dem Holocaust resultierende moralische Verpflichtungen nicht anerkannte.

Die Frage der Wiederbewaffnung bildete seit dem Ausbruch des Koreakrieges den Kern der Politik der Westintegration. Anfang Oktober 1950 trafen sich auf Veranlassung Adenauers in der Abgeschiedenheit des Eifelklosters Himmerod etliche ehemalige Offiziere der Wehrmacht. In einwöchiger Arbeit fertigten die militärischen Experten ein Papier, das zum Gründungsdokument der Bundeswehr werden sollte. Es gingen zwar noch fünf Jahre ins Land, bis die ersten Freiwilligen im November 1955 ihre Ernennungsurkunden als Soldaten der Bundesrepublik erhielten, aber die Himmeroder Denkschrift enthielt bereits das strategische, politische und personelle Grundmuster, nach dem die westdeutschen Streitkräfte dann aufgebaut wurden: Die Bundesrepublik sollte in Anlehnung an alliierte Kräfte so weit östlich wie möglich verteidigt werden, und zwölf deutsche Divisionen wurden dabei als notwendig erachtet. Unter der Rubrik »militärpolitische Grundlagen und Voraussetzungen« kamen die Offiziere zu folgendem Schluss: »Die Wehrkraft zur Ausfüllung der großen Lücke in der europäisch-atlantischen Verteidigung ist im deutschen Volke wohl vorhanden, doch fehlt in weiten Kreisen noch der Wehrwille. Das deutsche Volk hat sich zu den freiheitlichen Idealen des Westens bekannt, ist aber vielfach innerlich noch nicht bereit, dafür Opfer zu bringen. Durch die Diffamierung der letzten fünf Jahre auf vielen Gebieten menschlichen und staatlichen Seins ist der Behauptungswille und damit auch der Gedanke der Landesverteidigung systematisch untergraben worden.« Daran wurden – im Herbst 1950 – politische, militärische und psychologische Postulate geknüpft, und zwar politisch die volle Souveränität, Aufhebung der alliierten Gesetze zur Entmilitarisierung, Vollmitgliedschaft im Europarat, in militärischer Hinsicht Gleichberechtigung der deutschen Verbände »im Rahmen der europäisch-atlantischen Gemeinschaft« und psychologisch die »Rehabilitierung des deutschen Soldaten durch eine Erklärung von Regierungsvertretern der Westmächte«, die »Freilassung der als Kriegsverbrecher verurteilten Deutschen« und die »Einstellung jeder Diffamierung des deutschen Soldaten (einschließlich der im Rahmen der Wehrmacht seinerzeit eingesetzten Waffen-SS) und Maßnahmen zur Umstellung der öffentlichen Meinung im In- und Ausland«. An Kühnheit war zu jenem Zeitpunkt der in Himmerod skizzierte Prospekt einer Wiederbewaffnung Westdeutschlands schwerlich zu übertreffen.[196] Mit der Forderung nach Rehabilitierung der Streitkräfte des NS-Regimes, der entsprochen wurde, u. a. durch die Amnestie verurteilter Kriegsverbrecher, gab sich der

Weststaat eine Blöße gegenüber dem Oststaat, die von der DDR bei ihrem Legitimierungsbemühen als antifaschistischer und moralisch überlegener Staat weidlich ausgenutzt wurde. Unglückliche Personalentscheidungen wie der Aufstieg Hans Globkes zum engsten Mitarbeiter Adenauers oder die Ministerwürde eines Theodor Oberländer, der unter dem Odium als Kriegsverbrecher stand, in Adenauers Kabinett lieferten der DDR-Propaganda willkommene Munition bei dem Bemühen, den Bonner Staat als »faschistisch« zu denunzieren. Andererseits gab die DDR das Werben um die Einheit der Nation noch nicht auf. Am 30. November 1950 richtete Ministerpräsident Grotewohl ein Schreiben an den Kollegen Adenauer in Bonn, in dem er die Bildung eines gesamtdeutschen konstituierenden Rates zur Vorbereitung gesamtdeutscher Wahlen vorschlug. Am 30. Januar des folgenden Jahres wiederholte Grotewohl in einer Regierungserklärung den Vorschlag. Im September 1951 machte die Berliner Volkskammer noch einen Versuch, den Bonner Bundestag zur gemeinsamen Beratung über Wahlen zu einer gesamtdeutschen Nationalversammlung zu bewegen. Da der Westen die Gesten nicht erwiderte, beschloss die Volkskammer im Januar 1952 einen Gesetzentwurf für gesamtdeutsche Wahlen zu einer Konstituante. In Bonn und in den Hauptstädten der Westmächte hielt man diese Anstrengungen für Propaganda und Störmanöver gegen die Westintegration der Bundesrepublik.

Im Westen wurde der Plan des französischen Ministerpräsidenten René Pleven diskutiert. Der Pleven-Plan sah eine supranationale europäische Armee vor, an der deutsche Kontingente in gewissermaßen homöopathischer Dosierung, in Bataillonstärke, beteiligt sein sollten. Der Pleven-Plan bildete den Ausgangspunkt des Projekts Europäische Verteidigungsgemeinschaft (EVG), das bis zum Frühjahr 1952 zur Vertragsreife entwickelt wurde. In der Bundesrepublik dauerte die EGV-Debatte – mit Höhepunkten im Bundestag im Juli und Dezember 1952 – bis zum 19. März 1953. An diesem Tag ratifizierte das Parlament in Bonn mit 226 gegen 164 Stimmen (der SPD und der KPD) den Deutschlandvertrag, der das Besatzungsregime beenden sollte, und mit 224 gegen 164 Stimmen den EVG-Vertrag. Wegen der Ablehnung durch die französische Nationalversammlung Ende August 1954 kam die Europäische Verteidigungsgemeinschaft nie zustande, und der vom Bundestag im März 1953 gleichzeitig ratifizierte Deutschland-Vertrag wurde auf Eis gelegt. Aber die Strategie der Regierung in Bonn brachte trotzdem die erhofften Erfolge, denn der Prozess der Westintegration schritt fort, und damit wurde auch der Preis dafür, dass sich die Bundesrepublik willig einordnen ließ – Sicherheit und Souveränität –, mit nur geringer zeitlicher Verzögerung fällig.

Dass Westintegration und Wehrbeitrag der Bundesrepublik das Postulat der Wiedervereinigung zur politischen Deklamation und Illusion gerinnen ließen, wurde spätestens im Laufe der EVG-Verhandlungen evident. In der spektakulären Deutschlandnote vom 10. März 1952 machte die Sowjetunion den Westmächten den Vorschlag, »unverzüglich die Frage eines Friedensvertrags mit Deutschland zu erwägen«, der unter unmittelbarer Beteiligung einer gesamtdeutschen Regierung ausgearbeitet werden sollte. Der Entwurf eines Friedensvertrags lag bei. Darin wurde nicht nur die Wiedervereinigung Deutschlands offeriert, sondern auch der Abzug aller Besatzungstruppen und die Genehmigung nationaler Streitkräfte nebst entsprechender Rüstungsindustrie. Als Gegenleistung wurde die Neutralisierung Deutschlands verlangt. In Übereinstimmung mit der Bonner Regierung lehnten die Westmächte die Offerte des Kreml im Laufe eines viermaligen Notenwechsels, der sich bis September 1952 hinzog, ab. Die Position des Westens war durch die Forderung freier gesamtdeutscher Wahlen als Vorbedingung aller Verhandlungen festgeschrieben. Da während des Notenwechsels klar wurde, dass die Sowjetunion diese Wahlen nicht als Anfang des Prozederes akzeptieren würde, kam es auch nicht zu der Konferenz, auf der die Seriosität des sowjetischen Angebots im Detail hätte geprüft werden können – zum Verdruss der sozialdemokratischen Opposition und unter dem Protest jener politischen Gruppen in Westdeutschland, die die Neutralisierung Deutschlands verfochten. Die sowjetische Offerte wurde von der Bundesregierung und den Westmächten als offensichtliches Propagandamanöver behandelt, das die westeuropäische Integrationspolitik stören und gleichzeitig (via Schuldzuweisung an die Westmächte) die Aufwertung und Stabilisierung der DDR fördern sollte.[197]

In der Abgrenzung gegen den Osten herrschte in der Bundesrepublik weitgehender Konsens zwischen Regierung und sozialdemokratischer

Opposition; insbesondere war man sich einig, dass die DDR ein labiles Gebilde, ein Pseudostaat von Moskaus Gnaden ohne Zukunft sei und bleiben werde. Die Flucht von jährlich Hunderttausenden in den Westen und ganz besonders der Volksaufstand vom 17. Juni 1953 bestätigten im Bewusstsein der meisten Bürger der Bundesrepublik die These von der mangelnden Legitimation der Ostberliner Regierung, und das ökonomische Gefälle von West nach Ost diente als zusätzlicher Beleg für die Ortsbestimmung eines »besseren Deutschland« westlich der »Demarkationslinie«. »Staatsgrenze« wollte man auch in der DDR die Linie noch nicht nennen, die das östliche vom westlichen Deutschland trennte. Aber den Realitäten trugen der Ministerrat und das Ministerium für Staatssicherheit Rechnung, als sie Ende Mai 1952 – auch dies in Reaktion auf die Konferenzen zur Vorbereitung der Westintegration der Bundesrepublik – die Errichtung einer Sperrzone entlang der Demarkationslinie beschlossen.

Das Scheitern der EVG im Sommer 1954 verzögerte die endgültige Einbindung der Bundesrepublik in das westliche Staatensystem und die damit verbundene Souveränität nur noch wenig. Adenauer hatte schon zuvor die Souveränität für die Bundesrepublik in jedem Fall gefordert, und die Vertreter Großbritanniens und der USA hatten die Erfüllung dieses Wunsches im Juni 1954 zugesagt. Lediglich die Modalitäten, unter denen die Bundesrepublik die Hoheitsrechte erhalten sollte, mussten geändert werden. In einer Serie von Konferenzen, die in unterschiedlicher Besetzung (drei Westmächte plus Bundesrepublik; NATO-Mitglieder; neun Staaten des Brüsseler Pakts; Bundesrepublik und Frankreich bilateral) vom 19. bis zum 23. Oktober 1954 in Paris stattfanden, wurde ein ganzes Bündel von Verträgen ausgearbeitet und unterzeichnet. Der Deutschland-Vertrag (eine Neufassung des nicht in Kraft getretenen Generalvertrags von 1952) wurde für die Beziehungen der Bundesrepublik zu den drei Westmächten anstelle des Besatzungsstatuts verbindlich, Zusatzverträge regelten u. a. die Stationierung ausländischer Streitkräfte und die Höhe des finanziellen deutschen Verteidigungsbeitrags. Die Vertreter der USA, Großbritanniens und Frankreichs unterschrieben ein feierliches Protokoll über die Beendigung des Besatzungsregimes; sie bekräftigten außerdem ihre Sicherheitsgarantien für (West-)Berlin. Die 15 NATO-Mitglieder protokollierten die Einladung zur Mitgliedschaft der Bundesrepublik, und die Neunmächte-Konferenz hatte den Brüsseler Pakt von 1948 »über wirtschaftliche, soziale und kulturelle Zusammenarbeit und über berechtigte kollektive Selbstverteidigung« zum Vertrag über die Westeuropäische Union (WEU) umgearbeitet, dem Westdeutschland und Italien nunmehr beitreten durften. Bilateral hatten sich außerdem Paris und Bonn auf ein Saarstatut geeinigt, das einen autonomen europäischen Status für das Saargebiet, allerdings auch eine Volksabstimmung nach dessen Inkrafttreten, vorsah.

Am letzten Tag der Pariser Konferenzen hatte die Sowjetunion Bereitschaft zur Diskussion über gesamtdeutsche freie Wahlen bekundet, und am 15. Januar 1955 in einer durch die Nachrichtenagentur TASS verbreiteten »Erklärung zur deutschen Frage« die Bundesrepublik vor den Folgen der Ratifizierung der Pariser Verträge, der definitiven Spaltung Deutschlands, gewarnt. Erich Ollenhauer, der Nachfolger des im August 1952 verstorbenen Kurt Schumacher, korrespondierte als SPD-Vorsitzender in ähnlicher Weise wie sein Vorgänger in Sorge um die deutsche Einheit mit Adenauer, und in der Frankfurter Paulskirche fanden sich auf Einladung des DGB-Vorstands, des SPD-Vorsitzenden, des Soziologen Alfred Weber und des Theologen Helmut Gollwitzer am 29. Januar 1955 prominente Vertreter des öffentlichen Lebens ein, um das »Deutsche Manifest« zu veröffentlichen, in dem die Wiedervereinigung gegenüber der Wiederbewaffnung als das höhere Gut propagiert wurde: »Die Aufstellung deutscher Streitkräfte in der Bundesrepublik und in der Sowjetzone muß die Chancen der Wiedervereinigung auf unabsehbare Zeit auslöschen und die Spannung zwischen Ost und West verstärken.«[198]

Die Sowjetunion beantwortete das Ignorieren ihres, wie ernsthaft auch immer gemeinten Angebots vom Januar 1955 zur Wiedervereinigung unter der Bedingung des Verzichts der Bundesrepublik auf den Beitritt zu WEU und NATO damit, dass sie das Problem der Teilung Deutschlands von nun an als Angelegenheit der beiden deutschen Staaten bezeichnete. Die »Zwei-Staaten-Theorie« wurde im Westen, dessen Regierungen in den Pariser Verträgen den Alleinvertretungsanspruch Bonns wieder bekräftigt hatten, heftig abgelehnt. In einem Staats- und Freundschaftsvertrag zwischen Moskau und Ostberlin erkannte der

Schutzpatron des Oststaates der DDR am 20. September 1955 endgültig die volle Souveränität zu. Lösungsmöglichkeiten für die »deutsche Frage« konnten von nun an ohne Verhandlungen der beiden deutschen Staaten nicht mehr gesucht werden. Es sollten aber fünfzehn Jahre vergehen, bis ein zaghafter Dialog zwischen den beiden seit 1955 souveränen Staaten Deutschlands begann.

EPILOG: WALTER ULBRICHT. DIE POLITISCHE KARRIERE EINES STAATSGRÜNDERS

Walter Ulbricht wurde am 30. Juni 1893 in Leipzig in kleinbürgerlichen Verhältnissen geboren. Der Vater, Ernst Ulbricht, war Schneider, der als Heimarbeiter für Konfektionsfirmen und durch Flickschneiderei mühsam die Familie ernährte. Er war Mitglied der SPD und gewerkschaftlich organisiert, aber politisch nicht aktiv. Der Sohn Walter, Ältester von drei Geschwistern, war in der Schule unauffällig, introvertiert und kontaktschwach, aber nicht unbegabt. Eine höhere Schulbildung kam schon aus finanziellen Gründen nicht in Frage. Walter machte eine Lehre als Möbeltischler, trat 1910 dem Holzarbeiterverband und 1912 der SPD bei. Im Mai 1911 begab sich der 18-jährige Handwerksgeselle auf Wanderschaft über Böhmen und Bayern nach Tirol und weiter nach Italien und in die Schweiz. Am Vierwaldstätter See stand er längere Zeit in einem Arbeitsverhältnis. 1912 waren Genf, Zürich und Amsterdam weitere Stationen vor seiner Rückkehr nach Deutschland.

Als Sozialdemokrat stand Ulbricht auf dem linken Flügel der Partei, war aber durch den Ausbruch des Ersten Weltkrieges an politischer Betätigung gehindert. 1915 wurde er eingezogen und nach Galizien an die Front geschickt. Im Frühjahr und ein zweites Mal im Herbst 1918 suchte sich Walter Ulbricht dem Militärdienst vergeblich zu entziehen. Der junge Marxist schloss sich dem Spartakusbund an und wurde 1919 Mitglied der neu gegründeten Kommunistischen Partei. Die KPD war fortan seine politische Heimat, er wurde Revolutionär, glaubte an die Dogmen des Kommunismus und engagierte sich bedingungslos. Rhetorisch unbegabt und vor Menschen wirkungslos, setzte er seine organisatorischen Fähigkeiten ein. Als Mitglied des Leipziger Parteibüros und der Bezirksleitung Mitteldeutschland, als Redakteur der Parteizeitungen ›Roter Kurier‹, ›Der Klassenkampf‹ und der ›Roten Fahne‹ war Ulbricht

im Alter von 26 Jahren hauptamtlicher politischer Funktionär. Als Sekretär der Bezirksleitung Thüringen sammelte der rastlos fleißige Partei-
arbeiter Erfahrungen für größere Aufgaben. 1923 stieg er in die Berliner
Parteizentrale auf, wurde im folgenden Jahr zwar nicht wiedergewählt,
gehörte aber ab 1927 der Parteispitze wieder an und hielt sich dank
seiner taktischen Wendigkeit als Opportunist zwischen den streitbaren
Richtungen über Wasser.

In prekärer Situation protegierte ihn Moskau. In der Lenin-Schule der
Komintern wurde er weitergebildet und dann als Funktionär der Kommunistischen Internationale 1924 als Instrukteur nach Wien und 1925
nach Prag delegiert. Sein Organisationstalent ergänzte der Abgesandte
des Exekutivkomitees der Komintern bei solchen Aufträgen durch kon-
spirative Fähigkeiten. Er wurde trotzdem in Österreich verhaftet, verurteilt und ausgewiesen. Der Stalinist Walter Ulbricht hatte großen Anteil
an der Bolschewisierung der KPD. 1928 wurde er in den Reichstag
gewählt, im folgenden Jahr war er als Politischer Leiter des Bezirks Ber-
lin-Brandenburg oberster kommunistischer Funktionär in der Reichshauptstadt. Zu organisieren hatte Ulbricht nun Massenkundgebungen,
Aufmärsche, Streiks und Auseinandersetzungen mit politischen Gegnern.

Aber nicht nur die Nationalsozialisten Adolf Hitlers wurden unter
Ulbrichts Regie als Feinde der Arbeiterschaft, als Faschisten bekämpft.
Nach der von Stalin proklamierten Überzeugung, die Sozialdemokratie
bilde den gemäßigten Flügel des Faschismus, wüteten die Kommunisten
am Ende der Weimarer Republik unter der »Sozialfaschismus«-These
gegen die SPD, anstatt das Bündnis aller Kräfte der Arbeiterbewegung
gegen den Nationalsozialismus zu suchen. Bei zwei Gelegenheiten pak-
tierte die Partei, deren treuer Diener Walter Ulbricht noch am 18. Januar
1933 verkündet hatte, der Hauptstoß müsse nach wie vor gegen die Sozialdemokratie geführt werden[199], mit den Nationalsozialisten gegen das
parlamentarische System und gegen die Republik: im Sommer 1931
beim Volksbegehren der Rechten gegen die preußische SPD-Regierung
und 1932 im Streik gegen die Berliner Verkehrsgesellschaft BVG.

Der Machtantritt Adolf Hitlers am 30. Januar 1933 machte kommunistische Mandatsträger und Funktionäre zu gefährdeten Personen.
Ulbricht leitete am 7. Februar 1933 die legendäre letzte Konferenz des ZK

der KPD mit den Bezirkssekretären. Sie fand schon unter konspirativen Vorkehrungen in der Gaststätte »Sporthaus« in Ziegenhals bei Zeuthen vor den Toren Berlins statt. Ernst Thälmann analysierte die Situation nach der »Machtergreifung« Hitlers und proklamierte, während der Parteivorstand sich auf Illegalität, Untergrund und Exil vorbereitete, den Massenwiderstand gegen die faschistische Diktatur als »entscheidende Aufgabe im Kampf um die proletarische Mehrheit«. Angesichts der Prognosen Thälmanns vom kommenden Terror mit Massenverhaftungen, Internierung und Ermordung der Kommunisten war der Kampf illusionär und unverantwortlich.[200]

Illegalität und Exil

Der Reichstagsbrand am 28. Februar gab den Nationalsozialisten den erwünschten Anlass zur offenen Verfolgung ihrer politischen Gegner, vor allem der KPD. Ulbricht musste sich in die Illegalität flüchten, bis Oktober 1933 lebte er in verschiedenen Verstecken, dann folgte er Wilhelm Pieck ins Exil nach Paris, wo die KPD ihre Auslandsleitung etabliert hatte. Alimentiert durch Moskau machten die deutschen Kommunisten Propaganda gegen die Hitlerregierung und ermunterten die Genossen zum aussichtslosen und verlustreichen Widerstand aus dem Untergrund. Gleichzeitig war ein interner Machtkampf im Gange um die Nachfolge des KPD-Vorsitzenden Ernst Thälmann, den die Nazis am 3. März 1933 verhaftet und im KZ eingekerkert hatten. Ulbricht, dem Charisma und Grazie so vollständig fehlten, schien keine Chance zu haben, setzte sich jedoch mit Zähigkeit nach vielen Jahren der Geduld durch. Ein Strategiewandel in Moskau bedrohte ihn allerdings vorübergehend. Die Preisgabe der Sozialfaschismus-These zugunsten einer Volksfrontpolitik, die alle Hitlergegner in einem Bündnis einigen sollte, machte Ulbricht, der orthodox an seiner Feindschaft gegen die Sozialdemokratie festhielt, zu schaffen. Weil er die Bemühungen einer Volksfrontinitiative in Paris beharrlich torpedierte, beschwerte sich der Schriftsteller Heinrich Mann als Vorsitzender des Pariser überparteilichen Ausschusses über Walter Ulbricht in Moskau. In der Zeit der politischen Säuberungen, der Schauprozesse in Moskau, hätte das Ulbricht gefährlich werden können. Er kam aber davon und bewältigte auch das nächste Problem, den Hitler-Stalin-Pakt im August 1939, der zeigte, dass die Diktatoren in Berlin und Moskau aus gemeinsamem Kalkül der Machtpolitik mindestens zeitweise zu kooperieren bereit waren. Für die deutschen Kommunisten war dieser Schulterschluss der Diktatoren eine herbe Lektion. Ulbricht schlängelte sich aus der Falle, indem er in einem Artikel in der Komintern-Zeitung ›Die Welt‹, die in Stockholm erschien, im Februar 1940 bewies, dass Großbritannien und Frankreich die wahren imperialistischen Feinde des Proletariats seien. Das musste Ulbricht nach dem Krieg rechtfertigen. 1946 erklärte er dazu im ›Neuen Deutschland‹, die Kritik sei durch das Bündnis der Sowjetunion mit Frankreich und England gegen Hitlerdeutschland überholt worden.[201]

Die nächste Episode in Walter Ulbrichts Moskauer Asyl begann mit dem Überfall der deutschen Wehrmacht auf die Sowjetunion am 22. Juni 1941. Der Hitler-Stalin-Pakt war vergessen, die Nationalsozialisten waren wieder Todfeinde, und alle Anstrengungen der bedrängten Sowjetunion galten dem »Großen Vaterländischen Krieg«. Stalin setzte auf die nationale Karte und dazu gehörte auch der Versuch, deutsche Kriegsgefangene und ihre Offiziere zum Kampf gegen Hitler zu bewegen. Im Nationalkomitee »Freies Deutschland«, gegründet im Juli 1943 in Krasnogorsk von deutschen Emigranten wie den Schriftstellern Johannes R. Becher, Erich Weinert, Willi Bredel, Friedrich Wolf, den KPD-Funktionären Ulbricht, Wilhelm Pieck und Peter Florin sowie kriegsgefangenen deutschen Soldaten und Offizieren, wurden nationale deutsche Traditionen beschworen und mit den Farben des Kaiserreiches schwarz-weiß-rot dekoriert. Ulbricht leitete den Apparat des Komitees in Moskau, organisierte die Propaganda, versah die Frontschulen und die Antifa-Schulen in den Kriegsgefangenenlagern mit Weisungen und trug viel zum Misserfolg der Aktion bei – durch plumpe Agitation und unglaubwürdige Phrasen.[202]

Wegen der Kriegslage verloren die Sowjets das Interesse an der Agitation gegenüber den Gefangenen der Schlacht um Stalingrad, die sich ohnehin kaum entschließen konnten, die Seiten zum aktiven Kampf gegen die deutsche Wehrmacht zu wechseln. Wichtig wurde in der letzten Phase des Krieges, in der die Armeen der Alliierten Deutschland zu erobern und zu besetzen begannen, die politische Neugestaltung Deutschlands. Dazu waren auch in Moskau Vorbereitungen im Gange. Während in den Antifa-Schulen deutsche Landser politisch umgeschult wurden, bereiteten sich die Exil-Kommunisten auf ihre zukünftige Rolle in Deutschland vor. Sie sollten die sowjetische Besatzungsmacht bei der Vernichtung des Faschismus und Militarismus unterstützen und helfen, neue Verwaltungsstrukturen zu errichten. Eine Kommission des KPD-Politbüros unter Ulbrichts Vorsitz nahm die Aufgabe in Angriff und veranstaltete Schulungskurse für kommunistische Emigranten, die als Kader vorgesehen waren.

Ulbrichts Biographin Carola Stern, die aus der Perspektive der enttäuschten ehemaligen Kommunistin schonungslos abrechnet, beschreibt das Dilemma der deutschen Kommunisten, die in der Kommunistischen Internationale und in den Augen Stalins trotz ihres Widerstands gegen Hitler als Versager, die vor Hitler kapituliert hätten, betrachtet wurden. Das Aufbegehren gegen den Vorwurf war zwecklos, der Hinweis auf den Hitler-Stalin-Pakt gefährlich. Das erfuhr Wilhelm Pieck, der sich öffentlich in einer Komintern-Sitzung gegen den Vorwurf verwahrte, die deutschen Kommunisten seien Feiglinge. Zwei Tage später übte er Selbstkritik und bedauerte seinen Ausbruch. Ulbricht machte sich, laut Carola Stern, die sowjetische Sicht zu eigen: »Ulbricht gab die Anklage Moskaus ›Ihr seid schuld!‹ nach dem Ende des Krieges tausendfach weiter«, und er erpresste Botmäßigkeit mit der Feststellung, der Überfall auf den Staat der Werktätigen sei das schändlichste Kapitel in der Geschichte des deutschen Volkes.[203] Ulbricht habe versucht, seine deutschen Landsleute mit den Augen der Sowjets zu sehen, denn: »Er glaubte, sein Haß auf das Land und seine Menschen, die über die Städte und Dörfer der Sowjetunion Tod, Verderben und großes Leid gebracht hatten, sei der gleiche Haß, wie ihn die Sowjetbürger spürten. Aber Ulbrichts Haß war vielschichtiger. Er muß die Deutschen mehr gehaßt haben, als die Sowjets das taten. In seinem Haß entlud sich alle Schmach, die deutsche Kommunisten in der Sowjetunion erlitten hatten und für die er nicht die Sowjets, sondern nun die Deutschen verantwortlich machte. In seinem Haß entlud sich auch die Erbitterung darüber, daß er als Statthalter heimkehren mußte. Der Traum des alten Kommunisten, ein durch die siegreiche Revolution entstandenes Sowjetdeutschland

repräsentieren zu können, war ausgeträumt. Und auch der neue Widerspruch, der erst mit dem Ende des Zweiten Weltkrieges für Ulbricht entstand, muß den Haß vertieft haben. Ulbricht verachtete das Hitlervolk,
aber nur mit diesem Volk konnte er wiedergutmachen; mit ihm mußte
er die Voraussetzungen für einen bolschewistischen Staat auf deutschem
Boden schaffen.«[204]

Ulbricht war 52 Jahre alt, als er nach Deutschland zurückkehrte. Er
wurde als gefühlloser Apparatschik beschrieben. Seine Sprache war
lederner Parteijargon und seine rhetorische Wirkung hatte Grenzen
nicht nur wegen des sächsischen Idioms und seiner hohen Falsett-
stimme. Zusammen mit der eigentümlichen Barttracht machte ihn sein
Auftreten später, als er erster Mann der Deutschen Demokratischen
Republik war, zum Gespött mindestens derjenigen, die seinen Staat verachteten, die DDR hartnäckig als »Ostzone« oder als »illegitimes Regime
von Pankow« denunzierten und die Teilung Deutschlands weder als
Folge der Politik des NS-Regimes erkennen wollten noch bereit waren
wahrzunehmen, dass die ersten Schritte zur Spaltung immer im Westen
getan wurden. Aus verständlichem Grund freilich, aber damit war der
Oststaat nicht von vorneherein dem Weststaat moralisch unterlegen.
Und Ulbricht galt allen Verächtern der DDR als deren Symbolfigur.

Walter Ulbricht war jedenfalls entschlossen, schon deshalb, weil er
zu Alternativen keine Fantasie hatte, ein kommunistisches Staats- und
Gesellschaftssystem wenigstens auf dem sowjetisch beherrschten deutschen Territorium zu errichten. Als ihm dies gelungen war, ließ er sich
zum Objekt stalinistischen Personenkults machen und genoss die Hul-
digungen, die fester Bestandteil der politischen Kultur der DDR waren.

Johannes R. Becher, Literat und Kommunist seit 1919, der seit 1935 im
sowjetischen Exil gelebt hatte und Mitgründer des Nationalkomitees
»Freies Deutschland« war, machte trotz seiner politischen Unzuverlässigkeit und »trotzkistischer Schwankungen« Karriere in der SED. 1949
dichtete er die Nationalhymne der DDR »Auferstanden aus Ruinen«.
Der Stalinpreisträger gehörte zur intellektuellen Elite und wurde 1954
erster Kulturminister. Im Jahr seines Todes 1958 – politisch war er entmachtet und nur noch nominell Minister – verfasste Becher eine Hul-
digung für seinen Freund Ulbricht in sakralem Ton: »Mehr aber als
Dichter ihn rühmen könnten und preisen, stimmt die Wirklichkeit für

ihn einen Lobgesang an, wobei unsere Republik in der Fülle der Errungenschaften ihre Stimme erhebt in einem gewaltigen, unsterblichen Chor, der weit hinausschwingt.« Becher pries den »Arbeitersohn« Walter Ulbricht über alle Maßen als vorbildlichen Lehrer, als Freund der Jugend, als Förderer des Sports, als brillanten Historiker, der die Geschichtsschreibung über die Novemberrevolution 1918 und den faschistischen deutschen Imperialismus erneuert habe, als Freund der Schönen Künste und der Architektur, als bedeutenden Staatsmann, als Vorkämpfer der Gleichberechtigung der Frau, kurzum als vollkommene Lichtgestalt, in der alle positiven Eigenschaften des Proletariats verkörpert seien: »Die deutsche Arbeiterklasse zählt ihn zu ihren Besten. Die Partei der Arbeiterklasse, das schöpferische Kollektiv des Politbüros sind stolz auf ihn. Die Deutsche Demokratische Republik erblickt in ihm ein Vorbild an Fleiß, Energie, Arbeitskraft – eine unschätzbare Errungenschaft. Das Aufbauwerk des Sozialismus grüßt dich als einen seiner hervorragendsten Erbauer. Und wir alle, die wir die Heimat lieben, und wir alle, die wir den Frieden lieben, lieben dich, Walter Ulbricht, den deutschen Arbeitersohn.«[205]

Das Urteil eines ehemaligen Mitstreiters, der sich vom Kommunismus abgewandt hatte und später eine der Größen der Sozialdemokratie in Bonn wurde, ist dagegen vernichtend. Herbert Wehner charakterisierte den späteren Ersten Sekretär der SED und Staatsratsvorsitzenden der DDR: »Ulbrichts Stärke bestand in einer unermüdlichen Geschäftigkeit, die ich an ihm immer und in allen Lagen habe feststellen können. Er hielt seine Mitarbeiter und Untergebenen (er brauchte Untergebene) fortgesetzt in Bewegung und kontrollierte unnachsichtig deren Arbeit. Seine Überlegenheit über andere bestand nicht in tiefer Einsicht oder größerer Reife, sondern in seiner Fähigkeit, stets besser informiert zu sein als andere und viel hartnäckiger der Durchführung von Einzelheiten nachzugehen.«[206]

Mit der Ironie, in der westliche Überlegenheit in den 1960er-Jahren zur Schau getragen wurde, und im Konsens der Adenauer-Ära charakterisierte der Sachbuchautor Dieter Wildt den ersten Mann der DDR als Prototyp seiner Heimat Sachsen: »... der wahre Ulbricht ist der der Jahre von 1930 bis 1960. Der wahre Ulbricht ist der typische zweite Mann. Im Vordergrund standen andere ... Wilhelm Pieck ... Otto Grotewohl. Ul bricht? Dem Mann aus dem Volk war er zwanzig Jahre lang von diesen dreißig Jahren unbekannt. Dabei zog er schon vor 1950 an den Strippen im Hintergrund und hatte die Sache in Wirklichkeit in der Hand. Ein Sachse, wie er in dieser Landschaft zu Tausenden aufwächst. Überaus gewissenhaft, besessen von der einen Aufgabe, durch keine Nebensächlichkeiten abgelenkt, anpassungsfähig, immer zuverlässig funktionierend. Kein Alkohol, keine Exzesse, kein karnevalistisches Treiben, kein Spiel mit Geld und Lastern, keine Zigaretten, noch nicht einmal eine dicke gemütliche Zigarre … Die DDR ist die sächsische Rache an Preußen.«[207]

Die Gruppe Ulbricht 1945 in Berlin

Die »Gruppe Ulbricht«, zehn Männer mit dem Ziel Berlin, landete am Nachmittag des 30. April 1945 auf einem Flugfeld zwischen Frankfurt/ Oder und Küstrin.[208] Ein Offizier der Roten Armee brachte sie nach Bruchmühle bei Strausberg östlich von Berlin. Hier hatte der sowjetische Stadtkommandant der zerstörten Reichshauptstadt, Generaloberst Nikolai Bersarin, sein Hauptquartier, von dem aus auch die Ulbricht-Leute operierten. Ziel war, so schnell als möglich leistungsfähige Bezirksverwaltungen in Berlin einzurichten und dazu die richtigen Leute zu finden. Die Auswahlkriterien machte Ulbricht seinen Leuten klar, und ebenso, wie rasch, nämlich innerhalb von zwei Wochen, die Arbeit getan werden musste:»Die Bezirksverwaltungen müssen politisch richtig zusammengestellt werden. Kommunisten als Bürgermeister können wir nicht brauchen, höchstens im Wedding und in Friedrichshain. Die Bürgermeister sollen in den Arbeiterbezirken in der Regel Sozialdemokraten sein. In den bürgerlichen Vierteln – Zehlendorf, Wilmersdorf, Charlottenburg usw. – müssen wir an die Spitze einen bürgerlichen Mann stellen, einen, der früher dem Zentrum, der Demokratischen oder Deutschen Volkspartei angehört hat. Am besten, wenn er ein Doktor ist; er muß aber gleichzeitig auch Antifaschist sein und ein Mann, mit dem wir gut zusammenarbeiten können.«[209]

Ulbricht unterschied zwischen Repräsentationsposten und Schlüsselstellungen. Der Bürgermeister müsse zuerst gefunden werden in Gestalt eines Bürgerlichen oder eines Sozialdemokraten. Macht durch Manipulation war die Devise, nach der Ulbricht handelte und handeln ließ: »Für den stellvertretenden Bürgermeister, für Ernährung, für Wirtschaft und Soziales sowie für Verkehr nehmen wir am besten Sozialdemokraten, die verstehen was von Kommunalpolitik. Für Gesundheitswesen antifaschistisch eingestellte Ärzte, für Post und Verbindungswesen parteilose Spezialisten, die etwas davon verstehen. Jedenfalls müssen zahlenmäßig mindestens die Hälfte aller Funktionen mit Bürgerlichen oder Sozialdemokraten besetzt werden.«[210] Ulbricht erläuterte, in seiner Instruktion fortfahrend, die künftige Struktur der Verwaltung des besetzten Berlin, wie er sie sich vorstellte: »Und nun zu unseren Genossen. Der erste stellvertretende Bürgermeister, der Dezernent für Personalfragen und der Dezernent für Volksbildung – das müssen unsere Leute sein. Dann müßt ihr noch einen ganz zuverlässigen Genossen in jedem Bezirk ausfindig machen, den wir für den Aufbau der Polizei brauchen.«[211] Die Philosophie kommunistischer Machtdurchsetzung fasste Ulbricht in einem viel zitierten Satz zusammen: »Es ist doch ganz klar: es muß demokratisch aussehen, aber wir müssen alles in der Hand haben.«[212] Die Arbeit des kommunistischen Vorauskommandos war im Juni 1945 beendet, als die Bezirksverwaltungen und der Berliner Magistrat zu arbeiten begannen und die Sowjetische Militäradministration in Deutschland mit Befehl Nr. 2 am 10. Juni politisches und gewerkschaftliches Leben in Gang setzte. Als erste Partei wurde die KPD wiedergegründet.

Walter Ulbricht agierte in den Jahren der Besatzung nur in der zweiten Reihe, als Abgeordneter im Landtag von Sachsen-Anhalt und als Mitglied des Parteivorstandes der im April 1946 aus der Fusion von KPD und SPD in der Sowjetzone entstandenen Sozialistischen Einheitspartei Deutschlands (SED). An deren Spitze standen zwei prominentere Politiker als gemeinsame Vorsitzende, einer für die sozialdemokratische und einer für die kommunistische Traditionslinie der SED.

Otto Grotewohl kam aus der SPD, er war vor 1933 Minister im Land Braunschweig gewesen und im Dritten Reich wegen Widerstands verfolgt worden. 1945 war er einer der Wiederbegründer der SPD in Berlin. Grotewohl hatte nach der Ausbildung eine klassische sozialdemokratische Parteikarriere absolviert und zeigte sich einer Vereinigung der seit dem Ersten Weltkrieg gespaltenen Arbeiterbewegung gegenüber auf-

geschlossener als die Mehrheit seiner Genossen. Natürlich war dafür gesorgt, dass in der SED die Funktionäre, die aus der KPD kamen, an den
Schalthebeln der Macht saßen. Protokollarisch war das Amt des Ministerpräsidenten der DDR, das Grotewohl von 1949 bis 1960 ausübte, bis
er erkrankte und nicht mehr arbeitsfähig war, hoch oben angesiedelt,
wirkliche Macht war damit nicht verbunden.[213]

Wilhelm Pieck, siebzig Jahre alt, war ein kommunistischer Veteran,
dessen Karriere als Sozialdemokrat und Gewerkschafter im Holzarbeiterverband (er war wie Ulbricht gelernter Tischler) im Kaiserreich
begonnen hatte. 1917 hatte er sich der USPD angeschlossen, dem ZK der
KPD gehörte er seit der Gründung 1918/19 an, er hatte zentrale Funktionen in der Partei und der Komintern, war Reichstagsabgeordneter gewesen und nach der Verhaftung Ernst Thälmanns 1933 Chef der KPD
geworden. Nach der Rückkehr aus dem Moskauer Exil im Juli 1945 war
er die zentrale Figur bei der Gründung der SED und prädestiniert, vier
Jahre später nach Gründung der DDR deren Staatspräsident zu werden.[214]

Walter Ulbricht hatte zur Zeit der Staatsgründung der DDR viele
politische Funktionen, er war de facto stellvertretender SED-Chef, saß
im Deutschen Volksrat und in der Provisorischen Volkskammer. Seit Juli
1950 war er Generalsekretär bzw. ab Juli 1953 Erster Sekretär des Zentralkomitees der SED. Bis 1971 übte er dieses Amt aus, das ihn zum mächtigsten Mann der DDR machte. Er war außerdem 1. Stellvertretender
Vorsitzender des Ministerrats (1955–1960) und Vorsitzender des Nationalen Verteidigungsrats (1960–1971) sowie seit 1960 Vorsitzender des
Staatsrats. Das blieb er auch nach der Entmachtung 1971 durch seinen
politischen Zögling, den Vorsitzenden der FDJ Erich Honecker.

Wolfgang Leonhard, das jüngste Mitglied der »Gruppe Ulbricht«, die
als Moskauer Voraustrupp im Frühjahr 1945 in Berlin Weichen stellte,
hat Ulbricht charakterisiert als einen Mann von unerschöpflicher
Arbeitskraft, ohne erkennbare emotionale Regungen, listig und rück-
sichtslos bei der Durchsetzung Moskauer Direktiven. Ulbrichts Stärken
seien Organisationstalent, sein phänomenales Namensgedächtnis und
die frühzeitige Witterung für politische Kurswechsel: »Nach 1945 wurde
Ulbricht, der Apparatschik par excellence, der zwar Funktionären Direktiven übermitteln, aber niemals Massen für umwälzende Maßnahmen

begeistern kann, zunächst stets hinter Pieck und Grotewohl genannt. Seine Stellung festigte sich jedoch zusehends, als die sozialen Umwälzungen (wie die Bodenreform, die Verstaatlichung der Betriebe und die Schulreform), für die zumindest die passive Unterstützung weiterer Bevölkerungsschichten erforderlich war, in den Hintergrund traten und der Apparat zum alles beherrschenden Instrument wurde.«[215]

Lotte und Walter

Walter Ulbrichts Privatleben war eng mit seinen politischen Ambitionen verflochten.[216] Die Lebensgefährtin, Mitarbeiterin und Ehefrau Lotte Kühn, 1903 in Berlin geboren, war seit 1921 Kommunistin, arbeitete als Stenotypistin beim Zentralkomitee der KPD in Berlin, dann in der Bezirksleitung in Essen, bei der Kommunistischen Jugendinternationale in Moskau, dann wieder in Berlin beim ZK und bei der KPD-Reichstagsfraktion. Seit 1931 lebte sie ständig in Moskau, war Referentin bei der Komintern und studierte daneben an der Akademie für Marxismus und Leninismus und an der Kommunistischen Universität. Sie war mit dem KPD-Funktionär Erich Wendt[217] liiert gewesen und wurde nach dessen Verhaftung 1936 einer Untersuchung unterzogen, die 1938 mit einer Parteirüge endete. Zur Bewährung war sie 1939 bis 1941 als Setzerin in der Druckerei für fremdsprachige Literatur in Moskau beschäftigt, ehe sie zur Hauptreferentin und Instrukteurin der Kommunistischen Internationale aufstieg und bis zur Rückkehr nach Deutschland 1945 in dieser Funktion tätig war.

Walter Ulbricht und Lotte Kühn waren seit 1935 ein Paar. Er war allerdings seit 1920 mit der Näherin Martha Schmellinsky verheiratet. 1921 war die gemeinsame Tochter Dora geboren worden. Die Ehe, die formell bis Dezember 1949 bestand, kann man nicht als zerrüttet bezeichnen, Walter Ulbricht hatte als Politiker in der Illegalität und in seinen Funktionen in Paris und Moskau einfach keine Zeit für ein Eheleben. Vor Lotte war allerdings auch noch eine andere Frau in sein Leben getreten, Rosa Michel, gebürtig aus Polen, Journalistin und aktives Mitglied der französischen Kommunistischen Partei. Auch aus dieser Verbindung war 1931 eine Tochter hervorgegangen, und auch diese Liaison endete nicht im Zerwürfnis. Walter und Lotte Ulbricht haben mit den beiden Verflossenen freundschaftliche Beziehungen unterhalten.

Lotte Kühn, die 1945 aus dem sowjetischen Exil nach Berlin zurückkehrte, blieb die engste Mitarbeiterin Walter Ulbrichts im Zentralkomitee der SED. Hilfreich war sie auch, weil sie im Gegensatz zu Ulbricht fließend Russisch sprach. Im Januar 1950 haben die beiden geheiratet. Im Sommer 1953 ließ sich Lotte Ulbricht von den Funktionen im ZK entbinden, studierte ein drittes Mal mit dem Abschluss Diplom-Gesellschaftswissenschaftlerin und arbeitete in der Redaktion des theoretischen SED-Organs ›Einheit‹ sowie im Institut für Marxismus-Leninismus, wo sie zuletzt Leiterin der Arbeitsgruppe »Walter Ulbricht« war, mit der Aufgabe der Redaktion aller Reden und Schriften ihres Mannes. Als First Lady des Arbeiter- und Bauernstaates wurde auch sie mit Orden und Ehrenzeichen überhäuft, von der Clara-Zetkin-Medaille über das Banner der Arbeit bis zum mehrfachen Vaterländischen Verdienstorden (nebst Ehrenspange) und dem Großen Stern der Völkerfreundschaft. In unerbittlicher Tüchtigkeit, ebensolchem Pflichtbewusstsein und daraus resultierender Unbeliebtheit stand sie ihrem Mann kaum nach, sie hatte ihn um viele Jahre überlebt, als sie 2002 im Alter von 99 Jahren starb.[218]

Macht und Krisen

Seit 1950 war Ulbricht der mächtigste Mann im Staat. Mit dem Titel Generalsekretär bzw. Erster Sekretär des Zentralkomitees der SED saß er von 1950 bis 1971 an der wichtigsten Schaltstelle der Macht. Der SED-Chef trieb den Aufbau des deutschen Sowjetstaates mit Stalins Methoden rastlos voran, strapazierte die Volkswirtschaft bis zum Ruin und erschöpfte mit Normenerhöhungen und Drosselung des Konsums die Geduld der Werktätigen aller Branchen, vom Bauwesen bis zur Landwirtschaft, von der Industrie bis zu Handel und Gewerbe.

Der Tod Stalins im März 1953 erschütterte die Position des Mannes an der Spitze der DDR. Die Stimmung im Land war schlecht wegen

Ulbrichts Druck auf die Arbeitsproduktivität und seine Spardiktate, die Wirtschaftslage durch das Tempo des sozialistischen Aufbaus desaströs. Das wusste und missbilligte man auch in Moskau. Anfang Juni wurden Ulbricht und Grotewohl (Pieck war krank, als Dritter reiste das Polit-büro-Mitglied Fred Oelßner mit) nach Moskau beordert, um vor Stalins Erben Rechenschaft abzulegen. Als Ursache der Misere in Ostdeutsch-land wurde der falsche Kurs Ulbrichts zum beschleunigten Aufbau des Sozialismus konstatiert und ein Pflichtenkatalog vorgegeben, zu dem der Stopp der forcierten Bildung Landwirtschaftlicher Produktionsgenossen-schaften ebenso gehörte wie die Forderung nach pfleglicher Behandlung privatkapitalistischer Unternehmer und Gewerbetreibender in Handel und Landwirtschaft. Die Produktion von Konsumgütern wurde verlangt statt des Ausbaus der Schwerindustrie um jeden Preis. Gesinnungsjustiz und Behördenwillkür seien unzulässig und Bürgerrechte seien zu ge-währleisten, erfuhren Ulbricht und Grotewohl im Kreml. Personelle Konsequenzen standen nicht auf der Agenda, obwohl Lawrenti Berija, damals als Stellvertreter Stalins und Chef der Staatssicherheit noch einer der mächtigsten Männer der Sowjetunion, Ulbricht lautstark der Haupt-schuld an der katastrophalen Lage der DDR zieh.[219]

Der Volksaufstand am 17. Juni 1953

Schwer angeschlagen kehrte Ulbricht nach Berlin zurück. Dort braute sich weiteres Ungemach zusammen. Während die Parteiführung über Maßnahmen debattierte, mit denen der Zorn der DDR-Bürger über Normenerhöhungen zu besänftigen und den Moskauer Forderungen zu entsprechen sei und wie es in Staat und Wirtschaft weitergehen könnte, rumorten unzufriedene Arbeiter auf der wichtigsten Baustelle, der Stalin-allee in Berlin. Am 15. Juni empfing Ministerpräsident Grotewohl auch einen Brief der Bauarbeiter des Krankenhauses Berlin-Friedrichshain, in dem die Herabsetzung der Normen verlangt wurde. Das Verlangen wurde vom Gewerkschaftsorgan ›Tribüne‹ unterstützt, im SED-Blatt ›Neues Deutschland‹ stand das Gegenteil. Das Politbüro tagte pausenlos. Am 16. Juni traten Arbeiter an der Stalinallee in den Streik und mar-

schierten zum »Haus der Ministerien« (das war Görings einstiges Luftfahrtministerium, in das 1990 die Treuhand und danach der Finanzminister der Bundesrepublik einziehen sollten). Dort demonstrierten
sie nicht nur für die Senkung der Normen, sondern auch für freie Wahlen und den Rücktritt der Regierung. Dazu skandierten sie »Spitzbart,
Bauch und Brille sind nicht Volkes Wille«. Gemeint waren Ulbricht,
Pieck und Grotewohl. Die beiden Letztgenannten verbargen sich im
Keller des Hauses, ehe sie sich durch einen Seitenausgang davonmach-
ten. Dem Parteisekretär für Agitation und Propaganda Heinz Brandt
hinterließen sie den Auftrag, den Demonstranten mitzuteilen, dass die
Normenerhöhung zurückgezogen sei.

Ulbrichts politisches Schicksal stand auf der Kippe und schien besiegelt, als der Protest in Berlin am Morgen des 17. Juni 1953 zum lan-
desweiten Flächenbrand wurde. Der Statthalter Moskaus in Ostberlin,
Botschafter Wladimir Semjonow, hatte recht mit seiner Feststellung, der
DDR-Führung sei es nicht gelungen, die »Herzen der Werktätigen zu
erobern«.[220] Dem Aufruf zum Generalstreik folgten am 17. Juni, obwohl
der öffentliche Nahverkehr stillgelegt war, bei nasskaltem Wetter in Berlin und in der ganzen DDR Hunderttausende. Ein Demonstrationszug[221]
bewegte sich von der Stalinallee Richtung Stadtmitte. Die Berichterstattung in der DDR beschränkte sich auf amtliche Verlautbarungen,
nach denen der Volksaufstand das lange geplante Werk westlicher Pro-
vokateure sei. Umso ausführlicher berichteten die Westberliner Rund-
funkanstalten RIAS und der Sender Freies Berlin.

Aus Moskau eilte der NKWD-Chef und Innenminister Berija herbei.
Er mobilisierte sowjetische Panzer, die durch Ostberlins Straßen rassel-
ten und an den Sektorengrenzen die Übergänge nach Westberlin blockierten. Der Aufstand, der grenzenlosen Unmut über die Zustände
artikulierte, aber darüber hinaus kein klares politisches Ziel hatte, wurde
mit Gewalt niedergeschlagen. Die DDR-Intelligenz hatte sich überwiegend mit der Partei und der Regierung solidarisiert. Das berühmte
Gedicht Bertolt Brechts, in dem er die Obrigkeit fragte, ob es, da das Volk
das Vertrauen der Regierung verscherzt habe, nicht einfacher sei, »die
Regierung löste das Volk auf und wählte ein anderes?«, veröffentlichte
der Staatsdichter aber nicht, er richtete damals lieber eine Solidaritäts-
adresse an die Herrschenden.[222]

Genaue Opferzahlen des 17. Juni gibt es nicht. Mindestens 35 Menschen wurden von Volkspolizisten oder Rotarmisten erschossen. Weitere sind von sowjetischen Militärtribunalen standrechtlich getötet, wenigstens fünf Personen von DDR-Gerichten zum Tod verurteilt und hingerichtet worden. Etwa 15 000 DDR-Bürger wurden verhaftet, etwa 1800 sind verurteilt worden.[223]

Die Sprachregelung, nach der es sich beim Volksaufstand des 17. Juni um einen faschistischen Putschversuch gehandelt habe[224], änderte nichts daran, dass Walter Ulbricht der Schuldige an dem Debakel war. Seine politische Karriere schien beendet. Die Abrechnung im Politbüro der SED stand bevor, außer seinem politischen Adepten Erich Honecker hielt kaum noch jemand zu Ulbricht. Elli Schmidt, die Vorsitzende des Demokratischen Frauenbundes, wagte sich in der Sitzung des Politbüros am 7. Juli am weitesten vor und machte den Generalsekretär der SED für die politische Katastrophe des 17. Juni persönlich verantwortlich: »Der ganze Geist, der in unserer Partei eingerissen ist, das Schnellfertige, das Unehrliche, das Wegspringen über die Menschen und ihre Sorgen, das Drohende und das Prahlen – das erst hat uns so weit gebracht, und daran, lieber Walter, hast du die meiste Schuld und das willst du nicht eingestehen, daß es ohnedem keinen 17. Juni gegeben hätte«.[225]

Das Blatt hatte sich aber schon zugunsten Ulbrichts gewendet. Am 26. Juni war in Moskau Lawrenti Berija, der Ulbricht beim Rapporttermin Anfang Juni angebrüllt hatte, entmachtet worden. Damit zog Ulbricht, der mit der Witterung des politischen Taktikers früher als andere vom Sturz des gefürchteten Mannes erfahren hatte, den Kopf aus der Schlinge. Es brauchte nur noch Schuldige. Als solche inszenierte Ulbricht seine Gegner im Politbüro. Wie die ZK-Mitglieder Rudolf Herrnstadt, Chefredakteur des ›Neuen Deutschland‹, und Wilhelm Zaisser, Minister für Staatssicherheit, verlor auch Elli Schmidt alle Ämter, als Ulbricht wieder fest im Sattel saß und seine Kritiker wegen »parteifeindlicher fraktioneller Tätigkeit« politisch vernichtete. Ihr Schicksal teilten andere wie Anton Ackermann, der Anfang Mai 1945 in Sachsen an der Spitze eines Moskauer Vortrupps die gleiche Rolle gespielt hatte wie Ulbricht in Berlin und Gustav Sobottka in Mecklenburg-Vorpommern.

Im Schatten Stalins

Das Odium des Volksaufstands am 17. Juni war mit der Säuberung der SED-Spitze gebannt, aber eine weitere Klippe musste umschifft werden. Ulbricht war Stalinist und die Entstalinisierung, die nach dem Tod des Diktators mit der Absage an den Personenkult im Mai 1953 und dem Verdikt über den Stalinismus begann, und von Nikita Chruschtschow auf dem 20. Parteikongress der KPdSU im Februar 1956 öffentlich verkündet wurde, bedrohte den SED-Chef persönlich.

Der Stalinist Ulbricht war allerdings nicht blind in der Verehrung des Diktators, und Stalin war auch seinem Statthalter in Deutschland gegenüber misstrauisch gewesen, kannte dessen Schwächen und Grenzen. Beide hatten auch nicht das gleiche Ziel, wie lange Zeit geglaubt wurde. Stalin hielt das sowjetische Imperium im Grunde mit der Tschechoslowakei, Polen und Ungarn für arrondiert. Ein wirtschaftlich leistungsfähiges Deutschland als Ganzes wäre für Moskau die bessere politische Lösung gewesen als der deutsche Sowjetstaat, den Ulbricht mit allen Kräften (und mäßig begeisterter Unterstützung der Sowjetunion) erbaute. Politischer und ökonomischer Einfluss auf ein neutrales und entmilitarisiertes Gesamtdeutschland und Reparationsleistungen waren in Stalins Augen gewiss die besseren Optionen als die ständige Konfrontation eines ostdeutschen Klientelstaats mit dessen konkurrierendem Weststaat. Aus Bonner Perspektive war der Preis eines als illegitim denunzierten östlichen deutschen Teilstaats neben der nach Westen orientierten Bundesrepublik die bessere Lösung angesichts der Furcht vor dem Bolschewismus als die Einheit der deutschen Nation. Die Westintegration sorgte für den notwendigen Schutz und für Wohlstand, die Propaganda des Kalten Krieges betrieb auf beiden Seiten das Geschäft, die jeweils andere Seite als moralisch minderwertig, als aggressiv, als faschistisch bzw. als politisch illegal und moskauhörig zu denunzieren. Die Überlegenheit des jeweils eigenen Systems stand in der Konfrontation nicht in Frage, ja sie konnte täglich aufs Neue bewiesen werden.

In dieser Situation war der Tod Stalins für Ulbricht eine gefährliche Herausforderung. Er musste, um sein Konzept weiter zu verfolgen, sich mit den politischen Erben Stalins in einer Krisensituation, die am 17. Juni 1953 kulminierte, arrangieren und er musste, als die Demontage der gottähnlichen Figur im Kreml begann, sich von ihm distanzieren. Nach jahrzehntelanger öffentlich bekundeter Gefolgschaft und Vasallentreue stellte das eine besondere Herausforderung dar. Mit einigem Glück, vor allem aber mit der ihm eigenen Wendigkeit, dem taktischen Geschick und seiner Skrupellosigkeit überstand Ulbricht auch die Entstalinisierung.

Seinem Leid über den Tod des Führers der Sowjetunion hatte Ulbricht im Zentralorgan der SED noch wortreich Ausdruck verliehen: »Der größte Mensch unserer Epoche ist dahingeschieden. Sein Werk jedoch lebt und wird der Menschheit noch in Jahrhunderten wegweisend sein (…) Die Werktätigen der DDR sind von tiefem Schmerz ergriffen angesichts des Dahinscheidens unseres weisen Lehrers, unseres Vaters.«[226] Dem Theoretiker Stalin, der schöpferisch das Werk Marx', Engels' und Lenins weiterentwickelt habe, hatte Ulbricht bereits zu dessen 70. Geburtstag gehuldigt und das gigantische Werk des Genies im Kreml gepriesen.[227] Das war 1949 gewesen. Später erklärte Ulbricht, zu den Klassikern des Marxismus könne man Stalin nicht rechnen.[228]

Nur scheinbar selbstkritisch war die Volte, mit der sich der SED-Chef, der in einer Nacht das monumentale Stalin-Denkmal am Strausberger Platz, dem Anfang der Ostberliner Stalinallee, spurlos hatte entfernen lassen, vom Terror des sowjetischen Diktators distanzierte: »Auch wir, die Mitglieder und Führung der KPD, haben unter dem Stalinschen Personenkult und seinen Terrormethoden gelitten. Und wenn es einige Leute genau wissen wollen: unser Politbüro hat sich gegen die Stalinschen Methoden gewandt und fand dabei Verständnis und Unterstützung bei sowjetischen Genossen.«[229] Mit der Entstalinisierung, die mit dem 22. Parteikongress der KPdSU (B) im Oktober 1961 in letzter Konsequenz dekretiert wurde, verloren emblematische Projekte der DDR wie die Ostberliner Stalinallee und Stalinstadt an der Oder ihre Insignien. Das Projekt des Stahlkombinats war nach dem Tod des Namensgebers im Mai 1953 in »Eisenhüttenstadt« umbenannt worden (gegen die Vorschläge »Stadt der Metallurgen«, »Thälmannstadt« und »Karl-Marx-Stadt«, letzterer Name ging dann an Chemnitz).

Glaubwürdigkeit war für den Chef der DDR keine Prämisse der Regierungskunst. Das bewies er, als er im Sommer 1961 befahl, den Ostsektor des Teils von Berlin, der die Bezeichnung »Hauptstadt der DDR« führte, abzuriegeln und ungerührt vor aller Welt verkündete, niemand habe die Absicht, eine Mauer zu errichten. Die Berliner Mauer war wenige Tage später am 13. August 1961 Realität. Sie war notwendig für die Existenz der DDR, um den auszehrenden Menschenstrom zu stoppen, der den ökonomischen Bestand des Staates bedrohte. Die Abriegelung hat die DDR stabilisiert und konsolidiert. Aber welchen Preis mussten die Bürger für den Wohlstand bezahlen, den sie – trotz vieler Mangelerscheinungen – genossen? Fehlende Freizügigkeit und Gesinnungsdruck durch die omnipräsente Staatssicherheit waren die eine Seite der Realität. Die Ritualisierung des öffentlichen Lebens, die Erstarrung und Vergreisung der Eliten die andere. Walter Ulbricht hat alles Negative verkörpert und wurde dafür nicht geliebt.

Als Gegenspieler Konrad Adenauers, der in der Aura des Staatsmannes im Einvernehmen mit den Westmächten in Bonn regierte, machte Walter Ulbricht keine gute Figur. Dafür sorgten nicht zuletzt die Ängste der Bürger der Bundesrepublik vor der Sowjetunion, die mit der Wiederbewaffnung gelindert wurden, und nicht minder die Systemkonkurrenz zwischen West und Ost, ausgetragen in der Propaganda des Kalten Krieges. Die anhaltende Flucht aus der DDR, verursacht durch den politischen Druck, das Unbehagen durch den Gesellschaftsumbau und dessen individuelle Folgen wurden forciert durch die Lockungen aus dem Westen: den dort hoch erwünschten Flüchtlingen aus der DDR winkten Arbeitsplätze, Eingliederungshilfen und ohne Umstände und Wartezeiten die Staatsbürgerschaft der Bundesrepublik.

Der Aufstand am 17. Juni 1953 diskreditierte nicht nur in westlicher Sicht die Führungselite der DDR, allen voran den SED-Chef Ulbricht. Die wechselseitigen Diffamierungen im Propagandakrieg stießen an die Grenzen der Glaubwürdigkeit. Zu glauben, dass aus amerikanischen Flugzeugen Kartoffelkäfer abgeworfen würden, um die Ernte der DDR zu dezimieren, setzte mehr ideologische Festigkeit voraus, als der Mehrheit der DDR-Bürger gegeben war, und den Bundesbürgern machten die Kampagnen gegen Adenauers Restaurationsregime, gegen seinen Mitarbeiter Globke als angeblich unverbesserlichen Nazi oder später gegen den Bundespräsidenten Heinrich Lübke als »KZ-Baumeister« wenig Eindruck.

Das politische Ende Walter Ulbrichts begann, als Bundeskanzler Willy

Brandt im März 1970 nach Erfurt reiste und zwei Monate später DDR-Ministerpräsident Stoph Kassel besuchte. Der Dialog zwischen Bonn und Moskau über ein Abkommen zum Gewaltverzicht, der die Viermächte-Gespräche über Berlin, die Aufnahme beider deutscher Staaten in die UNO und geregelte Beziehungen zwischen ihnen einleitete, verlangte den Verzicht auf unhaltbare Positionen, wie sie Ulbricht verkörperte. Aus Moskau kam Druck, die SED beugte sich und signalisierte Kompromissbereitschaft in der Frage der »vorbehaltlosen völkerrechtlichen Anerkennung« der DDR durch die Bundesrepublik. Ulbricht musste den Kompromiss mittragen und sah sich gleichzeitig in seiner Wirtschaftspolitik unter Kritik der SED. Das war im Dezember 1970 in einer Sitzung des ZK. Entschieden wurde das Ende der Ära Ulbricht in Moskau. Am 30. März 1971 nahmen Ulbricht und Honecker am XXIV. Parteitag der KPdSU teil, diskutierten mit der sowjetischen Führung über die Zukunft der DDR. Vier Wochen später bat Ulbricht das Zentralkomitee der SED, ihn von der Führung der Partei zu entbinden und den Genossen Honecker mit der Nachfolge zu betrauen. Die Partei entsprach dem Wunsch des 78-Jährigen. Er behielt das dekorative Amt des Staatsratsvorsitzenden, wurde Anfang Mai 1971 zum ebenfalls nur symbolischen »Vorsitzenden der SED« ernannt und versank in politischer Bedeutungslosigkeit, die sein Nachfolger nach Kräften förderte.

Der Staatsmann

Walter Ulbricht hatte sein politisches Ziel erreicht, er stand an der Spitze eines sozialistischen deutschen Staates. Als dessen Gründer war er nicht auf dem Königsweg des Revolutionärs zum Erfolg gestürmt. Auch war er nicht an der Spitze eines geeinten Volkes geschritten, das die Übel faschistischer Herrschaft durch den Sieg des Sozialismus überwand. Ulbrichts Staat war mit Ränken erkämpft, die Gründung war in jedem einzelnen Schritt Reaktion auf die Entwicklung im Westen gewesen, und sogar die Moskauer Patronage war nur widerwillig – als zweitbeste Lösung der deutschen Frage aus sowjetischer Sicht – gewährt worden.

Am 1. August 1973, wenige Wochen nach seinem 80. Geburtstag, zwei

Jahre nach seiner Entmachtung, starb Walter Ulbricht an den Folgen eines Schlaganfalls. Seine Urne wurde in der Gedenkstätte der Sozialisten in Berlin-Friedrichsfelde beigesetzt. Der erzwungene Rücktritt hatte ihn zur Unperson gemacht, die Funktion als Staatsratsvorsitzender war belanglos und außerdem durch Aufpasser neutralisiert, öffentliche Auftritte wurden verhindert, die Teilnahme an politischen Ereignissen verweigert. In seiner Einsamkeit beklagte sich Ulbricht sogar beim Kremlchef Leonid Breschnew, der den Brief sogleich Ulbrichts Nachfolger Erich Honecker überwies, ohne dass den Bitten des abgehalfterten Genossen entsprochen wurde. Als letzte Schikane verweigerten seine Nachfolger dem toten Ulbricht die Staatstrauer, weil die Weltjugendfestspiele nicht getrübt werden sollten. Das sei Ulbrichts eigener Wunsch gewesen, wurde behauptet. Erst fünf Tage nach dem Tod des DDR-Gründers, als die Spiele zu Ende waren, wurden die Fahnen auf halbmast gesetzt und die Straßen waren frei für den Trauerkondukt.

Zu den weniger bekannten Werken des Schriftstellers Gerhard Zwerenz, der 1957 aus der DDR in die Bundesrepublik übersiedelte, gehört eine Ulbricht-Biographie[230], in der er den SED-Chef als erfolgreichsten Politiker der deutschen Nachkriegszeit zeichnet. Zwerenz, bekennender Sozialist und Polemiker von hohen Graden sah ihn als Akteur in einem »Geflecht der Aktionen und Reaktionen, der Angriffe und Abwehrbewegungen«, das kaum noch entwirrbar sei, aber ein klares Ergebnis habe: In der Konfrontation von persönlich geglaubtem Antikommunismus Adenauers und dem Antikapitalismus Ulbrichts befinde sich Deutschland im Stadium der absoluten Teilung.

Die Darstellung ist nach Maßstäben der 1960er-Jahre erstaunlich differenziert, in der Tendenz ist sie linksintellektueller Gegnerschaft zur Adenauerzeit geschuldet. Sebastian Haffner hat das Buch im radikalen linken Magazin ›konkret‹ besprochen. Auf der Suche nach dem Erfolgsgeheimnis des Politikers Ulbricht sah er zwei Eigenschaften. Zum einen dessen »beispiellose Kombination von äußerer taktischer Schmiegsamkeit und Beweglichkeit« und zum anderen die Fähigkeit, »warten zu können, sich nie aufs Ungewisse festzulegen – und ebenso rigoros wie präzise zu handeln, wenn alles klar ist und nichts mehr fehlgehen kann«.[231] Verortet hat Haffner die Leistung des Staatsmannes Ulbricht als kongenial zum Reichsgründer Otto von Bismarck.

Haffner rühmte die historische Leistung Ulbrichts, »aus der vom Westen aufgegebenen und von Westdeutschland im Stich gelassenen russischen Zone einen deutschen sozialistischen Staat gemacht« zu haben. Er bescheinigte Ulbricht staatsmännische Qualitäten und scheute – das Erscheinungsjahr des Essays 1966 mag das zum Teil als Überdruss an der Adenauer-Ära erklären – die historischen Vergleiche nicht. Fünf Jahre vor Ulbrichts Sturz, vor der Entmachtung durch die Genossen 1971, schrieb Haffner, »das Werk Metternichs und Bismarcks war nicht durch Zufall kurzlebig und zweischneidig«. War damit gemeint, dass Ulbrichts Werk von Dauer sei? Das deutsche Kaiserreich existierte 47 Jahre und endete in einer Revolution nach einem vernichtenden Krieg. Die DDR endete nach 40 Jahren friedlich.

ANMERKUNGEN

Erster Teil: Besatzungsherrschaft und Neuaufbau im Vier-Zonen-Deutschland

1. Vorgeschichte der Teilung Deutschlands: Die Kriegsziele der Anti-Hitler-Koalition

1   Gemeinsame Erklärung Roosevelts und Churchills (Atlantik-Charta) vom 14.8.1941 (unterzeichnet am 12.8.1941), Text in: Foreign Relations of the United States. Diplomatic Papers (künftig zit.: FRUS) 1941. Bd. 1. Washington 1958, S. 367 f.; deutsch in: Europa-Archiv 1 (1946/47), S. 359.

2   Deutscher Wortlaut des »Washington-Pakts« vom 1.1.1942, ebd.

3   Bericht Edens aus Moskau, 5.1.1942, bei Winston S. Churchill, Der Zweite Weltkrieg. Bern 1940, Bd. 3, 2. Buch, S. 294 f.; vgl. Earl of Avon, The Eden Memoirs. The Reckoning. London 1965, S. 289 ff.

4   Wolfgang Marienfeld, Konferenzen über Deutschland. Die alliierte Deutschlandplanung und -politik 1941–1949. Hannover 1962, S. 43 f.

5   Vgl. Hermann Graml, Die Alliierten und die Teilung Deutschlands. Konflikte und Entscheidungen 1941–1948. Frankfurt a. M. 1985, S. 17 ff.

6   Vgl. Helmut Heiber (Hrsg.), Goebbels-Reden. Bd. 2: 1939–1945. Düsseldorf 1972, S. 172–208.

7   Vgl. Hans-Adolf Jacobsen, Der Weg zur Teilung der Welt. Politik und Strategie 1939– 1945. Koblenz, Bonn 1977, S. 300 f.

8   Alfred Vagts, Unconditional Surrender – Vor und nach 1943. In: Vierteljahrshefte für Zeitgeschichte (künftig zit.: VfZ) 7 (1959), S. 280–309.

9   Vgl. Graml, Die Alliierten, S. 21 f.

10   Winston S. Churchill, Reden 1943. Vorwärts zum Sieg. Zürich 1948, S. 221.

11   Vgl. Marienfeld, Konferenzen, S. 83.

12   Vgl. Hans-Günter Kowalski, Die »European Advisory Commission« als Instrument alliierter Deutschlandplanung 1943–1945. In: VfZ 19 (1971), S. 261–293.

13   Loukia Droulia/Hagen Fleischer (Hrsg.), Von Lidice bis Kalavryta. Widerstand und Besatzungsterror. Studien zur Repressalienpraxis im Zweiten Weltkrieg. Berlin 1999.

14   Thomas Urban, Katyn 1940. Geschichte eines Verbrechens. München 2015; Claudia Weber, Krieg der Täter. Die Massenerschießungen von Katyn. Hamburg 2015.

15   Declaration of German Atrocities. In: FRUS 1943, Bd. 1. Washington 1963, S. 768 f.; deutscher Text in: Gottfried Zieger, Die Teheran-Konferenz 1943. Hannover 1967, S. 184 f.

16   FRUS, The Conferences at Cairo and Teheran 1943. Washington 1961, S. 482 ff.; Alexander Fischer (Hrsg.), Teheran, Jalta, Potsdam. Die sowjetischen Protokolle von den Kriegskonferenzen der »Großen Drei«. Köln 1968.

17 Entwurf der Kapitulationsurkunde vom 25.7.1944. In: FRUS, The Conferences at Malta and Yalta 1945. Washington 1955, S. 110 f.; deutsche Ausgabe: Die Konferenzen von Malta und Jalta. Düsseldorf o. J. (1957), S. 110 f.

18 Londoner Zonenprotokoll der EAC vom 12.9.1944 und Ergänzungsabkommen vom 14.11.1944. Ebd. S. 118 ff. (englischer Text) bzw. S. 104 ff. (deutscher Text).

19 Texte der Memoranden in FRUS, Malta and Yalta, S. 134 ff. (deutsche Ausgabe, S. 125 ff.).

20 Henry Morgenthau, Germany is our problem. New York 1945; vgl. John Morton Blum, Deutschland ein Ackerland? Morgenthau und die amerikanische Kriegspolitik 1941–1945. Aus den Morgenthau-Tagebüchern. Düsseldorf 1968; H. G. Gelber, Der Morgenthau-Plan. In: VfZ 13 (1965), S. 372–402; Bernd Greiner, Die Morgenthau-Legende. Zur Geschichte eines umstrittenen Plans. Hamburg 1995.

21 Deutscher Text der Direktive JCS 1067 u. a. in: W. Cornides/H. Volle, Um den Frieden mit Deutschland. Oberursel/Ts. 1948, S. 58 ff.

22 The President' Log at Yalta. In: FRUS, Malta and Yalta, S. 549 f. (deutsche Ausgabe, S. 513 f.).

23 Stefan Martens (Hrsg.), Vom »Erbfeind« zum »Erneuerer«. Aspekte und Motive französischer Deutschlandpolitik nach dem Zweiten Weltkrieg. Sigmaringen 1993.

24 Vgl. Raymond Poidevin, Die französische Deutschlandpolitik 1943–1949. In: Claus Scharf/Hans-Jürgen Schröder (Hrsg.), Die Deutschlandpolitik Frankreichs und die Französische Zone 1945–1949. Wiesbaden 1983, S. 15–25.

25 Telegrammwechsel Stalin – Churchill vom 3. und 5. 12. 1944. In: Die Unheilige Allianz. Stalins Briefwechsel mit Churchill 1941–1945. Reinbek 1964, S. 337 f.

26 Dietmar Hüser, Frankreichs »doppelte Deutschlandpolitik«. Dynamik aus der Defensive – Planen, Entscheiden, Umsetzen in gesellschaftlichen, innen- und außenpolitischen Krisenzeiten 1944–1950. Berlin 1996.

27 Deutscher Auszug aus dem Memorandum des Economic and Industrial Planning Staff, 2.9.1944, bei Jacobsen, Weg zur Teilung der Welt, S. 395 f.

28 Reparationen und Politische Zerstückelung Deutschlands. Memorandum des britischen Schatzkanzlers, 7.3.1945. Ebd., S. 404–407.

2. Der Zusammenbruch des NS-Staates und die bedingungslose Kapitulation

29 Vgl. Protokoll der Sitzung der vereinigten Stabschefs in Jalta, 5.2.1945. In: Malta und Jalta, S. 568.

30 Memorandum der britischen Stabschefs, 30.1.1945. Ebd., S. 446–448.

31 Rolf-Dieter Müller, Der Bombenkrieg 1939–1945, Berlin 2004; Olaf Groehler, Bombenkrieg gegen Deutschland. Berlin 1990.

32 Hitlers Rundfunkansprache vom 30.1.1945. In: Max Domarus (Hrsg.), Hitler. Reden und Proklamationen 1932–1945. Bd. 2. Würzburg 1963, S. 2195 f.

33 Text ebd., S. 2205.

34 Helmut Heiber (Hrsg.), Goebbels-Reden. Bd. 2: 1939–1945. Düsseldorf 1972, S. 436.

35 Vgl. Alexander Mitscherlich/Fred Mielke, Wissenschaft ohne Menschlichkeit. Medizinische und eugenische Irrwege unter Diktatur, Bürokratie und Krieg. Heidelberg 1949, S. 165 ff.; Michael H. Kater, Das »Ahnenerbe« der SS 1935–1945. Ein Beitrag zur Kulturpolitik des Dritten Reiches. Stuttgart 1974, S. 245 ff.

36 Jürgen Zarusky, »That is not the American Way of Fighting«. Die Erschießungen gefangener SS-Leute bei der Befreiung des KZ Dachau, in: Dachauer Hefte 13 (1997), S. 27–55.

37 Bohlen-Protokoll der Sitzung Roosevelt – Stalin, 4.2.1945. In: Malta und Jalta, S. 534 f.

38 Hugh R. Trevor-Roper, Hitlers letzte Tage. Zürich 1948, S. 142 f.; vgl. Marschall Wassilij Tschuikow, Das Ende des Dritten Reiches. München 1966, S. 154 ff.

39 Arthur L. Smith, Die »vermißte Million«. Zum Schicksal deutscher Kriegsgefangener nach dem Zweiten Weltkrieg. München 1992; Wolfgang Gückelhorn/Kurt Kleemann, Die Rheinwiesenlager Remagen und Sinzig. Fakten zu einem Massenschicksal 1945. Eine Dokumentation. Aachen 2013.

40 Magnus Brechtken, Albert Speer. Eine deutsche Karriere. München 2017.

41 Albert Speer, Erinnerungen. Berlin 1969, S. 446.

42 Text in: Domarus, Hitler, Bd. 2, S. 2223.

43 Vgl. Walter Schellenberg, Memoiren. Köln 1956, S. 359 ff.

44 Hitlers politisches Testament, 29.4.1945. In: Die Niederlage 1945. Aus dem Kriegstagebuch des Oberkommandos der Wehrmacht. Hrsg. von Percy Ernst Schramm, München 1962, S. 413–417.

45 Joachim Fest, Der Untergang. Hitler und das Ende des Dritten Reiches. Eine historische Skizze. Berlin 2002.

46 Telegramm Dönitz an Führerhauptquartier, 1.5.1945. Ebd., S. 419.

47 Churchill an Stalin, 25.4.1945. In: Die unheilige Allianz, S. 395.

48 Marlis G. Steinert, Die 23 Tage der Regierung Dönitz. Düsseldorf, Wien 1967, S. 22 f.

49 Walter Lüdde-Neurath, Regierung Dönitz. Die letzten Tage des Dritten Reiches. 5. Aufl. Leoni am Starnberger See 1981, S. 133.

50 Steinert, Die 23 Tage, S. 158 f.

51 Dönitz-Tagebuch, 6.5.1945. In: Die Niederlage 1945, S. 431 f.

52 Ebd., S. 420 f.

53 Steinert, Die 23 Tage, S. 194.

54 Vgl. Dwight D. Eisenhower, Kreuzzug in Europa. Amsterdam 1948, S. 485 f.; Harry C. Butcher, Drei Jahre mit Eisenhower. Bern 1946, S. 821 ff.

55 Text der Kapitulationsurkunden in: Die Niederlage 1945, S. 450 ff.; vgl. Bericht des US-Majors Fritz E. Oppenheimer über die Reise des OKW Keitel nach Berlin zur Unterzeichnung der Kapitulationsurkunde am 8./9. Mai 1945. In: Manfred Overesch, Deutschland 1945–1949. Königstein, Düsseldorf 1979, S. 177–181.

56 Steinert, Die 23 Tage, S. 201 ff.

57 Dönitz-Tagebuch, 8.5.1945. In: Die Niederlage 1945, S. 433 ff.

58   Dönitz-Tagebuch, 9.5.1945 und 12.5.1945. Ebd., S. 437 und 442. Vgl. Lutz Graf Schwe-
     rin von Krosigk, Es geschah in Deutschland. Tübingen, Stuttgart 1951, S. 364–380.

59   Schreiben Dönitz an Montgomery, 26.5.1945. In: Lüdde-Neurath, Regierung Dönitz,
     S. 162; vgl. Lutz Graf Schwerin von Krosigk, Memoiren. Stuttgart 1977, S. 242–253.

3. Die Errichtung der Besatzungsherrschaft

60   Ernst Lemmer, Manches war doch anders. Erinnerungen eines deutschen Demokraten.
     Frankfurt a. M. 1968, S. 220.

61   William H. Hale, Die Konferenz der Oberbefehlshaber. In: Ernst Deuerlein (Hrsg.),
     Potsdam 1945. Quellen zur Konferenz der »Großen Drei«. München 1963, S. 58 f.

62   Erklärung in Anbetracht der Niederlage Deutschlands und der Übernahme der obers-
     ten Regierungsgewalt hinsichtlich Deutschlands, 5.6.1945. In: Amtsblatt des Kontroll-
     rats in Deutschland. Ergänzungsblatt. Nr. 1, S. 7 f.

63   Feststellungen über das Kontrollverfahren, über die Besatzungszonen, über Beratungen
     mit den Regierungen anderer Vereinter Nationen. Ebd., S. 10 f.

64   Vgl. Eisenhower, Kreuzzug in Europa, S. 497 f.; Lucius D. Clay, Entscheidung in
     Deutschland. Frankfurt a. M. 1950, S. 35 f.

65   Gunther Mai, Der Alliierte Kontrollrat in Deutschland 1945–1948. Alliierte Einheit –
     deutsche Teilung? München 1995.

66   Vgl. Klaus-Dietmar Henke, Aspekte französischer Besatzungspolitik in Deutschland
     nach dem Zweiten Weltkrieg. In: Wolfgang Benz (Hrsg.), Miscellanea. Festschrift für
     Helmut Krausnick zum 75. Geburtstag. Stuttgart 1980, S. 169–191, insbes. S. 173.

67   Christoph Weisz (Hrsg.), OMGUS-Handbuch. Die amerikanische Militärregierung in
     Deutschland 1945–1949. München 1994.

68   Balfour, Vier-Mächte-Kontrolle, S. 163.

69   Vgl. Walter L. Dorn, Inspektionsreisen in der US-Zone. Notizen, Denkschriften und
     Erinnerungen aus dem Nachlass übersetzt und hrsg. von Lutz Niethammer, Stuttgart
     1973, S. 24 ff.

70   United States Army, »Your Job In Germany«. Schulungsfilm, 1945, https://archive.org/
     details/YourJobInGermany1945, eingesehen am 28.9.2017.

71   Leitfaden für Britische Soldaten in Deutschland 1944/Instructions for British Service-
     men in Germany 1944, Reprint und Übersetzung, Köln 2014.

72   Botschaft des Feldmarschalls Montgomery an die Einwohner der britischen Besat-
     zungszone. In: Deuerlein (Hrsg.), Potsdam 1945, S. 60 ff.

73   Reinhold Maier, Ein Grundstein wird gelegt. Tübingen 1964, S. 56.

74   Bericht Kirkpatrick an Eden, 18.6.1945. Abgedruckt in: Manfred Overesch, Deutsch-
     land 1945–1949. Vorgeschichte und Gründung der Bundesrepublik. Ein Leitfaden in
     Darstellung und Dokumenten. Königstein 1979, S. 185.

75   Vgl. Ulrich Borsdorf und Lutz Niethammer (Hrsg.), Zwischen Befreiung und Be-
     satzung. Analysen des US-Geheimdienstes über Positionen und Strukturen deutscher
     Politik 1945. Wuppertal 1976, S. 34–40.

76 Wolfgang Merker, Die Anfänge der deutschen Zentralverwaltungen in der SBZ 1945/46, in: Archivmitteilungen 31 (1981), S. 161–167.

77 Balfour, Vier-Mächte-Kontrolle, S. 158 f.

78 Berlin. Quellen und Dokumente 1945–1951, hrsg. im Auftrag des Senats von Berlin, bearb. durch Hans J. Reichardt u. a., Landesarchiv Berlin, 2 Halbbände, Berlin 1964.

79 Dokumente zur Berlin-Frage 1944–1966, hrsg. vom Forschungsinstitut der Deutschen Gesellschaft für Auswärtige Politik e. V. Bonn in Zusammenarbeit mit dem Senat von Berlin, bearb. von Wolfgang Heidelmeyer u. Günter Hinrichs, 4. Auflage München 1987.

80 Arthur Schlegelmilch, Hauptstadt im Zonendeutschland. Die Entstehung der Berliner Nachkriegsdemokratie 1945–1949. Berlin 1993.

4. Die Potsdamer Konferenz

81 Walrab von Buttlar, Ziele und Zielkonflikte der sowjetischen Deutschlandpolitik 1945–1947. Stuttgart 1980, S. 16 ff.

82 Vgl. Stanislaw Mikolajczyk, The Rape of Poland. Pattern of Soviet Aggression. New York 1948.

83 Vgl. Graml, Die Alliierten, S. 63 ff.

84 Vgl. Harry S. Truman, Memoiren. Bd. 1: Das Jahr der Entscheidungen (1945). Bern 1955, S. 189.

85 Winston S. Churchill, Der Zweite Weltkrieg. Bd. 6, 2. Buch: Der Eiserne Vorhang. Bern 1954, S. 180.

86 FRUS, The Conference of Berlin 1945, Bd. 1, S. 24 ff.; Deuerlein, Potsdam 1945, S. 102 f.

87 Ebd.

88 FRUS, Berlin Conference, Bd. 1, S. 64 ff.; Deuerlein, Potsdam 1945, S. 121 f.

89 Ebd.

90 FRUS, Berlin Conference, Bd. 1, S. 53 f.

91 Charles L. Mee, Die Teilung der Beute. Die Potsdamer Konferenz 1945. Wien, München 1977; Rolf Badstübner, Die Potsdamer Konferenz. Berlin (Ost) 1985.

92 Mee, Teilung der Beute, S. 51.

93 Truman, Memoiren, Bd. 1, S. 333; vgl. Churchill, Zweiter Weltkrieg, Bd. 6/2, S. 324.

94 Truman, Memoiren, Bd. 1, S. 334.

95 Protokoll der Sitzungen in FRUS, Berlin Conference, Bd. 2, S. 52 ff.; vgl. Alexander Fischer (Hrsg.), Teheran, Jalta, Potsdam. Die sowjetischen Protokolle von den Kriegskonferenzen der »Großen Drei«. Köln 1968, S. 199 ff.

96 FRUS, Berlin Conference, Bd. 2, S. 59 und 63, bzw. Fischer, Teheran, S. 210.

97 Mee, Teilung der Beute, S. 165 und 171 f.

98 »Potsdamer Abkommen«, u. a. abgedruckt in: Wolfgang Benz, Potsdam 1945. Besatzungsherrschaft und Neuaufbau im Vier-Zonen-Deutschland. München 2005, S. 207–225.

99 FRUS, Berlin Conference, Bd. 2, S. 89 und 96: Fischer, Teheran, S. 214.

100 Fischer, Teheran, S. 259 f.

101 Ebd.

102 Vgl. Wolfgang Benz (Hrsg.), Die Vertreibung der Deutschen aus dem Osten. Ursachen, Ereignisse, Folgen. Frankfurt a. M. 1985, darin insbes. Klaus-Dietmar Henke, Der Weg nach Potsdam – Die Alliierten und die Vertreibung. S. 49 ff., und Josef Foschepoth, Potsdam und danach – Die Westmächte, Adenauer und die Vertriebenen. S. 70 ff; Flucht und Vertreibung, Europa zwischen 1939 und 1948. Mit einer Einleitung von Arno Surminski. Hamburg 2004.

103 FRUS, Berlin Conference, Bd. 2, S. 215; Fischer, Teheran, S. 268.

104 Vgl. Herbert Feis, Zwischen Krieg und Frieden. Das Potsdamer Abkommen. Frankfurt a. M., Bonn 1962, S. 191 ff.

105 FRUS, Berlin Conference, Bd. 2, S. 483 ff.; Fischer, Teheran, S. 325 ff.

106 Mee, Teilung der Beute, S. 164.

107 Vgl. Wilfried Loth, Die Teilung der Welt. Geschichte des Kalten Krieges 1941–1955. München 1980, S. 107 f.

108 FRUS, Berlin Conference, Bd. 2, S. 1474 ff.

109 Befehl an den Oberkommandierenden der amerikanischen strategischen Luftwaffe vom 24. Juli 1945, abgedruckt in: Truman, Memoiren, Bd. 1, S. 431 f.

110 Graml, Die Alliierten, S. 92.

111 Vgl. Josef Foschepoth, Konflikte in der Reparationspolitik der Alliierten. In: Ders. (Hrsg.), Kalter Krieg und Deutsche Frage. Deutschland im Widerstreit der Mächte 1945–1952. Göttingen, Zürich 1985, S. 175–197; John H. Backer, Die Entscheidung zur Teilung Deutschlands. Amerikas Deutschlandpolitik 1943 bis 1948. München 1981, S. 33 ff.; Buttlar, Ziele und Zielkonflikte, S. 89 f.; Graml, Die Alliierten, S. 82 f.; Mee, Teilung der Beute, S. 180 ff.

112 Minutes of Byrnes-Molotow-Meeting, 23.7.1945; Minutes of Informal Meeting of the Foreign Ministers, 23.7.1944. In: FRUS, Berlin Conference, Bd. 2, S. 274 f. und 295 ff.

113 Truman-Molotow-Meeting, 29.7.1945. In: FRUS, Berlin Conference, Bd. 2, S. 471 ff.

114 Ebd., S. 510 ff.; Fischer, Teheran, S. 337 ff.

115 Amtsblatt des Kontrollrats in Deutschland. Ergänzungsblatt Nr. 1. Berlin 1946, S. 13–20; englischer Text »Protocol of the Proceedings of the Berlin Conference« sowie »Report on the Tripartite Conference of Berlin« in: FRUS, The Conference of Berlin. Washington 1960, Bd. 2, S. 1477–1514; deutscher Text beider Dokumente in: Michael Antoni, Das Potsdamer Abkommen – Trauma oder Chance? Berlin 1985, S. 340–353.

116 Truman, Memoiren, Bd. 1, S. 421 f.

117 Deuerlein, Potsdam 1945, S. 379, bzw. Public Papers of the President of the United States: Harry S. Truman, Containing the Public Messages, Speeches and Statements of the President, April 12 to December 31, 1945. Washington 1961, S. 203 ff.

118 Ebd.

119 Ebd.

120 Winston S. Churchill, Reden 1945. Endsieg. Zürich 1950, S. 365 (Churchill-Reden, Bd. 6); Deuerlein, Potsdam 1945, S. 383 f.

121 Ebd.

122 Zit. nach Badstübner, Potsdamer Konferenz, S. 36.

123 Elisabeth Kraus, Ministerien für ganz Deutschland. Der Alliierte Kontrollrat und die Frage gesamtdeutscher Zentralverwaltungen. München 1990.

124 FRUS, Berlin Conference, Bd. 2, S. 1554 f.; vgl. Feis, Krieg und Frieden, S. 291 f.

125 Memorandum of Conversation Bidault/Byrnes, 23. August 1945. In: FRUS, Berlin Conference, Bd. 2, S. 1557–1564.

126 Michael Antoni, Das Potsdamer Abkommen – Trauma oder Chance? Geltung, Inhalt und staatsrechtliche Bedeutung für Deutschland. Berlin 1985.

127 Bernd Stöver, Der Kalte Krieg 1947–1991. Geschichte eines radikalen Zeitalters. München 2007.

5. Länderregierungen und zonale Bürokratien als Auftragnehmer der Besatzungsmächte

128 Das formelle Ende Preußens erfolgte mit Gesetz Nr. 46 des Alliierten Kontrollrats vom 25.2.1947 (Amtsblatt des Kontrollrats, S. 262). Die Gesetzespräambel begann: »Der Staat Preußen, der seit jeher Träger des Militarismus und der Reaktion in Deutschland gewesen ist, hat in Wirklichkeit zu bestehen aufgehört.«

129 Vgl. Thilo Vogelsang, Hinrich Wilhelm Kopf und Niedersachsen. Hannover 1963; Teresa Nentwig: Hinrich Wilhelm Kopf und sein Wirken während des »Dritten Reiches«. Nachträge zu einer Debatte, in: Niedersächsisches Jahrbuch für Landesgeschichte, 88 (2016), S. 227–333, Göttingen 2016; Teresa Nentwig, Hinrich Wilhelm Kopf (1893–1961). Ein konservativer Sozialdemokrat. Hannover 2013.

130 Kurt Jürgensen, Die Gründung des Landes Schleswig-Holstein nach dem Zweiten Weltkrieg. Neumünster 1998.

131 Peter Hüttenberger, Nordrhein-Westfalen und die Entstehung seiner parlamentarischen Demokratie. Siegburg 1973; Walter Först, Geschichte Nordrhein-Westfalens. Bd. 1: 1945–1949. Köln 1970.

132 Arnold Sywottek, Hamburg seit 1945, in: Werner Jochmann (Hrsg.), Hamburg. Geschichte der Stadt und ihrer Bewohner, Bd. 2, Hamburg 1986, S. 377–466.

133 Edgar Wolfrum u. a., Krisenjahre und Aufbruchszeit. Alltag und Politik im französisch besetzten Baden 1945–1949. München 1996.

134 Vgl. Theodor Eschenburg, Das Problem der Neugliederung der Deutschen Bundesrepublik dargestellt am Beispiel des Südweststaates. Frankfurt a. M. 1950; Reinhold Maier, Ein Grundstein wird gelegt. Die Jahre 1945–1947. Tübingen 1964; ders., Erinnerungen 1948–1953. Tübingen 1966.

135 Carlo Schmid, Erinnerungen. Bern, München, Wien 1979, S. 239; Max Gögler und Gregor Richter (Hrsg.), Die Geschichte des Landes Württemberg-Hohenzollern 1945–1952. Darstellungen und Erinnerungen. Sigmaringen 1982.

136 Eberhard Konstanzer, Die Entstehung des Landes Baden-Württemberg. Stuttgart 1969.

137 Ulrich Springorum, Entstehung und Aufbau der Verwaltung in Rheinland-Pfalz nach dem Zweiten Weltkrieg (1945–1947). Berlin 1982; Heinrich Küppers, Staatsaufbau zwischen Bruch und Tradition. Geschichte des Landes Rheinland-Pfalz 1946–1955. Mainz 1990.

138 Robert H. Schmidt, Saarpolitik 1945–1947. 3 Bde., Berlin 1952–1959; Dieter M. Schneider, Saarpolitik und Exil 1933–1955. In: VfZ 25 (1977), S. 467–545.

139 Paul Sauer, Demokratischer Neubeginn in Not und Elend. Das Land Württemberg-Baden von 1945 bis 1952. Ulm 1978; Peter Jakob Kock, Bayerns Weg in die Bundesrepublik. Stuttgart 1983; Konrad Schacht (Hrsg.), Hessen 1945. Demokratischer Neubeginn zwischen Utopie und Pragmatismus. Wiesbaden 1995.

140 Klaus-Dietmar Henke, Politik der Widersprüche. Zur Charakteristik der französischen Militärregierung in Deutschland nach dem Zweiten Weltkrieg. In: VfZ 30 (1982), S. 500–537.

141 Einzelheiten bei Conrad F. Latour und Thilo Vogelsang, Okkupation und Wiederaufbau. Die Tätigkeit der Militärregierung in der amerikanischen Besatzungszone Deutschlands 1944–1947. Stuttgart 1973, S. 86 ff.; Wilhelm Hoegner, Der schwierige Außenseiter. Erinnerungen eines Abgeordneten, Emigranten und Ministerpräsidenten. München 1959, S. 198 ff.

142 Wilhelm Kaisen, Meine Arbeit, mein Leben. München 1967; Theodor Spitta, Aus meinem Leben. Bürger und Bürgermeister in Bremen. München 1969.

143 Vgl. Michael Thomas, Deutschland, England über alles. Rückkehr als Besatzungsoffizier. Berlin 1984.

144 Vgl. Manfred Overesch, Hermann Brill und die Neuanfänge deutscher Politik in Thüringen 1945. In: VfZ 27 (1979), S. 524–569; s. a. Heinrich Troeger, Interregnum. Tagebuch des Generalsekretärs des Länderrats der Bizone 1947–1949. Hrsg. von W. Benz und C. Goschler, München 1985, S. 12 f.

145 Ministerpräsidentenkonferenz in München 6./7. Juni 1947. In: Bundesarchiv, Institut für Zeitgeschichte (Hrsg.), Akten zur Vorgeschichte der Bundesrepublik Deutschland. 5 Bände, München 1976–1983, Bd. 2, S. 511 ff.

146 Akten zur Vorgeschichte der Bundesrepublik Deutschland 1945–1949 (AVBRD). Bd. 1, bearb. von W. Vogel und C. Weisz, München 1976, S. 140 ff.; Zur Entstehung und Funktion des Länderrats ebd., S. 58 ff.; s. a. Lia Härtel, Der Länderrat des amerikanischen Besatzungsgebietes. Stuttgart 1951, S. 185.

147 Annelies Dorendorf, Der Zonenbeirat der britisch besetzten Zone. Ein Rückblick auf seine Tätigkeit. Göttingen 1953; Die Sitzungen des Zonenbeirats sind wie die des Länderrats der US-Zone dokumentiert in AVBRD. Vgl. auch Marie Elise Foelz-Schroeter, Föderalistische Politik und nationale Repräsentation 1945–1947. Westdeutsche Länderregierungen, zonale Bürokratien und politische Parteien im Widerstreit. Stuttgart 1974.

148 Wolfgang Lohse, Die Politik der Sowjetischen Militär-Administration in der sowjetischen Besatzungszone Deutschlands. Phil. Diss. Wittenberg 1967, S. 41 ff.

149 Zit. nach Hermann Weber, Geschichte der DDR. München 1985, S. 98 f., dort weitere Belege.

150 Ebd., S. 104.

151 Eugen Schiffer, Ein Leben für den Liberalismus. Berlin 1951; Schiffer, der 1948 die Ostzone verließ, veröffentlichte 1949 in zweiter aktualisierter Auflage (die erste war 1928 erschienen): Die deutsche Justiz. Grundzüge einer durchgreifenden Reform. München, Berlin 1949.

6. Wiederbeginn politischen Lebens: Die Gründung von Parteien und Gewerkschaften

152 OMGUS, Military Government Regulations. Berlin 1947.

153 Deutscher Text der Direktive JCS 1779. In: W. Cornides u. H. Volle (Hrsg.), Um den Frieden mit Deutschland. Dokumente zum Problem der deutschen Friedensordnung 1941–1948. Oberursel 1948, S. 100–105; vgl. John Gimbel, Amerikanische Besatzungspolitik in Deutschland 1945–1949. Frankfurt 1968, S. 17 f.

154 Verordnung Nr. 12 der Britischen Militärregierung vom 15.9.1945. In: Amtsblatt der Militärregierung in Deutschland (britisches Kontrollgebiet) 1946, Nr. 4, S. 18 ff.

155 Ebd.

156 Text des Buchenwalder Manifestes in: Hermann Brill, Gegen den Strom. Offenbach 1946, S. 96–102.

157 Vgl. Lutz Niethammer, Aktivität und Grenzen der Antifa-Ausschüsse 1945. Das Beispiel Stuttgart. In: VfZ 23 (1975), S. 297–331.

158 Vgl. Helga Grebing (Hrsg.), Entscheidung für die SPD. Briefe und Aufzeichnungen linker Sozialisten 1944–1948. München 1984.

159 Kurt Schumacher, Nach dem Zusammenbruch. Gedanken über Demokratie und Sozialismus. Hamburg 1948, S. 48; vgl. ders., Reden-Schriften-Korrespondenzen 1945–1952. Hrsg. von Willy Albrecht, Berlin, Bonn 1985; die knappe, jedoch sehr informative Einleitung auch separat: Willy Albrecht, Kurt Schumacher. Ein Leben für den demokratischen Sozialismus. Bonn 1985; Peter Merseburger, Der schwierige Deutsche. Kurt Schumacher. Eine Biographie. Stuttgart 1995.

160 Vgl. Hans Kluth, Die KPD in der Bundesrepublik. Ihre politische Tätigkeit und Organisation 1945–1956. Köln 1959.

161 Günther Benser, Vereint sind wir unbesiegbar. Wie die SED entstand. Berlin (Ost) 1961; ders., »Zwangsvereinigung« – eine Legende und ihre Variationen. In: Geschichte, Ideologie, Politik – Auseinandersetzungen mit bürgerlichen Geschichtsauffassungen in der BRD. Berlin (Ost), 1983; Dietrich Staritz, Sozialismus in einem halben Lande. Zur Programmatik und Politik der KPD/SED in der Phase der antifaschistisch-demokratischen Umwälzung in der DDR. Berlin 1976; vgl. Kurt Klotzbach, Der Weg zur Staatspartei. Programmatik, praktische Politik und Organisation der deutschen Sozialdemokratie 1945 bis 1965. Berlin, Bonn 1982.

162 Leo Schwering, Vorgeschichte und Entstehung der CDU. Köln 1952, S. 41; vgl. Otto

Dann (Hrsg.), Köln nach dem Nationalsozialismus. Der Beginn des gesellschaftlichen und politischen Lebens in den Jahren 1945/46. Wuppertal 1981, S. 117 f.

163 Text in: Ossip K. Flechtheim (Hrsg.), Dokumente zur parteipolitischen Entwicklung in Deutschland seit 1945. Berlin 1963, Bd. 2, S. 30 ff.; vgl. Rudolf Uertz, Christentum und Sozialismus in der frühen CDU. Grundlagen und Wirkungen der christlich-sozialen Ideen in der Union 1945–1949. Stuttgart 1981.

164 Vgl. Alf Mintzel, Die CSU. Anatomie einer konservativen Partei 1945 bis 1972. Opladen 1975; Klaus-Dietmar Henke und Hans Woller (Hrsg.), Lehrjahre der CSU. Eine Nachkriegspartei im Spiegel vertraulicher Berichte an die amerikanische Militärregierung. Stuttgart 1984.

165 Zur Frühgeschichte der CDU vgl. Günter Buchstab und Klaus Gotto (Hrsg.), Die Gründung der Union. Traditionen, Entstehung und Repräsentanten. München, Wien 1981.

166 Vgl. Hermann Meyn, Die Deutsche Partei. Entwicklung und Problematik einer national-konservativen Rechtspartei nach 1945. Düsseldorf 1965.

167 Vgl. Hans Woller, Die Loritz-Partei. Geschichte, Struktur und Politik der wirtschaftlichen Aufbau-Vereinigung (WAV) 1945–1955. Stuttgart 1982; Ilse Unger, Die Bayernpartei. Geschichte und Struktur 1945–1957. Stuttgart 1979.

168 Text in: Peter Juling, Programmatische Entwicklung der FDP 1946 bis 1969. Einführung und Dokumente. Meisenheim 1977, S. 69 f.; vgl. Jörg Michael Gutscher, Die Entwicklung der FDP von ihren Anfängen bis 1961. Meisenheim 1967.

169 Archiv Institut für Zeitgeschichte München, OMGUS 5/9 – 2/3 CO Hist. Br.

170 Ebd.

171 Programm der Nationaldemokratischen Partei Deutschlands, 18.10.1945, Archiv Institut für Zeitgeschichte, OMGUS 1945–46 – 1/4 AG.

172 Eingaben Leuchtgens' und Korrespondenz mit der Militärregierung Juni bis September 1946 ebd.

173 Parteiprogramm der wirtschaftlichen Flüchtlingspartei u. Gesuch um Zulassung v. 1.6.1946 sowie interne Korrespondenz OMGUS – OMGB in: OMGUS 1945–46 – 1/4 AG, Archiv Institut für Zeitgeschichte.

174 Albrecht Lehmann, Im Fremden ungewollt zuhaus. Flüchtlinge und Vertriebene in Westdeutschland 1945–1950. München 1991.

175 Michael Schwartz, Tabu und Erinnerung. Zur Vertriebenen-Problematik in Politik und literarischer Öffentlichkeit der DDR, in: Zeitschrift für Geschichtswissenschaft 51 (2003), S. 85–101; Manfred Wille, Johannes Hoffmann, Wolfgang Meinicke (Hrsg.), Sie hatten alles verloren. Flüchtlinge und Vertriebene in der sowjetischen Besatzungszone. Wiesbaden 1993.

176 Siegfried Thomas, 1945–1949. In: DDR. Werden und Wachsen. Zur Geschichte der Deutschen Demokratischen Republik. Frankfurt a. M. 1975, S. 33 f.

177 Vgl. Ulrich Borsdorf, Der Weg zur Einheitsgewerkschaft. In: Jürgen Reulecke (Hrsg.), Arbeiterbewegung an Rhein und Ruhr. Wuppertal 1974, S. 401.

178 Vgl. Michael Fichter, Besatzungsmacht und Gewerkschaften. Zur Entwicklung und

Anwendung der US-Gewerkschaftspolitik in Deutschland 1944–1948. Opladen 1982, S. 119 ff.; ders. Einheit und Organisation. Der Deutsche Gewerkschaftsbund im Aufbau 1945 bis 1949. Köln 1990.

179 Sechs Vorbedingungen der amerikanischen Militärregierung für die Neubildung deutscher Gewerkschaften und Betriebsausschüsse. In: Keesings Archiv der Gegenwart 15 (1945), S. 3716; vgl. U. Borsdorf/H. O. Hemmer/M. Martiny (Hrsg.), Grundlagen der Einheitsgewerkschaft. Historische Dokumente und Materialien. Frankfurt a. M. 1977, S. 283 ff.

180 Vgl. Borsdorf, Der Weg zur Einheitsgewerkschaft, S. 408.

7. Reparationen, Kriegsverbrecherprozesse, Entnazifizierung

181 Potsdamer Protokoll (Anm. 98), S. 214.

182 Hans-Dieter Kreikamp, Die Entflechtung der I. G. Farbenindustrie A. G. und die Gründung der Nachfolgegesellschaften. In: VfZ 25 (1977), S. 220–251.

183 Vgl. Werner Abelshauser, Wirtschaft in Westdeutschland 1945–1948. Rekonstruktion und Wachstumsbedingungen in der amerikanischen und britischen Zone. Stuttgart 1975, S. 35 ff.

184 Text u. a. in: Europa-Archiv. Dokumente I. Oberursel 1947, S. 65 ff.

185 Gustav Stolper, Die deutsche Wirklichkeit. Ein Beitrag zum künftigen Frieden Europas. Hamburg 1949, S. 160. Das Original ›German Realities‹ war ein Jahr zuvor in New York publiziert worden und hatte beträchtliche Wirkung zugunsten Deutschlands in der amerikanischen Öffentlichkeit gehabt.

186 Vgl. Manfred Lentz, Die Wirtschaftsbeziehungen DDR – Sowjetunion. Opladen 1979, S. 31; Heinz Heitzer, DDR. Geschichtlicher Überblick. Berlin (Ost) 1979, S. 56, beziffert die demontierten Betriebe auf 600.

187 Vgl. Christoph Kleßmann, Die doppelte Staatsgründung. Deutsche Geschichte 1945–1955. Bonn 1982, S. 106 f.

188 Vgl. Arthur L. Smith, Heimkehr aus dem Zweiten Weltkrieg. Die Entlassung der deutschen Kriegsgefangenen. Stuttgart 1985, S. 13 f.

189 Vgl. Clarence G. Lasby, Project Paperclip. German Scientists and the Cold War. New York 1971.

190 Vgl. Wilhelm Treue, Die Demontagepolitik der Westmächte nach dem Zweiten Weltkrieg. Hannover 1967.

191 Gerald Steinacher, Nazis auf der Flucht. Wie Kriegsverbrecher über Italien nach Übersee entkamen, Innsbruck 2008; Ernst Klee, Persilscheine und falsche Pässe. Wie die Kirchen den Nazis halfen. Frankfurt a. M. 1991.

192 Sergej Mironenko, Lutz Niethammer, Alexander von Plato u. a. (Hrsg.), Sowjetische Speziallager in Deutschland 1945–1950, 2 Bde., Berlin 1998f.; Jörg Morré, Speziallager des NKWD. Sowjetische Internierungslager in Brandenburg 1945–1950. Potsdam 1997.

193 OMGUS, 1945–46 – 45/5 AG 30 F 4.

194 Ebd.

195 Kerstin Marienburg, Die Vorbereitung der Kriegsverbrecherprozesse im II. Weltkrieg. Die Diskussion um die Bestrafung der Kriegsverbrecher im II. Weltkrieg sowie die Vorbereitung der Kriegsverbrecherprozesse – insbesondere des Nürnberger Prozesses – in den Kriegsjahren durch die Alliierten, 2 Bde., Hamburg 2008.

196 History of the United Nations War Crimes Commission and the Development of the Laws of War. Compiled by the United Nations War Crimes Commission. London 1948, S. 135 ff.

197 Annette Weinke, Die Nürnberger Prozesse, München 2006; Joe Heydecker/Johannes Leeb, Der Nürnberger Prozeß. Köln 2003.

198 Vgl. Bradley F. Smith, Der Jahrhundertprozeß. Die Motive der Richter von Nürnberg – Anatomie einer Urteilsfindung. Frankfurt 1977, S. 83 f.

199 Meinungsumfrage und Stimmungsberichte der US-Militärregierung für Bayern vom Oktober 1946 in: OMGUS-Akten RG 260, OMGBY 10/90 – 1/14.

200 Hans Fiedeler, Der Nürnberger Lehrprozeß. Baden-Baden 1946, S. 9.

201 Ebd., S. 6.

202 Ebd., S. 10.

203 Vgl. Lothar Gruchmann, Das Urteil von Nürnberg nach 22 Jahren. In: VfZ 16 (1968), S. 384–389; Telford Taylor, Nürnberg und Vietnam. Eine amerikanische Tragödie. München, Wien, Zürich 1971.

204 Vgl. Adalbert Rückerl, Die Strafverfolgung von NS-Verbrechen 1945 bis 1978. Eine Dokumentation. Heidelberg, Karlsruhe 1979, S. 322; einzelne Fälle sind dokumentiert in: Law Reports of Trials of War Criminals, selected and prepared by the United Nations War Crimes Commission. 15 Bde., London 1947–1949.

205 Rückerl, Strafverfolgung, S. 35; vgl. Martin Broszat, Siegerjustiz oder strafrechtliche »Selbstreinigung«. Aspekte der Vergangenheitsbewältigung der deutschen Justiz während der Besatzungszeit 1945–1949. In: VfZ 29 (1981), S. 477–544; vgl. auch Jörg Friedrich, Die kalte Amnestie. NS-Täter in der Bundesrepublik. Frankfurt a. M. 1984.

206 Potsdamer Protokoll.

207 Ulrich Borsdorf und Lutz Niethammer (Hrsg.), Zwischen Befreiung und Besatzung. Analysen des US-Geheimdienstes über Positionen und Strukturen deutscher Politik 1945. Wuppertal 1976, S. 83.

208 Kontrollratsdirektive Nr. 24 vom 12.1.1946. In: Amtsblatt des Kontrollrats in Deutschland 1946, S. 98 ff.

209 Kontrollratsdirektive Nr. 38 vom 12.10.1946. In: Amtsblatt des Kontrollrats 1946, S. 184 ff.

210 Vgl. den Überblick bei Justus Fürstenau: Entnazifizierung. Ein Kapitel deutscher Nachkriegspolitik. Neuwied, Berlin 1969, und die weit über Bayern hinausgreifende scharfsinnige Analyse von Lutz Niethammer: Entnazifizierung in Bayern. Säuberung und Rehabilitierung unter amerikanischer Besatzung. Frankfurt a. M. 1972 (Neuauflage Berlin, Bonn 1982, unter dem Titel: Die Mitläuferfabrik); s. a. Klaus-Dietmar Henke,

Die Grenzen der politischen Säuberung in Deutschland nach 1945. In: L. Herbst (Hrsg.), Westdeutschland 1945 bis 1955. München 1986, S. 127 ff.

211 Vgl. Klaus-Dietmar Henke, Politische Säuberung unter französischer Besatzung. Die Entnazifizierung in Württemberg-Hohenzollern. Stuttgart 1981; Wolfgang Krüger, Entnazifiziert! Zur Praxis der politischen Säuberung in Nordrhein-Westfalen. Wuppertal 1982.

212 Eugen Kogon, Der Kampf um Gerechtigkeit, in: Frankfurter Hefte 2 (1947), S. 373–383, Zitat S. 377.

213 Wolfgang Meinicke, Die Entnazifizierung in der sowjetischen Besatzungszone 1945 bis 1948. In: ZfG 32 (1984), S. 968–979; vgl. auch Helga Welsh, Revolutionärer Wandel auf Befehl. Zur Entnazifizierungs- und Personalpolitik in der sowjetischen Besatzungszone Deutschlands – ein Vergleich der Länder Thüringen und Sachsen (1945–1948). Sozialwiss. Diss., München 1985.

214 Zit. nach Meinicke, Die Entnazifizierung in der sowjetischen Besatzungszone, S. 972.

215 Ebd.

216 Ebd., S. 976; vgl. Wolfgang Zank, Wirtschaft und Arbeit in Ostdeutschland 1945–1949. Probleme des Wiederaufbaus in der Sowjetischen Besatzungszone Deutschlands. München 1987.

217 Wilhelm Pieck, Der Sinn der Entnazifizierung. In: Neues Deutschland, 21.2.1947; auch in: Reden und Aufsätze, Bd. II, Berlin 1952, S. 125.

218 Wolfgang Lohse, Die Politik der Sowjetischen Militäradministration in der sowjetischen Besatzungszone Deutschlands. Phil. Diss., Wittenberg 1967, S. 74–79; Hermann Wentker, Volksrichter in der SBZ/DDR 1945 bis 1952. Eine Dokumentation. München 1997.

219 Lucius D. Clay, Entscheidung in Deutschland. Frankfurt a. M. 1950, S. 292.

220 Wolfgang Benz, Die Entnazifizierung der Richter, in: Bernhard Diestelkamp/Michael Stolleis (Hrsg.), Justizalltag im Dritten Reich. Frankfurt a. M. 1988, S. 112–130.

221 Das Gesetz basierte auf einem bayerischen Entwurf vom November 1945. Auf der 6. Sitzung des Länderrats, die zu diesem Zweck nicht in Stuttgart, sondern im Münchner Rathaus stattfand, wurde das Befreiungsgesetz am 5.3.1946 feierlich verabschiedet. Vgl. AVBRD, Bd. 1, S. 312 f.

222 Clay, Entscheidung in Deutschland, S. 293.

223 Klaus-Dietmar Henke, Hans Woller (Hrsg.), Politische Säuberung in Europa. Die Abrechnung mit Faschismus und Kollaboration nach dem Zweiten Weltkrieg. München 1991.

8. Erziehung zur Demokratie: Bildungswesen und Kulturpolitik, Presse und Rundfunk

224 In der sowjetischen Besatzungszone wurden die Schulen durch SMAD-Befehl Nr. 40 vom 25.8.1945 ab 1. Oktober wiedereröffnet, in der französischen Zone begann der Lehrbetrieb am 17.9.1945, in der US-Zone war der 1. Oktober der offizielle Termin, der

zunächst für die Mehrzahl der Volksschulen realisiert wurde, in der britischen Zone öffneten sich die Schultüren ab November zunächst für etwa drei Viertel der Grundschulen. Die Wiederaufnahme des vollen Schulbetriebs dauerte in allen Zonen ungefähr ein Jahr ab Herbst 1945.

225 Kontrollratsdirektive Nr. 54 vom 25.6.1947 (Monthly Report of the CCG/BE, Bd. 2, Nr. 7).

226 Übersicht über Tendenzen und Entwicklungen bis Herbst 1946 bei A. Fingerle, Zur Schulreform in Deutschland. In: Europa-Archiv 1 (1946), S. 303–307.

227 Um ein antifaschistisch-demokratisches Deutschland. Dokumente aus den Jahren 1945–1949. Berlin (Ost) 1968, S. 176; vgl. Paul Wandel, Demokratisierung der Schule. Rede, gehalten auf dem Pädagogischen Kongress in Berlin am 15. August 1946. Berlin, Leipzig 1946.

228 Siegfried Thomas, 1945–1949. In: DDR. Werden und Wachsen. Zur Geschichte der Deutschen Demokratischen Republik. Berlin (Ost) 1975, S. 72 ff.; vgl. Klaus-Dieter Mende, Schulreform und Gesellschaft in der DDR 1945 bis 1965. Stuttgart 1971.

229 Zit. nach Angelika Ruge-Schatz, Umerziehung und Schulpolitik in der französischen Besatzungszone 1945–1949. Frankfurt a. M., Bern, Las Vegas 1977, S. 84 f.

230 Vgl. Maria Halbritter, Schulreformpolitik in der britischen Zone von 1945 bis 1949. Weinheim 1979; Günter Pakschies, Umerziehung in der Britischen Zone 1945–1949. Weinheim 1979.

231 Erziehung in Deutschland. Bericht und Vorschläge der Amerikanischen Erziehungskommission. München 1946 (als Broschüre hrsg. und verbreitet durch ›Die Neue Zeitung‹), S. 29 f.; vgl. auch ›Die Neue Zeitung‹ v. 28.10.1946.

232 OMGUS, Monthly Report of the Military Governor, May 1948, Nr. 35, S. 24; vgl. Karl-Ernst Bungenstab, Umerziehung zur Demokratie? Re-Education-Politik im Bildungswesen der US-Zone 1945–1949. Düsseldorf 1970, S. 90 ff.

233 Walter M. Guggenheimer, Schulreform und Besatzungsrecht. In: Frankfurter Hefte 3 (1948), S. 488–491.

234 Manfred Overesch, Die gesamtdeutsche Konferenz der Erziehungsminister in Stuttgart am 19./20. Februar 1948, Dokumentation. In: VfZ 28 (1980), S. 248–285, zit. S. 283.

235 Ebd.

236 Vgl. Friedrich P. Kahlenberg, Film. In: Wolfgang Benz (Hrsg.), Die Bundesrepublik Deutschland. Geschichte in drei Bänden. Bd. 3: Kultur. Frankfurt a. M. 1983, S. 358 ff.

237 Brewster S. Chamberlin, Todesmühlen. Ein früher Versuch zur Massen-Umerziehung im besetzten Deutschland 1945–1946. In: VfZ 29 (1981), S. 420–436.

238 Vgl. 25 Jahre Theater in Berlin. Theaterpremieren 1945–1970. Hrsg. im Auftrag des Senats in Berlin. Berlin 1972; Berlin. Kampf um Freiheit und Selbstverwaltung 1945–1946. Hrsg. vom Senat von Berlin. Berlin 1957.

239 Abgedruckt bei: Brewster S. Chamberlin, Kultur auf Trümmern. Berliner Berichte der amerikanischen Information Control Section Juli–Dezember 1945. Stuttgart 1979, S. 60 f.

240 Leitsätze des Kulturbundes zur demokratischen Erneuerung Deutschlands. In: Aufbau 1 (1945), H. 3, S. 312.

241 D. Sternberger an W. Hausenstein, 11.10.1945, zit. nach: Gerhard Hay/Hartmut Rambaldo/Joachim W. Storck (Bearb.), Als der Krieg zu Ende war. Literarisch-politische Publizistik 1945–1950. Ausstellungskatalog, Marbach 1973, S. 64.

242 Dolf Sternberger/Gerhard Storz/Wilhelm E. Süskind, Aus dem Wörterbuch des Unmenschen. Hamburg 1957; Victor Klemperer, LTL Notizbuch eines Philologen. Berlin 1947.

243 Ende 1946 existierten 16 Information Centers in der US-Zone, im Juni 1947 waren es 20, ab 1949 wurden auch im übrigen Westdeutschland Amerikahäuser eingerichtet. In der Blütezeit arbeiteten 27 voll eingerichtete Häuser mit 136 angeschlossenen »Reading Rooms« in Deutschland. Vgl. Henry P. Pilgert, The History of the Development of Information Services through Information Centers and Documentary Films (US High Commissioner for Germany. Historical Division). O. O. 1951.

244 Vgl. Hansjörg Gehring, Amerikanische Literaturpolitik in Deutschland 1945–1953. Ein Aspekt des Re-Education-Programms. Stuttgart 1976; dort (S. 115 ff.) auch Übersichten über die übersetzten Texte.

245 Gesetz Nr. 191 für das Kontrollgebiet des Obersten Befehlshabers vom 24.11.1944 in der Fassung vom 12.5.1945. In: Amtsblatt der Militärregierung Deutschland/Britisches Kontrollgebiet 1945, Nr. 5, S. 69 ff.

246 Detaillierter Überblick über die alliierte Medienpolitik: Norbert Frei, Die Presse. In: W. Benz (Hrsg.), Die Bundesrepublik Deutschland, Bd. 3, S. 275–318; ders., Hörfunk und Fernsehen, ebd. S. 319–357; Harold Hurwitz, Die Stunde Null der deutschen Presse. Die amerikanische Pressepolitik in Deutschland 1945–1949. Köln 1972; vgl. auch die Fallstudie: Norbert Frei, Amerikanische Lizenzpolitik und deutsche Pressetradition. Die Geschichte der Nachkriegszeitung Südost-Kurier. München 1986.

247 Direktive des Alliierten Kontrollrats Nr. 40 vom 12.10.1946: Richtlinien für die deutschen Politiker und die deutsche Presse. In: Amtsblatt des Kontrollrats in Deutschland 1946, Nr. 11, S. 212.

248 Vgl. Hans Habe, Im Jahre Null. München 1966 (und die in Details abweichende, vom Autor überarbeitete 2. Auflage, München 1977).

249 Amerikanischer Hochkommissar für Deutschland, Bericht über Deutschland 21. September 1949–31. Juli 1952. Bad Godesberg 1952, S. 91 (abschließender und die Amtszeit McCloys zusammenfassender Bericht).

250 Lucius D. Clay, Entscheidung in Deutschland. Frankfurt a. M. 1950, S. 321.

251 Vgl. Hans Bausch, Rundfunkpolitik nach 1945. München 1980 (Rundfunk in Deutschland, Bd. 3); s. a. Ansgar Diller, Die lizenzierte Meinung. Neue Aufgaben für Presse und Rundfunk. In: Jürgen Weber (Hrsg.), Auf dem Wege zur Republik 1945–1947. München 1978, S. 237–267.

252 Vgl. die Fallstudie: Ludwig Maaßen, Der Kampf um den Rundfunk in Bayern. Rundfunkpolitik in Bayern 1945 bis 1973. Berlin 1979.

Zweiter Teil: Der Weg zum Weststaat und die Gründung der DDR

1. Die Luftbrücke nach Berlin 1948/49

1   Lucius D. Clay, Decision in Germany. New York 1950, S. 358f.

2   Neues Deutschland, 24.6.1948.

3   Hans J. Reichhardt u. a. (Hrsg.), Berlin. Quellen und Dokumente 1945–1951, 2 Bände, Berlin 1964, Bd. 2, S. 1465 f.

4   Wolfgang J. Huschke, Die Rosinenbomber. Die Berliner Luftbrücke 1948/49, ihre technischen Voraussetzungen und deren erfolgreiche Umsetzung. Berlin 2008.

5   Reichhardt, Berlin, Bd. 2, S. 1469 f.

6   Clay, Decision, S. 379 f.

7   Ebenda, S. 381 f.

8   Auftrag Luftbrücke. Der Himmel über Berlin 1948–1949. Hrsg. vom Deutschen Technikmuseum Berlin und der Landesbildstelle Berlin, Berlin 1998.

9   Uwe Prell, Lothar Wilker (Hrsg.), Berlin-Blockade und Luftbrücke 1948/49. Analyse und Dokumentation. Berlin 1987.

10 Angelika Königseder, Flucht nach Berlin. Jüdische Displaced Persons 1945–1948, Berlin 1998; dies. Die Evakuierung jüdischer Displaced Persons über die Luftbrücke aus Berlin, in: Zeitschrift für Geschichtswissenschaft 46 (1998), S. 505–511.

11 Robert Murphy, Die Konstruktion der Luftbrücke. In: Der Monat 1 (1948/49) Heft 4.

12 Andreas Anderhub, Blockade, Luftbrücke und Luftbrückendank. Zur Geschichte der Krise um Berlin 1948/49. Berlin 1984.

13 Volker Koop, Kein Kampf um Berlin?, Bonn 1998.

14 Elke Scherstjanoi, Die Berlin-Blockade 1948/49 im sowjetischen Kalkül. In: Zeitschrift für Geschichtswissenschaft 46 (1998), S. 495–504.

15 Hans Herzfeld, Berlin in der Weltpolitik 1945–1970. Berlin 1973.

16 Wolfgang Ribbe, Berlin zwischen Ost und West (1945 bis zur Gegenwart). In: ders. (Hrsg.), Geschichte Berlins. München 1987, S. 1027–1124.

17 Gerhard Keiderling, Rosinenbomber über Berlin. Währungsreform, Blockade, Luftbrücke, Teilung. Die schicksalsvollen Jahre 1948/49. Berlin 1998.

2. Die Beschlüsse von Potsdam und die Einheit Deutschlands

18 Erik K. Franzen, Die Vertriebenen. Hitlers letzte Opfer. Berlin 2002.

19 Vgl. Hermann Körte, Bevölkerungsstruktur und -entwicklung. In: Wolfgang Benz (Hrsg.), Die Geschichte der Bundesrepublik Deutschland. Frankfurt a. M. 1989, Bd. 3, S. 12.

20 Andreas Kossert, Kalte Heimat. Die Geschichte der deutschen Vertriebenen nach 1945. München 2008.

21 John Gimbel, Amerikanische Besatzungspolitik in Deutschland 1945–1949. Frankfurt a. M. 1968, S. 87 f.

22 Wilfried Loth, Die Teilung der Welt. Geschichte des Kalten Krieges 1941–1955. München 1980; Ernst Nolte, Deutschland und der Kalte Krieg. München 1974; Daniel Yergin, Der zerbrochene Frieden. Der Ursprung des Kalten Krieges und die Teilung Europas. Frankfurt a. M. 1977.

23 Norman M. Naimark, Die Russen in Deutschland. Die sowjetische Besatzungszone 1945 bis 1949. Berlin 1997; Wilfried Loth, Stalins ungeliebtes Kind. Warum Moskau die DDR nicht wollte. Berlin 1994.

24 Protokoll über die Tagung des Zonenausschusses der CDU für die britische Zone in Neuenkirchen/Kr. Wiedenbrück am 1. und 2. August 1946. In: Konrad Adenauer und die CDU der britischen Besatzungszone 1946–1949. Dokumente zur Gründungsgeschichte der CDU Deutschlands. Bonn 1975, S. 164 f., insbes. S. 170 f.

25 Zitat nach: Vorstand der SPD (Hrsg.), Acht Jahre sozialdemokratischer Kampf um Einheit und Freiheit. Bonn 1954, S. 26.

3. Die Errichtung der Bizone

26 Ernst Deuerlein, Die Einheit Deutschlands. Ihre Erörterung und Behandlung auf den Kriegs- und Nachkriegskonferenzen 1941–1949. Darstellung und Dokumentation. Frankfurt a. M., Berlin 1957, S. 114.

27 Bericht Clays vom Mai 1946. In: Lucius D. Clay, Entscheidung in Deutschland. Frankfurt a. M. 1950, S. 90–96.

28 Zur Byrnes-Rede: John Gimbel, Byrnes' Stuttgarter Rede und die amerikanische Nachkriegspolitik in Deutschland. In: VfZ 20 (1972), S. 39–62; ders., Byrnes und die Bizone – Eine amerikanische Entscheidung zur Teilung Deutschlands? In: W. Benz, H. Graml (Hrsg.), Aspekte deutscher Außenpolitik im 20. Jahrhundert. Stuttgart 1976, S. 193–210; Hans-Dieter Kreikamp, Die amerikanische Deutschlandpolitik im Herbst 1946 und die Byrnes-Rede in Stuttgart. In: VfZ 29 (1981), S. 269 bis 285.

29 Text des Bevin-Byrnes-Abkommens vom 2.12.1946 u. a. bei Tilman Pünder, Das Bizonale Interregnum. Die Geschichte des Vereinigten Wirtschaftsgebiets 1946–1949. Waiblingen 1966, S. 383–387.

30 Wortlaut der Abkommen u. a. im Archiv IfZ, Nachlaß Hoegner, ED 120/133; vgl. Walter Strauß, Entwicklung und Aufbau des Vereinigten Wirtschaftsgebiets. Heidelberg 1948.

31 Vgl. 1. Sitzung des Verwaltungsrats für Wirtschaft, 24.9.1946. Archiv IfZ, Nachlaß Walter Strauß, ED 94/49.

32 7. Sitzung des Verwaltungsrats für Wirtschaft, 16./17.1.1947. In: AVBRD, Bd. 2, S. 104–107.

33 Werner Abelshauser, Wirtschaft in Westdeutschland 1945–1948. Rekonstruktion und Wachstumsbedingungen in der amerikanischen und britischen Zone. Stuttgart 1975, S. 35 f.

34 Zitat nach: Helga Grebing u. a. (Hrsg.), Lehrstücke in Solidarität. Briefe und Biographien deutscher Sozialisten 1945–1949. Stuttgart 1983, S. 135 f.

35 Rosenberg an Weir, 10.2.1947, Anlage zum Bericht über die 9. Sitzung des Verwaltungsrats für Wirtschaft, 19./20.2.1947. Archiv IfZ, ED 94/49.

36 Besprechung General Clay mit Ministerpräsidenten der US-Zone, 23.2. 1947. In: AVBRD 2, S. 227.

37 Proklamation Nr. 5 der US-Militärregierung bzw. Verordnung Nr. 88 der britischen Militärregierung. Abgedruckt u. a. bei Pünder, Das Bizonale Interregnum, S. 371 f.

38 Ministerpräsidentenkonferenz in München, 6./7. Juni 1947. In: AVBRD 2, S. 511 ff., Zitat S. 555.

39 Wörtliche Berichte und Drucksachen des Wirtschaftsrates des Vereinigten Wirtschaftsgebietes 1947–1949 (Reprint mit Erschließungsband). München 1977; Übersicht über die Gesetzgebung des Wirtschaftsrats bei Pünder, Das Bizonale Interregnum, S. 195–223.

40 Wirtschaftsrat, Wörtlicher Bericht über die 2. Vollversammlung, 22.–24.7.1947, S. 36.

41 Süddeutsche Zeitung, 29.7.1947.

42 Zonenausschuß der Christlich-Demokratischen Union (brit. Zone), Informationsdienst A, Nr. 16, 7.8.1947.

43 Die Neue Zeitung, 28.7.1947.

44 Süddeutsche Zeitung, 12.8.1947.

45 Wortlaut der Semler-Rede im Archiv IfZ, MA 90; Johannes Semler, Kommentar zu meiner Erlanger Rede. Ebd., F 84.

46 OMGUS, Report of the Military Governor. January 1948, S. 39. Archiv IfZ.

47 Wirtschaftsrat, Wörtl. Bericht über die 9. Vollversammlung, 18.12.1947, S. 238.

48 102. Sitzung des Exekutivrats in Frankfurt, 30.12.1947. In: AVBRD 3, S. 1010–1015.

49 Konferenz der Militärgouverneure mit den Ministerpräsidenten und Vertretern der bizonalen Verwaltungen in Frankfurt, 7.1.1948 und 8.1.1948. In: AVBRD 4, S. 126–182; Kurzprotokolle im Archiv IfZ, ED 94/63.

50 Proklamation Nr. 7 der US-Militärregierung und Verordnung Nr. 126 der brit. Militärregierung. Wortlaut u. a. bei Pünder, Das Bizonale Interregnum, S. 377–383.

51 Hermann Pünder, Von Preußen nach Europa. Lebenserinnerungen. Stuttgart 1968, S. 320 f.

52 Wirtschaftsrat, Wörtl. Bericht über die 13. Vollversammlung, 16.3.1948, S. 361–366.

53 Die Neue Zeitung, 6.3.1948, »Unsachliche« Wahl in Frankfurt. Adcock und McReady üben heftige Kritik.

54 Friedemann Utz, Preuße, Protestant, Pragmatiker. Der Staatssekretär Walter Strauß und sein Staat, Tübingen 2003.

55 Haushaltspläne der Verwaltung des Vereinigten Wirtschaftsgebiets für die Rechnungsjahre 1948 und 1949 nebst Nachträgen. Archiv IfZ, DK 515.001.

56 Abschließender Bericht des Präsidenten des Wirtschaftsrats des Vereinigten Wirtschaftsgebiets über die Gesetzgebung des Wirtschaftsrats, Frankfurt 7.9.1949. Archiv IfZ.

57 Vgl. Wolfgang Benz, Versuche zur Reform des öffentlichen Dienstes in Deutschland 1945–1952. Deutsche Opposition gegen alliierte Initiativen. In: VfZ 29 (1981),

S. 216–245; Curt Garner, Schlußfolgerungen aus der Vergangenheit? Die Auseinandersetzungen um die Zukunft des deutschen Berufsbeamtentums nach dem Ende des Zweiten Weltkrieges. In: Ende des Dritten Reiches – Ende des Zweiten Weltkriegs. Eine perspektivische Rückschau. Hrsg. von Hans-Erich Volkmann. München, Zürich 1995, S. 606–674.

4. Marshall-Plan und Währungsreform

58   Konferenz der Ministerpräsidenten, Arbeitsminister und Wirtschaftsminister des VWG mit dem Exekutivrat und Vertretern des Wirtschaftsrats in Wiesbaden, 22. Oktober 1947. In: AVBRD 3, S. 690 ff., Resolution S. 710 f.

59   Erwin Hielscher, Der Leidensweg der deutschen Währungsreform. München 1948, S. 60 f.

60   Eckhard Wandel, Die Entstehung der Bank deutscher Länder und die deutsche Währungsreform 1948. Die Rekonstruktion des westdeutschen Geld- und Währungssystems 1945–1949 unter Berücksichtigung der amerikanischen Besatzungspolitik. Frankfurt a. M. 1980, S. 106 ff.

61   Hans Möller (Hrsg.), Zur Vorgeschichte der Deutschen Mark. Die Währungsreformpläne 1945–1948. Basel, Tübingen 1961, S. 477 ff.

62   Wortlaut der Erklärung v. 8. Juni 1948 bei Eckhard Wandel, Die Entstehung, S. 188–191; Entwurf im Archiv des Instituts f. Zeitgeschichte (Depositum Hans Möller).

63   Sparguthaben wurden generell im Verhältnis 10:1 umgewandelt, das Kopfgeld wurde aber damit verrechnet, und das Neugeldguthaben war zunächst nur zur Hälfte verfügbar, die andere Hälfte kam auf ein Sperrkonto.

64   Heinz Friedrich (Hrsg.), Mein Kopfgeld. Die Währungsreform – Rückblicke nach vier Jahrzehnten. München 1988.

65   SOPADE Informationsdienst Nr. 502 v. 22.6.1948, Nr. 503 v. 23.6.1948, Nr. 513 v. 5.7.1948.

66   Die Lastenausgleichsgesetze vom 14. August 1952 verfügten Vermögens-, Hypothekengewinn- und Kreditgewinnabgaben, die einen Ausgleichsfonds speisten, aus dem Leistungen wie die Hauptentschädigung, Kriegsschadensrente, Hausratsentschädigungen oder Währungsausgleich für Sparguthaben an den Personenkreis gewährt wurden, der durch Vertreibung und Verluste in der Kriegs- und Nachkriegszeit große Schäden erlitten hatte oder durch die Währungsreform besonders hart betroffen war. Als vorläufige Maßnahmen hatte der Wirtschaftsrat am 8. August 1949 ein Soforthilfegesetz, am 10. August 1949 ein Flüchtlingssiedlungsgesetz und bereits am 2. September 1948 ein Hypothekensicherungsgesetz erlassen.

67   Wolfgang Benz, Von der Besatzungsherrschaft zur Bundesrepublik. Stationen einer Staatsgründung 1946–1949. Frankfurt a. M. 1984, S. 119 ff.

68   Gesetz über Leitsätze für die Bewirtschaftung und Preispolitik nach der Geldreform vom 24. Juni 1948. In: Gesetz- u. VO-Blatt des Wirtschaftsrates 1947–1949, S. 59 f.; vgl. auch Wörtl. Berichte des Wirtschaftsrats 17./18.6.1948, S. 623–677. Das Leitsätzegesetz

war mit dem Tag der Währungsreform in Kraft getreten, es war bis zum 31. Dezember 1948 befristet, wurde jedoch mehrfach verlängert und geändert. Die Grundtendenz war in den Rahmenbestimmungen deutlich: »Der Freigabe aus der Bewirtschaftung ist vor ihrer Beibehaltung der Vorzug zu geben« bzw. »Der Freigabe der Preise ist vor der behördlichen Festsetzung der Vorzug zu geben.«

69 Am 17. August 1948 wurde Erhards Entlassung als Direktor der Verwaltung für Wirtschaft mit 47 gegen 35 Stimmen abgelehnt (Wörtl. Berichte, S. 786 ff.), am 10. November 1948 forderte die SPD erneut seine Abberufung, das wurde mit 52 gegen 43 Stimmen abgelehnt (Wörtl. Berichte, S. 1127).

70 Zitat nach: Ludwig Erhard, Deutsche Wirtschaftspolitik. Der Weg der sozialen Marktwirtschaft. Düsseldorf 1962, S. 76 f.

71 Protokoll der Verhandlungen des Parteitages der Sozialdemokratischen Partei Deutschlands vom 11. bis 14. September 1948 in Düsseldorf, S. 137.

72 Die Neue Zeitung, 9.11.1948; vgl. auch Gerhard Beier, Der Demonstrations- und Generalstreik vom 12. November 1948. Im Zusammenhang der parlamentarischen Entwicklung Westdeutschlands. Frankfurt a. M., Köln 1975.

73 Henning Rischbieter, Theater. In: W. Benz (Hrsg.), Die Geschichte der Bundesrepublik Deutschland. Bd. 4: Kultur. Frankfurt a. M. 1989, S. 92.

74 Georg Böhringer, Zeitschriften der jungen Generation. In: Gerhard Hay (Hrsg.), Zur literarischen Situation 1945–1949. Kronberg 1977, S. 97.

75 Die Wiedergesundung Europas. Schlussbericht der Pariser Wirtschaftskonferenz der sechzehn Nationen. Oberursel 1948, S. 30.

76 Davon war eine Milliarde innerhalb von 30 Jahren zu tilgen.

77 Werner Abelshauser, Wirtschaft in Westdeutschland 1945–1948. Rekonstruktion und Wachstumsbedingungen in der amerikanischen und britischen Zone. Stuttgart 1975, S. 163 f.

78 Gerd Hardach, Der Marshall-Plan. Auslandshilfe und Wiederaufbau in Westdeutschland 1948–1952. Frankfurt a. M. 1994; Hans-Herbert Holzamer, Marc Hoch (Hrsg.), Der Marshall-Plan. Geschichte und Zukunft. Landsberg/Lech 1997.

79 Aufruf an die Studentenvertreter zur internationalen Studententagung in Berlin vom 20.–23. Januar 1948, in: Die T. U. Studentenzeitung der Technischen Universität Berlin-Charlottenburg 2 (1948), Nr. 3.

80 Korrespondenz im Landesarchiv Berlin, Zeitgeschichtliche Sammlung Nr. 9542, 9560, 9572.

81 Die auf Initiative von Wilhelm von Humboldt 1809 gegründete Berliner Universität hieß ab 1810 Friedrich-Wilhelms-Universität. Nach dem Zweiten Weltkrieg wurde sie im Januar 1946 wiedereröffnet. Offiziell erhielt sie erst am 8. Februar 1949 den Namen Humboldt-Universität, inoffiziell wurde sie auch vorher schon so genannt.

82 Stenographisches Protokoll: Interzonale Studententagung 20. Januar 1948 bis 23. Januar 1948, Bundesarchiv Berlin, SAPMO, DY 30/11/904/702 (künftig: Sten. Prot.). S. a. Ruf der Jugend. Offizielles Organ der interzonalen Studententagung, Berlin 21.1.1948.

83   Auf der ersten Arbeitssitzung am Nachmittag des 20. Januar war darauf verzichtet wor-
      den, ein Tagungspräsidium zu bestellen. Der Kommilitone Strödt wurde zum Dis-
      kussionsleiter gewählt, er übte dieses Amt bis zum Ende der Tagung aus. Wesentliche
      Rollen spielten daneben die beiden Vertreter der Berliner Universitäten, der ehemalige
      Vorsitzende des Studentenrats der (Humboldt-)Universität Dr. Plechl und der AStA-
      Vorsitzende der TU Hans-Ulrich Bach. Unklar ist, wie viele stimmberechtigte De-
      legierte an der Konferenz teilnahmen. Im »Ruf der Jugend« ist von 26 die Rede, das
      Protokoll verzeichnet jedoch schon bei der ersten Abstimmung 31 abgegebene Stim-
      men und später heftige Geschäftsordnungsdebatten um das Stimmrecht. Neben den
      Vertretern der Universitäten und Hochschulen hatten die Studenten des »Hannover-
      schen Kreises« (Gäste der Tagung der Kultusminister der deutschen Länder im Okto-
      ber 1947) einen besonderen Status. Zu den übrigen Teilnehmern der Konferenz zählten
      auch Vertreter der Militärregierungen, Hochschullehrer, Vertreter des Berliner Magis-
      trats und zahlreiche Pressevertreter.

84   Vgl. Wolfgang Benz, Wissenschaft oder Alibi? Die Etablierung der Zeitgeschichte, in:
      Walter H. Pehle und Peter Sillem (Hrsg.), Wissenschaft im geteilten Deutschland. Res-
      tauration oder Neubeginn nach 1945? Frankfurt a. M. 1992, S. 11–25, insbes. S. 19.

85   Vgl. Ulrike Schuster, Demokratievorstellungen deutscher Nachkriegsstudenten, in:
      Helga Gotschlich, Edeltraud Schulze (Hrsg.), Deutsche Teilung – deutsche Wiederver-
      einigung. Jugend und Jugendpolitik im Umbruch der Systeme. Berlin 1996, S. 106–118,
      insbes. S. 115.

86   Ein Versuch, die FDJ in die geplante gesamtdeutsche Dachorganisation einzubeziehen,
      scheiterte im Februar 1948 bei einem Gespräch am Wandlitz-See an der ablehnenden
      Haltung Honeckers. Mitteilung von Hans-Ulrich Bach.

5. Der Auftrag zur Gründung des Weststaates

87   Schlußkommuniqué der Londoner Sechs-Mächte-Konferenz. In: Der Parlamentari-
      sche Rat 1948–1949. Akten und Protokolle. Bd. 1: Vorgeschichte. Bearb. v. Johannes
      V. Wagner. Boppard 1975, S. 12, künft. zit.: Parl. Rat I.

88   Dokumente zur künftigen politischen Entwicklung Deutschlands (»Frankfurter Doku-
      mente«), 1.7.1948. In: Parl. Rat I, S. 30 f.

89   Parl. Rat I, S. 34.

90   Konferenz der Ministerpräsidenten der westdeutschen Besatzungszonen, Koblenz (Rit-
      tersturz), 8.–10.7.1948. In: Parl. Rat I, S. 60 ff.; Bettina Blank, Die westdeutschen Länder
      und die Entstehung der Bundesrepublik. Zur Auseinandersetzung um die Frankfurter
      Dokumente vom Juli 1948. München 1995.

91   Die CDU/CSU zu den Vorschlägen der Militärgouverneure. Resolution im Nachlass
      Walter Strauß. Archiv IfZ, ED 94/139.

92   Vgl. Werner Sörgel, Konsensus und Interessen. Eine Studie zur Entstehung des Grund-
      gesetzes für die Bundesrepublik Deutschland. Stuttgart 1969, S. 40.

93   Carlo Schmid, Gliederung und Einheit. Die verfassungspolitischen Richtlinien der SPD

(August 1948). In: W. Benz (Hrsg.), Bewegt von der Hoffnung aller Deutschen. Zur Geschichte des Grundgesetzes. München 1979, S. 383 f., und Kurt Schumachers Referat auf dem Düsseldorfer Parteitag der SPD (12. Sept. 1948): Einheit und Freiheit der Nation. Ebd., S. 484 f.

94 Walter Strauß, Verwaltungsstatut vor gesamtdeutscher Verfassung (4. Juli 1948). In: Bewegt von der Hoffnung, S. 446 f.

95 Reinhold Maier, Erinnerungen 1948–1953. Tübingen 1966, S. 62.

96 Antwortnote der Ministerpräsidenten der westdeutschen Besatzungszonen an die Militärgouverneure, 10.7.1948. In: Parl. Rat I, S. 144 f.

97 Besprechung der Ministerpräsidenten der US-Zone mit General Clay, 14.7.1948. In: Parl. Rat I, S. 151 f.; vgl. John Gimbel, Amerikanische Besatzungspolitik in Deutschland 1945–1949. Frankfurt a. M. 1968, S. 282 f.

98 Besprechung der Ministerpräsidenten der US-Zone mit General Clay, 14.7.1948. In: Parl. Rat I, S. 155.

99 Bericht Murphys über die Konferenz der Militärgouverneure am 15.7.1948. In: Foreign Relations of the United States (FRUS). Vol. 1948 II, Washington 1973, S. 393 ff., 402 f.

100 Auszug aus Brandts Bericht, abgedruckt in: Parl. Rat I, S. 153 f.

101 Konferenz der Ministerpräsidenten der westdeutschen Besatzungszonen, Jagdschloß Niederwald, 15.–16.7.1948. In: Parl. Rat I, S. 157–162.

102 Konferenz der Militärgouverneure mit den Ministerpräsidenten der westdeutschen Besatzungszonen, Frankfurt a. M. 20.7.1948. In: Parl. Rat I, S. 163–171.

103 Konferenz der Ministerpräsidenten der westdeutschen Besatzungszonen, Jagdschloß Niederwald, 21.–22.7.1948, in: Parl. Rat I, S. 172–270; vgl. Thilo Vogelsang, Koblenz, Berlin und Rüdesheim. Die Option für den westdeutschen Staat im Juli 1948. In: Festschrift für Hermann Heimpel. Göttingen 1971, Bd. I, S. 161–179; Carlo Schmid, Erinnerungen, S. 331 f.

104 Aide-Mémoire der Ministerpräsidenten, 22.7.1948: In: Parl. Rat I, S. 270–272.

105 Schlusskonferenz der Militärgouverneure mit den Ministerpräsidenten der westdeutschen Besatzungszonen, 26.7.1948. In: Parl. Rat I, S. 273 f.

6. Die Entstehung des Grundgesetzes in Herrenchiemsee und Bonn

106 Wortlaut in: Wolfgang Benz (Hrsg.), Bewegt von der Hoffnung aller Deutschen. Zur Geschichte des Grundgesetzes. München 1979, S. 305–318.

107 Verfassungsausschuss der Ministerpräsidentenkonferenz der westlichen Besatzungszonen. Bericht über den Verfassungskonvent auf Herrenchiemsee vom 10. bis 23. August 1948. München 1948.

108 Büro der Ministerpräsidenten, Dokumente betreffend die Begründung einer neuen staatlichen Ordnung. Wiesbaden 1948, S. 43.

109 Parl. Rat, 1. Sitzung 1.9.1948, Sten. Bericht, S. 5 f. Vgl. den knappen Gesamtüberblick: Michael F. Feldkamp, Der Parlamentarische Rat 1948–1949. Die Entstehung des Grundgesetzes. Göttingen 1998.

110 Parl. Rat, Verhandlungen des Hauptausschusses, 2. Sitzung (11. 11. 1948)–26. Sitzung (10. 12. 1948), S. 1–312.

111 Parl. Rat, 6. und 7. Sitzung 20. und 21. 10. 1948, Sten. Bericht, S. 69–124.

112 Richtlinien für den Aufbau der Deutschen Republik, am 13./14. März 1947 vom Parteivorstand beschlossen und im Juli 1947 vom Nürnberger Parteitag einstimmig verabschiedet. Wortlaut in: Bewegt von der Hoffnung aller Deutschen, S. 359–363.

113 Westdeutsche Satzung, 26.7.1948 (Erster Menzel-Entwurf) und Grundgesetz, 2.9.1948 (Zweiter Menzel-Entwurf), Wortlaut ebd., S. 367–382 u. 391–410.

114 Erhard H. M. Lange, Die Diskussion um die Stellung des Staatsoberhauptes 1945–1949 mit besonderer Berücksichtigung der Erörterungen im Parlamentarischen Rat. In: VfZ 26 (1978), S. 601 ff.

115 Wortlaut in: Bewegt von der Hoffnung aller Deutschen, S. 332–347.

116 Parl. Rat, Verhandlungen des Hauptausschusses, 27. Sitzung (15. 12. 1948)–46. Sitzung (20.1.1949), S. 313–601.

117 Erklärung der deutschen Bischöfe zum geplanten Grundgesetz, 11.2.1949. Archiv IfZ, Nachlass Eberhard ED 117/64; Sörgel, Konsensus und Interessen, S. 317 f.

118 Parl. Rat, Verhandlungen des Hauptausschusses, S. 603–685.

119 Text of Aide-Mémoire left with the President of the Parliamentary Council at Bonn, 27.11.1948. In: Documents on the Creation of the German Federal Constitution, prepared by Civil Administration Division, Office of Military Government for Germany (US). Berlin 1949, S. 105; vgl. Hans-Jürgen Grabbe, Die deutsch-alliierte Kontroverse um den Grundgesetzentwurf im Frühjahr 1949. In: VfZ 26 (1978), S. 393–418.

120 Parl. Rat, Verhandlungen des Hauptausschusses (28. Sitzung 18.12.1948), S. 331 ff.

121 Hans-Jürgen Grabbe, Die deutsch-alliierte Kontroverse. In: VfZ 26 (1978), S. 401; FRUS, 1949 III, S. 217–220.

122 Konrad Adenauer, Erinnerungen 1945–1953. Stuttgart 1965, S. 164.

123 Gimbel, Amerikanische Besatzungspolitik, S. 294 f.

124 Message to the Military Governors, 8.4. 1949. In: FRUS 1949, Vol. III, S. 185 ff.

125 Vgl. dazu den Brief Walter Menzels an Fritz Heine (SPD-Vorstand), 29.7.1949, Archiv der sozialen Demokratie, Bonn-Bad Godesberg, Nachlass Menzel R 46, sowie die CDU-Zusammenstellung: Wer lügt? Dokumentarisches Material zur Information der Sozialdemokratischen Partei durch die britische Militärregierung am 14.4.1949. Archiv für christlich-demokratische Politik, St. Augustin, Best. I-071/028.

126 Parl. Rat, Verhandlungen des Hauptausschusses, 57. und 58. Sitzung, S. 743–768.

127 Parl. Rat (Plenum), 9. Sitzung (2. Lesung) und 10. Sitzung (3. Lesung), Sten. Ber., S. 169–243.

128 Konferenz der drei Militärgouverneure mit Vertretern des Parlamentarischen Rats und der Ministerpräsidenten in Frankfurt a. M., 12.5.1949. In: AVBRD 5, S. 423 ff.

129 Bayerischer Landtag, 110. Sitzung, 19./20.5.1949, Sten. Bericht, S. 80 ff., vgl. Peter Jakob Kock, Bayerns Weg in die Bundesrepublik. Stuttgart 1983.

7. Zeit des Übergangs: Sommer 1949

130 Konrad Adenauer, Erinnerungen 1945–1953. Stuttgart 1965, S. 158; Rudolf Morsey, Konrad Adenauer und der Weg zur Bundesrepublik Deutschland 1946–1949. In: Konrad Adenauer und die Gründung der Bundesrepublik Deutschland. Stuttgart 1979, insbes. S. 32 f.

131 Klaus Dreher, Ein Kampf um Bonn. München 1979, S. 83 ff.

132 Protokoll der Fraktionssitzung vom 10.5.1949. In: Rainer Salzmann (Bearb.), Die CDU/ CSU im Parlamentarischen Rat. Sitzungsprotokolle der Unionsfraktion. Stuttgart 1981, S. 563.

133 Dreher, Ein Kampf um Bonn. S. 55 f.

134 Erhard Lange, Der Parlamentarische Rat und die Entstehung des ersten Bundestagswahlgesetzes. In: VfZ 20 (1972), S. 280–318.

135 Ministerpräsidentenkonferenz in Bad Schlangenbad, 31.5./1.6.1949. In: AVBRD 5. S. 496 ff., insbes. S. 502–527.

136 Vgl. Konferenz der Ministerpräsidenten der westdeutschen Besatzungszonen. Jagdschloss Niederwald, 31.8.1948. In: Parl. Rat, Bd. 1, S. 343 f.

137 Vgl. Eberhard Konstanzer, Die Entstehung des Landes Baden-Württemberg. Stuttgart 1969: Reinhold Maier, Erinnerungen 1948–1955. Tübingen 1966, S. 67; Der Weg zum Südweststaat, hrsg. von der Landeszentrale für politische Bildung Baden-Württemberg. Karlsruhe 1991.

138 Abschiedsbriefe und Vermerk Pünders über Empfang bei Adenauer, 4.5.1950, im Bundesarchiv, Nachlass Pünder, Bd. 721.

139 Morsey, Konrad Adenauer und die Gründung der Bundesrepublik, S. 32 f.

140 Ministerpräsidentenkonferenz in Bad Schlangenbad, 14./15.6.1949. In: AVBRD 5, S. 577–591.

141 Ministerpräsidentenkonferenz in Koblenz 25./26.8.1949. In: AVBRD 5, S. 1059–1067.

142 Büro der Ministerpräsidenten, Empfehlungen des Juristischen Ausschusses. Wiesbaden 1949, S. 13 f.

143 Wirtschaftsrat. Wörtl. Bericht über 38. Vollversammlung, 23.6.1949, S. 1863–1867 und 39. Vollversammlung, 20.7.1949, S. 1970 f. und Drucksache Nr. 1553.

144 Wahlrede bei einer CDU/CSU-Kundgebung im Heidelberger Schloss, 21.7.1949. In: Konrad Adenauer, Reden 1917–1967. Eine Auswahl. Hrsg. von Hans-Peter Schwarz. Stuttgart 1975, S. 137–149.

145 Zitiert nach Paul Wilhelm Wenger, »Der kranke Führer«. In: Rheinischer Merkur, 16.4.1949.

146 Vgl. SPD-Pressedienst, 17.7.1949, und Neuer Vorwärts, 23.7.1949: Politik oder Glaubenskrieg. Auszug aus einem Brief Kurt Schumachers vom 15.7.1949 an einen Freund.

147 Briefwechsel Ludwig Erhards mit Theodor Heuss, Franz Blücher und Thomas Dehler, 14.–28.7.1949 im Nachlass Erhard, Ludwig-Erhard-Stiftung Bonn. Erhard wurde formell erst 1963 Mitglied der CDU.

148 Informationsdienst des Zonenausschusses der CDU für die britische Zone, 23.7.1949;

Text der Düsseldorfer Leitsätze bei Ossip K. Flechtheim (Hrsg.), Dokumente zur parteipolitischen Entwicklung in Deutschland seit 1945. Bd. 2, Berlin 1963, S. 58–76.

149 Rudolf Morsey, Die Rhöndorfer Weichenstellung vom 21. August 1949. Neue Quellen
zur Vorgeschichte der Koalitions- und Regierungsbildung nach der Wahl zum ersten
deutschen Bundestag. In: VfZ 28 (1980), S. 508–542.

150 Briefwechsel Adenauers mit Heinrich Hellwege, 14.9.1949, im Nachlass Adenauer, Stif-
tung Bundeskanzler-Adenauer-Haus, Bad Honnef-Rhöndorf, Bd. 09.20.

8. Sonderwege der Sowjetischen Besatzungszone. Die Deutsche Wirtschaftskommission als Pendant zur Bizone

151 Rüdiger Kühr, Die Folgen der Demontagen bei der Deutschen Reichsbahn (DR), in:
Rainer Karlsch/Jochen Laufer/Friederike Sattler (Hrsg.), Sowjetische Demontagen in
Deutschland 1944–1949. Hintergründe, Ziele und Wirkungen. Berlin 2002, S. 473–
506.

152 Hermann Wentker, Volksrichter in der SBZ/DDR 1945 bis 1952. Eine Dokumentation.
München 1997.

153 Arnd Bauerkämper, Von der Bodenreform zur Kollektivierung. Zum Wandel der länd-
lichen Gesellschaft in der SBZ und DDR 1945–1952. In: Hartmut Kaelble (Hrsg.), So-
zialgeschichte der DDR. Stuttgart 1994, S. 119–143, S. 122–125; Joachim von Kruse,
Weißbuch über die »Demokratische Bodenreform« in der sowjetischen Besatzungszone Deutschlands. Dokumente und Berichte. München-Stamsried 1990.

154 von Kruse, Weißbuch über die »Demokratische Bodenreform«, S. 75; Bauerkämper,
Von der Bodenreform, S. 119–143.

155 Jan Foitzik, Sowjetische Militäradministration in Deutschland (SMAD). 1945–1949.
Struktur und Funktion. Berlin 1999, S. 393.

156 Hermann Weber, Die DDR 1945–1990. München 2006, S. 14.

157 Rainer Karlsch, Allein bezahlt? Die Reparationsleistungen der SBZ/DDR 1945–53. Berlin 1993; Rainer Karlsch, Johannes Bähr, Die Sowjetischen Aktiengesellschaften (SAG)
in der SBZ/DDR, in: Karl Lauschke, Thomas Welskopp (Hrsg.), Mikropolitik im Unternehmen. Essen 1994, S. 214–255.

158 DDR. Werden und Wachsen. Frankfurt a. M. 1975, S. 94.

159 Weber, Die DDR 1945–1990, S. 14.

160 Wolfgang Zank, Wirtschaftliche Zentralverwaltungen und Deutsche Wirtschaftskommission (DWK). In: Martin Broszat, Hermann Weber (Hrsg.), SBZ-Handbuch. München 1993, S. 250–290.

161 Bernd Niedbalski, Deutsche Zentralverwaltungen und Deutsche Wirtschaftskommission (DWK). In: VfZ 33 (1985), S. 456–477.

9. Die Volkskongressbewegung der SED

162 Manifest des Nationalkomitees »Freies Deutschland«. In: Bewegt von der Hoffnung, S. 88–94.

163 Entwurf einer Verfassung für die Deutsche Demokratische Republik, 14.11.1946. In: Bewegt von der Hoffnung, S. 449–472.

164 Hans Jürgen Küsters, Der Integrationsfriede. Viermächte-Verhandlungen über die Friedensregelung mit Deutschland 1945–1990. München 2000.

165 Diese Position wurde auch in der Historiographie der DDR bis Ende der 1960er-Jahre vertreten. Vgl. Stefan Doernberg, Die Geburt eines neuen Deutschland 1945–1949. Die antifaschistisch-demokratische Umwälzung und die Entstehung der DDR, 2. Aufl., Berlin (DDR) 1959 und Karl-Heinz Schöneburg, Vom Werden unseres Staates. Eine Chronik, Bd.1: 1945–1949; Bd. 2: 1949–1955, Berlin (DDR) 1966, 1968.

166 Werner Conze, Jakob Kaiser, Politiker zwischen Ost und West 1945–1949. Stuttgart 1969.

167 Aufruf zu einem Deutschen Volkskongress, 26.11.1947. In: Dokumente der Sozialistischen Einheitspartei Deutschlands, Bd. 1, Berlin 1951, S. 260 f.; auch in: Steininger, Deutsche Geschichte, Bd. 2, S. 98 f.

168 Christoph Kleßmann, Die doppelte Staatsgründung. Deutsche Geschichte 1945–1955, 5. Aufl. Göttingen 1991, S. 202f.

169 Zur Gründung der DDR wie der Verfassungsdiskussion und der weiteren Umstände liegen kaum Forschungen vor. Im Gegensatz zur BRD, für die seit Langem Detailstudien zu allen Aspekten existieren, ist man für die DDR weithin auf Kursorisches und einige wenige Überblicksdarstellungen angewiesen. Vgl. Elke Scherstjanoi (Hrsg.), »Provisorium für längstens ein Jahr«. Protokoll des Kolloquiums »Die Gründung der DDR«. Berlin 1993.

170 Dietrich Staritz, Die Gründung der DDR. Von der sowjetischen Besatzungsherrschaft zum sozialistischen Staat, 3. Aufl. München 1995, S. 189.

171 Autorenkollektiv unter Leitung von Rolf Badstübner, Geschichte der Deutschen Demokratischen Republik. Berlin 1981, S. 86f.

172 Staritz, Die Gründung der DDR, S. 204 f.

173 Wilfried Loth, Stalins ungeliebtes Kind. Warum Moskau die DDR nicht wollte. Berlin 1994.

174 Staritz, Die Gründung der DDR, S. 204 f.

10. Die Proklamation der Deutschen Demokratischen Republik

175 Rolf Badstübner/Wilfried Loth (Hrsg.), Wilhelm Pieck – Aufzeichnungen zur Deutschlandpolitik 1945–1953. Berlin 1994.

176 Wortlaut in: Staritz, Die Gründung der DDR, S. 244–247.

177 Ebenda, S. 252.

178 Siegfried Suckut, Die Entscheidung zur Gründung der DDR. Die Protokolle der Bera-

tungen des SED-Parteivorstandes am 4. und 9. Oktober 1949. In: VfZ 39 (1991), S. 125–175.

179 Monika Kaiser, Die Zentrale der Diktatur – organisatorische Weichenstellungen, Strukturen und Kompetenzen der SED-Führung in der SBZ/DDR 1946 bis 1952. In: Jürgen Kocka (Hrsg.), Historische DDR-Forschung. Aufsätze und Studien. Berlin 1993, S. 57–86.

180 Elke Scherstjanoi, Das SKK-Statut. Zur Geschichte der Sowjetischen Kontrollkommission in Deutschland. München 1998.

181 Rolf Badstübner (Hrsg.), Die Geschichte der Deutschen Demokratischen Republik. Berlin 1981, S. 117.

182 Vgl. Annelies Voigtländer, Die Tat Adolf Henneckes und die Anbahnung enger Beziehungen zwischen der Arbeiterklasse der UDSSR und der DDR. In: Beiträge zur Geschichte der Arbeiterbewegung (1971), S. 620 ff.; s. a. das Hennecke-Portrait von Karl-Heinz Jacobs, in: Die erste Stunde. Portraits. Hrsg. v. Fritz Selbmann, Berlin (DDR) 1969, S. 191f.

11. Alleinvertretungsanspruch des Weststaates versus Einheitspostulat des Oststaates: Systemkonkurrenz und Konfrontation bis zur Souveränität 1955

183 Wilfried Loth, Das ungeliebte Kind. Stalin und die Gründung der DDR. In: Elke Scherstjanoi (Hrsg.), »Provisorium für längstens ein Jahr«. Protokoll des Kolloquiums »Die Gründung der DDR«. Berlin 1993, S. 31.

184 Wolfgang Benz, Günter Plum, Werner Röder, Einheit der Nation. Diskussionen und Konzeptionen zur Deutschlandpolitik der großen Parteien seit 1945. Stuttgart 1978.

185 Erklärung der Fraktion der SPD zum Ruhrstatut im Hauptausschuß des Parl. Rats, 7.1.1949, Drucksache PR 1. 49–462.

186 Erklärung der Fraktion der CDU/CSU zum Ruhrstatut im Hauptausschuß des Parl. Rats, 7.1.1949, Drucksache PR 1. 49–461.

187 Wortlaut in: Wolfgang Benz, Die Gründung der Bundesrepublik. München 1999, S. 181–185.

188 Deutscher Bundestag, 18. Sitzung, 24. u. 25.11.1949, Sten. Ber., S. 525.

189 Kommuniqué und Entwurf eines Abkommens über die Errichtung einer internationalen Ruhrbehörde. In: Europa-Archiv 4 (1949), S. 2197 f.

190 Konrad Adenauer, Erinnerungen 1945–1953. Stuttgart 1965. S. 327 f.; vgl. Hans-Peter Schwarz, Die Ära Adenauer 1949–1957. Stuttgart, Wiesbaden 1981, S. 96 f.

191 Memorandum über die Sicherung des Bundesgebietes nach innen und außen. In: Benz, Gründung, S. 194–200. Memorandum zur Frage der Neuordnung der Beziehungen der Bundesrepublik Deutschland zu den Besatzungsmächten vom 29.8.1950. In: Klaus von Schubert (Hrsg.), Sicherheitspolitik der Bundesrepublik Deutschland. Dokumentation 1945–1977. Teil I, Bonn 1977, S. 84 f.

192 Frankfurter Allgemeine Zeitung, 14.7.1950.

193 Georg Erler, Die Rechtsprobleme der deutschen Auslandsschuldenregelung und ihre Behandlung auf der Londoner Schuldenkonferenz. In: Europa-Archiv 7 (1952), S. 516 f.; Hermann J. Abs. Die Wiederherstellung des deutschen Kredits. In: Hans-Peter Schwarz (Hrsg.), Die Wiederherstellung des deutschen Kredits. Das Londoner Schuldenabkommen. Stuttgart 1982, S. 12–37.

194 Nahum Goldmann, Über die Bedeutung der Wiedergutmachung nationalsozialistischen Unrechts. In: Die Freiheit des Anderen. Festschrift für Martin Hirsch. Baden-Baden 1981, S. 215–217; Ernst Katzenstein, Jewish Claims Conference und die Wiedergutmachung nationalsozialistischen Unrechts. Ebd. S. 219–226.

195 Carlo Schmid, Erinnerungen. Bern, München, Wien 1979, S. 512 f.

196 Denkschrift des militärischen Expertenausschusses über die Aufstellung eines deutschen Kontingents im Rahmen einer übernationalen Streitmacht zur Verteidigung Westeuropas, 9.10.1950. In: Schubert (Hrsg.), Sicherheitspolitik der Bundesrepublik Deutschland. Teil II, S. 91 f., Zitat S. 92.

197 Hermann Graml, Nationalstaat oder westdeutscher Teilstaat. Die sowjetischen Noten vom Jahre 1952 und die öffentliche Meinung in der Bundesrepublik Deutschland. In: VfZ 25 (1977), S. 821–864; ders., Die Legende von der verpaßten Gelegenheit. Zur sowjetischen Notenkampagne des Jahres 1952. Ebd. 29 (1981), S. 307–341; vgl. Rolf Steininger, Eine Chance zur Wiedervereinigung? Die Stalin-Note vom 10. März 1952. Darstellung und Dokumentation auf der Grundlage unveröffentlichter britischer und amerikanischer Akten. Bonn 1985.

198 Wortlaut des Deutschen Manifests u. a. in: Süddeutsche Zeitung, 31.1.1955.

Epilog: Walter Ulbricht. Die politische Karriere eines Staatsgründers

199 Carola Stern, Ulbricht. Eine politische Biographie. Köln 1964, zit. Ausgabe Frankfurt a. M. 1966, S. 51.

200 Norbert Podewin, Walter Ulbricht. Eine neue Biographie. Berlin 1995, S. 104 f.

201 Stern, Ulbricht, S. 92 f.; Neues Deutschland, 9.8.1946.

202 Bodo Scheurig, Verräter oder Patrioten. Das Nationalkomitee »Freies Deutschland« und der Bund deutscher Offiziere in der Sowjetunion 1943–1945. Berlin 1993.

203 Stern, Ulbricht S. 104.

204 Ebenda, S. 105.

205 Johannes R. Becher, Walter Ulbricht. Ein deutscher Arbeitersohn. Berlin 1958, S. 216 f.

206 Herbert Wehner, Notizen, zit. nach Carola Stern, S. 65.

207 Dieter Wildt, Deutschland, Deine Sachsen. Hamburg 1965, S. 156 und 176.

208 Die Gruppe bestand aus Walter Ulbricht, Fritz Erpenbeck, Gustav Gundelach, Richard Gyptner, Walter Köppe, Wolfgang Leonhard, Hans Mahle, Karl Maron, Otto Winzer, Otto Fischer (techn. Sekretär), den meisten von ihnen standen in der späteren DDR steile Karrieren bevor.

209 Wolfgang Leonhard, Die Revolution entlässt ihre Kinder. Köln 1955, S. 356; s. a. Wolfgang Leonhard/Gerhard Keiderling, »Gruppe Ulbricht« in Berlin April bis Juni 1945.

Von den Vorbereitungen im Sommer 1944 bis zur Wiedergründung der KPD im Juni 1945. Eine Dokumentation. Berlin 1993.

210 Leonhard, Revolution, S. 357.

211 Ebenda.

212 Ebenda, S. 358.

213 Heinz Voßke, Otto Grotewohl. Biographischer Abriß. Berlin 1979.

214 Heinz Voßke/Gerhard Nitzsche, Wilhelm Pieck. Biographischer Abriß. Berlin 1975.

215 Leonhard, Revolution, S. 336.

216 Frank Schumann, Lotte und Walter. Die Ulbrichts in Selbstzeugnissen, Briefen und Dokumenten. Berlin 2003.

217 Erich Wendt (1902–1965) war nach einer Lehre als Schriftsetzer Mitglied und Funktionär des Kommunistischen Jugendverbands und der Jugendinternationale. Seit Juni 1931 lebte er in Moskau. 1936–1938 befand er sich in Untersuchungshaft des NKWD, der Ausschluss aus der KPD wurde 1939 rückgängig gemacht. Nach der Rückkehr nach Deutschland 1947 war er Leiter des Aufbau Verlags und spielte als Kulturfunktionär der DDR eine Rolle, u. a. als Staatssekretär im Kulturministerium. Mit Lotte Kühn war er entgegen verbreiteter Darstellungen nie formell verheiratet gewesen.

218 Lotte Ulbricht. Mein Leben, Selbstzeugnisse, Briefe und Dokumente. Hrsg. von Frank Schumann, Berlin 2003.

219 Podewin, Ulbricht, S. 246 f.

220 Helmut Müller-Enbergs, Der Fall Rudolf Herrnstadt. Tauwetterpolitik vor dem 17. Juni. Berlin 1992, S. 176.

221 Torsten Dietrich, Waffen gegen das Volk. Der 17. Juni 1953 in der DDR. München 2003; Karl Wilhelm Fricke u. a., Der »Tag X« und die Staatssicherheit. 17. Juni 1953. Bremen 2003; Ulrich Mählert (Hrsg.), Der 17. Juni 1953. Bonn 2003; Klaus-Dietmar Henke/Peter Steinbach/Johannes Tuchel, Widerstand und Opposition in der DDR. Köln 1999.

222 Das Gedicht »Die Lösung« gehört in die Sammlung der ›Buckower Elegien‹, es wurde zu Lebzeiten Brechts nicht veröffentlicht, es erschien erstmals in der westdeutschen Tageszeitung ›Die Welt‹ am 9.12.1959, in der DDR erst 1969 im Aufbau Verlag (Gedichte Band VII). Anlass war der Artikel »Wie ich mich schäme!« des Schriftsteller-Funktionärs Kurt Barthel in: Neues Deutschland, 20.6.1953. Ein anderer literarischer Text zum 17. Juni wurde 1965 im ZK der SED heftig attackiert, er erschien erstmals 1971 in einem Verlag der Bundesrepublik: Stefan Heym, 5 Tage im Juni. München 2005.

223 Angaben lt. Bundeszentrale für politische Bildung: http://www.bpb.de/geschichte/deutsche-einheit/der-aufstand-des-17-juni-1953/152604/die-toten-des-volksaufstandes?p=all, eingesehen am 13.10.2017, und Behörde des Bundesbeauftragten für die Unterlagen des Staatssicherheitsdienstes der ehemaligen Deutschen Demokratischen Republik (BStU): http://www.bstu.bund.de/DE/Wissen/DDRGeschichte/17-juni-1953/Folgen-des-Aufstands/_node.html, eingesehen am 13.10.2017. In der Literatur sind teilweise weit höhere, jedoch unbelegte Zahlenangaben zu finden, z. B. bei David Clay Large, Berlin. Biographie einer Stadt. München 2002, S. 404.

224 Vgl. »Eine ernste Lehre – Nur engste Verbundenheit mit den Massen verhindert Provokationen«. In: Neues Deutschland, 17.6.1953.

225 Zit. nach Müller-Enbergs, Fall Herrnstadt, S. 244.

226 Neues Deutschland, 8.3.1953.

227 Hermann Weber, Ulbricht fälscht Geschichte. Köln 1964, S. 147.

228 Ebenda, S. 146.

229 Ebenda, S. 139.

230 Gerhard Zwerenz, Walter Ulbricht. München 1966.

231 Sebastian Haffner, Ulbricht. Ein Essay. Wiederabgedruckt in: Schumann (Hrsg.), Lotte und Walter, S. 11–15.

PERSONENREGISTER